A RAZÃO E OS REMÉDIOS

COLEÇÃO: EPISTEME – POLÍTICA, HISTÓRIA - CLÍNICA
COORDENADOR: MANOEL BARROS DA MOTTA
(Obras a serem publicadas)

- **Cristianismo: Dicionário, do Tempo, dos Lugares e dos Símbolos**
André Vauchez

- **Filosofia do Odor**
Chantal Jaquet

- **A Democracia Internet**
Dominique Cardon

- **A Loucura Maníaco-Depressiva**
Emil Kraepelin

- **A Razão e os Remédios**
François Dagognet

- **O Corpo**
François Dagognet

- **Estudos de História e de Filosofia das Ciências**
Georges Canguilhem

- **O Conhecimento da Vida**
Georges Canguilhem

- **Michel Foucault: uma trajetória filosófica**
Hubert L. Dreyfus e Paul Rabinow

- **Realizar-se ou se Superar – Ensaio sobre o Esporte Contemporâneo**
Isabelle Queval

- **Filosofia das Ciências**
Jean Cavaillés

- **História da Filosofia Política**
Leo Straus e Joseph Cropsey

- **História do Egito Antigo**
Nicolas Grimal

- **Ditos e Escritos – volumes I a X**
Michel Foucault

- **Introdução à Europa Medieval 300 – 1550**
Peter Hoppenbrouwers – Wim Blockmans

O GEN | Grupo Editorial Nacional reúne as editoras Guanabara Koogan, Santos, Roca, AC Farmacêutica, Forense, Método, LTC, E.P.U. e Forense Universitária, que publicam nas áreas científica, técnica e profissional.

Essas empresas, respeitadas no mercado editorial, construíram catálogos inigualáveis, com obras que têm sido decisivas na formação acadêmica e no aperfeiçoamento de várias gerações de profissionais e de estudantes de Administração, Direito, Enfermagem, Engenharia, Fisioterapia, Medicina, Odontologia, Educação Física e muitas outras ciências, tendo se tornado sinônimo de seriedade e respeito.

Nossa missão é prover o melhor conteúdo científico e distribuí-lo de maneira flexível e conveniente, a preços justos, gerando benefícios e servindo a autores, docentes, livreiros, funcionários, colaboradores e acionistas.

Nosso comportamento ético incondicional e nossa responsabilidade social e ambiental são reforçados pela natureza educacional de nossa atividade, sem comprometer o crescimento contínuo e a rentabilidade do grupo.

FRANÇOIS DAGOGNET

A RAZÃO E OS REMÉDIOS

Tradução: Vera Lucia Avellar Ribeiro
Revisão Técnica: Manoel Barros da Motta

Rio de Janeiro

■ A EDITORA FORENSE se responsabiliza pelos vícios do produto no que concerne à sua edição, aí compreendidas a impressão e a apresentação, a fim de possibilitar ao consumidor bem manuseá-lo e lê-lo. Os vícios relacionados à atualização da obra, aos conceitos doutrinários, às concepções ideológicas e referências indevidas são de responsabilidade do autor e/ou atualizador.
As reclamações devem ser feitas até noventa dias a partir da compra e venda com nota fiscal (interpretação do art. 26 da Lei n. 8.078, de 11.09.1990).

Traduzido de:
LA RAISON ET LES REMÈDES
1er édition: 1964
2e édition: 1984, mars
Copyright © Presses Universitaires de France, 1964
Collection Galien
All Rights Reserved.
ISBN: 978-2130384700

■ A Razão e os Remédios
ISBN 978-85-218-0483-3
Direitos exclusivos para o Brasil na língua portuguesa
Copyright © 2011 by
FORENSE UNIVERSITÁRIA um selo da EDITORA FORENSE LTDA.
Uma editora integrante do GEN | Grupo Editorial Nacional
Travessa do Ouvidor, 11 – 6º andar – 20040-040 – Rio de Janeiro – RJ
Tel.: (0XX21) 3543-0770 – Fax: (0XX21) 3543-0896
bilacpinto@grupogen.com.br | www.grupogen.com.br

■ O titular cuja obra seja fraudulentamente reproduzida, divulgada ou de qualquer forma utilizada poderá requerer a apreensão dos exemplares reproduzidos ou a suspensão da divulgação, sem prejuízo da indenização cabível (art. 102 da Lei n. 9.610, de 19.02.1998).
Quem vender, expuser à venda, ocultar, adquirir, distribuir, tiver em depósito ou utilizar obra ou fonograma reproduzidos com fraude, com a finalidade de vender, obter ganho, vantagem, proveito, lucro direto ou indireto, para si ou para outrem, será solidariamente responsável com o contrafator, nos termos dos artigos precedentes, respondendo como contrafatores o importador e o distribuidor em caso de reprodução no exterior (art. 104 da Lei n. 9.610/98).

1ª edição brasileira – 2012
Tradução: Vera Lucia Avellar Ribeiro
Revisão Técnica: Manoel Barros da Motta

■ CIP – Brasil. Catalogação-na-fonte.
Sindicato Nacional dos Editores de Livros, RJ.

D127r

Dagognet, François, 1924-

A Razão e os remédios/François Dagognet; tradução: Vera Lucia Avellar Ribeiro, revisão técnica Manoel Barros da Motta. – Rio de Janeiro: Forense, 2012.
(Episteme: política, história, clínica)

Tradução de: La raison et les remèdes
ISBN 978-85-218-0483-3

1. Medicamentos - Filosofia. I. Título. II. Série.

12-4272

CDD: 194
CDU: 1(44)

Em memória de Gaston Bachelard

Sumário

Introdução 1

Primeira parte

A matéria médica

Capítulo 1 – O problema da definição do remédio 21
    Seção I – Como cingir o medicamento atual? O verdadeiro e o falso, o saber e o poder 25
    Seção II – Como caracterizar o remédio moderno? A oposição do passado e do presente .. 50

Segunda parte

Dois domínios sobredeterminados e lendários

Capítulo 2 – Hormônio e revitalização, as evoluções das terapêuticas endócrinas 87
Capítulo 3 – Cirurgia e ressurreição, os progressos da arte cirúrgica 115

Terceira parte

Da força e da variedade das associações

Capítulo 4 – Da *coïncidentia oppositorum* na luta anti-infecciosa 147
Capítulo 5 – O formalismo terapêutico e a medicação anticoagulante 177
Capítulo 6 – A astúcia das mediações e o sentido das polifarmácias 215

Conclusão 253

François Dagognet, filósofo do medicamento 269
    O medicamento: substância topológica 270
    A molécula e o medicamento 271
    Concepção estrutural do medicamento 271
    Eletroterapia ou prescrição dialética 272
    Formação dos médicos 273

O medicamento, obstáculo aos protocolos... 274
Controle do mercado... 275
A relação terapêutica... 275
Positivismo do momento atual.. 276
A fabricação de imagem, nova idolatria.. 277
Medicina legal... 278
O objeto, o medicamento e a obra de arte 279
O coquetel medicamentoso 280
Crença cientificista.. 281
As antipsiquiatrias... 281

Bibliografia 285

Introdução

O assunto que abordamos – o exame das possibilidades terapêuticas e a evidenciação dos recursos da medicação – nos pareceu tão amplo, que nos esforçamos – nas páginas a seguir – para limitá-lo. Esperamos ganhar em precisão o que perdemos em extensão. Afinal, tratamos menos da terapêutica ou das regras da cura, menos ainda do doente e do médico, da higiene e do tratamento de convalescença, do que apenas da matéria médica e de seu eventual, de seu difícil emprego. E ainda assim, levados a refletir apenas sobre o medicamento, sua contextura e seus poderes, desconsideramos muitos deles, clássicos ou essenciais, em benefício de alguns que estimamos mais demonstrativos, ou mais representativos da medicina moderna. De todo modo, devíamos escolher. Com efeito, as farmacopeias não são somente livros sagrados e prodigiosos, mas incluem uma infinidade de substâncias, uma quantidade de matérias salutares. Impossível levar a bom termo um estudo exaustivo e detalhado de seus tesouros. Detivemo-nos diante dos remédios que podem provavelmente servir melhor para conceber "a essência do organismo", os que não devem ofuscar nem ir de encontro a uma consciência filosófica, os hormônios e as vitaminas, as sulfamidas e os antibióticos, os anticoagulantes e os anestésicos. Todavia, por muitas razões que daremos em seguida, não afastamos de nossas análises o ato cirúrgico, embora, no começo, ele tenha parecido escapar aos nossos critérios e não poder se inscrever em um contexto farmacológico.

Buscamos, assim, conceitualizar o medicamento e seu poder, nos propomos a descrever as condutas médicas incitadas por ele e implicadas nele, extrairemos também as consequências provenientes do sucesso ou do fracasso das terapias. Embora limitadas, essas análises gostariam de se autorizar em um projeto mais amplo e até mesmo avançar para uma filosofia bastante ambiciosa: aquela que se desvia do psicologismo, ou melhor, da subjetividade, aquela que desvela, no sentido oposto, o conteúdo e a gênese das matérias, o que as enriquece, complica e as trabalha. Antes de se preocupar com o *Cogito*, a filosofia não deveria levar em consideração os *cogitata* e até mesmo, mais do que os pensamentos, os objetos ou os instrumentos nos quais essas ideias se concretizam e se elaboram? A filosofia não deveria renunciar ao seu imperialismo, em nome do qual ela editava regras ou enunciava os princípios, enquanto esses "absolutos" apareciam cada vez mais como consequências de movimentos anteriores? Ela não pode mais se apegar a descrever ou a abraçar "Universos" ou "Mundos inteiros": essas perspectivas tão amplas perdem o benefício do qual podiam, no começo, se prevalecer. Elas ainda desembocam num certo idealismo, no sentido mundano do termo. Elas se voltam para o irrealismo ou o imaterialismo. E quando o objeto se amplifica muito é porque a subjetividade o aumenta. Ele, então, se torna um projeto ou uma projeção, não mais pertence ao mundo dos objetos, perpétuas objeções que estancam e estabilizam as doutrinas sempre tentadas pelas imensidões, pelas aventurosas generalizações. Uma tarefa realmente compreensiva, uma autêntica atitude de objetividade excluem as visões imprecisas ou generosas para se articular ou se apoiar em uma positividade determinada e necessariamente particularizada. Ela abandona o indefinido, o inapreensível, a essência, em benefício de uma riqueza mais concreta, ela encontra correlativamente uma multiplicidade pululante de "existências": entre outras, o aparelho do físico, a aplicação técnica, as operações da indústria, as obras de arte, os poemas, os signos linguísticos de troca, os símbolos da vida expressional, sem desconhecer tudo o que apresenta a geografia humana, paisagens e caminhos, habitats e vegetações, sem esquecer os centros ou os locais propriamente sociológicos, os ritos e folclores, os hábitos e costumes, as instituições e as tradições, em suma, tanto as eminentes realizações da ciência, a grande produtora de ser, quanto o devir aumentativo das realidades humanas. Consequentemente, o filósofo deve, primeiro, concentrar essas edificações; depois, ele extrairá sua significação e sua racionalidade, uma razão que as constitua, porquanto ela as obriga a evoluir.

Com efeito, não se deve concluir, do que precede, que nos apresentamos para perder a filosofia na variedade e na fragmentação do saber fenomenal. Não é senão muito evidente, para retomar Hegel, que, através de um devir ou de uma evolução nas transformações da natureza ou dos melhoramentos da matéria, o que a razão descobre é sempre ela mesma. Os objetos não existem sem ela nem fora dela: "A consciência parece ser incapaz de ir por trás, por assim dizer, para ver o objeto como ele não é para ela e, portanto, como ele é em si."[1] O pretenso, em si, só o é para ela mesma. Mas, inversamente, se a materialidade forma, de algum modo, a trajetória mesma da razão, esta não poderia ver-se a si mesma e apreender-se no vazio, fora ou mais além de seus próprios erros e alienação nas coisas. Por isso, é preciso levar em consideração estas últimas e, na intenção de filosofar, manter apenas elas. Paralela e analogicamente, para um autêntico racionalismo, o erro define primeiro a verdade, esta não se opõe a ele, menos ainda porque acaba por englobá-lo e incorporá-lo. No falso, senão no insensato, já se experimenta e se busca o verdadeiro. Não devemos refusar descer ao insignificante ou ao ilusório. Em qualquer hipótese, o saber não pode, a nosso ver, ser remetido a um miraculoso "ver" pelo qual seríamos tocados, nem mesmo a um "ter" certo que se poderia acumular. Por essa razão, a filosofia deve ir resolutamente "às coisas", penetrar nelas, admitir seu desconexo

---

1 Hegel, *Phénoménologie de l'esprit*, trad. Hyppolyte, t. I, p. 74.

ou sua fantasmagoria. E o próprio movimento que partirá e nos afastará dessas obscuridades caracteriza tanto a ciência como seu correlato, a consciência. O ser e o pensamento, a matéria e o conceito não apenas não poderiam se separar, não apenas se criam e se reciprocam um ao outro, como também um e outro nascem no erro e na ingenuidade, e até mesmo no anedótico. Por essas razões, é permitido vislumbrar as substâncias mais diversas ou os seres mais inertes. Podemos legitimamente nos interessar pelos pobres elementos, se tal é a "porta estreita" que se deve atravessar para ter acesso à própria razão e à sua luz. Não poderíamos aceitar, por isso, a recriminação de que somos demasiado tentados a endereçar a todo estudo que incida sobre a história ou sobre a ciência evolutiva dos medicamentos: um empirismo flagrante ou aflitivo que colore as terapias tão numerosas quanto pitorescas, por vezes tão úteis quanto injustificáveis. Efetivamente, a terapêutica, domínio a um só tempo reduzido e incômodo, parece ser aquele da eficácia, do sucesso, senão mesmo o da receita e da prática. Por exemplo, para evocar casos ilustres e tão frequentemente comentados, a vacinação precede de muitos séculos a bacteriologia que a fundamenta e a explica, ou ainda, "nas Filipinas, os chineses ortodoxos que respeitavam a tradição de não beber senão chá feito com água fervida ficaram protegidos das epidemias de cólera da qual morriam seus vizinhos filipinos".[2] Ao longo de sua história, a humanidade conseguiu extinguir a maioria dos flagelos que a dizimavam, sem nem mesmo conhecer a face e a forma dos inimigos que a assediavam. Outra e frequente referência: os índios da América descobriram o salutar quinino, assim como a ipecacuanha, antes mesmo que se pudesse definir o paludismo ou a disenteria amebiana, apaziguados e curados por esses vegetais. Entretanto, do fato de neste ponto o "poder" ultrapassar o "saber" não resulta que ele deste se separe ou que possa dele se privar, ele apenas o antecipa e, sobretudo, o convoca. De nossa parte, nos felicitamos por essa pretensa revirada da hierarquia dos momentos inventivos: aliás, ela não concerne a todas as ciências em seus começos? Haveria apenas uma que escapasse inteiramente desse "pecado original"? Por sinal, a fim de afastar a crítica, seria possível evocar situações inversas nas quais o fracasso da prática e dos usos curativos inquietou a regra e favoreceu sua "tomada de consciência", acarretando, então, a teorização. Por que o que vale aqui não convém mais ali? Assim, se de um lado os resultados parecem por si mesmos fundamentar uma medicina salvadora, do outro, eles problematizam suas próprias afirmações criadoras. De todo modo, por meio dos remédios mais bizarros ou mais disparatados buscamos igualmente a revelação do organismo e, sobretudo, uma racionalidade em transformação. O remédio merece algo melhor do que os epítetos de ocasional ou de benéfico. Apesar de sua pequenez filosófica ou ontológica, ele permite, na realidade, melhor compreender o organismo em seu funcionamento e em seu movimento. À medida que o empregamos, ele perde, sobretudo, sua falsa

---

2   René Dubois, *Louis Pasteur, franc-tireur de la science*, cap. XI: "Médecine, santé publique", p. 300.

positividade fenomenal e obriga a dialetizações, a elaborações que nos propomos justamente a escrever. Mesmo nascendo na obscuridade, ele nunca deixa de dever ultrapassar suas origens para erguer-se até os píncaros doutrinais. E esse "empirismo" que qualificaria o terapêutico, mas que, sobretudo, o degradaria e o injuriaria, convém menos ainda, o enfatizamos, uma vez que esse vocábulo da filosofia do desdém designa não um naturalismo primeiro, uma ingenuidade de experiência, mas um intelectualismo rígido e sistemático.

Esse remédio, que deve captar o pensamento filosófico, não é apenas um objeto qualquer, uma matéria semelhante a outras, ele goza de um *status* privilegiado, no sentido em que já não se encontra em nenhum lugar um campo de experiência no qual o erro tenha tão abundantemente florido e pululado. Apliquemos nossas proposições anteriores: quanto mais o flagelo prolifera, mais a terra onde ele se multiplica parece, de algum modo, votada ao espírito e à sua revelação, mais ela merece ser explorada e lavrada. Efetivamente, nada de mais propício às divagações e aos desvarios do que a matéria médica. Por essa razão, quando as grandes filosofias querem tratar dos "erros", de sua exuberância – um erro que não é mais um pálido não-ser, mas uma erva louca e invasiva –, eles são obrigados a abrir, de bom ou de mau grado, as velhas farmacopeias. Em nossa perspectiva, essas compilações medicamentosas se revelam mais preciosas ainda: não apenas elas contêm a vesânia, o despropositado, por vezes até o fantástico, mas delineiam em filigrana, como insistiremos, a antítese de nossa própria descrição. Justamente tendo em vista introduzi-la e para melhor responder às nossas perguntas – o que é o remédio moderno? Como procede a medicina contemporânea? –, nos parece útil lembrar sem grandes detalhes as teorias essenciais ou as concepções médicas que forjaram e animaram as antigas panaceias. Esses catálogos do falacioso testemunharão também sobre a riqueza e a diversidade de nossa "matéria", incessantemente renovada, em perpétuo movimento, por vezes logo lamentada tanto quanto celebrada. Limitamo-nos a uma simples classificação, a algumas evocações, na falta de poder apreender esse Proteus, ou essa colheita sempre pronta a germinar.

1º. O tema maniqueísta e ontológico prevalece por sua vitalidade especulativa. O mal se define, então, como o que se deve expulsar do corpo possuído. O princípio mórbido foge para o interior do organismo a fim de melhor habitá-lo. Consequentemente, o remédio empunhará o chicote da violência expulsiva. Disso decorrem as urticações, as revulsões, as vesicações, as evacuações. É preciso principalmente lançar o inimigo interior na periferia, abrir-lhe um caminho, desalojá-lo. Não convém que o mal "regresse", se envíscere ou se enquiste: persegue-se o intruso, ou então, com astúcia, propunham-lhe, outrora, uma outra moradia, um vegetal ou um animal, um bode expiatório que o hospedaria. "Em Java, expulsa-se o demônio da gota e do reumatismo pondo-se páprica debaixo das unhas dos pacientes... As feiticeiras de Bornéu fazem incisões nos doentes com uma faca para permitir aos maus espíritos ir-se embora. Com o mesmo objetivo, os nativos de Bornéu jogam arroz sobre a cabeça e o corpo de uma pessoa infestada pelos maus espíritos.

Depois, trazem uma ave que, bicando os grãos, engole ao mesmo tempo os maus espíritos."[3] Se essa medicação desqualifica-se por si mesma, basta-lhe pintar o rosto para regenerar e se impor: ela se metamorfoseia habilmente e recomenda, então, os transpirantes (diaforéticos), os "banhos de pés", esses pedilúvios que o próprio Balzac preconizava para descongestionar os centros ameaçados pela pletora e "golpes" de sangue/congestões (*coups de sang*): os sinapismos, as ventosas, os expectorantes, os depletivos, as sangrias, os purgativos e os emenagogos. Aliás, não pretendemos esgotar uma lista que não contém nem os desobstruentes, que liberam os caminhos, nem os antiparasitas. O século XX favoreceu sobretudo essa ressurgência[4] dos arquétipos da cura como exteriorização, passagem de dentro para fora, eliminação e evacuação: "A supressão das hemorroidas é quase tão funesta para os homens quanto a dos mênstruos para as mulheres...As úlceras, cuja supressão causa loucura, a curam restabelecendo-se, tal como a arte cura trazendo de volta as evacuações habituais suprimidas... O retorno da transpiração arbitra sobre a loucura com muito mais frequência do que se crê. É o que torna a primavera favorável à cura dessa doença."[5] Para dizer a verdade, cada época da terapêutica adapta e renova esse esquema da medicação resolutiva: assim, pelo fato de o mercúrio favorecer a salivação, recentemente ele foi considerado um valoroso fluidificante e, por isso, recomendado contra as escleroses, os coágulos, as indurações. Ele se beneficiou da moda que, paralelamente, magnificava os depletivos e os depurativos.

2º. Uma medicina menos agressiva[6] e mais misericordiosa derruba e até mesmo inverte essa concepção: a doença não resulta mais de uma invasão e de uma nociva intromissão, mas de uma diminuição das forças e de um enfraquecimento. Portanto, não mais se deve atacar o mal, o que, por ricochete, abate o doente. Convém mais pôr o doente de pé, restaurar a desnutrição, disso decorre esta rica floração de "tônicos", fortificantes e reconstituintes. Seu número sempre desafia a numeração: os vinhos quentes e generosos; os amargos estimulantes, os caldos e macerações, os aromáticos e as infusões que retêm as virtudes das plantas, as con-

---

3   Frazer, *Le rameau d'or*, t. I, p. 233. Essas medicinas aberrantes não desaparecem, elas ressuscitam de tempos em tempos, tal como essas vegetações que se acreditava mortas. Assim, Mesmer reabilita essa magia da transferência que podia pensar definitivamente abandonada: "Eis aqui a receita: vocês retiram um pedaço da casca, fazem ali um furo com uma pua e põem dentro desse furo a urina ou cabelos da pessoa doente. Em seguida, você substitui a casca (do carvalho ou do salgueiro) de maneira que tudo fique coberto, e a doença passará do corpo da pessoa para o do carvalho. Nada mais fácil" (Figuier, *Histoire du merveilleux*, t. III; *Le magnétisme animal*, p. 108).
4   Com efeito, a energia purificante da lustração, da limpeza e da eliminação tem sua fonte na Antiguidade. O pensamento grego teria encorajado e encorpado esse desenvolvimento (cf. a esse respeito Louis Moulinier, *Le pur et l'impur dans la pensée et la sensibilité des Grecs jusqu'à la fin du IVe siècle av. J.-C.*, 1950, notadamente p. 162 a 168).
5   Esquirol, *Des maladies mentales*, 1838, t. I, p. 70-84-86.
6   Aliás, etimologicamente, curar significa proteger e defender, senão destruir e perseguir. Essa origem bastante militar sobrevive ainda no vocábulo: guarita, abrigo para a sentinela.

servas de frutas que os preservam do ataque do tempo destruidor. A *Siris*, de Berkeley, esclarece e enriquece essa filosofia da panaceia espiritual, cordial e penetrante, que reanima a astenia pelo Céu e pelo Fogo, pela Natureza inteira que a medicina sabe concentrar e distribuir.

3º. Mas a Natureza, este reservatório inesgotável de forças para a farmacologia mitológica, engloba tudo, ou seja, o melhor e o pior. Com efeito, a clínica se encarrega de mostrar os perigos, reais e imaginários, que emanam dos minerais, dos vegetais ou dos animais: o mais anódino ou o mais salutar pode, subitamente, lesar. Nos séculos XVII e XVIII, multiplicam-se os conselhos de prudência, já que as flores mais ternas ou os animais mais inofensivos se metamorfoseiam em temíveis venenos. Assim, para dar um exemplo curioso escolhido entre todos os que ele reuniu, Portal relata que "um homem sexagenário, que há muito tempo fazia uso de papoulas (rosa dos trigos), caiu numa espécie de imbecilidade e, por fim, numa afecção comatosa da qual pereceu. O cadáver foi aberto e encontrou-se, nos ventrículos do cérebro, um humor negro como a tinta e de odor ruim".[7] Os cogumelos, os peixes, os metais podem curar tanto quanto intoxicar. É preciso, portanto, escolher judiciosamente. Como reconhecer o salutar e o prejudicial?

Estamos ainda muito longe da farmacologia que aproxima e confunde o "nocivo" e o "curativo", no sentido em que, sob certas condições, o próprio remédio se torna veneno. Foi preciso esperar Claude Bernard para se religar nitidamente: o que alimenta, o que salva e o que mata. Uma mesma substância é capaz de alimentar, medicar, envenenar. Basta modificar a posologia, a via de introdução ou outras circunstâncias aparentemente insignificantes. O máximo: o mesmo princípio que causou os distúrbios pode ser responsável, por si mesmo, mediante algumas transformações ligeiras concernentes à absorção, por salvar ou aliviar de suas consequências deploráveis. O mal pode curar do mal, ser seu próprio antídoto. Mas, antes desse relativismo que dessubstancializa o medicamento e o define como um centro de relações, resta uma "coisa sagrada" que é preciso desvelar, saber reconhecer e venerar, em oposição às "doentias" que abusam de nós e das quais é preciso, então, se proteger. Infelizmente, umas e outras, as salvadoras e as tóxicas, com frequência se parecem e também se escondem sob formas imperceptíveis, minúsculas, tais como as armadilhas e os tesouros. A célebre Teoria das assinaturas propicia uma solução para efetuar a partilha: as "semelhanças" devem guiar. O lâmio-branco, por exemplo, curará das perdas brancas, a pulmonária vale contra as afecções pulmonares. Para essa teoria, não é um acaso o fato de uma raiz ou um fruto evocar a figura de um órgão humano: consequentemente, se tratará a lepra com morangos, os oxiúros rebeldes com estames, ou ainda as dores de cabeça graças à capsula da dormideira, as dores renais com grãos de café, o coração com o limão, e todos os comichões se esfumarão caso se beba água de pétalas de rosa colhidas de suas hastes espinhentas. O álamo curará a febre e o açafrão, a icterícia.

---

[7] *Observations sur les effets des vapeurs méphitiques dans l'homme*, por M. Portal, Paris, 1787, p. 352.

O Romantismo de Bernardin de Saint-Pierre enfatizou essa medicina providencialista: só que, em vez de confiar nos fenômenos e em suas configurações, ele se inspirou nas profundas harmonias que plainam sobre os lugares e paisagens. "Presumo que a natureza tenha seguido o mesmo plano em relação às plantas medicinais e que, tendo expandido em muitas famílias de vegetais virtudes relativas ao nosso sangue, a nossos humores, ela as modificou em cada país, segundo as doenças que o clima ali engendra, e as pôs em oposição com os caracteres particulares dessas mesmas doenças. Foi, parece-me, por terem sido negligenciadas essas observações que se erigiram tantas dúvidas e disputas sobre as virtudes das plantas. Tal simples que remedia um mal num país por vezes o aumenta em um outro... Cada remédio é modificado em cada lugar, assim como cada mal."[8]

4º. A medicina naturalista, em vez de utilizar o semelhante contra ele mesmo, pode se propor a restituir uma harmonia perdida, a concórdia dos elementos. Somente convém saber, de modo prévio, de que lado o equilíbrio se rompeu na doença. Será uma sequidão devoradora ou um afluxo de umidade? Será uma febre ou um resfriamento? Em função do mal se prescreverá remédios mais ou menos caloríficos, umectantes ou adstringentes, refrescantes ou desidratantes que drenarão as secreções tão debilitantes. Erixímaco, em *O banquete*, de Platão, louvou essa vontade médica de síntese e de proporção: "Um bom praticante, com efeito, deve ser capaz de estabelecer a amizade e o amor entre os elementos mais hostis do corpo. Ora, os elementos mais hostis são os elementos contrários, o frio e o quente, o amargo e doce, o seco e o úmido e os outros análogos. Foi por ter sabido pôr o amor e a concórdia entre esses elementos que nosso ancestral Asclépio fundou nossa arte."[9] Posteriormente, a terapêutica iria especificar esta indicação geral: ela distinguirá, por exemplo, entre os escaldantes, os que operam tenuemente (reunimos nesse grupo a camomila e o meliloto), outros que agem mais nitidamente (a genciana e a salsa), mais adiante, os mais eficientes e até mesmo muito ardentes (a pimenta, o gengibre, o alho e a mostarda). Assim, o praticante, conforme a afecção, sua intensidade e sobretudo segundo o desequilíbrio fisiológico, recorre a reparadores encarregados de restabelecer os acordos e as correspondências necessárias. Com efeito, ele visa restaurar um equilíbrio, uma justa harmonia.

5º. Uma terapia mais articulada à doença se inspirará menos em uma fisiologia da sinergia e das proporções do que na própria patologia, no sentido em que, conhecendo a evolução do mal, sua marcha natural e seu término, ela tenderá a precipitar seu curso e a garantir sua conclusão. A doença não é mais discórdia ou desordem, mas, ao contrário, esforço mais ou menos insuficiente para esvaziar um humor "maligno", para suprir uma carência, para neutralizar uma secreção. Não se deve anular os sintomas mórbidos, antes encorajá-los e fortalecê-los. Nos febris, a

---

8   Bernardin de Saint-Pierre, *Études de la nature*, t. II, p. 449, Sobre as harmonias humanas das plantas (Paris, ed. Aimé-Martin, 1825).
9   Platon, *Le Banquet*, 186 d-e.

medicina popular já não favorece espontaneamente uma intensa sudação, graças a tisanas ferventes, álcool abundante e cobertas espessas? Não colocamos ventosas sobre as regiões já congestionadas e inflamadas? E não deve o cirurgião incisar um abscesso ou retirar um cálculo que se elimina mal? Essa regra da *Natura sola mediatrix* não se reporta às que precedem, que se propõem, justamente, a expulsar o demônio ou o intruso. É preciso, doravante, menos anular o mal do que estimulá-lo. O perigoso é o tórpido, o atônico ou o crônico que priva o organismo de sua crise ou de sua franca vitória. Não se trata tampouco de despertar o próprio doente, tonificá-lo ou sustentá-lo em sua luta: a terapêutica antecipa a homeopatia, ela exacerba o mórbido.

Essa concepção remonta pelo menos a Hipócrates e à Escola de Cós, que descobrem a importância vital das "cocções" realizadas, dos ciclos mórbidos a serem percorridos (sob o modelo: erupção, febre, descamação), dos dias críticos a serem superados ou das crises resolutivas a chegarem a seu termo natural. "Numa passagem típica das Epidemias, todas as fórmulas pelas quais se exprime o sentimento dos médicos sobre esse ponto capital têm um sentido claro e preciso... Afirmação da presença no organismo de aptidões de defesa: a natureza é o médico das doenças; reconhecimento no interior do corpo de uma espontaneidade parente da razão, mas não procedendo por deliberação interior: a natureza encontra em si mesma, por si mesma, as vias a seguir... Enfim, declaração ligada à precedente da autonomia e da excelência da vida: a natureza não conhece mestre e, sem ter de aprender, ela realiza as coisas que convêm."[10] Nessa perspectiva de magia terapêutica se teme a letargia ou o parasitismo, compromisso vergonhoso graças ao qual o doente e o mal acabam por se acomodarem um ao outro. O organismo, então, se resigna e se submete. Vitória de Pirro, ele abandona uma luta que o teria salvado e que o médico deve sustentar.

Análogas, senão idênticas, a essa antiga estratégia que consiste em atiçar o mal para dele se libertar, as decisões paroxísticas ou os diversos procedimentos de choque: para arrancar o paciente de seu torpor, não se teme perturbá-lo e mobilizá-lo (abscesso de fixação, convulsões e solavancos elétricos, piretoterapia, abalo dos humores, injeções desencadeantes etc.). Se a doença inclina para o enquistamento do princípio, cai na imobilidade ou na complacência (que parece traduzir a própria palavra afecção), se ela se espessa ou se organiza, não se deveria recorrer às medicações heroicas, não seria preciso tratar bruscamente ou mesmo brutalizar o adormecido que se encontra ameaçado? Disso decorrem essas loucas magias de incitação que aqui e ali, aliás, colhem belos sucessos.[11] O mais notável vem do fato de que os

---

10 *Observation et expérience chez les médecins de la collection hippocratique*, por L. Bourgey, Paris, 1953, p. 257.

11 Essa é uma maneira ingênua de se expressar. Nada de mais tentador, porém nada de mais aventureiro e suspeito do que a afirmação das "vitórias médicas" ou das "curas"! Retornaremos a isso (cf. também *Les Études philosophiques*, julho-setembro de 1960, L'expérimentation thérapeuti-

doentes que frequentemente induzem seus médicos e sabem impor suas terapêuticas, longe de temerem verdadeiramente essas violências, as evocam e as solicitam por uma espécie de gosto malsão para o veemente, o radical e o sacrificial. Isso produz efeitos vivos e repentinos e atinge menos a doença do que a imaginação do doente que valoriza o potente e o eficiente, único capaz de reerguer, interromper, salvar definitivamente. O doente, em regra geral, desdenha o escrupuloso, o lento em se manifestar, o aparentemente inofensivo, o que não pode, como por um toque de varinha mágica, devolver a vida ou restabelecer a integridade das funções. Teremos mais de uma ocasião para voltar a isso: a doença do homem, gasto pelo tempo e pelas fadigas, debilitado e esgotado, não poderá ter fim senão por ações cosmogônicas e orgiásticas. As devassidões e os excessos, as imersões e as destruições restituem imaginativamente o tempo primeiro da criação. Portanto, eles podem permitir a renovação. Sem nem mesmo ter de remontar a tão longe, é evidente que quanto mais o doente sofre de seu tratamento, mais ele pensa comprar e merecer a cura: do mesmo modo, ele prefere uma injeção intravenosa ao que, por outro lado, ele pode apreender pela simples absorção de uma pílula ou de um comprimido. Com frequência ele denigre a tenra pomada, demasiado externa, a fricção, simplesmente adjacente, e todos os empregos comuns. Uma injeção subcutânea parece menos decisiva ou curativa do que uma intramuscular: esta não se embaraça com os meios, vai direto ao ponto e se interioriza sem demora. Contudo, não poderíamos vislumbrar aqui o problema médico das vias de absorção. Limitamo-nos a observar que nenhuma modalidade introdutora prevalece fatalmente sobre as outras: cada remédio, para valer, merece uma certa incorporação. Se não respeitarmos as exigências materiais de sua absorção, perderemos o benefício de tomá-lo. Com

---

que, pluralisme et structure, p. 365-373), mas o famoso "abscesso de fixação" se propõe já como um modelo de embuste, uma fonte de interpretações difíceis e errôneas. Um clínico atual expõe luminosamente o problema (Robert Fasquelle, *Les trois aspects de la lutte contre les germes infectieux*, 1955, p. 64-65): "Na mesma época, um meio médico de luta contra o estado septicêmico gozava de um grande favor: era o abscesso de fixação. Ele consistia em injetar aproximadamente um centímetro cúbico de essência de terebintina na coxa do paciente acometido de septicemia. Num certo número de casos, notava-se, nos dias seguintes, no local de depósito da terebintina, a aparição de uma vermelhidão, depois uma tumefação, por fim de um abscesso do qual se esvaziava o pus por meio de incisão. Nessa eventualidade, em geral o doente se curava. Havia-se conseguido, se dizia, fixar a infecção. Os casos infelizes corroboravam essa opinião: com efeito, quando o abscesso não acontecia, em regra geral o doente não tardava a morrer."
Visto de certa distância, o método parecia lógico. Contudo, os bacteriologistas haviam notado um fato curioso: o pus do abscesso era asséptico. M. Bordet propunha uma interpretação diferente... Para ele, não era preciso dizer que "o doente se curara porque o abscesso se "constituíra" ou "que ele morria porque o abscesso fracassara", mas sim que "o abscesso se formava porque o doente iria se curar", ou "não se constituíra porque ele iria morrer". Se os leucócitos acorriam para o inimigo terebintina, era por serem em número suficiente no organismo; no caso contrário, o fracasso do abscesso era devido à sua deficiência. Não era preciso conceder à técnica um valor terapêutico, mas um simples valor prognóstico. Não se tratava de um abscesso de fixação, mas de tradução da infecção."

efeito, um princípio ativo depositado sobre a epiderme pode, por vezes, dar resultados que, se introduzido nos vasos, ele não mais suscita e inversamente. Para se revelar, a matéria demanda uma maneira e, correlativamente, o modo de dar pode mudar aquilo que se dá. Por conseguinte, é falso pensar que o desmedido, o profundo ou o brusco chocarão mais do que o insensível ou o superficial. É não menos falso acreditar que o raro, o frágil ou o temível possam valer mais do que o comum ou o leve. Não é certo que se precise abalar ou agitar o organismo, se o fosse, não seria fácil descobrir os meios.

6º. Outra categoria de farmacologia mitológica, o medicamento pode se limitar a evocar uma cena ou uma circunstância miraculosa. Ele vale, então, como liturgia mnésica. Em seus *Reis Taumaturgos*, Marc Bloch descreveu luminosamente essa prática, essa religião das curas reais e soberanas: na falta da mão sagrada, se usará tudo o que ela tiver tocado, como se as forças liberadas por ela pudessem se transmitir: "A água tinha um lugar, mas bem modesto, pelo menos em princípio. Como é devido, depois de haver pousado seus dedos sobre tantos tumores nojentos, os reis lavavam suas mãos. Esse gesto..., em sua origem, não tinha caráter taumatúrgico. Mas como o povo se absteria de atribuir alguma virtude à água das bacias reais? Por haver molhado uma mão que sabia curar, ela parecia, por sua vez, ter se tornado um remédio... Entre os doentes, muitos miseráveis. Dão-lhes algum dinheiro, sobretudo aos que vêm de longe... A moeda se torna, então, aos olhos do público, um instrumento essencial do rito. Não recebê-la era como ser miraculado pela metade."[12] E tudo aquilo que de perto ou de longe participa da cura, porta então um poder sedativo ou curativo: imagina-se com dificuldade a variedade, a renovação e a inverossimilhança dos princípios que se tornam remédios, desde a poeira retirada das igrejas até a água santa dos batismos, para evocar os exemplos comentados por Marc Bloch.[13] Aliás, o medicamento não cessa de ser banhado no místico. A cura permanece uma salvação e encontramos rastros dessa constante confusão até nos vocábulos da antiga farmacopeia: "Muita gente acha este termo (carminativo) estranho, porque parece que ele não expressa nada dos efeitos dos simples compreendidos sob essa denominação. Essa palavra certamente tem sua origem. Ela vem do tempo em que a medicina estava demasiadamente nas mãos dos saltimbancos. Como faltava para essas pessoas o verdadeiro conhecimento de sua profissão, necessário para explicar os efeitos dos remédios, eles faziam a religião tomar parte e se vangloriavam de fazer mediante a invocação do Céu... isso sua ignorância os tornava incapazes de explicar pela argumentação. Suas prescrições misteriosas em geral eram feitas em versos curtos. A palavra *carmen*, que significa verso, também era empregada para significar um encantamento. Como isso era um véu muito bom para encobrir sua ignorância, eles com frequência se serviam dele para contentar o povo quanto à explicação do efeito de um medicamento que eles não podiam dar. O efeito dos remédios compreendidos sob esse nome era rápido,

---

12   *Les róis thaumaturges*, ed. francesa – atualmente é da Gallmend –, p. 96-97.
13   *Ibid.*, p. 77 e 91.

suas consequências eram bastante grandes e surpreendentes... Por todas essas razões, os medicamentos que aliviam nesses casos foram chamados carminativos, como se, com efeito, eles tivessem curado por encantamento."[14]

7º. Concluiremos nosso exame do arcaico ou do falacioso com o mais sutil e mais persistente dos erros farmacológicos. Ele consiste em acreditar, por um lado, na existência de afecções patológicas bem delimitadas; de outro, na possibilidade de descobrir "específicos" que delas livrarão. Nessa ótica, a doença se torna uma entidade que se trata com um antídoto. O terapeuta deve aplicar a equação: para tal desordem, tal agente, tal alcaloide, tal parasitótropo. Por exemplo, Curveilhier, em 1830, descreve a úlcera circular do estômago como uma alteração local, a ser tratada com um repouso local (a dieta, o regime estritamente lácteo) e com cicatrizantes locais, pós-inertes, que isolarão a mucosa doente (o nitrato de prata, nessa época).

Em vez de expulsar o mal para fora, como faziam os mais primitivos na magia, miniaturizam-no por dentro, circunscrevem-no tão fina ou tão estreitamente que esse esquema médico, apesar do progresso patogênico que representa, não deixa de decorrer de um certo maniqueísmo. Em outros termos, se pode querer banir o humor maligno, o intruso ou o demônio interior e, desse modo, se tranquiliza a ansiedade do possuído. Mas se pode também definir o patológico como o efeito de uma causa minúscula ou imperceptível, semelhante a um grão de areia ou a uma invisível intromissão, uma fina hiância, um nada que é preciso saber revelar e poder impedir ou suprimir. As duas concepções, embora em sentido contrário uma da outra, também equivalem ao mesmo. Elas realizam uma espécie de mitologia de eliminação. Todas as duas nos escondem a doença real, com suas ameaças e seu drama evolutivo. No primeiro caso, o homem sadio não é senão modificado ou habitado por um espírito hostil; no segundo, ele ainda é a vítima inocente de um antecedente considerado, de um veneno guliveriano que acarreta consequências deploráveis tanto quanto desproporcionais. O infinitamente pequeno produz, então, efeitos de ampla envergadura. Só que o clínico não se engana nisso, ele sabe remontar ao elemento liliputiano, mais ou menos oculto, único responsável do desastre. Não é essa também uma representação do patológico que o eufemiza, atenua sua gravidade e diminui sua importância? Sempre, nesses fantasmas imaginários, o organismo aparece como uma vítima, mais do que como um cúmplice, e, sobretudo, ele conserva sua "vitalidade" inquietada apenas por um princípio exterior, um desertor ou uma anomalia interior tão reduzida que não deveria poder rivalizar, aparentemente, com o gigante que ela perturba ou agita. De todo modo, com essa última perspectiva, o remédio se caracteriza por suas capacidades de eletivo e de radical: ele desliza e se fixa sobre o tecido atingido, se concentra no *locus minoris resistentiae*. À maneira dos colorantes, ele toca apenas as células alteradas e particulares, ele não se dilui e não se perde alhures nos vastos espaços da economia. Por definição, ele só vale para uma situação determinada: ele e apenas ele. O resto, os outros são tão somente coadjuvantes ou

---

14 *Pharmacopée universelle raisonnée*, por M. Quincy, 1749, trad. por M. Clausier, médico de Paris, p. 157.

acessórios. Retornamos assim, *mutatis mutandis*, a Bernardin de Saint-Pierre, que imaginava, na Natureza abençoada, lado a lado, o mal e o bem, a doença e seu antídoto. A química extrativa e a farmacologia das filtrações e dos estudos analíticos (todo o século XIX se esmera em descobrir nos extratos os princípios definidos, os únicos alcaloides ativos como o quinino, a salicina, a digitalina, a morfina, a codeína etc.) devem, portanto, nos propiciar a droga específica que se dirigirá diretamente para a causa mórbida e a anulará ou a moderará.

Por fim, embora a doença presentifique apenas duas forças opostas, quantas variedades nessa luta imaginária! O terapeuta, além disso, intervém inteiramente por si mesmo para modificar o combate e seu desenrolar: ele pode abater o inimigo ou sustentar o experimentado. Ele pode acelerar o ritmo da guerra se o invasor ganha em retardá-lo e a progredir no silêncio insidioso. Ele pode evocar em seu auxílio as formidáveis potências da Natureza, fonte de juventude. Ele pode ainda sonhar com uma arma miraculosa, "o específico", que aniquilaria o inimigo sem modificar o terreno no qual ele se implantou. É evidente que essa última esperança, embora seja a mais racional e a mais comumente partilhada, parece ser também a mais quimérica. Mas essas diversas teorias da medicação tendem, sobretudo, a revelar a terapêutica como o campo privilegiado das vegetações mais exuberantes. E ainda, para essa demonstração, evocamos apenas as doutrinas ou os esquemas mais clássicos ou os mais generosos, aqueles que, por vezes, os filósofos defendiam.

* * *

Uma vez que não nos propomos a examinar as diversas terapias ilusórias, podíamos nos limitar a algumas: com efeito, o filósofo não deve apenas se interessar pelos remédios por causa de seu estranho passado, legendário e feérico, mas deve, principalmente, levá-los em consideração em sua atualidade e sua racionalidade. No universo moderno, o que há de mais rico e de mais característico do que o medicamento? A matéria médica não é só a terra do fantástico e do vesânico, mas, desde o século XVIII, e *a fortiori* dos nossos dias, a farmacologia oferece uma abundante colheita de positividade e de criatividade. E se a filosofia deve aprender de algum modo os aspectos e os perfis dos acontecimentos essenciais, sua verdade, as leis de sua emergência e de seu renovo, ela, então, não pode desviar-se do mais surpreendente e do mais comovedor, aquele que cura. Esta é, com efeito, a força do remédio: ele não transforma a natureza exterior, mas o próprio homem, ele o mantém na vida, o protege, o alivia ou o metamorfoseia. A esse respeito, o que há de mais decisivo do que as fenotiazinas que drenam as produções delirantes, os "tímicos" que suspendem a evolução de uma melancolia, todos os sedativos que expulsam a ansiedade, sem contar os euforizantes ou os estimulantes! Os remédios prolongam a vontade no sono, reimpulsionam o coração, restituem as forças e detêm a morte: eles são o meio mediante o qual o homem age mais eficaz e salutarmente sobre o homem, definem a mais calorosa e a mais simpática das inter-relações sociais. Aliás, é por essa razão que o medicamento assume tanta humanidade. Tal como a corporeidade, fonte infinita de significações, a terapêutica se introduz em um mundo mais cultural que natural.

Introdução   13

O remédio veicula infalivelmente uma esperança, senão um temor, ele concretiza uma vontade prestativa. Por essa simples razão, ele perde sua transparência: não conseguiremos contê-lo numa fórmula absolutamente rigorosa. Sobre sua substância neutra e fria se condensam a energia do médico e a confiança do doente. Aliás, essa atmosfera antropológica prejudica o remédio tanto quanto, por vezes, o serve e o aumenta. Ela pode comprometer a relação terapêutica e seu autêntico sucesso: basta um médico mais ou menos autoritário e decidido ou, por outro lado, um ansioso mais ou menos escrupuloso. E se o clínico apreende mal a linguagem corporal por meio da qual se expressa o paciente, se esse último induz demasiadamente seu médico, muito pronto a ratificar suas surdas demandas, aqui também a cura não será senão aparente e a medicação chegará apenas a enrijecer ou a fixar uma situação neurótica. É falso crer que apenas o psiquiatra ou o psicoterapeuta devam, primeiro, ser esclarecidos sobre si mesmos para poderem conduzir com sucesso seu projeto curativo: essa condição se aplica mais nitidamente ainda àquele que se abriga por trás das prescrições, das seringas e curativos. Na falta dessa análise prévia, ele corre o risco de violentar, contaminar e, sobretudo, de fracassar.

No desejo de nos limitarmos, abordaremos só raramente essa dinâmica psicológica de recíproca modificação. Com efeito, a evocaremos apenas quando descrevermos a obra do cirurgião porque, nesse caso, é difícil evitá-lo. Em princípio, unicamente a materialidade medicamentosa basta para nossa análise, considerando que, nós o mostraremos, ela não cessa de fugir e de escapar de uma direta apreensão. Sobre esse tema, parece-nos necessário relembrar e magnificar as sugestões e as experiências de Cullen (1712-1780), que abre o caminho para a reflexão farmacêutica. Foi esse farmacólogo do século XVIII, que os tratados com frequência desconhecem ou só citam ocasionalmente, que nos pareceu o promotor e o inspirador. Antes dele, a matéria médica se enlameia na magia, se beneficia de uma falsa clareza, se perde na receita empírica: ele a salva e a emancipa. De todo modo, ele enuncia os princípios essenciais que vivificam nosso conceito:

1º No ópio, sempre considerado como um sedativo ou um calmante, válido contra as dores, indiscutivelmente o primeiro, ele reconhece uma potencialidade estimuladora. Certamente, Cullen tomou de Haller, pioneiro da experimentação em fisiologia e em patologia, a referência às irritabilidades, às sensibilidades, aos espasmos e ao que os atenua, mas descobriu nele igualmente uma substância médica portadora de uma dualidade e até mesmo de uma ambivalência.[15] Ele generalizará

---

15   Fr. Bacon, em *Novum organum*, tão rico de ensinamentos para a história e para a ciência dos remédios, já mencionava, é verdade, que: "na infusão do ruibarbo, a virtude purgativa se manifesta primeiro, e, em seguida, o poder adstringente; observamos alguma coisa semelhante preparando uma infusão de violetas no vinagre; primeiro, se exala um odor doce e delicado, em seguida se liberam as partes barrentas da flor e o odor se perde" (trad. Lorquet, Hachette, 1857, p. 174, liv. II, § 46).
    Bacon não deixa de permanecer ligado a uma espécie de realismo mágico. Só que a decomposição dos simples, graças às infusões e às destilações, libera primeiro o ligeiro ou o rápido, antes

este exemplo: o álcool também, *simul et semel*, estimula e apazigua, excita e acalma. O *per Hercle, opium non sedat*, de Brown, seu aluno, prova a não simplicidade ontológica dos princípios.

2º Uma outra noção que tonaliza a farmacologia. Cullen, entre os primeiros, insiste sobre a força de costumagem, sobre a importância da "habituação" no determinismo dos efeitos curativos. É difícil precisarmos o que esse médico toma emprestado das correntes filosóficas de seu tempo, se ele sofreu grandemente ou não a influência de Hume ou do relativismo de Locke, se ele cedeu às filosofias da Natureza reagindo contra as do espírito e dos sistemas. Não sabemos tampouco em que medida ele serve à psicologia do hábito, tão homenageada entre os filósofos do século XIX, de Cabanis a Maine de Biron. Resta, porém, que Cullen aborda diretamente esse problema, conjeturado por ele sob um ângulo bastante experimental, não recuando diante de nenhuma precisão. Retira dele a lei dos efeitos duplos e contrários da repetição que ora amortece, ora aviva. Em qualquer hipótese, ela não cessa de modificar os dois termos presentes na terapêutica: o remédio e o organismo que o recebe. Quem não tentou "coisificar" a droga? Mas esta alerta o organismo que, por contragolpe e de imediato, se adapta a ela, reage, a anula ou então, na falta de poder aniquilá-la, se transforma tão bem relativamente a ela que esta, por um efeito de choque em retorno, é por ele senão suprimida, pelo menos radicalmente mudada. Cullen revela essa dialética material, esse debate ou essa oposição biológica entre um medicamento e o doente que não podem mais se encontrar um com o outro, por assim dizer, sem serem renovados ou transtornados: a medicação não é apenas introdução de uma substância, ela é também revolução interior. Assim, segundo esse filósofo da farmacologia, o tabaco, a princípio nauseante e insuportável, rapidamente se torna um estimulante e logo se transforma em necessidade, ele dá prazer. Ou então, para lhe tomar emprestado um exemplo banal, "uma pessoa há muito tempo acostumada a dormir em meio a um grande barulho fica tão distante de ser incomodada por esse barulho que, depois, não poderá dormir na calma".[16] O repugnante ou o tóxico, segundo Cullen, se converte em delicioso e desejável. A corporeidade revira tão bem suas próprias reações, que ela pode inverter e utilizar o universo exterior. Na impossibilidade em que o organismo se encontra de expul-

---

do grosseiro ou do importante, senão do essencial. Bacon insiste, portanto, sobre o aspecto temporal de um resultado ou de uma observação: "em todas as ações naturais, importa distinguir os dois tempos marcando o que vem primeiro e o que vem depois" (*ibid.*, p. 174). Aliás, ele não se inquieta com a presença dos contrários no interior de uma mesma substância. Não descreveu ele, entre os fatos privilegiados, os da luta e da predominância? "A dominação pertence ... às partes grosseiras e, por essa razão, se não conseguirmos por meio de alguns progressos de nossa indústria vencer essa dominação, é preciso perder as esperanças de alguma vez fazer os corpos dessa espécie sofrerem uma transformação" (*ibid.*, p. 192). Uma força pode domar e conter seu oposto. Disso decorrem as surpresas e as novidades da natureza.

16 *Cours de matière médicale*, de Cullen, trad. do inglês por M. Caullet de Veaumorel, em Paris, 1787, t. I, p. 61.

sar o que lhe impõem, ele se volta para si mesmo, por assim dizer, e, desse modo, consegue subtrair-se ao estímulo. Ou, então, ele pratica a operação contrária: ele cultiva a intolerância, se sensibiliza e, de maneira paroxística, rejeita ou afasta a substância presente que não poderia conquistá-lo. "Conheci pessoas que, por uma forte dose de emético, tornaram seu estômago tão irritável que a 20ª parte da primeira dose bastava para, em seguida, produzir o mesmo efeito..."[17] Naturalmente, dessa farmacologia um tanto romântica sob seu aspecto modesto e empírico, Cullen extrai menos uma filosofia do que uma feliz aplicação médica: "Isso nos oferece uma regra em relação à prática dos remédios. Torna-se necessário, depois de algum tempo, mudar um remédio *inclusive* para um mais fraco da mesma natureza..."[18] Então, o fraco pode mais do que o forte enfraquecido pelo uso.

Os dois princípios que acabamos de evocar se juntam para fundar a diversidade e a multiplicidade das substâncias medicamentosas. O ópio abriga, como muitos outros, o mais e o menos, ele é a um só tempo um estimulante e um sedativo. Logo que se o administre, uma vez mais o dispositivo se inverte e se "negativiza". Por duas vezes, no espaço e no tempo, Cullen enuncia a lei de uma inclusão dos contrários sob o mesmo. Não se poderia melhor definir e apresentar nosso objeto, definitivamente arrancado por Cullen de um materialismo elementar ou sumário, do falso positivismo das ações mensuráveis ou da eficácia estrita, de uma trajetória monodirecional. O remédio cessa de existir – experimentalmente, entenda-se – além daquele que dele se beneficia. Aliás, ele só vale para e por ele. Ele mesmo não deixa de repercutir sobre essa causa sagrada e salutar. É assim que deploramos ou não perder a falsa clareza conferida pela objetividade ou por uma imóvel Natureza.

A medicação é, portanto, ressonância, ela cria uma dupla corrente. Se ela nos revela uma matéria, certamente se trata de uma matéria que aumenta ou se dissipa, uma matéria sem cessar ondulante, que conhece sobressaltos e recaídas, reerguidas e desaparecimentos. Além de toda referência aos componentes psíquicos ou neuróticos que decidimos não levar em consideração, o próprio remédio manifesta e revela um materialismo descontínuo e contrastado, disso decorrendo o fracasso dos conceitos demasiado fechados e demasiado estáveis que confirmaremos desde nosso primeiro capítulo. Essa é a razão pela qual, retornaremos a isso, o filósofo, longe de desdenhar ou minimizar muito esse materialismo ambíguo e movimentado, deve, ao contrário, celebrá-lo, senão privilegiá-lo.

Com toda certeza, não se trata das matérias racionais e cintilantes da química, em que a própria coerência cria as substâncias e o possível prevalece sobre a realidade. Se não estamos na presença de uma ciência autônoma, liberada das misérias da experimentação, das referências sensíveis, dos controles fastidiosos, em contrapartida, a farmacologia oferece o consolo filosófico de uma matéria que busca sempre, embora sem alcançá-lo, conquistar sua independência. Ela visa, sem sucesso,

---

17   *Ibid.*, t. I, p. 55.
18   *Ibid.*, t. I, p. 54.

a uma autonomia dedutiva e formal. Ela é um racionalismo impedido, uma razão que se emancipa da magia, mas que não pode, no entanto, emergir de suas brumas. Esse esforço perpétuo, essa impossibilidade, não é preciso mais do que um e outra para vivificar a medicação e problematizá-la. Em suma, a farmacologia nos libera uma matéria atravessada de esperanças e sulcada de desilusões, uma matéria incessantemente em busca de si mesma e, embora ela seja perfeitamente extraída de seu naturalismo primeiro, ela não deixa de germinar e consegue se multiplicar.

Um exemplo teórico esclarecerá essa situação incomparável: admitamos que tal ou tal molécula suscita o sono. Desde então, o demiurgo acredita ter em suas mãos o repouso e a noite que ele tanto poderá prolongar quanto interromper. Adormecer o homem, vencer a insônia rebelde ou as dores agudas, não se pode imaginar nada de mais prometeico. Só que basta a menor mudança, a adição de um elemento, uma ligeira e insignificante modificação de uma cadeia lateral, para que a mesma substância apaziguadora bruscamente se convulsione ou excite, como se o "positivo" e o "negativo" se misturassem ou se frequentassem. Correlativamente, moléculas tão disparatadas quanto possível se mostram capazes de um mesmo efeito biológico, de uma igual hipnose sem que se possa encontrar nelas qualquer denominador comum. O mesmo ou o semelhante produzem, por conseguinte, o outro e, paralelamente, os dessemelhantes podem dar o idêntico. Como sair desse alogismo que parece desafiar as regras elementares da coerência e da explicação?

Parece que muitos fatores e incógnitas entram na equação do resultado. Além disso, o homem ou o animal se industriam em frustrar, de algum modo, as previsões ou as sólidas aquisições. Nessas condições, o remédio não poderá nunca se prevalecer do brilho e da eminência das substâncias luminosas, racionalmente organizadas e construídas. Do equívoco, ele manterá sempre uma sombra. Apesar de todas as suas reservas filosóficas, ele não deixa de permanecer a coisa mais benigna, mais ativa e mais humana que existe.

Ao longo de nossa análise descritiva, nos preservaremos do erro mais injusto ou grosseiro, o que consiste, por inúmeras razões, não mais em minimizar ou em desvalorizar o remédio, mas em aniquilá-lo. Em vez de resolver a dificuldade, se a suprime: anula-se o medicamento. Sustenta-se, por exemplo, com uma excessiva insistência, que os micróbios se acostumam com os antibióticos e que, por conseguinte, as terapêuticas mais novas ou mais eficientes fracassam certamente tanto quanto foram bem-sucedidas. A medicação moderna teria apenas deslocado a doença, não a teria verdadeiramente curado. Sustenta-se ainda que os medicamentos novos, por seu próprio excesso, infligem ao organismo desordens intensas e que, por essa razão, é preciso abster-se deles. Todos esses argumentos, aliás, não deixam de ter fundamento nem valor: como o afirmava um clínico, é bem verdade que o terapeuta com frequência é tomado pela vertigem, é tentado a matar as moscas com martelos. Assim, numa colite banal, ele prescreverá uma sulfamida, de tropismo intestinal, antes de recomendar modestamente o carvão ou o famoso bismuto. Ou ainda, para aliviar uma crise de reumatismo, ele aconselhará, talvez, corticoides, antes da simples aspirina.

Afirma-se ainda que cada época louva seus próprios meios de cura. Essas esperanças, sempre decepcionadas e sempre renascentes, decorrem de uma sociologia da crença e do entusiasmo, e mesmo de uma psicologia da moda, mais do que de um estudo objetivo ou de uma reflexão estritamente farmacológica. Nessa perspectiva dissolvente, não falta vangloriar, por contraste, a higiene do ar e das águas, as células frescas, os regimes telúricos, os exercícios, as maneiras naturais de viver. Apela-se para o axioma segundo o qual vale mais prevenir do que curar. Não poderíamos entrar no exame desse ponto de vista. Não demonstraremos sua insuficiência. Nossas análises deveriam poder fazê-lo, já que se propõem a desvelar a contextura dos remédios, sua virtude, sua difícil racionalidade, o método de seu emprego e, até mesmo, confessamos, sua filosofia. Mostraremos que o remédio atual sabe se controlar, se limitar, ele se conceitualiza. Em suma, buscaremos testemunhar sobre sua potência salutar, sua modernidade proliferante e ativa. Nem por isso ele escapa ao destino de seu nascimento, por vezes ocasional – uma curiosidade, um acidente –, sempre eventual. Ele não pode tampouco subtrair-se do próprio custo de sua evolução e de seu progresso triunfante: se ele cura de modo cada vez melhor, ele fracassa tanto mais e paralelamente. Ele navega entre dois recifes de dificuldades. Ele não pode, sobretudo, em função mesmo de sua potência, agravar os males dos quais ele deveria nos aliviar. Sem um saber, o poder se torna o instrumento de um mau e perigoso querer. Tal como o Amor platônico de *O Banquete*, a matéria médica é filha de Poros e Pênia. Ela também é movimento incansável. Bem por isso não se deve "fetichizá-la", nem detê-la numa forma, mas tampouco dissolvê-la na corrente de seu próprio movimento.

Ela existe por uma vida própria que tentaremos descrever.

Primeira Parte
❧
A matéria médica

↢ Capítulo 1

O problema da definição do remédio

Embora pretendêssemos definir o remédio, sua materialidade proliferante e ativa, começaremos nossas análises pelo estudo das drogas imaginárias e falaciosas. Já que nos preocupamos com o positivo e o contemporâneo, por que então nos interessar pelas substâncias desaparecidas e pelas velhas receitas oficinais? Por que voltar atrás sobre o falso e, por vezes, o insensato, mediante documentos superabundantes que nos são apresentados pela história da farmacêutica?

Certamente, retiraremos do passado pelo menos a garantia de que o remédio ali define um objeto fundamental, um centro e uma sede de convergência. A história humana e a civilização ocasionalmente se limitam a refletir ou a ampliar o poder das drogas, verdadeiras infraestruturas que esclarecem os conjuntos sociais. E se o medicamento atual permanece aureolado de misticismo, não nos esqueçamos de que, outrora, a energia de um definia a do outro e o interpenetrava. Um e outro coincidiam. As descrições de Frazer, de Durkheim, de Lévy-Bruhl, para só falar deles,[1] revelam a importância das ervas, dos venenos, das poções, das composições, das fumigações, de todas as substâncias suscetíveis de modificar ou de regenerar as diversas funções humanas. Graças aos princípios retirados dos subsolos, ou graças aos que juntamos, colhemos, extirpamos dos animais, se poderá pôr à prova os suspeitos, perseguir os inimigos com flechas envenenadas, se poderá também embalsamar os mortos, acalmar a dor, profetizar o futuro. A medicação do passado não apenas define a primeira energética, mas pode servir de fio condutor no labirinto das cerimônias, das lendas ou das crenças. Com o risco de se ir muito longe, pensamos que a farmacologia pode servir de método explicativo: se ela não exclui evidentemente outros prismas, ela por certo corrige seus exageros idealistas.

---

1 Frazer, *Le Rameau d'or*, t. I: *Magie et réligion*; Lévy-Bruhl, *La mythologie primitive*, Le monde mytique des Australiens et des Papous (cap. V: "Étude de la thérapeutique"); Durkheim, *Les formes élémentaires de la vie religieuse* e, mais recentemente, as obras do Dr. Filiozat sobre *La médecine et la phermacie du monde oriental*; de Eliade, sobre *Le chamanisme*; de Lefebvre, *L'essai sur la médecine égyptienne de l'époque pharaonique*.

Parece-nos, para dar um exemplo, que a árvore, antes de se tornar um símbolo fálico, um esquema de ascensão ou um arquétipo e, ulteriormente, um tema religioso, a ocasião de festas revolucionárias, o centro de cerimônias familiares senão uma imagem representativa de nossa ascendência, foi, previamente, uma beberagem, um alimento e uma medicina regeneradora. Ela deve sua potência pululante apenas às suas origens, ou seja, às suas virtudes alimentares e curativas.[2] Certo, quando Van Helmont enaltece a Árvore da Vida, quer dizer, o Cedro do Líbano, ele se apoia menos em constatações experimentadas do que se fundamenta em associações mais ou menos arbitrárias: essa árvore resiste à corrupção. Imputrescível, ela é formada de uma essência imortal que a designa como a árvore paradisíaca. Tal como a hera, o pinho, ela parece escapar igualmente das mortes invernais, não perde suas agulhas verdes e sua habitual longevidade parece autorizá-la a entrar na preparação do elixir de longa vida. Mas, se afastarmos justamente essas enganosas recomendações, ou esses usos errôneos, não se pode negar que as florestas fornecem uma incalculável variedade de sumos, resinas, gomas, frutos, cascas, folhas, cinzas, raízes das quais se celebra, ainda nos dias de hoje, as influências e os benefícios. A árvore, antes de entrar nas lendas, existe primeiro como fonte real de vida, como Fonte de Juventude. Por meio dela se pode acalmar as febres demoníacas, reerguer as forças, favorecer a sudação, sustentar o coração, manter a saúde. Ela tem tanto poder, que a luxuriante indústria farmacêutica permanece curiosamente sujeitada aos arbustos, florestas e plantações. Ela ainda não cortou essa ligação de dependência. A pilocarpina reside nas folhas de uma espécie brasileira; a cocaína, nas da coca. Não falemos da cafeína, nem da famosa teobromina, retirada das favas do cacau. A estricnina provém da noz vômica que habita nas Índias, o estrofanto das raízes de arbustos africanos. Extraiu-se deles a oubaína, de uso frequente, seus grãos são igualmente utilizados para a síntese da cortisona.[3]

Devido a essa vegetação, sem contar ainda os minerais e os animais, a Natureza, primeira, se define necessariamente como um reservatório sagrado de energias, como uma divindade capaz de dar a doença ou de manter a vida, expulsar inimigos ou conservar os mortos. A humanidade não teve de começar sua história pelo simples mitológico, ou pelo disparatado, ou pelo excêntrico: apenas, ela se encontra cercada por um Universo, ele próprio habitado de malefícios e de charmes. Pareceu-nos que muito se negligenciou na descrição dos sacrifícios, das festas e das

---

2   Pierre Desfontaines, *L'homme et la forêt*, p. 55. "Na Venezuela existe uma árvore que fornece, quando se a incisa, um líquido cremoso e branco que lhe valeu o nome de árvore-vaca. Os indígenas bebem essa seiva em estado puro... Na África, uma palmeira se chama palmeira de vinho e dá esta bebida alcoólica bastante conhecida sob o nome de vinho de palma. Sua seiva é captada por meio de sangrias..."

3   Por todas essas questões como por tudo o que concerne à indústria farmacêutica, suas condições geográficas ou históricas, químicas ou extrativas pode-se ler com interesse a tese muito documentada de Jean Laurent. La pharmacie en France, Étude de geografie économique, Doctorat ès Lettres, Paris, 1959.

comemorações, na análise das crenças e das representações, do meio instrumental e farmacológico que os engendra ou os incita, que vale como uma espécie sacramental da liturgia mágica. A humanidade foi condicionada pelo contato com uma realidade ambígua: todos os extratos são coisas, mas coisas capazes de prodígios, matérias, porém salutares ou miríficas, substâncias, mas que abrigam espíritos, em suma, um fenomenismo espiritual que anuncia os espirituosos e os elixires. Não é sem razão que os homens se voltaram para o contraditório ou o fantasmagórico, por vezes para o monstruoso e o absurdo. As ervas estranhas dos xamãs podem explicar essa decadência. As manducações e as incisões, as beberagens e as fumaças, as bebedeiras coletivas ou as narcoses, todo esse conjunto não poderia ter sido imposto e se perpetuado sem que os participantes se beneficiassem ou ficassem maravilhados.

De todo modo, se a cosmologia primeira surpreende por suas inconsequências reencontradas nos ritos e nas cerimônias, a falta não caberia a essa *matéria equívoca* e *contraditória* que é o remédio, a um só tempo tóxico e saudável, fonte de temor e de atração, perigo e socorro, *coisa* e *espírito*, forma aparente e força escondida? Por conseguinte, a matéria médica mais antiga nos daria menos ocasião de depreciá-la ou de enfatizar suas notórias insuficiências do que nos obrigaria a lhe conferir um papel metodológico e cultural de primeiro plano. As plantas e as árvores chegam até a comandar as civilizações,[4] elas podem esclarecer suas manifestações mais estranhas. O medicamento antigo ou primitivo não deve ser ridicularizado, nem mesmo definido como desprezível curiosidade, acessório ou epifenômeno: somos tentados a defini-lo como aquilo por meio do qual todo o resto se explica. Mas, se queremos estudar nos parágrafos seguintes os remédios antigos, sua origem e os procedimentos de fabricação, é tendo menos em vista um exercício histórico e etnográfico, por mais válido que ele seja, do que a intenção de facilitar nossa tarefa descritiva. Queremos compreender a Natureza e as propriedades das terapias atuais. Ora, os medicamentos modernos, dos quais buscamos tomar consciência, podem, com frequência, se definir por oposição ou por referência à medicação do passado. Nada serve melhor a nosso intento do que o exame da antítese. Entre os dois polos extremos do arcaico e do contemporâneo opera uma antinomia: a farmácia conheceu uma evolução que, vista do alto, se torna uma revolução. Nessas condições, delinear o avesso simétrico do remédio novo, com a ajuda dos documentos da história, toma uma significação positiva.

Devemos então aprender, na leitura dos antigos *Tratados de farmácia*, a discernir e mensurar a importância dos progressos realizados ou das mutações epistemológicas efetuadas. Por vezes, bastará converter tal droga ou panaceia em seu contrário material para se obter a definição do produto de hoje: um tal antagonismo conceitual, essa inversão de um em relação ao outro testemunha bastante em favor da decalagem operada. Mais frequentemente, é verdade, os dois termos não

---

4 A África teria conhecido sobretudo venenos cardíacos, a América os paralisantes e a Ásia os sufocantes, para retomar uma distinção tradicional de geografia médica.

se opõem tão resolutamente. Eles podem mesmo parecer se confundir e o segundo, o medicamento dos dias de hoje, apenas prolongar aquele de outrora. Nós nos interrogaremos sobre essa sobrevivência e sobre o valor dessa rara, mas surpreendente conservação.[5]

O estudo da antiga *Materia medicans* não nos afasta verdadeiramente da atual: é, portanto, legítimo não separá-las. Avancemos mesmo mais longe: a droga do passado, de ricas cores, não constitui apenas um antiobjeto metodológico, ou um útil ponto de referência. Ela expressa, tanto para o inconsciente do doente como para o daquele que o trata, uma surda preferência, um injustificável apego. Justamente, a terapêutica mais positiva deveria dirigir sua atenção a esse fantasma, a essa sombra venerável: ela impediria esses deploráveis retornos que, aqui e ali, atingem menos evidentemente a terapêutica do que alguns terapeutas, que chegam a enaltecer os "remédios naturais", os extratos frescos, as energias tissulares, os pós-embrionários, as células jovens, as cascas ou os grãos, os fortificantes e os reconstituintes, os ativadores e os estimulantes mais diversos. Não é esta uma notória regressão, uma recaída na escuridão do naturalismo, apesar das fórmulas científicas que dissimulam a operação (vitaminas, biocatalisadores, sinergias, auxinas, trefones, endócrinos...)? Convém proteger e educar o futuro esculápio: se, de um lado, for preciso dar-lhe conhecimentos bioquímicos que o iniciem na organossíntese e lhe revelem as arquiteturas moleculares, ensinar-lhe as leis de sua degradação e de sua ação real, a biologia de sua eliminação, de sua posologia e de sua toxidade, é preciso, de outro, e sobre uma vertente complementar, favorecer sua ultrapassagem individual *vis-à-vis* das forças emocionais ou das fixações que comandam os preconceitos. O médico irá ladear a doença (situação por vezes dramática) e tentará combatê-la com meios raramente cogitados em sua neutralidade. O terapeuta, assediado por sua própria afetividade, ganhado por representações elementares, engajado em situações de urgência, deve ser previamente conduzido a refletir sobre as ilusões taumatúrgicas e sua perpétua revivescência. Nada favorece tanto a tomada de consciência quanto a história da farmácia, porque o progresso manifestado por ela se reflete necessaria-

---

5   O economista e o estatístico nos informam no que concerne a essa raridade:
"Em 1934, Kalmine, xarope dos Vosgos, Hémostyl, extrato Choay, fermentos láticos, formocarbina, quintonine, gardenal, aspirina, depurativos.
Em 1954, antibióticos, vitamina B12, sulfamidas associados, fortificantes, anti-histamínicos, hormônios sexuais, cortisona, tranquilizantes, gardenal, aspirina.
"Outros tempos, outros meios, outros resultados" (J. Laurent, *op. cit.*, p. 196).
"Antigamente, cada século alongava a lista dos medicamentos com uma unidade; ao longo do século XIX, a periodicidade foi reduzida a uma década, depois a um ano..." Desde então, a farmácia progrediu com passos de gigante, com os arsenobenzóis, os hormônios, as vitaminas, as sulfamidas, os antibióticos, os anti-histamínicos... A cada mês, nasce uma especialidade" (*ibid.*, p. 48)
Todas essas modificações e variações se traduzem naturalmente em curvas que indicam as toneladas de produção, os *budgets* das empresas, as quantidades de consumo, as somas dos reembolsos sociais, os benefícios industriais, curvas e gráficos que retêm a atenção do geógrafo industrial.

mente na inteligência individual que o percorre, o revive e o prolonga. A filogênese de uma emancipação ou de uma maturação induz uma ontogênese espiritual ou representativa. E a história da farmácia se transforma em iniciação, ou seja, em redenção, capaz de curar a inteligência curativa e libertá-la de seus erros fatais. E se não é nossa intenção tratar de pedagogia médica ou dos meios suscetíveis de favorecer um ortodesenvolvimento, retiremos ao menos dessa perspectiva que não se deve separar o antigo e o moderno, e que a análise dos velhos remédios deve permitir melhor abordar os remédios verdadeiramente novos.

Seção I

Como cingir o medicamento atual?
O verdadeiro e o falso, o saber e o poder

O remédio, verossímil, embora falacioso, o falso remédio da energética natural, pode ainda mais: não apenas nos instruir por sua antítese, não apenas proteger contra ele mesmo, mas ajudar-nos a definir o verdadeiro remédio. Por essa razão, ele tem um papel positivo e mantém um lugar no laboratório terapêutico. Sem o recurso desse "fantasma" seria árduo, por vezes impossível, precisar o poder dos medicamentos ativos. O filósofo da biologia e da farmacodinâmica nunca meditará o bastante, nos parece, sobre essa paradoxal função do inativo na apreciação do curativo: não a encontraremos em nenhum outro lugar. A farmacologia forma um domínio de exceção, porquanto ela deve recorrer ao inessencial a fim de alcançar e cingir suas próprias essências. Sempre longe de afugentar o errôneo e expulsar o especioso ou o aparente, ela deve utilizá-lo.

Demos a razão disso. Pelo fato de a terapêutica constituir uma experiência indireta do homem (o médico) sobre o homem (o doente), um inevitável encontro humano, por meio de uma matéria (o remédio) suscetível de exaltar a saúde ou de restituí-la, ela põe fatalmente em ação uma pluralidade de forças psicológicas, individuais, variáveis tanto quanto poderosas. Nessas condições, torna-se delicado distinguir, no conjunto de um êxito e de uma cura, o imaterial e o estritamente biológico, os fatores antropológicos e os efeitos farmacodinâmicos. Inversamente – seria necessário enfatizá-lo? –, é útil conhecer exatamente as participações existenciais e os componentes afetivos que contribuem para o sucesso, visando poder multiplicar eventualmente sua parte e aumentar as chances do tratamento. Ora, se uma medicação reúne duas ordens de fatores, os psíquicos e os materiais, bastaria determinar rigorosamente a fração dos primeiros para obter a dos segundos. Seria preciso, portanto, poder apreciar e delimitar o que é devido ao encantamento, à sugestão, às crenças. A placeboterapia[6] visa a este objetivo: um remédio real é igual ao

---

6 Placeboterapia. Por este nome bizarro designa-se, no jargão médico, toda administração de um produto ineficaz por sua natureza (fraca quantidade de água destilada, por exemplo, *mica*

remédio global quando se subtraiu, da soma de seus efeitos, aqueles que decorrem da persuasão, da hipnose, da esperança, e até mesmo aqueles que só existem pela presença do médico, suscetível de modificar totalmente os resultados: "A grande maioria do medicamento mais frequentemente utilizado em medicina geral era o próprio médico... Em nenhum manual existe a menor indicação sobre a dose que o médico deve prescrever, de sua própria pessoa, nem sobre qual forma, com qual frequência... É mais inquietante ainda constatar a ausência completa de literatura sobre os riscos possíveis de uma tal medicação..."[7]

É preciso, a qualquer preço, chegar a definir o poder específico de um medicamento: qual é sua ação? E o experimentador acredita ser bem-sucedido nisso, uma vez que ele pode circunscrever e delimitar o papel de y na seguinte equação:

Efeito global (a) = efeito real (x) + efeitos sugestivos (y)
x (o remédio) = $a - y$

Para conhecer y, o laboratório se serve do medicamento fictício, ou seja, de um xarope ou uma tintura, um comprimido ou um cataplasma, de algumas gotas ou de um grânulo, todos de ação farmacológica nula, mas que, por sua cor e seu gosto, sua aparência ou sua posologia, e até mesmo suas dimensões,[8] dão ao paciente a

---

panis, cara a Corvisart, ou solução salina estéril, para não citar senão os placebos mais usuais e também os mais pobres, os mais vazios de matéria sugestiva ou imaginária, portanto os mais incompletos, a despeito da tradição que os celebra), mas sob a forma, as aparências e com a atmosfera psíquica do medicamento ativo (cf. *La Revue du practicien*, ano 1955, p. 395).
Este vocábulo, placebo, que pertence primeiro ao latim da Igreja (ir a um Placebo, cantar um placebo, expressões que vêm sem dúvida do fato de se cantar um salmo que começa por *Placebo Domine*), representa também o futuro do verbo *placere*, adular, agradar, enganar. Trata-se, portanto, de apenas satisfazer o doente e de contentá-lo.
Inútil assinalar que essa placeboterapia levanta muitos problemas deontológicos, morais e até mesmo jurídicos e comerciais: não se trata de um embuste? Uma trapaça? A oficina ou o laboratório que distribui os placebos deve, com efeito, vendê-los a preços próximos aos dos remédios verdadeiros. Sem essa condição, a falácia não poderia se exercer e o remédio não teria valor, por assim dizer, caso não fosse comprado por um preço relativamente elevado.
Sempre sob o ângulo das observações linguísticas e semânticas, acrescentemos que, no tempo de Platão, a palavra *pharmacon* parece acolher e sustentar os dois sentidos, ou as duas dinamias, a mítica e a real, a ilusória e a positiva, aliás, tão bem misturadas que não se consegue isolá-las completamente. "A palavra φάρμκον, que significa cor, não é a mesma que se aplica às drogas dos feiticeiros ou dos médicos? Os bruxos não recorrem, para seus malefícios, a figuras de cera? Em todas essas imitações há alguma coisa de perturbador e inquietante: o artista é um mágico que seduz por seus artifícios" (P.-M. Schuhl, *Platon et l'art de son temps*, Alcan, 1933, p. 23).

---

7 M. Balint, *Le médecin, son malade et la maladie*, trad. Presses Universitaires de France, p. 1.
8 M. Michaut, *L'évolution des idées sur les placebos*, tese de medicina, Paris, 1957, p. 58: "Um condicionamento minúsculo ou de dimensão pouco comum pode ter mais efeito do que um medicamento de grandeza corrente: o minúsculo significa potência aumentada, o gigante impressiona por seu próprio tamanho.

ilusão de uma substância ativa. O experimentador sabe, caso necessário, modificar a composição delicada dos remédios-sósias. Ele deve poder preparar misturas tão violentas quanto imaginárias: nesse sentido, recomenda-se administrar ao doente ou àquele em quem se experimenta remédios que evocam, por suas qualidades sensoriais, os de sua infância, os que outrora o curaram e encantaram, porque eles poderão despertar as loucas esperanças. Decorre daí o papel inesperado e a utilidade certa de uma história da farmácia e de seus benefícios. E se acrescentarmos que a Antiguidade inteira não é, com frequência, senão a arte refinada das medicações imaginárias, é evidente que o experimentador poderá amplamente lançar mão disso: ele aprenderá as ricas variações que as matérias salutares podem sofrer, a maneira de tratá-las e de aumentar sua potências, suas sutis e respectivas indicações. "No papiro Ebers se pode notar, por exemplo, que os pacientes da época 1500 a.C. eram quase sempre tratados com delicadezas do gênero: sangue de lagarto, excrementos de crocodilo, carne de víboras, dentes de porco, líquido espermático de rãs, cascos de asno, carnes podres... Todas essas substâncias com frequência repugnantes, mas ricamente coloridas, revestidas de atributos mais ou menos místicos, eram empregadas correntemente. Seu efeito placebo bastava."[9] Essas preparações antigas, nós o sublinhamos, podem desempenhar um papel decisivo na equação que visa definir o princípio curativo: elas ajudariam a subtrair de um conjunto complexo o que decorre do existencial, do antropológico e do individual.

Seria um erro pensar que o placebo, substância fictícia, deva ser preparado e prescrito ao acaso, sem cautela. Na realidade, não se trata apenas de se servir de uma medicação insignificante: ela deve ainda veicular o *maximum* de aparência enganadora. Ela não é somente nada de matéria, qualidade nula, mas também quantidade de verossímil, um super zero da farmacologia. Não é preciso apenas enganar, é preciso enganar com a maior eficácia possível, em vista de poder precisar, por subtração, a exata dinamia do princípio farmacêutico. Por essa razão, não se deve minimizar a natureza e os meios de obtenção do "*trompe-l'oeil*":[10] a história da farmácia e das panaceias, que evidencia os "arquétipos" e as supremas quintessências, pode então ajudar a estabelecer ou a verificar a eficácia máxima do imaterial. Por vezes, mesmo o clínico é levado a extrair os estratagemas elementares da administração e as regras complementares da psicoterapia: "A sugestão pode ser disfarçada ou reforçada pelas práticas materiais. A massagem, a hidroterapia, as estações termais, a eletrização, diversas medicações, alguns regimes alimentares etc. podem ter... um valor sugestivo. Sabemos hoje que a magnetoterapia e a metaloterapia, cuja eficácia foi outrora

---

"É um fato que, nos dias de hoje, um comprimido cujo aspecto é o do comprimido da aspirina tem poucas chances de ter êxito, porque ele perde muito de seu efeito psicoterápico: a razão disso é que a aspirina, um medicamento de valor, é considerada banal por ser liberada sem receita, é vulgarizada."

---

9   Michaut, *L'évolution des idées sur les placebos*, tese, Paris, 1957, p. 19.
10 N. T.: Conhecida técnica de pintura que dá a ilusão de realidade.

enaltecida pelas sociedades eruditas, não têm outras virtudes".[11] Essa observação de Bernheim prefacia a série de exemplos ou de sucessos que revela o poder surpreendente e a influência das ficções mais grosseiras e mais radicais.

A título de ilustração, lembraremos, em linhas gerais, uma das mais transparentes tentativas da farmacometria. Submete-se uma das regiões sensíveis do tegumento à iluminação de uma lâmpada colocada a uma distância variável e de potência conhecida. Mediante esse meio se pode mensurar o tempo de exposição e a quantidade de calor, necessários à eclosão da dor. Em princípio, o limiar de aparição não muda de um indivíduo ao outro e se mostra constante:

1º Caso se dê um analgésico ao sujeito que está sendo experimentado, observa-se uma notável elevação do limiar da dor.

2º Modificação necessária e indispensável, em vista de apreciar o papel do "calmante", substitui-se, num segundo tempo, o princípio ativo por um comprimido de mesma forma, rigorosamente semelhante, porém farmacologicamente vazio ou inerte. Segue-se um certo resultado: sedação, resistência à agressão e à queimadura que se pode cifrar. O nível de tolerância, pelo fato de ser menos elevado do que na ocasião da primeira experiência, também é sensivelmente aumentado.

3º Adverte-se o paciente de que ele recebeu previamente um "sósia", que foi abusado. Começa-se, porém, a mesma prova pedindo-lhe que, por conseguinte, se mostre vigilante. Nesse terceiro caso, lhe dão para tomar o salicílico ou qualquer outro analgésico, já utilizado no decorrer da primeira mensuração. Nota-se, então, um resultado novo, um mínimo sucesso para o remédio ativo, o que traduz a influência da dúvida e o temor de uma segunda dissimulação.

Essas três experiências visam isolar a ação real do analgésico. Elas tendem a medir a eficácia da crença, demonstram também, com o apoio das cifras, o poder das ficções que pesam sobre o medicamento. Mas o farmacólogo não deixou de introduzir uma nova variante e de instituir uma quarta possibilidade de análise.

4º Não somente intervém a droga como também aquele que a dispensa, quer ele a injete, quer ele a ofereça. O médico comunica sua fé e sua presença modifica os resultados. Disso decorre a utilidade do teste dito "duplamente cego", no sentido em que, agora, o operador, assim como aquele sobre o qual ele opera, ignora a natureza ou o conteúdo da cápsula absorvida ou da solução introduzida. Assim, ele não correrá mais o risco de ler resultados favoráveis em prol de sua intervenção e, sobretudo, não correrá mais o risco de induzi-los ou incitá-los sub-repticiamente. Alcançar-se-ia melhor a verdade do produto utilizado e se isolaria mais seguramente o componente psíquico que deturpa os resultados.

Essa modesta prova de farmacometrianos basta para o enunciado de uma proposição de repercussão metodológica e nocional: remédios ativos podem agir tenuemente em certas situações ou para alguns sujeitos e, inversamente, medicamentos

---

11   Bernheim, *Automatisme et suggestion*, Paris, Alcan, 1917, p. 146.

fantasmas dão resultados apreciáveis. Esse falso a ser valorizado e esse verdadeiro a ser depreciado perturbam e inquietam a terapêutica. Não se deve exagerar e levar demasiado longe essa observação, senão seria preciso glorificar o charlatanismo e chegar ao mais amargo dos negativismos. Trata-se tão somente do enfraquecimento dos fortes e, simetricamente, da elevação dos insignificantes. É preciso conservar as proporções que as cifras impõem. Isso não impede de não se poder recusar, pelo menos no que concerne aos analgésicos, um certo poder do ineficiente.

Em nome do que queremos chamar de "ontologia curativa", poderiam nos opor que o homem introduziu a complicação ou a anarquia no universo das substâncias farmacológicas. Só o homem é culpado de tanta contingência. Basta substituir esse homem, animal pouco razoável, por uma espécie mais dócil, menos suscetível e menos sensível às astúcias e às mentiras da sugestão. Chega-se, então, a contestações irrecusáveis. Nessa condição, a prova farmacêutica tomará uma significação válida. Infelizmente, nenhuma espécie escapa aos prestígios dos placebos. Por exemplo: se os cães recebem injeções de morfina, eles começam a vomitar. Quando se substitui o alcaloide do ópio pelo simples soro fisiológico, provoca-se o mesmo efeito. Apenas a agulha não teria criado um condicionamento? Os odores e os sabores, as dimensões e a própria apresentação dos conteúdos ou das poções a engolir, em suma, uma multidão de insignificâncias conseguem abalar o cão do laboratório, muito sensível às aparências mais ínfimas, às variações mais ligeiras."Um só e mesmo alimento age inteiramente diferente, como estimulante das glândulas, conforme o animal o tenha absorvido avidamente ou a contragosto, sob ordem. O fato seguinte o constata: todo alimento absorvido pelo cão (na experiência em questão) só age como estimulante potente se o alimento for de seu agrado. Devemos admitir que, na ação de comer, o desejo ávido de alimento, portanto um fenômeno de ordem psíquica, serve de estimulante potente e constante."[12] No animal, até mesmo o alimento põe a trabalho uma ação central e psicológica.

Em qualquer hipótese, admitindo que o cão oferece a dupla garantia da simplicidade e da passividade, se poderia experimentar sobre ele a força de um analgésico, de um antirreumatismal e dos nervinos em geral? O interrogatório e o uso da fala parecem, nessas circunstâncias, indispensáveis: eles ajudam a precisar o valor curativo do produto experimentado, ao mesmo tempo que permitem fixar seu limiar de toxidade, o qual só se traduz por sinais funcionais, como cefaleias, atordoamentos, modificações sensoriais. Por essa razão, não é possível evitar a passagem pelo homem e por suas flutuações.

Devemos insistir nisto: a prova subtrativa que o uso do placebo autoriza peca essencialmente por sua ingenuidade, por seu infeliz substancialismo. Ela inspira a ilusão de que a equação $(x = a - y)$ nos entregará, por fim, o medicamento e sua nudez em sua autenticidade. Por meio dele, se poderia alcançar a *ultima realitas*, o

---

12   I. Pavlov, *Oeuvres choisies*, Moscou, 1954, p. 148.

fundo da matéria médica, liberada de todo acidental, da subjetividade que a altera, das custosas variações que a relativizam, das surpreendentes perturbações que impedem todo controle e toda sistematização.

Por mais que os ensaios completados pelos estratagemas se repitam, se entrecruzem, se completem e se invertam, não é possível, como mostraremos, chegar à objetividade curativa ou definir rigorosamente o ser e a cura. É preciso renunciar à noção de medicamento-objeto, retirar do remédio sua solidez ou sua robustez ontológica e banir a equação: para tal afecção, tal medicação, com tal dose, visando a tais efeitos. A equação ($x = a - y$) exprime, de todo modo, uma inocência metodológica, ao mesmo tempo que uma impossibilidade material.

Em primeiro lugar, y varia nos dois sentidos, mais e menos, de maneira importante e segundo os indivíduos. Não se pode fixar y. Podem nos objetar que, se y varia, a varia igualmente. O que conta justamente e o que se quer deter é a diferença entre esses dois parâmetros, diferença que equivaleria ao próprio remédio, a seu poder. É o que pretendemos discutir: nenhum dos termos da equação imaginária ($a = x + y$) ou de sua recíproca ($x = a - y$) merecem ser levados em consideração. Esses três dados, a, x, y, correspondem a três incógnitas, a três impossibilidades.

Antes de entrar na discussão, queremos precisar a tese que sustentamos: o uso do placebo, na determinação do dinamismo farmacológico, fornece uma aproximação útil e engenhosa. Ele inicia uma *démarche* crítica que, em nossa perspectiva, apreciamos duplamente: do ponto de vista lógico, porque ele busca definir o remédio e, sobretudo, se interroga sobre sua eficiência; do ponto de vista material, pelo fato de o placebo veicular uma matéria capciosa que a história da panaceia deve ajudar a afinar, a compor e a aperfeiçoar. O uso de um falso para se alcançar o verdadeiro nos pareceu uma operação positiva, uma comparação indispensável. Mas o que danifica essa prova farmacométrica são as conclusões abusivas que os experimentadores acreditam poder extrair: eles imaginam ter expulsado do medicamento suas franjas de indeterminação, ter arrancado toda contingência, ter até mesmo eliminado as nuvens psicoterápicas que atrapalham seu realismo e suas claras definições. O remédio – tema para as filosofias das ciências biológicas e nosso *leitmotiv* – não é senão probabilidade, de modo algum realidade e menos ainda necessidade. Seu poder está ligado ao possível e ao eventual, de modo algum ao certo. O rigor terapêutico não pode se expressar em termos imediatamente transparentes. A matéria médica renova e complica o materialismo. Por essa razão, como tentaremos mostrar, o placebo só pode ter êxito numa tênue e longínqua aproximação. Nesse sentido, ele é preciso, mas o erro substancialista que não cessamos de denunciar, o falso realismo, ressurgem com a esperança de uma subtração que revelaria um real terapêutico sem equívoco. Sempre nos será necessário oscilar entre dois polos antagonistas, mas complementares: o remédio existe indiscutivelmente, ele é inclusive uma força cujo campo de ação e as múltiplas operações autorizadas por ela teremos de estudar; apenas, é impossível desembaraçar essas potências de sua contingência, de uma certa indeterminação. Se a primeira observação condena sem apelação o ceticismo, a segunda afasta a crença ontológica. O remédio não é inteiramente um ser que se possa cingir, nem uma forma que se possa simplesmente descrever, ele é mais um poder lábil e cambiante que suscita inúmeros efeitos e, sobretudo, que compõe com uma pluralidade de outros agentes. Será necessário precisar que se pode definir o medicamento integral, química e industrialmente? Então, caracteriza-se apenas uma matéria, não um medicamento, que exige uma linguagem fisiológica ou clínica: "O químico que lê a fórmula de um composto mineral ou orgânico pode, à primeira vista, mesmo que ele nunca tenha visto esse corpo, presumir a maioria de suas propriedades e reações químicas. Algumas funções, algumas particularidades estruturais lhe permitem prever se ele é ácido ou básico, estável ou frágil, dotado de propriedades oxidantes ou redutivas etc. Bem mais complexa é a substância viva. As reações são variáveis ao infinito e é preciso toda a sagacidade do fisiologista para, numa síndrome dada, levar em conta o ato específico devido a uma excitação química determinada. Por essa razão, o estudo da relação entre a constituição de um composto e suas propriedades fisiológicas é um dos problemas mais complexos que existem."[13] O medicamento não é apenas uma substância dada, é a que possui uma eficiência biológica, que é dotada de uma propriedade curativa e vantajosa. Ora, justamente quando as matérias, sintéticas ou galênicas, mas sempre definíveis e analisáveis, entram em ação e passam para o domínio do médico e da terapia, elas se obscurecem e se perturbam. Nada pode evitar essa espécie de decadência. Mesmo para um racionalista, o remédio guarda uma opacidade. O estratagema do placebo não consegue desalojá-la: ele não dá senão um resultado frágil, útil e necessário, mas não suficiente, como doravante precisamos mostrá-lo.

A equação $(x = a - y)$ impõe, com efeito, sérias reservas. Em primeiro lugar, podemos realmente separar y de a? Parece-nos que o placebo, em outras palavras, o efeito psíquico, não se distingue do remédio e permanece incluído nele. Uma substância que cura induz sua própria crença em si mesma. O verdadeiro remédio se ativa na proporção de seu poder. Mas o placebo artificial, vazio ou inerte, pode equivaler ao placebo inerente à energia vitoriosa? Não pensamos que um y (ou o placebo experimental), mesmo engenhosamente agenciado e composto, com uma grande potência fictícia, seja igual ao y que acompanha o medicamento como sua sombra. Quando um comprimido ou um soluto apazigua a dor, apaga mal-estares, libera e restaura as forças físicas, *ipso facto*, ele comunica uma esperança que fortalece seu próprio poder, ele participa de seu próprio aumento de ação. Mas esse aumento não poderia, de modo algum, ser abstraído da medicação sedativa, curativa ou liberadora, ele varia com ela e por ela. Inversamente, o que mede o placebo experimental e tático? Não o sabemos: ele traduz talvez a força das lembranças individuais, o rastro das antigas experiências felizes, o prestígio da tradição e também

---

[13] G. Florence, *La thérapeutique moderne*, Livr. Colin, t. II, cap. I: "Molécules chimiques et proprietés physiologiques", p. 42.

a aptidão de tal ou tal à persuasão. Por fim, essa prova nos transmite uma obscura informação psicológica, de modo algum um ensino sobre o dinamismo farmacêutico. Ela esclarece menos nosso objeto do que o sujeito e suas atitudes eventuais (receptividade, e mesmo emotividade ou rigidez afetiva, tênue persuasão, inclusive indiferença etc.). O teste se desenvolve fora do universo material dos remédios, ele lança mão das astúcias psíquicas que só pouco têm a ver com a eficiência das drogas e com suas produções fisiológicas. Por meio da armadilha de um fantasma, o homem ali encontra o homem e se defronta com ele sem que se possa apreciar bem a participação de cada um no resultado do conjunto: energia comunicativa de um ou capacidade de absorção do outro? Um se impõe ou o outro não se opõe? O placebo realiza uma espécie de osmose emotiva, uma mistura existencial: nele, o próprio remédio é menos experimentado do que utilizado.

Aliás, com o comprimido imaginário encontramos algumas das constatações e das conclusões anunciadas por Pavlov a respeito da digestão animal: "A psicologia, notava ele, se situa ao lado da fisiologia no trabalho das glândulas salivares. E muito mais: o lado psíquico desse trabalho parece, à primeira vista, menos contestável do que o lado fisiológico."[14] Justamente o excitante, colorido ou odorífico, o sinal é para a alimentação o que o placebo é para a cura. Ora, "se importunamos um cão muitas vezes seguidas com a visão dos objetos provocando a salivação a distância, a reação das glândulas salivares se enfraquece cada vez mais e cai, por fim, a zero. Quanto mais curtos são os intervalos entre as excitações, mais rápido o zero será alcançado e inversamente".[15] A mesma lei não atinge o placebo? A farmacometria deve se preocupar menos em medir do que em saber exatamente o que ela mede. Ela acreditava analisar e descobrir uma dinamia material, enquanto não trazia senão um pálido esclarecimento psíquico. Mas, se agora lhe aplicarmos as consequências que concernem ao seu semelhante pavloviano, aparece, além disso, que ela só pode se prevalecer de um resultado dos mais fugazes: o placebo-subterfúgio incita pouco a pouco a dúvida, ele deve secretar e engendrar sua própria desconfiança, portanto, diminuir-se por si mesmo. No limite, se pode admitir "uma intolerância" ao placebo, uma alergia à ficção: não tiremos disso a prova de uma energia extraordinária do factício, vejamos, antes, a consequência fatal de uma perda e de uma fuga que exacerba a si mesma. Em qualquer hipótese, diante dos resultados tão discordantes e flutuantes, alguns acreditaram dever revisar a estratégia do embuste e modificar a composição do placebo. Seria preciso, na sutil fabricação desse nada, desse "supernada", introduzir elementos reais, irritantes, de tênues tópicos, necrosantes leves, mas vivos, uma ponta de causticidade local, um certo sabor amargo tendo em vista justamente propiciar a mudança e desencadear uma reação orgânica inegável. Um nada acaba sempre por se aniquilar e segundo uma velocidade que conduz

---

14 I. Pavlov, *Oeuvres choisies*, discurso pronunciado em Estocolmo, em 12 de dezembro de 1904, por ocasião da entrega do Prêmio Nobel, p. 150.
15 *Ibid.*, p. 151.

rapidamente à intolerância e à irritação. Portanto, seria preciso lastrar o placebo com produtos parcial e localmente agressivos, a fim de preservá-lo, consolidá-lo e, eventualmente, reforçá-lo.

Mentir e mesmo enganar um organismo não é tão fácil quanto pareceria. Qual é a verdadeira mentira? O irreal ou o eficaz? O parcialmente verdadeiro ou o totalmente falso? O aberrante ou o semelhante? Os experimentadores parecem se dividir diante da problemática do especioso: uns pensam que um placebo não deve conter nada de ativo, se quisermos medir com exatidão[16] o papel do psiquismo e as participações emocionais. Os outros retorquem que um tal "nada" só pode suscitar respostas artificiais e irrisórias. O placebo ativo, por meio do qual buscaremos apreciar o peso das crenças, deve abalar o organismo, e, por conseguinte, misturar o verdadeiro (parcial) e falso (total), tendo em vista dar a ilusão da potência e criar a confiança. Já na moral, o filósofo encontra a mesma dificuldade quando é chamado a caracterizar a mentira que ele censurará: a mentira não parece ser a fabulação que não engana ninguém e trai uma imaginação fantástica ou histérica. Quanto mais o relato se afasta do autêntico ou do real, menos ele é controlável, menos ele inspira confiança e tanto menos é acreditado. Uma verdadeira mentira, se assim podemos dizer, deve ser hábil: ela se define como uma delicada e sutil mistura de verdade e erro, deve roçar a realidade e poder coincidir com ela. Pensamos até mesmo mais que isso, a saber: a mentira integral e autêntica enuncia apenas a verdade, mas, parcialmente, ela se restringe a uma limitação avisada da ampla realidade. E uma verdade parcial, com a restrição mental que a acompanha, não é o mais sovado, o mais consumido dos embustes? Ela não passa de alusão discreta, virtuosa insinuação e até mesmo silenciosa sugestão: ela faz pensar, não cai na deformação grosseira ou na inqualificável alteração dos fatos. O filósofo, portanto, tem dificuldades, parece-nos, em separar, na moral, a mentira e a retidão, o falso e o verdadeiro, se é exato que a mentira não é o que afasta do verdadeiro ou o deforma, porém o que o simula, faz sua mímica ou sabe refleti-lo. Ou ainda: o caluniador não se retém: ele aumenta, no desejo de convencer e de prejudicar, ele acrescenta e logo torna a acrescentar. Só que sua "mentira" engana apenas a ele próprio, significa dizer que não engana mais e revela, como por si mesma, a "verdade" do mentiroso malfazejo. Quanto mais a malignidade se exagera, mais ela se volta contra seu inventor. Mesmo com as noções estritamente morais, devemos por vezes abandonar o realismo e suas claras mas viciosas definições. Para prejudicar, a mentira, que é para a vida moral o que o placebo é para a terapêutica, deve tomar emprestada a forma do real e, sobretudo, não se afastar dele demasiadamente.

---

16 Seria necessário assinalar que a crítica de uma medida absoluta, tal como a animada por M. Bachelard em sua obra *La formation de l'esprit scientifique*, encontraria aqui o seu lugar? Do mesmo modo, a metodologia não quantitativa dos fenômenos patológicos, apresentada por M. Canguilhem em sua tese *Essai sur quelques problèmes concernant le normal et le pathologique*, Paris, 2. ed., 1950, ombrearia e ampliaria singularmente os temas que desenvolvemos sobre um assunto mais limitado do que paralelo.

Em geral, o farmacólogo se recusa a entrar nessas observações sobre a trapaça: disso decorrem, sem dúvida, as dificuldades e os adiamentos dos experimentadores incertos. No entanto, a maioria deles, em seu realismo intangível, teme que, se o verdadeiro deve insinuar-se no falso, se, por exemplo, um suave cáustico deve entrar na composição do placebo para torná-lo verossimilhante ao máximo, então, em vez de ter constituído um placebo, recorreu-se a um remédio parcialmente real ou eficiente, a uma mistura que compromete toda a prova subtrativa que se pretendia mostrar. Evidentemente, não partilhamos dessa apreensão que se inspira em um materialismo demasiado simplificado e da ontologia que opõe demais o verdadeiro e o ilusório, o autêntico e o factício. Reencontramos ainda o postulado subjacente à experimentação farmacológica que não cessamos de contestar: o substancialismo absoluto que definiria claramente o medicamento.

Em resumo, para recapitular nossas observações críticas, o farmacólogo gostaria de cingir o remédio, extrair um dado sólido, ter acesso a uma invariância. Para isso, ele recorre a uma medicação-embuste, farmacologicamente vazia, que o ajudaria a precisar a parte das crenças e a intervenção do psíquico na experiência da cura, no total dos resultados obtidos. O placebo concretiza esse estratagema. Embora essa tentativa subtrativa nos tenha parecido digna de interesse, não hesitamos em discuti-la, menos para tentar mostrar a debilidade interpretativa que a acompanha do que na intenção de aproximar melhor o remédio e sua problemática.

A operação realista do experimentador nos pareceu fracassar por duas razões que se recortam: de um lado, porque o placebo tático e exterior não pode equivaler à ação sugestiva interior ao próprio remédio que o intensifica, mais ou menos, segundo os doentes e, sobretudo, segundo os sintomas e a rapidez de seu apagamento. Quanto mais rápido o medicamento agir, melhor êxito ele tem. Ele acelera sua própria dinamia e é impossível expulsar esse parâmetro, tão incômodo para a farmacologia, que deve a ele se resignar. De outro lado, o placebo, por sua vez, varia não só em função dos indivíduos ou dos pacientes sobre os quais se o experimenta,[17] mas também em virtude de sua própria inércia. Ele próprio se retarda. Assim como o remédio induz energias e cria uma dinamia que o aumenta, assim também, inversamente, o placebo destila seu fracasso e favorece sua rejeição pelo organismo. Mas, se a farmacometria fracassa, a impossibilidade material da placeboutilização deveria favorecer à compreensão mais adequada do medicamento: não mais como

---

17 Consideramos insuficiente a solução preconizada pelos experimentalistas, famintos de resultados imediatos, absolutos e tranquilizadores: segundo eles, na experiência do placebo não se deve recorrer senão a sujeitos que não sejam muito impressionáveis, sujeitos neutros e pouco sensíveis. Por isso, antes de aplicar a prova farmacológica, eles se servem de testes psicológicos destinados a afastar os psiquismos demasiado móveis e dóceis às influências da persuasão. Parece-nos evidente que essa medida, se ela pode atenuar a dificuldade e reduzi-la, nem por isso poderia resolvê-la e apagá-la. Apesar da confiança dos experimentadores, parece-nos ainda ser difícil apreciar o grau de sugestibilidade, sem contar o fato de que cada um é mais ou menos sensível a certas influências que deixam os outros indiferentes.

forma ou realidade, mas como eventualidade e como risco. O experimentador deve entrar no probabilismo e conceber os resultados incitados por ele como resultados funcionais de múltiplas variáveis.

Persuadidos de que a equação subtrativa não pode valer, tampouco estamos dispostos a admitir a realidade de x. Esse pretenso remédio, isolado de seus componentes psíquicos ou das adições sugestivas, responde a quê? A um "inexistente" e a uma autêntica ficção. Ele não passa de resíduo de uma subtração, não poderia apresentar-se como verdadeiro remédio porque, se pudesse ser administrado ou injetado, ele daria efeitos superiores ou inferiores ao que está previsto, pela indispensável razão de que aquele que o daria, assim como aquele que o receberia, o carregaria com sua desconfiança ou com seu entusiasmo salvador. Desde que um remédio é dispensado, ele perde obrigatoriamente sua bela neutralidade, sua clara objetividade. Por certo que o medicamento pode nascer, de algum modo, na luz (caso se trate de tal metaloide, tal alcaloide, tal ou tal síntese orgânica) e brilhar em *seu* ser de constituição, mas sempre suas produções e seu devir turvam sua limpidez original: ora, em terapêutica, só conta o poder-ser. O ser do medicamento só existe em razão de seus efeitos ou de suas virtudes. Que não se inverta a ordem das precedências ou a escala dos valores! Que nos permitam afirmar que *o ser das origens* não é *a origem do ser*: o primeiro significa um ponto de partida industrial, um meio fundamental de obtenção ou de extração, de modo algum a razão de ser ou o fundamento da matéria médica. Aliás, retornaremos à importância da fabricação do produto, etapa vitoriosa e decisiva: apesar de seus triunfos, dos sucessos curativos e dos resultados que o produto em questão manifesta e realiza, ela conta menos do que com a razão pela qual ela se desenvolveu. Estes são dois momentos diferentes: o segundo condiciona o primeiro, embora as garantias de um tendam a esconder as dificuldades do outro, senão a negá-las ou a depreciá-las. O filósofo, convocado a tomar consciência do universo das drogas e de suas possibilidades, deve escapar desse preconceito e dessa mistificação: cabe-lhe evidenciar a ordem das dependências.

Por isso ele deve admitir, cremos nós, a vanidade ou a abstração do que designamos por x: acredita-se possuir, com ele, o medicamento que por fim se teria liberado das sobrecargas psíquicas ou dos adventícios individuais que o alteram. No entanto, ainda que a subtração que lhe define pudesse se operar, mesmo assim esse resíduo expressaria para nós um fantasma: desde que o objetivo terapêutico se exerce, ele se aureola de um antropológico renascente. Acredita-se excluí-lo: ele ressurge invencivelmente. Portanto, não existe real curativo inteiramente desembaraçado de sua magia ou das nuanças individuais.

A operação subtrativa dá certamente uma aproximação, vislumbres, mas não pode eliminar totalmente a contingência que acompanha sempre a passagem do teórico previsto ou calculado para o prático experimentado ou constatado. Uma decalagem, por ligeira que seja, impede a completa superposição destes dois regimes do farmacológico: em outros termos ainda, o remédio que se quis exatamente delimitar diferirá sempre desse mesmo remédio que entrará em aplicação. Na maior parte do tempo, a diferença merece ser negligenciada e seria um erro grosseiro deter-se nela ou aumentá-la. Retornaremos a isso. Mas, para nós, a questão não é essa: quisemos apenas realçar uma certa polivalência no interior do próprio remédio. Mesmo a experimentação inspirada por uma filosofia bastante simples não pode esconder as oscilações que condenam um substancialismo demasiado realista ou demasiado absoluto. Por essa razão, nos parecerá difícil poder ou querer afirmar: tal droga, com tal dose, será seguida rigorosa e exatamente de tais efeitos. A previsão não pode ir tão longe nesse domínio para essa estranha matéria que concerne aos sofrimentos, que corrige os distúrbios orgânicos. E ainda, para não complicar o exposto, deixamos de lado a consideração de outras indeterminações que ensombram a clareza da farmacologia: entre outros, os parâmetros temporais que comprometem e desacreditam mais certamente a ontologia curativa. Quando se repete muitas vezes o ensaio de um princípio ativo e eficiente, um x autêntico, assiste-se a uma modificação, mais frequentemente uma atenuação de seus efeitos, cada vez menos comparáveis. Num momento anterior, analisamos o efeito induzido ou automantido e o opusemos à curva inversa que enfraquece rapidamente o placebo e o inativa. Mas o próprio remédio não permanece como tal, imutável: quase sempre, depois de sua fase ascencional e triunfante, é preciso assistir a um recuo, uma lenta e aflitiva descida. Em algumas medicações, e não das menores, os raios e os antileucêmicos, os hipnógenos e os antibióticos[18] temporalizam-se e desrealizam-se a si mesmos. A habituação pode degradar as mais notáveis ou as mais sagradas das drogas. Assim o afirmava Valéry em seu célebre diálogo dedicado à terapêutica:[19] "o próprio organismo aprecia o novo, em alguns anos enjoa da medicação reinante, recusa se curar se não o interessarmos por meio das irritações inéditas".[20] Portanto, o patológico só cederia ao insólito, ao que o descaminha na obscura estratégia das terapias. E o remédio só valeria nos seus começos, em sua fulgurância instantânea: o tempo, em vez de caucioná-lo e consolidá-lo, corre o risco de lhe tirar pouco a pouco suas armas, sua violência positiva.

Embora seja preciso, a qualquer preço, se preservar de confundir dois mundos tão estranhos e opostos quanto o biológico e o cultural, não seria possível reaproximá-los sobre esse ponto? Não encontramos na vida social ou moral uma situação comparável? A violência e o intimidante não se caracterizariam, ali também, pelo inesperado? À medida que a prática bárbara se repete, ela se institucionaliza, entra nos hábitos. O costume seria o equivalente moral da habituação farmacológica. O homem se imuniza contra os venenos dos ritos. Para amedrontar ou aterrorizar, é preciso surpreender: o terrível seria, então, o inédito ou o imprevisto. Por vezes

---

18 "Surréalisme thérapeutique et formation des concepts médicaux", em *Hommage à Gaston Bachelard*, p. 212 a 214.
19 *L'idée fixe* "destine, dit la préface, à un public des plus attentifs, le corps médical" (cf. p. 108 a 110, 127 a 133, 147, 153 a 154), N.R.F., 45. ed.
20 P. 127, N.R.F., 45. ed.

a civilização aparece como uma aclimatação, uma aceitação ou uma repetição do cruel e mesmo do sanguinário. O valor de outrora, ou o não valor, pouco a pouco pode se converter em seu contrário axiológico: se não pudermos estender essa regra a todos os folclores e a todas as festas sociais, não se poderia contestar sua importância ou sua aplicação no universo desconcertante dos medicamentos. Estes não cessam de se evaporar.

A filosofia biológica das adaptações e resistências, das mutações e das evoluções, da dependência e da mitridatização interdita a facilidade repousante de um "em si" definitivo e torna difícil a crença em entidades, maléficas ou benéficas: o melhor ali se perde e o mais temível ali se transforma. Estamos no mundo do fugaz e do lábil. Como então cingir o objeto de nossa análise, o remédio e suas virtudes, uma vez que o uso o desloca e o altera? Onde encontrar uma definição onivalente e estável? Afinal, não é isso o que ele se torna? De todo modo, sabemos a consequência prática e curiosa que o clínico tira disso: os grandes remédios serão menos prescritos do que preservados e reservados. Não se deve desperdiçá-los. Sua força efêmera impede que se os esbanje. Isso não é o paradoxo se sustentamos que, para um médico, o remédio mais eficaz continua sendo aquele que não agiu demasiado. A energia potencial ou latente constitui a verdadeira energia; a capitalização temporal, graças ao fraco emprego, a riqueza curativa. Paradoxo, porém, porque, ao inverso desse decréscimo, outras substâncias remontam à linha do tempo que os enfraquece, suscitam brutalmente explosões desproporcionadas, como se o organismo doente se sensibilizasse com uma presença tornada, então, insuportável. Pouco importam, aqui, o porquê e o como: o fato sozinho nos interessa e ajuda a afugentar as definições demasiado realistas do gênero ($x = a - y$), como se pudéssemos alcançar uma invariante. É preciso pensar diferentemente sobre a tão perturbante matéria médica: ela é suscetível de perder ou de ganhar energias, portanto, instável e incapaz, *ipso facto*, de entrar numa fórmula demasiado fixa.

Contudo, é preciso manter firme a outra extremidade da cadeia, sob pena de cessar de compreender. Por vezes, o filósofo comete a imprudência de ater-se a essa única perspectiva que o orienta para um irracionalismo do qual, às vezes, ele necessita. Os temas que desenvolvemos não poderiam conduzir, com efeito, para a dissolução pura e simples da farmacologia: pelo fato de o remédio não existir à maneira das constâncias habituais, pelo fato de o materialismo terapêutico conhecer ondulações, seria insensato, pensamos, versar sobre a alogicidade farmacológica. Todavia, os filósofos cederam à tentação dessa biologia errônea. Quando, porém, por força de insistir sobre a inconstância dos remédios, o lógico afirma sua contingência radical (o não importa o que e não importa quando), ou quando considera essa matéria como indomável ou instável, podemos nos perguntar se ele não resvala igualmente nos preconceitos essencialistas dos quais o acreditávamos preservado. Não retornaria ele ao substancialismo que denunciamos? Pelo fato de a medicação não ser "um em si" ou o imutável que secretamente se deseja, consideram-na como insignificante. Mas, para desclassificá-la, não se admite o modelo coisista? O desinteresse que se apregoa por essa matéria denuncia uma decepção, mas esta só é possível em referência a um obscuro "arquétipo" ou a uma ontologia curativa. Retorna-se ao dogma da entidade, ao postulado da invariância que corrompe a farmacometria. Aliás, se as cifras podem extraviar em direção ao realismo mais cego, sua total ignorância favorece um erro comparável no qual se compraz o irracionalismo biológico. Se as cifras, com efeito, variam, elas, no entanto, respeitam as proporções, as frequências, as porcentagens, as relações. Não se deve nem apegar-se demasiado aos resultados nem, inversamente, negligenciar demasiado seu ensino indireto ou global.

De todo modo, a despeito de sua inconstância e de algumas indeterminações, o medicamento existe, no sentido em que as drogas podem efetivamente curar, se multiplicar umas às outras, progredir e também se aperfeiçoar. Prova disso é que a medicina pode vencer as afecções mais temíveis e mais inacessíveis, como a anemia de Biermer, a febre tifoide, a doença de Osler, a meningite tuberculosa. O que devasta a humanidade desaparece sob o golpe das incessantes invenções terapêuticas: a sífilis começa a pertencer ao passado, assim como o paludismo ou a difteria. O terapeuta mantém vivo o diabético, diminui o ritmo do coração, impede crises epiléticas, empobrece as desordens alucinatórias. Todas essas vitórias materiais sobre as doenças ou sobre os distúrbios fisiológicos constituem um conjunto inegável, positivo e coerente, que deve reter a atenção do filósofo e não entreter sua verve. Caso um espírito devesse temer, seria menos a ineficiência dos princípios novos do que seus poderes e a responsabilidade entregue, por conseguinte, ao esculápio moderno: seja por ele agir demasiado quando não deve, seja por ele não agir o bastante quando deve. Ele pode, portanto, ele deve. Quando o médico, com frequência o enfatizamos, não podia nada, o que se poderia lhe reprovar? Que ele interviesse ou não, não se podia notar a menor diferença: por isso, o ceticismo convinha a essa ação que ele refletia feliz. O "para que serve?" daquele que recusa agir e o "por que não?" daquele que age definiam duas sabedorias e duas psicologias. Em nossos dias, a farmacologia transformou e enobreceu a atitude médica: um dever fazer nasceu dela. Aliás, a atual recusa de intervir, a abstenção enaltecida não se parece mais com a de ontem, uma vez que outrora ela expressava uma impossibilidade material. Hoje, ela significa um temor na presença de forças que o médico desencadeia ou põe em movimento.

Retornaremos a isso, devemos conservar as duas extremidades da cadeia descritiva: de um lado, o remédio e sua dinamia; do outro, os numerosos fatores que o relativizam. A dissolução dos "absolutos terapêuticos" e do realismo farmacométrico não deve nos conduzir para as filosofias obscuras da cura ou da total contingência. A discussão da subtração experimental ($x = a - y$) deve nos ajudar a melhor reencontrar o remédio, objeto difícil de nossa reflexão. Mas, se a crítica deve purificar essa noção, escondida sob a magia ou sob o mais deplorável realismo, não se deve fundi-la na chama do negativismo.

Ter-se-á podido ver que, na equação farmacométrica ($x = a - y$), só examinamos dois elementos: primeiro y, para afirmar que esse "sugestivo" artificial não podia equivaler ao y interior à substância curativa; depois o x, a fim de contestar seu estatuto e o direito à existência rigorosa. Administrado, ele deve perder sua aparência de estabilidade. Não tratamos de a, o medicamento total e real. Seremos mais breves a seu respeito porque ele merece as mesmas observações que seus predecessores.

"A" perturba igualmente a experimentação. Um dos mais recentes *Tratados de farmacodinamia* o enfatizou e nós lhe tomamos emprestado sua própria ilustração: "As doses usuais dos formulários tendem a fazer acreditar que uma dose determinada produz o mesmo efeito em todos os indivíduos. Ora, nada é mais inexato. No domínio da ação hipnótica, por exemplo, se procurou determinar a quantidade necessária de amobarbital para produzir a narcose nas parturientes... Os valores extremos foram de 5 mg a 19 mg/kg. A maioria se mantinha entre 10 e 12 mg/kg. Vemos que a diferença pode ser da ordem do quádruplo e, mesmo quando as doses são adequadas ao peso corporal, as diferenças individuais subsistem. Conclusões análogas decorrem das experiências de Hanzlik (1913), nas quais este autor determinou, em 400 reumatizantes, a quantidade de salicilato de sódio que produz um início de efeitos tóxicos. Ora, em alguns sujeitos, esses sintomas apareceram com 2,6 g de medicamentos, ao passo que em outros foi preciso esperar pela dose de 31 g para que sinais de toxidade se manifestassem."[21]

Por fim, nenhum dos fatores que entram no cálculo do poder de remediar poderia ser reduzido a um simples dado numérico. Os três elementos que deveriam definir o remédio flutuam e despistam. Decididamente, o medicamento não pode ser apreendido como um objeto neutro, homogêneo e estável. As operações aritméticas ou subtrativas nos parecem fracassar. No entanto, apesar de suas dificuldades ou de suas fraquezas, o recurso ao placebo nos pareceu precioso. Ele define um inegável progresso na lógica da terapêutica: primeiro, no sentido em que, com ele, interrogam-nos sobre a ação curativa. O sucesso se torna problema. Além disso, o uso metodológico do "fantasma" permite opor a farmacopeia do passado e a moderna. A terapia antiga só usava aproximadamente placebos, mas os considerava como drogas muito eficazes e onipotentes. Ela os superestimava. A farmacologia contemporânea enaltece a atitude inversa: não apenas ela vê o falso ou o "quase falso" operar o sucesso de ontem, o falso que pode revestir a aparência do verdadeiro, mas, instruída por esse secular embuste, ela busca perceber no verdadeiro atual a possível intervenção do falso. Se os falsos remédios foram considerados como verdadeiros e suscetíveis de receber um culto, podemos nos perguntar se alguns de nossos princípios, por sua vez, não são falsos ou placebos, ou apenas meio verdadeiros. É preciso ir mais longe: nossos melhores remédios fatalmente incluem algo falso que não podemos exatamente delimitar nem excluir completamente. E, dentro de uns dez anos, quais serão os primeiros da lista e os mais nobres representantes

---

21 G. Valette, *Précis de pharmacodynamie*, p. 49 (Masson, 1959).

da farmacopeia vitoriosa? Percorremos um mundo material no qual a coincidência com o objeto não é possível. Disso resulta, talvez, a originalidade da terapêutica e sua especificidade aos olhos do lógico. E se alguns remédios totalmente falsos ou vazios puderam favorecer alguns efeitos salutares, a recíproca se impõe: nossos remédios mais ou menos completamente verdadeiros conservam uma franja irredutível de magia. Uma continuidade religa os dois opostos, o verdadeiro e o falso, um falso que não o era na totalidade, um verdadeiro que não o é inteiramente. Ou, ainda, um falso que nunca será um verdadeiro completo, mas um verdadeiro que não tardará a se tornar um falso parcial.

Antes de abordar, com a ajuda de nossos documentos, o estudo da antiga *Materia medicans* com a intenção de extrair sua filosofia, devemos nos deter em um problema imposto por nossa discussão anterior: não se deveria conhecer previamente, por meio das experiências apropriadas, o poder aproximativo dos remédios? Essa questão fundamental decorre daquela que a antecipava: se o medicamento se transforma sem cessar (intolerância ou habituação, por exemplo), se é difícil de o cingir qualitativa e quantitativamente, toda prescrição não comportaria um imprevisto? Um risco? Um materialismo tão flutuante não favoreceria perigos, um duplo perigo, o de um simples fracasso e o de sua nocividade ou de sua toxicidade? Como a farmacologia busca acautelar-se deles? Retornamos ainda à nossa interrogação: o que é um medicamento antes de sua realização? O que é um ensaio? Como evitar o dilema que pode, é verdade, tornar-se o sofisma: é preciso conhecê-lo para poder utilizá-lo, mas só o conhecemos graças à sua utilização? Essas questões só devem aqui nos deter à medida que elas nos ajudam a aproximar de nossa noção o remédio, assim como sua problemática. No interior desse parêntese verificaremos o essencial do que sustentamos até aqui: declínio do remédio, certo, mas também as virtudes e a existência indiscutível da dinamia curativa. O filósofo, seguro de sua crítica, corre o risco de cair numa justificação do irracional ou da indeterminação. Por isso, é preciso incessantemente preservar os dois temas que pareciam se excluir, mas que, na realidade, graças a seu contraste, elevam a terapêutica e dialetizam sua matéria.

Antes de ele ser dado ao homem doente, e para poder lhe dar, é preciso conhecer o essencial dos efeitos contidos em tal ou tal princípio. É preciso também determinar a dose necessária, uma dose que se situe sempre entre dois limiares, o da inação (insuficiente) e o da toxicidade (excessivo). Naturalmente, é no animal que se tenta esclarecer a substância e tomar consciência de sua energia. Infelizmente, com o animal, reencontramos sempre as dificuldades das quais se pretendia sempre escapar e que se acreditava próprias ao homem. Evocá-las rapidamente nos permitirá afugentar a imagem ou o arquétipo do remédio onivalente. Nada dessacraliza mais a potência do objeto terapêutico do que as experiências animais com seus resultados discordantes. Não se deve ignorar nada dessa incerteza.

Primeiro – obstáculo menor, é verdade –, quais os sinais para se reconhecer o malefício ou, no lado oposto, a inocuidade? Poder-se-ia saber, por exemplo, se a substância que se experimenta retardou o crescimento, acelerou a calcificação, modificou a longo prazo tal ou tal função? A resposta está na pergunta: com efeito, o experimentador corre o risco de só perceber as desordens perceptíveis e de leitura imediata. Ele pode deixar de perceber as imperceptíveis e, sobretudo, as que são lentas para se delinear. E se o produto experimentado modifica pouco a pouco a espécie, produz distúrbios hereditários, ele será condenado a estudá-los somente em animais de reprodução rápida e crescimento acelerado. E, ainda, em qual geração interromper a verificação? Nesse universo que se deve qualificar de complexo, a contestação deve anteceder à constatação. O laboratório que tenta o eventual remédio pode tão somente revelar as mudanças rápidas ou as decisivas: ele só é moderadamente perceptível. O menos nítido ou o menos agudo não escaparão? Por serem pouco impactantes, eles, contudo, não deixam de ser importantes. Aliás, nada é claro nem infalível: quantas respostas equívocas misturam o "sim" e o "não"! Disso resulta apenas que o remédio, a despeito dos ensaios que precedem seu emprego e o caucionam, conservará sua margem de perigo. Um filósofo não tirará a prova de sua inutilidade e de sua insuficiência dos experimentos prévios: em farmacologia, eles são mais necessários e indispensáveis que nunca. Não se trata, no entanto, de suprimir todos os riscos, trata-se apenas de reduzi-los e diminuí-los cada vez mais. Na se pode negar que nosso remédio, apesar de todas as precauções, conhecerá um destino eminentemente filosófico, no sentido em que seu futuro sozinho, e mesmo seu futuro humano, revelará e desdobrará seu ser. Ele é o que ele se tornará, e nada poderá dispensá-lo dessa epifania. Mais do que outras matérias, a da cura ou da sedação atravessa a história e se realiza por meio dela. Por essa razão ela escapa, em parte, ao conhecimento demasiado instantâneo e demasiado anistórico do laboratório. Este último pode sem dúvida prever, o que não é exatamente predizer: o conjetural subsiste. Mesmo que o teste animal permita uma avaliação aproximada, ele não pode dar uma garantia inteira.

Por vezes ele sofre de ambiguidade: para dar um exemplo, sabe-se que, tendo em vista apreciar a atividade da progesterona ou de hormônios vizinhos, recorre-se ao teste clássico de Allen. A coelha ovarioectomizada reage às substâncias progestativas por meio de um intenso remanejamento da mucosa uterina, que se torna proliferante e sinuosa, "em renda".[22] Trata-se de uma alteração que uma simples olhada ao microscópio pode revelar. Não há dúvidas sobre essa realidade. Apenas, os hormônios capazes de favorecer essa fisiologia uterina não podem sempre ultrapassar a produção das fases iniciais. Elas suscitam o começo, mas não o conjunto funcional da nidação ou da gestação. Por isso, "algumas substâncias foram ditas progestativas... na realidade, elas não têm ação hormonal verdadeira. É o caso do hormônio macho, a testosterona, que não somente não é progestativa, mas abortiva. Em outras palavras, a presença da renda é necessária, mas não suficiente".[23] A leitura indireta

---

22 Hédon, *Précis de physiologie,* 14. ed., revista por L. Hédon, p. 984.
23 A. Horeau, Collège de France, cadeira de química orgânica dos hormônios, *Leçon inaugurale,* em 4 de dezembro de 1956, p. 21.

pode induzir a erro se um começo positivo não excluir uma resposta global negativa: mesmo em experimentação, para se apreciar a dinamia dos corpos novos que se experimenta, é preciso esperar a completa explicitação ou o desenrolar dos efeitos. Nem sempre é possível antecipar ou evitar a lentidão das manifestações ou os desdobramentos, visto que um sucesso no começo pode dar num fracasso final.

O laboratório dos ensaios farmacológicos pode triunfar dessas emboscadas que os filósofos da biologia não devem "reificar" nem enrijecer demasiadamente: na verdade, as dificuldades flexibilizam e realizam o trabalho experimental. Elas criam contradições salutares e incitam melhorias que as resolvem. O mais grave não reside nisso, ao contrário, reside muito mais no fato de que os venenos mais deletérios, os tóxicos mais temíveis, as doses mais estrondosas, as acumulações mais mortíferas deixam tal ou tal espécie animal absolutamente indiferente: nada é mais inquietante para o experimentador dos remédios ("se uma resposta negativa obtida num animal constitui um indício em favor da inocuidade de um medicamento, sempre resta a temer que a experimentação humana revele ao clínico um perigo que o farmacólogo não esteve em condições de discernir e de assinalar"),[24] nada é mais desmistificador para aquele que fetichiza as drogas ou que as hipostasia! O que mata um com um só golpe em nada modifica o outro, até mesmo o reconforta ou o serena. O veneno não é uma substância que transcenda seus acidentes, ele é inseparável de uma pluralidade de fatores e de condições. É fato que o coelho não reage à atropina nem à morfina. Os sapos não conhecem a intoxicação digitálica, a despeito das doses administradas. Os mamíferos podem absorver impunemente o curare, o rato não responde à histamina. O inverso também: animais podem, quanto a outros produtos e em doses ínfimas, testemunhar uma sensibilidade prodigiosa. Aqui também os exemplos abundam: "O músculo da sanguessuga... responde com uma contração apreciável a uma concentração de acetilcolina bilionésima",[25] ou ainda, as gonadoestimulinas secretadas pela placenta (teste de gravidez, reação de Ascheim-Zondek) inundam as urinas e lhes conferem o poder de hipertrofiar nitidamente o ovário da rata impúbere. Nós o vemos, essa intolerância ou essa capacidade de reagir às influências tão eletivas quanto mínimas servirão de prova biológica e de meios de medida. O animal informa sobre uma presença ou sobre uma ausência tanto qualitativa quanto quantitativamente. Desse modo, o que parece desconcertante ou disparate se transforma em vantagem real e em possibilidade discriminativa. Mas, para nós, a questão não é esta. As resistências de uns ou as respostas tão inesperadas quanto excessivas de outros tendem a reforçar nosso filosofema: para tal animal, tal remédio ou tal tóxico. Não há um remédio "em si", fora de um contexto particular, nem tampouco venenos universais ou agentes ubiquitários do mal. Se uma dessubstancialização tão radical atinge a farmacologia, torna-se difícil experimentar um remédio e determiná-lo de antemão. Tudo não depende

---

24 G. Valette, *op. cit.*, p. 70.
25 Hédon, *Précis de physiologie* (14. ed., revista por Louis Hédon), p. 730.

da espécie escolhida e até mesmo do indivíduo-testemunha? Tantos ensaios, tantas respostas. Veremos como o experimentador consegue reduzir os riscos inerentes aos começos da prescrição: ousamos repetir que o filósofo não tem o direito de extrair, a partir da contingência dos resultados, um ensino de irracionalidade e de negativismo que desabrochará em concepções duvidosas (as idiossincrasias ou as simpatias, os terrenos e as diáteses) e em práticas contestáveis (desde a simples atitude expectativa até o anarquismo terapêutico, passando pelas recomendações mais inesperadas).[26] Não se deve descer esse declive. Buscaremos mostrar como a dificuldade da "pré-determinação" do remédio favorece, ao contrário, à invenção de métodos novos e como ela enriquece a problemática farmacêutica. O obstáculo, interior à experimentação, não deve servir para denegri-la: as contradições a renovam e a flexibilizam. O laboratório dos ensaios medicamentosos ensinará ao biólogo, por acréscimo, e ao filósofo que quer refletir sobre seu trabalho e seu poder, por ricochete, o valor do minúsculo ou do negligenciável. Com efeito, basta um nada para inativar o enorme ou o terrível que mudam não apenas com as espécies, mas também com as mais fúteis circunstâncias. "É imprudente, observa J. Tréfouël, tratar ratos num estado muito avançado da doença: ou o medicamento corre o risco de não ter tempo de ser transformado (se ele deve sê-lo a fim de agir), ou então a lise maciça dos tripanossomas pode acarretar a morte do animal antes mesmo que todos os parasitas tenham podido ser tocados."[27] Nessa circunstância, um remédio, no entanto válido, seria considerado inoperante e até mesmo perigoso. É em consequência desse desconhecimento do secundário, senão do insignificante, que as verificações mais bem montadas ou mais lúcidas podem fracassar ou, no lado oposto, os erros podem ser mantidos. A esse respeito, podemos lembrar a fragilidade e a

---

26   Ler-se-á inúmeras na obra original e cativante de R. Allendy, *Orientation des idées médicales*, que condena a si própria por seus exageros. Ela transcreve o itinerário filosófico de um desvio. A partir de observações das mais felizes e de críticas fundamentadas, ela não deixa de cair numa defesa do naturalismo, do energitismo e retorna a um obscuro hipocratismo. Este pleiteante não convence: "Quer se trate, afirma ele, de um reumatismo deformante, de uma esclerose em placas ou simplesmente de uma enxaqueca, de uma coriza, de um sarampo, em uma palavra, de mil casos de prática cotidiana, quais diretivas seguras a medicina pode dar, quais são os efeitos realmente benéficos de sua intervenção? Cada médico deduz suas prescrições de suas concepções pessoais... O ato médico é o fruto de uma apreciação individual, de uma espécie de intuição ou da rotina pessoal... É tão impossível formular regras firmes nesse domínio, que a terapêutica, objetivo supremo das ciências médicas, nem mesmo é ensinada nas escolas... A prática médica nada tem, portanto, de uma ciência que se formula e se transmite: é uma arte que cada um elabora ou negligencia ao seu modo, com mais ou menos chance ou eficácia...." (p. 11-12). Com tais premissas, o arrazoado desse médico-filósofo só pode se extraviar.

27   J. Tréfouël, *Relations entre structure et propriétés thérapeutiques des dérivés organiques de l'arsenic pentavalent*, tese de ciências, Paris, 1942, p. 12. Lê-se também na p. 9: "Os resultados obtidos por tripanossomas transmitidos de cobaia a ratos podem ser muito diferentes daqueles obtidos por passagens repetidas em ratos", observação que pode servir para ilustrar nossos comentários.

dificuldade das provas pasteurianas?[28] Sempre uma interferência de um imprevisto ou de um detalhe vinha turvar o resultado, obscurecer sua leitura. O mesmo se dá em farmacologia, na qual o negligenciável pode chegar a neutralizar os "violentos" tanto quanto desencadear as substâncias até então indiferentes ou benéficas. É o que torna o universo das drogas tão próximo da magia e da taumaturgia, tão propício às crenças mais míticas e tão rebelde à "sistematização": o princípio salutar goza mais de uma completa autonomia. O inessencial o comanda, o inverte, o diminui ou o aumenta, a ponto de ser preciso renunciar a uma definição exata do remédio ou da dose conveniente. Não se pode apreender o conjunto movediço e ativo das circunstâncias que alteram a essência, uma vez que elas não cessam de se renovar e de se acrescentar umas às outras. E essa multiplicidade pitoresca se reflete na substância. Para mostrar a imprevisibilidade e a importância desse fútil, podemos lembrar o exemplo célebre que intrigou bastante a Claude Bernard, que o comentou muitas vezes: o exemplo dos dois pardais presos e adormecidos sob sua redoma. Um deles interrompe seu sono e logo cessa de poder viver numa atmosfera viciada por sua dupla presença. Mas o segundo, que continua sonolento e permanece imóvel, suportará por muito tempo essa nociva influência. Onde fixar justamente o limiar letal? Ele se abaixa com um despertar e se eleva em seguida a uma prostração. Nas discussões ulteriores, retornaremos aos ensinos gerais que essa experimentação tão modesta e tão elementar parece autorizar: o fato de que a agitação, os movimentos mais diversos para escapar de um perigo, em suma, o "querer viver", podem comprometer a defesa e acelerar a morte.

Seja como for, por duas razões que se reforçam, o medicamento escapa de uma ação direta e simples: não apenas ele dá resultados que mudam com as espécies como também, no interior de uma mesma espécie, o anódino ou o menor modifica a substância. Uma matéria tão dependente do acidente deve, é verdade, seduzir o filósofo das coisas: a "matéria em si" não parece oferecer tanta riqueza nem tantos recursos. E deixamos de lado a vertente da matéria terapêutica: matéria benigna e positivamente ressurrecional. "Um indivíduo contraiu sífilis. Os acidentes primários e secundários apareceram e atestaram a impregnação de seu organismo pelo treponema. Ele recebe uma injeção de um medicamento à base de arsênico[29] e alguns centigramas bastam para fazer, na imensa maioria dos casos do mês, desaparecer esses

---

28   Por exemplo, carneiros são postos em um cercado num campo de luzernas que se regou com bactericidas carbunculosos, devido à causa presumida de epizootia. Eles não serão contaminados nem mesmo incomodados. O germe não seria, então, a causa da doença? Na verdade, o micróbio não é nada sem os "ao lado", as modalidades ou as circunstâncias de sua absorção. Na experiência em questão, para que a causa pudesse agir, seria preciso sua direta penetração no sangue; portanto, é preciso que ela seja dada no interior de um alimento que irrite as gengivas e fira os capilares. Sem esse incidente tão leve ou secundário, a causa não pode se exercer. Assim, inúmeros antecedentes, mais ou menos fúteis, não cessam de anular ou exaltar os princípios.

29   Nós nos permitimos assinalar que esse texto foi escrito em 1930. Após essa data, o tratamento foi profundamente renovado e repensado.

acidentes. A doença, que deveria evoluir com um implacável rigor, se detém..."[30] Esse acoplamento, matéria-revitalização, essa junção da química e da cura, por definição, não se poderia encontrar alhures. Mas também, com a quimioterapia, meditemos numa matéria incomparável e fundamental, uma situação que a alquimia almejava em vão e que a medicina realizou. O real farmacológico produz o milagre e o atualiza. Trata-se de uma vitória, total ou parcial, sobre e para o homem. Nada parece com ele ou lhe equivale. O objeto técnico não poderia, em nenhum caso, lhe ser comparado. Ele é exterioridade e utensílio. O remédio beneficia-se de um *status* privilegiado: a um só tempo, ciência e revivescência, modelo químico e força renovadora, em suma, ele representa a ciência fazedora de milagres. E mesmo as dialéticas postas em movimento pela física do "objeto qualquer", por serem infinitamente mais radicais e mais ousadas, parecem também mais abstratas, menos combativas e menos calorosas. Elas dispensam a antropologia, de todas as maneiras elas afastam o humano. A matéria das curas não pode interditar a emoção. Aliás, em contrapartida, vimos o quanto a emoção a penetra e decupla sua potência.

Se pusermos esse poder de transformar o homem doente entre parênteses, de deter a dor e até mesmo de retardar a morte, é verdade que, no plano estritamente metodológico, devido à variabilidade e à flutuação de seus princípios essenciais, a farmacologia define um campo original e positivo de operações e de experimentações. E a filosofia que disso se extrai não pode se confundir com a das ciências materiais, a das generalidades físicas que incidem sobre elementos mais estáveis e, por vezes, menos complexos. O remédio forma efetivamente um conjunto tão frágil, que um nada pode modificá-lo ou abalá-lo. Ele oscila e flutua ao extremo. E, sobretudo, seu ser se define por seu poder, sua substância, por seus efeitos. Todavia, disso só poderia resultar que o remédio se dissipasse e se perdesse no oceano das diferenças, ou das variações, ou das aparências. Não soltemos, no labirinto de nossa discussão, o fio de Ariadne que deve nos guiar: o ensaio medicamentoso só informa relativamente, certo. Essa invencível contingência que elimina a ideia de um remédio universal e numenal, que imporá, consequentemente, um medicamento a ser sempre controlado e vigiado, não impede que a farmacologia se enriqueça em potências e em armas autênticas, tão numerosas quanto aperfeiçoadas. Entre outras, os antibióticos, as sulfamidas, os anti-histamínicos, os curarizantes, os timolépticos, os tranquilizantes, os anticoagulantes, os estrógenos, os antitireoidianos, os cardiotônicos, para citar apenas estes. Seu conjunto coerente prova a racionalidade progressiva da terapia e testemunha a organização de um poder que se reflete necessariamente em saber. Para dizer a verdade, a fim de conciliar os dois temas que servem de base à farmacologia, basta admitir a existência do remédio como relação, como rede de dependências e de condições. Esse remédio não existe isoladamente, ele pertence a um conjunto ramificado, se insere em uma família com uma rica arborescência de elementos em filiação uns com os outros.

---

30   G. Florence, *La thérapeutique modern*, p. 12.

Uma relação nos parece justamente mais delicada de cingir e de apreender do que um dado puro e simples. Disso decorrem, sem dúvida, os insucessos das definições demasiado fixas. Na falta desses conhecimentos sólidos ou definitivos que suprimiriam o relativo, o relacional e também a relatividade das medicações, não creiamos que o farmacólogo deva vagar e viver na espera do acontecimento, na passividade das constatações, no temor dos perigos ou na surpresa dos resultados movediços. Ele pode, precisamente, cada vez melhor, reduzir a distância entre o previsto e o acidental, entre o teórico e o efetivo. Se ele não a preenche por completo, ele consegue minimizá-la o bastante para que ela cesse de contar. Devemos evocar, em suas linhas gerais, essa tensão da farmacodinâmica na redução do imprevisto, tendo em vista proteger eventualmente o epistemólogo contra o excesso de seu irracionalismo.

Com efeito, o experimentador recorre a manobras de abordagem, a métodos indiretos e a cálculos estatísticos. Em que, por exemplo, consistem estes últimos? Como, graças a eles, conhecer de antemão os efeitos do princípio e contornar as dificuldades da não antecipação? Como predeterminar em parte o indeterminado? Ou seja, uma substância da qual se quer conhecer a eficiência e a dose útil. Experimentamo-la em uma espécie animal: 1º Para atenuar as diferenças individuais, não deixamos de multiplicar os ensaios e as medidas sobre os representantes mais diversos desse grupo: quanto mais numerosas forem as provas experimentais, mais a fórmula final tenderá para a verdade integral. É claro que resultados muito pouco numerosos não podem merecer significação: entre a unicidade (variável) e a totalidade (a certeza), o farmacólogo visa à pluralidade (a probabilidade). 2º Não é difícil estabelecer a mediana, seja a aritmética pura e simples, $x = \dfrac{x^1 + x^2 + x^3, ... x_n}{n}$, seja a geométrica, por assim dizer, no sentido em que ela expressará o ápice do polígono das frequências ou da curva em arco das variações. Esses dois resultados podem, evidentemente, diferir. 3º Podemos também medir o grau e o número das distâncias em relação ao resultado global mais característico e mais frequente. Em suma, calcular-se-á a "variância de distribuição". Se, por exemplo, x^1 é a dose necessária e indispensável à produção de um resultado bem preciso (ou se a mesma dose suscita efeitos que se consegue quantificar), escreve-se d^1 (ou a diferença) = x^1-x (x sendo a mediana precedentemente estabelecida) e v, que resume o conjunto dessas operações = $\dfrac{(d^1)^2 + (d^2)^2 + (d^3)^2....}{n}$, (ao quadrado a fim de suprimir os termos negativos, os menos que traduzem um resultado inferior ao habitual). 4º Assim, podemos não apenas apreciar e medir o regime das variações e fixar a distância média, mas também dedicar-nos a precisar os limites entre os quais ela pode atuar. Em outras palavras, os dois extremos, apesar de sua singularidade atípica, ajudam a limitar a área da dispersão. Todas essas cifras, e só falamos das mais expressivas, informam e predeterminam as situações farmacológicas. Com toda certeza, nunca se obterá uma fórmula infalível. Uma exceção pode sempre surgir, acrescentará o filósofo da contingência. Só que, longe de poder desequilibrar a conclusão de conjunto, ela servirá para completá-la e para reajustá-la. As exceções vêm efetivamente confirmar e verificar a regra. Acaba-se por induzir um resultado cada vez mais aproximado, cada vez mais adequado.

Embora o conhecimento ou a antecipação do princípio farmacológico permaneçam parciais, quem poderia contestar seu interesse e seu valor? Entre o nada da indeterminação biológica e o dogmatismo que exprimiria um determinismo absoluto, é preciso certamente intercalar a maleabilidade de um método que, a partir de um certo número de medidas e de verificações, consegue extrair uma verossimilhança e operar uma legítima universalização. Legítima a tal ponto que o realismo das exceções pode apenas consolidá-la e melhor organizá-la. Vemos o quanto essas operações podem ultrapassar o resultado, o quanto elas desacreditam a ontologia e o individual e o quanto as contradições servem para a promoção de uma certa verdade farmacológica, de modo algum para o levante da desordem e do imprevisível.

Quando se aplica no homem doente a substância que se pensa curativa, como diminuir os riscos de uma extrapolação? Os resultados anteriores, por mais precisos que sejam, concernem a uma espécie ou a uma população animal dada, eles não poderiam transcender a essa situação restritiva. Como prosseguir o movimento de generalização? Como vencer essa descontinuidade dos gêneros e dos grupos animais? Como liberar a farmacologia experimental de suas limitações e de seus condicionamentos? Primeiro – será preciso notá-lo? –, para poder ganhar a batalha da extensão, o farmacólogo e o clínico lançam mão dos meios empíricos, sem grandeza metodológica, mas recomendados pela prudência. Eles experimentam o remédio de maneira econômica, em doses ínfimas, depois, se for possível, com doses regularmente crescentes. Controles contínuos, um microgrupo de testemunhos, drogas homeopáticas, não há nada de cego nem de trágico nessa aplicação de medicamento-hipótese no homem. Contudo – esta verdade nunca será suficientemente pensada pelo filósofo –, quanto mais espécies animais responderem de maneira dessemelhante à medicação que em seguida se dá ao doente, menos surpresas devem ser temidas. O que parece fortalecer o irracionalismo, na realidade, o prejudica: com efeito, a multiplicidade e a diferenciação extrema das respostas animais oferecem o melhor meio material de resolver as questões do porquê e do como, senão do quando.

Uma viva sensibilidade ou uma resistência, uma intolerância ou uma indiferença, essas duas reações contraditórias abrirão a via para a explicação farmacológica: uma ausência de resultados denuncia a presença de um ou muitos inibidores, assim como o excessivo revelará a participação de catalisadores ou de aceleradores. Nenhuma ação maciça, brutal, imediata, em química biológica, mas cascatas de transformações enraiadas ou precipitadas. Nessas condições, supondo que *a* suprima ou bloqueie a ação de *b*, quando se quiser saber se *b* tem sobre o homem um efeito positivo, nos absteremos de experimentar *b* diretamente, contentar-nos-emos em notar a presença ou a ausência de *a*. Portanto, uma exceção permite melhor apreender e conceber a regra. E quando a experiência libera a misturada de suas curiosidades, de suas anomalias, de seus acidentes, e até mesmo de suas monstruosidades, ela parece contradizer os conhecimentos anteriores ou as fórmulas adquiridas, quando, na realidade, ela as fundamenta e organiza. A contingência reforça e perfaz o determinismo do necessário. Essa dialética de uma verdade que engloba e absorve o que a desmente, esse benefício da negação e do fracasso se encontram, aliás, em patologia geral: quando um animal ou uma espécie se mostram refratários a um contágio ou a uma contaminação (a febre tifoide, a cirrose alcoólica, a doença de Heine-Médin, a hipertensão arterial), quando o experimentador não consegue transmitir a doença que ele deve comunicar, ele por certo progride. Um "não" vale mais do que um "sim". Uma negação favorecerá, mais tarde, uma afirmação superior.

Incansavelmente nos oporão a fragilidade de todos os resultados, de todas as certezas, uma vez que amanhã, no futuro, os problemas evoluem, as espécies se transformam, assim como os meios e as causas patogênicas. O tempo não usa as aquisições mais sólidas? Na verdade, não se deve temer demais transformações ou mutações. Uma constatação prevalece sobre todas as outras, a saber: na farmacopeia atual, os remédios se renovam com uma velocidade que não se compara à das habituações orgânicas ou das erosões naturais mais diversas que concernem à vida do organismo, normal ou patológico. A celeridade com a qual os medicamentos se afugentam e se substituem uns aos outros decorre do frenesi. Doravante, o número de elementos vizinhos, dos análogos ou dos semelhantes, impede que o organismo se acalme ou se habitue. Segundo as intenções do médico, ele pode ser solicitado, despertado, aturdido ou, inversamente, apaziguado, adormecido, siderado, tranquilizado. O temor das mitridatizações pode se esbater: ela não foi exagerada? O príncipe farmacófilo não cresceu com a fábula? De todo modo, em nossos dias proliferam os barbitúricos, os anticonvulsivos, os sedativos, os diuréticos, os anticoagulantes, os dilatadores, os tonicardíacos, os antibióticos. E uns sempre podem substituir os outros. Eles não cessam de se destronar: disso resulta que o remédio, a todo momento, se eclipsa. Por essa razão, em farmacodinamia, não se deve mais falar de um medicamento, mas apenas de famílias, conjuntos ou grupos (os anestésicos, os cardiotônicos, os vagolíticos), entre os quais o clínico deve escolher o mais pertinente, o mais adaptado ao caso patológico que ele pretende tratar, o que levanta questões delicadas de oportunidade e de conveniência, de descriminação e de exclusão.

A despeito dessa renovação que interdita a dependência, ou mais exatamente por causa dela, o medicamento conserva sua auréola de perigo e de incerteza. Ela desaparecerá tanto quanto, precedentemente, a sombra de psicoterapia que embaçava a luz de uma definição estritamente química ou farmacológica. Essa constatação final e indispensável acaba por elevar a *démarche* terapêutica no nível de uma disciplina consciente. Quanto mais a medicina recorre a meios violentos, às dinamias atuantes, menos ela pode se automatizar ou cair na rotina. Uma filosofia ingênua teria podido acreditar que bastaria dispensar ou receitar os princípios soberanos. Na realidade, podemos cada vez menos abandonar o verdadeiro remédio a si próprio. A completa autonomia só convém aos anódinos ou aos fictícios. A vigilância contínua e meticulosa caracteriza as medicações mais modernas e mais eficientes: não há antissifilíticos sem controles serológicos, não há antileucêmicos sem exames repetidos da fórmula sanguínea, não há radioterapia sem a referência constante aos resultados gráficos, não há cardiotônicos potentes fora das confirmações ou das garantias elétricas. A certeza da ação suscita uma problemática de emprego; no lado oposto, a incapacidade das drogas se torna recíproca na presunção e na convicção inabalável. Quanto mais a farmacologia progride, mais ela repousa sobre a reflexão, inversamente às disciplinas formalizadas, que pretendem construir sistemas mais coerentes, menos frágeis e, portanto, menos psicológicos. O remédio moderno encontra-se desdobrado: não apenas ele próprio e seus efeitos salvadores, mas uma atenção clínica preocupada em reconhecer os sinais precursores do nocivo, do insuficiente ou do excessivo. Essa dupla e constante operação confere à terapêutica uma tonalidade reflexiva e crítica. Ela deve, incessantemente, olhar nas duas direções opostas. E essa prescrição indecisa, por vezes vigilante e dramática, resulta das dificuldades inerentes à própria natureza do remédio, que não se pode livrar das sombras que obscureçem seu futuro, sua história necessariamente movimentada. Existem igualmente as regras gerais de administração, interditos aqui e ali, recomendações alhures. Com efeito, a terapêutica não poderia se reduzir a uma infinidade de substâncias irredutíveis, a uma poeira de receitas, a uma impossibilidade de nada esquematizar. Para concluir nossa discussão do problema da experimentação dos medicamentos e da inocuidade do novo, mostramos a necessidade de se avançar entre dois obstáculos: o do negativismo condenado pelos fatos e o de um determinismo imediato que identificaria facilmente o experimental e o clínico. Essa segunda e infeliz filosofia, que desemboca na provocação da primeira, por contragolpe, recusa relativizar o remédio. Seus métodos, entretanto, permitem ir menos longe do que suas pretensões. O cálculo estatístico e a subtração placebo-terápica, por felizes que possam ser, não nos pareceram dar os resultados que neles debitamos ou que deles extraímos inconsideradamente. Em suma, quanto à importância da transferência do princípio do animal para o homem, ela não deve nem ser atenuada nem majorada com fins críticos. A discussão, porém, nos terá permitido melhor abordar a natureza mesma do remédio. As complicações nocionais engendradas por ele decorrem da complexidade que o caracteriza. Nossas observações se esclarecerão na sequência de nossos desenvolvimentos descritivos, quando meditaremos sobre a essência e as propriedades de algumas dessas matérias curativas. Veremos melhor a razão de essa matéria não poder conquistar sua plena independência, como ela guarda efetivamente seu perigo (tal como previamente tentamos demonstrar que ela conservava sua magia), apesar dos tesouros de engenhosidade metodológica que, de antemão, se esmeram para reduzi-lo ou para circunscrevê-lo.

Seção II

Como caracterizar o remédio moderno?
A oposição do passado e do presente

O fato de conhecer mais o que é o medicamento atual não impede que esse conhecimento sofra de uma invencível indeterminação. É preciso banir a ilusão de um medicamento numenal, que traz em si um certo número de efeitos constantes e infalíveis. A farmacologia tenta legitimamente, graças à astúcia do placebo, eliminar a nota psíquica que turva a objetividade terapêutica. Ela não pode ter êxito completo nisso. Por outro lado, o cálculo estatístico permite preencher, mas apenas em parte, a distância entre o previsível e o realizável. Nem sempre se pode ultrapassar, nem predeterminar os resultados. Uma surpresa, novidades e até mesmo contradições surgem, de tempos em tempos, e ampliam as noções mais estanques, inquietam as aquisições mais sólidas.[31]

Mas, se por um lado o futuro escapa, em compensação, o passado da matéria médica não se esquiva: seu estudo deveria precisamente nos permitir, por contraste, esclarecer as noções de farmacologia. Como notamos anteriormente, uma vez que o antigo ajuda a precisar a participação "sugestiva" que intervém na medicação moderna, esse antigo autoriza principalmente uma comparação metodológica. Assim como o remédio antigo forneceu apenas uma luz sobre o dinamismo curativo, assim também sua análise nos dará uma antítese preciosa e polêmica, favorável, por esse viés negativo, à nossa tarefa descritiva. Devemos, portanto, para terminar de apresentar o remédio, definir, em suas linhas gerais, a matéria médica do passado.

Antes de examinar os ingredientes que entram na *preparação* do medicamento parcialmente imaginário, devemos tratar dos *preparativos* que o condicionam: antes dos componentes, a própria composição. Como o boticário confecciona seus inúmeros remédios, as tinturas e os elixires, os lambedores e os ceratos, os eletuários e os opiatos, os trochiscos e os pós, os sais e as águas? Em suma, que filosofia representativa se esconde nas infusões e nas pílulas, nos xaropes, nos emplastros e nos bálsamos do passado terapêutico? Para poder melhor extrair a filosofia nova que abriga ou inclui a aspirina ou a cortisona, tal comprimido ou tal ampola, devemos despertar a lógica oposta das misturas e dos extratos.

No imaginário, se definirá as virtudes das drogas em função das complicações demandadas por elas: "Todas as coisas preciosas que se encontram na terra, o ouro, os diamantes, as pedras a serem talhadas, ali se encontram disseminadas, semeadas, avaramente escondidas em uma quantidade de rocha ou areia... Essas riquezas não seriam nada sem o trabalho humano que as retira da noite maciça em que dor-

---

31 É certo – é preciso lembrá-lo – que a *Matière médicale*, de Cullen, cuja *importância* já afirmamos em nossa introdução, fornece todos os elementos necessários à análise das flutuações e contradições inerentes às terapias.

miam, as reúne, as modifica e as organiza em adornos."³² Essa observação destinada a caracterizar o labor do poeta se aplica, nos parece, à obra magistral: os elementos, eles também espalhados, convocam manutenções sutis que os decantam e os concentram. Sem elas, ele não seria nada. É preciso torturar as terras e as plantas, atormentar os minerais, abrir os órgãos dos animais, visando desembaraçá-los todos de sua umidade e da terra danada que os corrompe ou os enfraquece.³³ As proezas da arte equivalem a separar, depois a reunir, extrair, depois misturar. Trata-se sempre de ativar ou de liberar forças aprisionadas.

Aliás, nos parece ser possível reconduzir todas as operações redentoras e energizantes a três esquemas fundamentais, bastante próximos uns dos outros:

1º O espagirista valoriza toda intervenção metamorfoseadora, ou seja, a que se salda com uma mudança de estado da matéria: sólida, ela se tornaria, por meio de sua arte, líquida ou aérea. E o que é novo deverá regenerar. Uma transformação, por mais aparente que ela seja, que ela concirna à cor ou à forma, ao volume ou ao aspecto, significa um enriquecimento miraculoso. Aliás, se nos permitem abrir um parêntese pouco ortodoxo, pensamos que a alquimia e a quimiatria não se reduzem a um conjunto de concepções insensatas ou de natureza psicológica. Elas contêm uma certa verdade, se apoiam em observações. Como não se perturbar com a constatação experimental segundo a qual o chumbo aquecido (ao ar) aumenta seu peso em um décimo?³⁴ Como não cair em algumas ilusões? Aqui, não é o homem que vem sonhar junto às coisas ou que projeta nelas suas esperanças: a própria matéria provoca o erro e o mantém. Entenda-se: esse chumbo que se regenera e parece aumentar se tornará um remédio sarcótico e reparador, a ser prescrito contra as úlceras ou as feridas vivas.³⁵

2º Paralelamente, a quimiatria valoriza toda extração, toda operação que elimina o inútil tendo em vista concentrar e reter "a essência", o espírito, profundo e escondido. Ela certamente escapa desta crítica endereçada por Michelet a seus contemporâneos: "(Os modernos, com efeito,)... partem da ideia muito falsa segundo a

---

32 Valéry, *Poésie et pensée abstraite*, Bibl. de la Pléiade, t. I, p. 1334.
33 Nicolas Lémery, *Cours de chimie contenant la manière de faire les opérations que sont en usage dans la médecine, par une méthode facile*, 10. ed., p. 31: "Quanto aos epítetos que lhe damos de morta ou de danada, quisemos fazer entender, com eles, que, sendo despojada de tudo o que ela continha de princípios ativos, ela não está mais em condições de produzir por ela mesma nenhum efeito..."
34 Walden, *Histoire de la chimie*, trad., Paris, 1953, p. 34.
35 Ambroise Paré, que o recomenda, acrescenta ingenuamente: "Vemos, por experiência, que o chumbo (que alguns dizem venenoso...) pode permanecer por muito tempo em nosso corpo sem fazer nenhuma corrupção: como se pode conhecer, naqueles que receberam tiros de arcabuzes, as balas puderam permanecer nas partes carnosas pelo tempo de três, quatro e mesmo dez anos e descer de alto a baixo sem causar nenhuma putrefação ou dano à natureza, o que demonstra não haver nenhuma venenosidade, mas, antes, alguma coisa de familiar à nossa natureza" (*Oeuvres complètes*, Introd. de J.-F. Malgaigne, Paris, Baillière, 1841, t. III, p. 347).

qual, em todas as coisas, o melhor é a superfície e a parte de cima, basta ali pousar os lábios. A parte de cima é com frequência a espuma. É mais embaixo, é dentro que está a beberagem da vida. É preciso penetrar mais adiante, misturar-se mais com as coisas pela vontade e pelo hábito para ali encontrar a harmonia, onde está a felicidade e a força"(*L'insecte*, Introdução). A farmacologia não deixa de escavar, arrancar, apurar: ela não cessa nunca de ir ao fundo das coisas e até mesmo ao seu âmago.

Aqui também, e retornaremos a isso, é preciso evitar simplificar muito essa operação, ou interpretá-la como psicólogo: ela perderia seu verdadeiro alcance. A iatroquímica da profundidade repousa sobre uma base positiva: a destilação permite retirar elementos inesperados das substâncias mais diversas. Não se extraiu um álcool caloroso e volátil de alguns líquidos definidos pelos gregos por meio do frio e do úmido? O vinho, esse úmido, escondia então um fogo e um espírito aéreo. Nada de mais revolucionário: a física aristotélica das formas que se detêm nas qualidades é substituída por uma física das forças ou das virtudes que ultrapassam as aparências enganosas. Os fenômenos dissimulam potências que prolongam a vida. Por isso, não é possível consultar uma das antigas farmacopeias sem ler nela, de ponta a ponta, o elogio do fogo e dos fornos, do alambique e das retortas, do banho-maria e das estufas, das cocções e dos vasos nos quais se operarão as sublimações. O próprio Ambroise Paré considera este procedimento como o mais fundamental: "Ele deixou os espíritos dos homens tão maravilhados, que muito poucas coisas encontradas com alguns efeitos e singularidades em si não são submetidas à destilação... Alguns chamam essa arte de sublimar, que significa tão somente separar o puro do impuro, as partes mais sutis e desligadas daquelas mais corpulentas, espessas e excrementosas..."[36]

3º Como os precedentes, a transmutação e a extração, a sobredeterminação reforça o poder dos remédios: nesse sentido, ela adiciona uns aos outros, reúne os mais eficientes. Podemos concebê-la de muitas maneiras: primeiro, uma simples multiplicação, a adição desenfreada das plantas e animais. Pode-se também enumerar uma infinidade de condições que tornam difícil a execução do "coquetel": de quantitativo, o plural se torna qualitativo. O raro, o difícil ou o árduo para unir, tudo isso torna a síntese laboriosa e, portanto, valorosa. Por fim, na mesma via, se pode chegar a utilizar os contrários. Essa *coincidentia oppositorum* visa a um total dinâmico. O misto que se fabrica não é nem quantitativo nem qualitativo, mas dialético. O resultado não varia: confeccionar conjuntos dotados de força e capazes de comunicar uma energia revitalizante.[37]

Esses três esquemas constitutivos que acabamos de enumerar se reúnem, aliás, em um só: criar uma dinamia material. Tudo o que parece intensificar se torna procedimento farmacêutico e nos libera forças, portanto virtudes, remédios salva-

---

36 *Ibid.*, t. III, p. 614, 26º livro, que trata das destilações.
37 *Ibid.*, t. III, p. 634. Registro de todos os tipos de medicamentos e instrumentos que servem para a cura dos doentes.

dores. A farmacopeia elimina os fracos e os minúsculos. Quando se recorre a eles, ela então utiliza mil meios para reduzir esses insignificantes. Ela toma precauções em relação a eles, pois sua pequenez simulada veicula uma violência: os Davis podem rivalizar com os Golias. O iatroquímico, inclusive, se debruça sobre o banal e sobre o desdenhado com a intenção de transformá-lo e convertê-lo: o *opus* o majorará e o exaltará. A matéria comum sofrerá as operações que a enriquecerão e a aumentarão: em farmacologia, o virtuoso supõe esforços incessantes, um labor e um saber. O remédio é sempre uma segunda "natureza".

O procedimento mais elementar que devemos ilustrar consiste, nós o vimos, em provocar modificações: a renovação do material implica uma promessa, uma promoção, portanto, uma gênese, inclusive de cor, toma um sentido de melhora: passar do verde para o rosa, do azul para o vermelho e, sobretudo, do preto ao branco e ao amarelo. As manipulações e ações farmacêuticas são incontáveis: pulverização e cremação, precipitação e dissolução, aparição e depois desaparecimento nos mênstruos apropriados, cristalização e vaporização, clarificação e fermentação, peneiração e secagem, e mesmo porfirização. Todas vão dar no mesmo lugar, ou seja, mudar e, portanto, mobilizar uma matéria inerte: "A porfirização é uma operação mecânica por meio da qual os corpos duros são reduzidos em moléculas mais soltas do que mediante a simples pulverização por contusão. O nome dessa operação lhe vem do pórfiro, pedra sobre a qual se dividem os corpos triturando-os. Para isso, se emprega um segundo pedaço de pórfiro, ou de qualquer outra pedra tão dura que se possa segurar comodamente na mão. Essa última pedra, que denominamos moleta, é comumente figurada mais ou menos como um pão de açúcar... Quando as matérias que se triturou com água estão suficientemente porfirizadas, forma-se com elas pequenas massas de figura cônica que denominamos tronchiscos."[38]

Com frequência, a energia do fogo substitui o ardor do boticário, ela permite as metamorfoses mais surpreendentes: por isso, o fogo é celebrado tal como os dissolventes que podem liquidificar os sólidos rebeldes ao pilão. Por meio do fogo, quantas modificações e renovações! "Torrefação, calcinação, fusão, cristalização, vitrificação, incineração, evaporação, excicação etc."[39] O pilão é também o instrumento mais utilizado pelo boticário, sempre com a intenção de descorticar e transformar radicalmente as matérias: por meio dele, é possível esmagar, moer, pulverizar, agregar e malaxar, triturar e liquidificar. A amalgamação, como dizem os tratados, favorecida pela moagem, opõe-se à filtração, que separa e divide. Ela supõe, por sua vez, uma instrumentação bastante simples: "Uma outra maneira de melhorar alguns remédios é a que se nomeia como clarificação. Ela é feita batendo-se, com claras de ovos, as decocções e os líquidos turvos para retirar sua espuma... As partículas pegajosas e viscosas da clara de ovo se misturam com as partes grosseiras da decocção

---

38 *Élements de pharmacie théorique et pratique*, por M. Baumé, 2. ed., p. 123.
39 Fourcroy, *Philosophie chimique ou vérités fondamentales de la chimie moderne*, 3. ed., 1806, p. 56.

mais do que com as finas e as embaraçam. Por meio dessa mistura, elas são capazes do maior contato e, por conseguinte, da mais forte coesão..."[40] À incorporação do pilão corresponde a peneiração e a depuração. Mas essa operação, essa passagem do turvo ao límpido nos revela, além disso, o interesse que as lojas e as oficinas têm para com o mucilaginoso e o glutinoso. Ela nos conduz ao exame médico do viscoso.

O pegajoso e o gomoso, é um fato, são perpetuamente magnificados nas farmacopeias. Os xaropes e as pastas, todas essas substâncias gelatinosas e coloidais se definem, é verdade, por um *status* intermediário entre a liquidez e a solidez. Decorre daí sua nobreza farmacêutica. Insistimos nisto: o boticário valoriza toda matéria capaz de movimento e suscetível de metamorfoses. Um sólido que se torna pó, uma água que muda para vapor, um sal que se dissolve, entre outros, preenchem essas ambições modificadoras. O mucilaginoso e o glutinoso que flutuam entre o sólido e o líquido têm o dever de retê-lo e de atraí-lo: eles parecem realizar e concretizar as aspirações taumatúrgicas da iatroquímica. Ademais, esses frutos e esses grãos, essas gelatinas e gomas oferecem com frequência a propriedade de aumentar de volume (por hidratação de suas moléculas) e mesmo de diminuí-lo. Mas esse segundo momento conta menos do que o primeiro: ele serve apenas para evidenciá--lo e torná-lo possível. Ora, essa extensibilidade e esse aumento de seu volume os designam para entrar na farmacopeia cinética na qual as substâncias inflativas, as resinosas e as viscosas, gozam efetivamente de um lugar eletivo. Os xaropes e as mucilagens não evocam a ternura? Podemos resistir à sua sedução curativa? Essa experiência, quase sempre invocada, é verdadeira: quando se mergulha a pata de uma rã em uma solução que compreende algumas gotas de HCl, o animal a retira imediatamente, mas, se acrescentarmos uma mucilagem à mesma solução, ele não mais a retira. Em toda hipótese, verdadeira ou não, majorada ou não, ocorre que os xaropes e as gomas corrigem sempre as acrimônias nas medicinas do passado, acalmam as inflamações, apaziguam os humores, atenuam, abrandam. O pegajoso e o gomoso definem o emoliente: generaliza-se, assim, as propriedades sensoriais, as aparências. Nos dias de hoje, retornaremos a isso, essas drogas tão célebres só são recomendadas por suas propriedades mecânicas: o fato de o ágar-ágar se hidratar e ganhar volume o predispõe a desempenhar o papel laxativo. Não importa: um aumento de volume parece refletir, na antiga farmacopeia, um ser em crescimento. Paramentam-no com virtudes medicinais. As amêndoas doces, os xaroposos e os melosos são considerados não apenas balsâmicos e peitorais, mas também revigorantes e fortificantes. Os dois temas da doçura e do inchaço se misturam e decidem sobre poderes curativos bastante dessemelhantes. O conglutinante, as colas e o viscoso entrarão, portanto, no grupo fundamental dos reparadores, dos tônicos, tanto quanto no dos suavizantes e calmantes. Não inventamos nada: "É preciso entender por fortificante tudo o que acrescenta alguma coisa ao volume e à força dos sólidos... O corpo seria logo inteiramente consumido se a perda contínua

---

40 Quincy, *Pharmacopée universelle raisonnée*, Paris, 1749, p. 102.

de substâncias que nele se dá por um movimento perpétuo não fosse reparada com frequência de maneira conveniente... É preciso que essas partículas destinadas a essas reparações tenham a maior disposição para essas adesões, já que elas se ligam muito fortemente desde que entrem em contato. Tais são as matérias que chamamos glutinosas e que tomam facilmente a forma de gelatina ou de outras consistências semelhantes."[41] Em seguida a essa definição, Quincy enumera os "restauradores", as substâncias que restituem saúde e coesão: as favas, o frumento, a aletria, a goma arábica, a cola de peixe, o arroz, a aveia, a raiz de grande consolda. Para essa última, "uma maneira muito conveniente de prepará-la é fazê-la ferver até que a decocção tenha a consistência de gelatina. Não há problema em adoçá-la com um pouco de açúcar. Ela é muito corroborante e boa para todos os fluxos, principalmente para a fraqueza, ou seja, o escoamento do sêmen. É um excelente remédio contra a gonorreia, quando não há mais vírus, assim como para deter os meses demasiado abundantes nas mulheres".[42]

Deixamos de lado os unguentos e as pastas, que também participam dos mesmos elogios e enriquecem a classe dos fortificantes.

Devemos admitir: o gelatiniforme, o farinhoso, o pegajoso e o viscoso (tão frequentemente desvalorizados pelas filosofias materiais inspiradas, sobretudo, nas ferramentas, utensílios e instrumentos físicos, apegadas às resistências metálicas e à solidez pétrea) não veiculam apenas a tepidez, a brandura e a flacidez, mas também restituem forças, comunicam energias. Indiscutivelmente, Quincy os classifica entre os fortificantes e os restauradores. Essa designação prova que essas substâncias se caracterizam menos por seu valor untuoso ou xaroposo que por suas possibilidades mágicas de inchaço e de ampliação, o que tende a confirmar nosso filosofema: toda mudança material, ou melhor, sensorial, de volume ou de aspecto, de cor ou de tonalidade, de estado ou de lugar, equivale sempre, em quimiatria, a uma renovação, portanto, a um remédio. O novo renova. Nada se transforma sem definir um princípio ressurrecional. Essa física elementar do pilão e dos mênstruos só repousa, portanto, sobre sinais ou bases frágeis: apenas, é preciso reconhecê-lo, aqui e ali ela propicia vantagens substanciais, se salda por meio de vitórias terapêuticas. A iatroquímica não acumula somente aberrações. Ela não apenas obedece a regras estritas (acabamos de ilustrar a primeira delas), mas confecciona remédios eficientes. Os tratados antigos prescrevem o mercúrio contra a bexiga, a casca de quinquina para as febres, combatem a sarna com o enxofre e recorrem às raízes de samambaias contra a tênia. O esculápio conhece as virtudes do ópio, as das solanáceas nomeadas como consoladoras (beladona, meimendro), sem contar a multidão de outros: o acônito, o sêmen-contra e até mesmo o agrião das fontes ou a diurética rainha dos prados.[43] Já em seu começo, a farmacologia se define como

---

41 *Op. cit.*, Segunda parte, p. 173.
42 *Ibid.*, p. 179.
43 Um exemplo entre outros que extraímos do *Traité du scorbut*, de Boerhaave (comentado por M. Van Swieten, Paris, 1855, p. 401): "A falta de alimentos vegetais deve ser vista como uma das

mistura incomparável do falso e do verdadeiro, em que o pragmatismo das vitórias inspira e corrobora as doutrinas especiosas ou os temas fantásticos. Essa é a razão pela qual não poderíamos reduzir a matéria médica a um conjunto mais ou menos vesânico, nem – o que talvez equivalha ao mesmo – a uma projeção da Psique. Por mais frágil que seja o edifício, por mais anódinas que sejam as realizações ou por mais divertidas que sejam as preparações, um esboço de terapia não deixa de ser delineado e justas observações acabam por emergir. Sobretudo, cabe realçá-lo, o farmacêutico respeita regras ou princípios que nem sempre refletem seus ardores inconscientes ou seus desejos individuais. Se Paracelso apregoa o mercúrio contra o mal napolitano – a sífilis –, terapêutica que só será destronada no começo do século XX,[44] a razão dessa justa indicação não remete à antropologia, mas ao tema que buscamos precisar: o naturalismo que privilegia a mudança.[45] Como as gomas ou as gelatinas, este metal, o mercúrio, preconizado, é verdade, para e contra tudo, em pílulas ou em pomada, beneficia-se de sua situação intermediária entre o sólido e o líquido. Sua mobilidade metálica o designa como panaceia. Além disso, se ele é retirado da terra (as minas mais importantes se encontram na Espanha), mais ou menos amalgamado à prata, ele, porém, volatiza-se facilmente com o calor. "O mercúrio é um metal ou um meio metal fluido, corrediço, penetrante, bastante pesado e, contudo, volátil, cor de prata. Ele é chamado de hidrargírio devido à sua fluidez, e mercúrio pelo fato de mudar sob diversas formas, como o faz o Mercúrio celeste, do qual os antropólogos pretendem que ele receba as influências".[46] O mercúrio pode não apenas dissolver outros metais ou corroê-los (além de hidrargírio, também será chamado de água ígnea, liquidez ardente), como também permitir muitas ligas:[47] essas misturas realizam compostos químicos cujas propriedades diferem nitidamente das substâncias iniciais (não podemos silenciar sobre as combinações com o enxofre,

---

principais causas de escorbuto. É por essa razão que, em matéria médica, deu-se a esse artigo uma lista de todas as plantas que podem supri-la sob o título de específicas contra o escorbuto. Todas as espécies de azedeira, as hastes de bardana que começam a crescer na primavera, o repolho vermelho, o cerefólio, a chicória, a endívia, a urtiga etc. Todas essas plantas surtem muito bom efeito em caldos. A mesma coisa se deve dizer do sumo de laranja, de limão..., com que se rega tudo o que se come... Em alguns lugares na Holanda é um costume comum alimentar-se no inverno apenas de toucinho e boi salgado. Por conseguinte, no final do inverno todos se encontram infectados de escorbuto".

---

44 Um arsênico, o 606 de Ehrlich, depois um componente vizinho, o novarsenobenzol, enfim, o bismuto, substituíram o mercúrio soberano a partir de 1900. Depois da última guerra, os antibióticos o afastam quase que completamente, assim como seus sucessores. Para o recém-nascido sifilítico, ainda permanece o método das fricções mercuriais.

45 Allendy, *Paracelse, le médecin maudit*. N.R.F., 1937. O psicanalista ali sustenta, com verve, uma interpretação estritamente psicológica da medicina e da terapêutica paracelsianas.

46 Nicolas Lémery, *op. cit.*, p. 205.

47 Como toda panaceia digna deste nome, o mercúrio é capaz do melhor tanto quanto do pior: ele é valor, mais que realidade. Ao calomelano, à *aquila alba* (protocloreto de mercúrio) se opõe o pó cáustico, o sangue de dragão e, sobretudo, o sublimado corrosivo (bicloreto de mercúrio).

naturais ou produzidas pela arte, umas e outras ricas em cores, do preto ao branco, do vermelho ao violáceo, sulforetos que, outrora, tiveram um lugar bem qualificado na farmacopeia, quer se tratasse do etíope mineral, do açúcar vermífugo mercurial, dos vapores de cinábrio, do pó do príncipe etc.). Incontestavelmente, o mercúrio parece favorecer e multiplicar as metamorfoses. Do mesmo modo, ele deve sua dignidade farmacêutica menos a seu brilho, como por vezes se sustentou (o cinábrio, com efeito, ou o bissulforeto de mercúrio do qual ele é extraído, é de cor vermelho-escarlate e nomeado como vermelhão), do que à sua mobilidade ou sua plasticidade criadora. Ele materializa a esperança das variações e das curas, razão pela qual ele se oporá, na medicina imaginária dos antigos, à passividade, às concreções, aos depósitos, às obstruções e a toda inércia que define o patológico, sua pesadez ou suas resistências. Pelo fato de ele se amalgamar, ele muda as cores (ele clareia inclusive o doente), por participar a um só tempo do sólido e do líquido, ele pôde representar, ao longo dos séculos, a suprema panaceia;[48] calomelano ou sublimado, cinábrio ou hidrargírio, ele sempre ocupou e mereceu um lugar de exceção nas farmacopeias. Aliás, Marcellin Berthelot coligiu os textos, árabes ou gregos, que cantam seus louvores[49] e dizem sobre suas gloriosas virtudes. Ele talvez tenha seduzido os médicos mais do que o ouro ou a prata: em toda hipótese, o uso do mercúrio verifica e concretiza a regra do materialismo farmacêutico elementar que enunciamos.

A segunda regra constitutiva do remédio primitivo consiste, nós o vimos, em favorecer um certo tipo de transformação: não mais metamorfosear ou transmutar a matéria, como precedentemente, mas buscar extrair dela as energias escondidas que ela contém. Ao pilão do amalgamado, aos vasos das cocções e fusões, sucede o alambique e mesmo as diversas macerações e alcoolizações destinadas a extrair das plantas e dos animais, dos metais e dos minerais, sua secreta quintessência. As duas operações – é preciso lembrar – não se opõem, mas se completam. Todas as duas realizam uma gênese. Mas, ali onde a primeira transforma, a segunda se limita a depurar, a concentrar uma natureza dispersa ou heteróclita, portanto, ineficiente. Destruir as formas iniciais, quebrar as superfícies e, em favor dessa dissolução, apoderar-se do princípio ou do aroma, manter o espírito salvador, tal é seu duplo movimento ou seu método. Como já assinalamos, a destilação fracionada prova a variedade e a multiplicidade dos elementos no interior das substâncias aparentemente as mais homogêneas e as mais indecomponíveis. Essa presença do múltiplo na unidade fundamenta a farmacologia das lentas sublimações: ela chega a abalar o universo cultural e filosófico

---

48   Mircéa Eliade, *Forgerons et alchimistes*, Flammarion, 1956: "*Le Suvarna Tantra* (em capítulo sobre a alquimia indiana) afirma que comendo o mercúrio morto o homem se torna imortal; uma pequena quantidade desse mercúrio morto pode transformar em ouro uma quantidade de mercúrio 100.000 vezes maior... Na farmacopeia, os indianos chegaram a resultados impressionantes: muito tempo antes dos europeus, eles recomendaram o uso interno de metais calcinados. Foi Paracelso o primeiro que se esforçou para impor o uso interno do sulfureto de mercúrio; ora, esse remédio já era utilizado na Índia no século X" (p. 137 e 140).

49   *Les origines de l'alchimie*, Paris, 1885, notadamente p. 231 e 279.

da humanidade. Como notou A. de Humboldt em seu *Cosmos*, a filosofia árabe do alambique interrompe a dominação da ciência grega dedicada à contemplação da natureza, assim como ao estudo dos movimentos que a percorrem. A química árabe, favorecida, aliás, pela geografia, ultrapassaria esse fenomenismo: "Os progressos da química têm tanto mais importância para a história da contemplação do mundo pelo fato de que, pela primeira vez, constatou-se a heterogeneidade das substâncias e a natureza das forças que não se manifestam por meio do movimento..."[50] A importante farmacologia árabe, a descoberta do álcool e das essências pode explicar a valorização dos extratos e das potências arcânicas, o que não exclui, ao contrário, as outras interpretações mais voltadas para o psicológico: "Quando vocês afirmam isso (que o interior vale mais do que o exterior), temo, se poderia dizer modestamente aos filósofos, que vocês cedam a uma atitude e a uma ilusão psicológica. Os pobres homens não obtêm facilmente o que querem. Precisamos sempre trabalhar. É preciso escavar a terra para encontrar minas de carvão ou minas de metal e, quase sempre, o que obtemos, o obtemos procurando no fundo de um buraco. Esta é uma observação do trabalho humano, não é uma necessidade filosófica...Vocês afirmam que o que está no fundo é sempre mais belo do que o superficial. É uma aparência devida à maneira como se fazem os trabalhos dos homens."[51]

Para poder ser realizada, essa operação extrativa *deve* apropriar-se dos materiais mais vis ou mais abjetos, mais resistentes ou mais refratários. A casca esconde o fruto. Graças a lentas ebulições ou laboriosas macerações, se poderá obter potentes remédios. Essa vontade purificadora só pode partir do impuro, tendo em vista dele extrair o puro, ou incidir apenas sobre o inflexível. De outro modo, o remédio seria um dado, seria a morte da farmácia, a impossibilidade de suas famosas elaborações. Devemos insistir nisto: o puro não existiria sem o impuro que é preciso converter. Por essa razão, a farmacopeia dá a lista do repugnante, do nauseabundo, do desprezível, todas matérias negras que condicionam negativamente suas purificações e sublimações. Ou ainda: os espíritos só podem se levantar das terras rebeldes, dos corpos miseráveis ou dos elementos os mais insubmissos. Aliás, só se esconde os tesouros: o farmacêutico os desnudará, abrirá as matérias mais fechadas. Por exemplo: "as pedras do rio", aconselha Lémery, "que são marcadas com veios de diferentes cores, são consideradas as melhores por se acreditar que elas dão mais tintura... Ao serem aquecidos, os seixos crepitarão e se avermelharão, nós os jogaremos ainda rubros em água fria comum, os deixaremos ali se apagarem e se infundirem aproximadamente durante uma hora. Depois, separaremos seu licor vertendo-o por inclinação em uma terrina... Os seixos e o cristal são demasiado duros para serem pulverizados da maneira comum. Foi preciso buscar os meios de enfraquecer essas pedras. A água fria as torna friáveis quando as jogamos ainda

---

50   A. de Humboldt, *Cosmos*, t. II, p. 268.
51   Pierre Janet, *La pensée intérieure et ses troubles*, curso proferido no Colégio de França, fasc. II, p. 139-140.

rubras dentro dela...".[52] Esse *Tratado de química* prossegue com o exame do licor e da tintura de seixos, do óleo de tijolos, do xarope de coral, de amplas indicações.

A princípio, para favorecer essa bela antítese que é o remédio, é preciso recorrer aos ingredientes contrários e antinômicos, ao cadavérico, ao desagradável, ao peçonhento, às podridões. Nessa singular eleição, acreditamos perceber um entrecruzamento do místico e do físico, do religioso e do positivo. De um lado, com efeito, a extração evoca a ressurreição, que supõe o retorno às cinzas, a morte e a imolação sacrificial. Mas, de outro lado, a prática da vinificação e das fermentações revela a renovação que surge das matérias corrompidas e excrementícias. Se o próprio grão não morrer, a colheita não poderá germinar. Numa época em que efetivamente a vida surge das matérias que se decompõem, crença que será contestada por Pasteur somente no século XIX, como não recorrer ao que se putrefaz com o objetivo de retirar dele substâncias salutares? Se a própria uva não fosse esmagada, se o sangue não jorrasse de suas feridas, Dionísio não conheceria sua apoteose: para viver, para renascer, é preciso primeiro aniquilar-se. O próprio deus da vinha apodrece e fermenta no fundo do vaso em que foi triturado: apenas, depois dessa deslocação, ele retorna sob a forma de vinho, de beberagem, de filtro, de graal. Ele se despojou de seu ser temporal. De maneira mais ou menos geral, a Natureza ensina ao homem esta lei da palingenesia: ela não cessa de desaparecer para ressurgir. A noite toma a dianteira do retorno da luz. O sol se põe nas águas antes de poder resplandecer, a própria lua se renova. As ressurreições, para se realizarem, todas atravessam uma zona de obscuridade e de noturno, passam pela morte e pela dissolução.

Consequentemente, nos surpreenderemos menos com o afinco dos Tratados de matéria médica para se servirem do excrementicial, das cinzas ou das fermentações, e até mesmo por enaltecerem a mumificação (em licor ou em pó), preparada com a ajuda de restos humanos, de cadáveres exumados ou dos corpos dos enforcados: "A mumificação dos modernos se prepara da seguinte maneira: peguem o cadáver de um homem ruivo (porque os que têm esse tipo de pelo têm o sangue mais conservado e a carne mais delicada) que esteja fresco, inteiro, sem manchas, com 24 anos de idade, morto de morte violenta, não devido a uma doença, que tenha ficado exposto durante 24 horas aos raios do sol e da lua num clima sereno. Cortem aos pedaços a carne musculosa desse cadáver..."[53] Uma tão bizarra recomendação, essa receita aberrante suscitou, podemos adivinhá-lo, a exegese dos historiadores da farmácia, dos psicopatologistas e até mesmo dos psicanalistas. Mas será que o trabalho do boticário decorreria somente da simples perversão? Os intérpretes retêm, sobretudo, o fato de que o antigo farmacêutico se servia da urina ou dos ex-

---

52 Lémery, *Cours de chimie*, 1713, p. 397.
53 Dr. Reutter de Rosement, *Comment nos pères se soignaient, se parfumaient et conservaient leurs corps*, Doin, Paris, 1917, p. 211. Essa obra contém o conjunto dos textos mais característicos que tratam da mumificação. O problema levantado por essa panaceia é retomado e examinado igualmente em *Histoire de la pharmacie à travers les âges*, do mesmo autor, 1931.

crementos líquidos humanos, das dejeções animais. Na realidade, os preparadores de remédios se apossam de tudo o que é humano, nada excluem, portanto, nada escolhem. Tudo lhes serve: aparas de unhas, cabelos, placenta, sangue, leite, cerume, líquido seminal, em suma, tudo o que se pode tirar sem prejuízo do homem em vida. Os cadáveres fornecerão as gorduras, o fel, os ossos, a medula etc. "O homem é o rei dos animais. Sua alma imortal, que o iguala aos próprios anjos, não apenas comunica a seu corpo uma dignidade augusta... Mas comunica-lhe também todas as virtudes e todas as perfeições naturais... Não há animal que se aproxime das propriedades medicinais do corpo humano..."[54] Nenhum animal tampouco escapa das exigências de sua arte, esteja ele morto ou vivo, em parte (os chifres dos cervos etc.) ou na totalidade: ratos, aranhas, cães jovens.[55] Mas se os mundos humano e animal, sem exclusão, entram na loja do boticário, se mais ou menos a todos os animais cabe um lugar na farmacopeia, se é impossível designar um órgão ou uma excreção humana que não tenham sido utilizados, paralelamente, não há nada que não tenha sido purificado por meio do alambique ou pela imersão no álcool: "Por-se-á dentro de um matraz proporcionado a quantidade de formigas que se puder pegar próximo ao tempo da colheita e, tendo ali versado sobre elas o espírito de vinho bem retificado até que este as sobrenade de três dedos, mantendo perfeitamente bem arrolhado o matraz, o colocaremos sobre um forno de padeiro e ali o manteremos até que todas as formigas estejam completamente convertidas em licor; nesse tempo, tendo desarrolhado o matraz e vertido o licor em uma cucúrbita de vidro, se a cobrirá com seu capacete vedando-se bem suas junturas...".[56] Se a farmácia nada negligencia, por que a análise incide apenas sobre o fecal ou o seminal? Homens inteiros, animais em sua totalidade podem, com efeito, entrar em um licor ou em um elixir. Caso sim, em vez de comentários de natureza psicológica, não se deveria, antes, explicar a operação em questão valendo-se de uma mistura de religioso e de experimental? O boticário não apenas deve destruir as formas, sacrificá-las tendo em vista captar o espírito ou a essência que elas incluem em sua profundidade, mas, além disso, é de seu interesse juntar as matérias já em via de decomposição e de fermentação. Os detritos e as excreções simplificam, por vezes, sua tarefa extrativa. Pringle o notou com clareza, tanto quanto Van Helmont, Rousseau ou Lémery: "Pondo à parte a ideia chocante que comumente se liga a essa palavra (putrefação), devemos observar a putrefação como um dos instrumentos dos quais a natureza se serve para produzir algumas mudanças das mais importantes e das

---

54 *Préservatifs et remèdes universels, tires des animaux, des végétaux et des minéraux*, abade Rousseau, médico do rei, Paris, 1706.

55 Para mais amplas informações, se pode também consultar Cabanès, *Remèdes d'autrefois*, Maloine, 1905.

56 Moyse Charas, *Pharmacopée royale*, Paris, 1682, p. 290, texto sobre a preparação do "espírito de formigas", água espirituosa que o autor recomenda para despertar e fortalecer o calor natural, dar coragem e até mesmo como afrodisíaco e antiparalítico.

mais salutares."⁵⁷ As efervescências (liberação de gás carbônico, por exemplo), que em geral acompanham as fermentações, as putrefações,⁵⁸ que concernem com frequência aos líquidos espumosos ou às substâncias quentes, tendem a se manifestar e concretizar o nascimento de um espírito a partir de matérias abertas ou quebradas: a trituração, a destruição favorecem a liberação e a exaltação da Alma medicinal.

Os historiadores da farmácia, é verdade, se contentam com interpretações mais modestas ou mais sumárias: os médicos teriam sido as vítimas de uma generalização abusiva, de uma extensão incontrolada. No começo, a mumificação, pó que cicatriza e protege, é recomendada por suas virtudes conservadoras e antipútridas. Os aromatas e as ceras, o asfalto, que imortalizaram o morto e o preservaram da destruição, não poderiam garantir e prolongar a vida? Depois, se passou do betume que embalsama e salvaguarda aos próprios cadáveres que se exuma. Pouco a pouco, chega-se a prescrever menos os restos dos sepulcros do homem que acaba de morrer. Busca-se apreender a vida no momento em que ela o deixa (homem jovem, então, não doente e, por conseguinte, o condenado ou o enforcado que responde a essas condições). O arqueu vital de Van Helmont passa pelo elixir de Nova Múmia, revitalizante e antitóxico. Por fim, se abandonará inclusive as carnes frescas e fétidas em benefício apenas dos ossos, do sangue que se bebe quente e pegajoso. Pouco importa. Lembramos essa heresia ou essas bizarrices só para mostrar o deslizamento da confecção e da prática primeiras. Segundo os mesmos historiadores, o farmacêutico traduziria por completo o poder das associações mais ou menos sensatas, assim como suas constantes deformações: baleias ou rãs, bichos-de-conta ou caracóis, cervos ou lagostins, tudo pode se explicar e bastante simplesmente. Assim, por que com tanta frequência os pulmões da raposa foram pesquisados e aconselhados? O animal corre rápido e por muito tempo, donde o médico conclui sobre a força de seu peito ou de seu sopro, portanto, sobre sua possibilidade de aliviar aqueles que sufocam.

Sem negar a presença e a influência desses temas empíricos, é verdade que a farmacologia reclama das operações laboriosas e das transformações complicadas. Ela se opõe ao real que ela malaxa e tritura. Por essa razão, ela se viu obrigada a glorificar, à sua maneira, a antítese do tenebroso e do macabro, do pútrido e do miserável, ingredientes que favorecem e condicionam suas realizações, suas puras essências, suas misceláneas e seus espirituosos. Uma filosofia da profundidade anima o boticário. E a destilação ressurrecional, as fermentações ardentes e ferventes provocam e consolidam a vontade extrativa capaz de liberar os remédios do rejuvenescimento.

---

57 *Mémoires sur les substances septiques et antiseptiques,* 1750, p. 148.
58 Quincy, em sua *Pharmacopée universelle raisonnée,* insiste sobre os problemas e os meios da vinificação ou da panificação. Ele sabe o papel da levedura de cerveja, o do levedo; ele analisa os processos de fermentação da massa ou da fabricação da cerveja. Por toda parte, crescimentos ou aumentos, exaltações e pressões; por toda parte, segundo ele, liberações e manifestações de forças espirituais.

Operação próxima das duas que precedem e entre aquelas que acreditamos dever distinguir, a saber: a superadição, seja ela quantitativa, qualitativa ou de oposição. Resta-nos examiná-la a fim de melhor perceber o trabalho da preparação terapêutica dos antigos Tratados de matéria médica. Com esse último procedimento, trata-se de criar um total imaginário que nunca possa ser ultrapassado. Essa regra da polifarmácia chocou os historiadores da medicina e da terapêutica. A adição desenfreada dos princípios constitui os remédios mais célebres: a teríaca, o orvieto dos clássicos, o xarope de víboras, a tintura de lua ou mesmo o láudano de Sydenham (ópio, açafrão, canela, vinho de Espanha etc.), para falar apenas destes. Aliás, toda preparação elementar implica necessariamente um múltiplo, visto que, em todo medicamento elaborado, já se pode distinguir quatro elementos: o essencial ou basal, os corretivos que o moderam, os estimulantes e mais o excipiente que os reúne. Inclusive, escreve Baumé:[59] "os antigos admitiam uma quinta parte que nomeavam determinante ou dirigente. Por exemplo, quando tinham a intenção de purgar as serosidades da cabeça, prescreviam na fórmula um remédio cefálico, porque pensavam que ele tinha a propriedade de levar a ação dos purgativos para aquela parte do corpo, mas, atualmente, não mais se leva em consideração esse último membro da fórmula". Se excluímos esse quinto participante, resta o adjuvante que reforça e aguça a "base": assim, se associa à jalapa a escamônea, hidragogo também ativo. O corretivo, por sua vez, elimina a nocividade eventual do princípio. Mais frequentemente, ele se limita a dissimulá-lo, a mascarar seu sabor ou odor. Açúcares, arômatas, óleos e essências servem para esse efeito. Por fim, e não o menor deles, o excipiente, veículo do conjunto, se encarrega de ligar e de fundir os componentes. A própria base que define a ação do remédio, por sua vez, se multiplica: nada detém a vontade de majorar, de reunir e de intensificar. Numa época que ignora a punção liberadora, não existe uma água antipleurítica, mas quatro, inseparáveis (escabiosa, Cardo-bento, taráxaco, papoula), não um óleo estomáquico, mas três (absinto, marmelo e mástique aplicados na parte exterior). Paralelamente, se conta cinco raízes aperitivas (pequeno-azevinho, aspargo, funcho, salsa e aipo), três flores cordiais (buglossa, borragem, violeta), vulnerárias em abundância, béquicos, carminativos, maturativos, tônicos. Não poderíamos pretender esgotar sua variedade. A farmacologia prolifera, coleciona, complica: desse modo, ela se garante uma totalidade que abarca o conjunto dos princípios. O excipiente garante a coabitação e a junção, ele também une o óleo à água. Disso decorre seu papel funcional, que não se poderia diminuir.[60]

A sobredeterminação qualitativa ultrapassa a precedente: por meio dela, não se trata mais apenas de adicionar inconsideradamente, é preciso acrescentar segundo a arte dos elementos difíceis de preparar ou de descobrir, é preciso vencer

---

59 *Éléments de pharmacie théorique et pratique*, p. 217.
60 Sobre seu poder e sua importância, *Traité de pharmacie théorique et pratique*, de J.-J. Virey, t. II, in *Des électuaires, confections, opiats*, e t. I: *De l'art de formuler*, p. 294.

as dificuldades, o que aumenta a qualidade do eletuário ou da mistura. Se excetuarmos o dom das composições, adquirido com dificuldade, uma regulamentação rigorosa facilitará o trabalho do farmacêutico: quantas condições a preencher antes da apanha ou da colheita das plantas à maneira galênica! "É necessário", escreve por exemplo Baumé, "só colher as plantas e as partes das plantas quando elas estiverem em sua maturidade e em seu maior vigor". Mas as observações seguintes desmentem essa prática: "Há outras plantas que são muito venenosas quando estão em sua maior maturidade, ao passo que são muito salutares quando apenas começadas a brotar, tal como a apocinácea que cresce na América."[61] O número das exigências a respeitar desafia o herborista: o momento, o dia, o lugar, o odor, a temperatura exterior, nada lhe deve escapar porque essas inúmeras condições decidirão sobre a qualidade do produto e, mais tarde, sobre a tisana ou a poção. O claro e erudito Baumé descreveu cuidadosamente os ritos dessa verdadeira casuística farmacêutica, que comandarão as virtudes dos simples, folhas ou flores, grãos ou raízes: "Quando se colhe as plantas ou as partes das plantas com a intenção de fazê-las secar para conservá-las, é preciso fazê-lo por ocasião de um belo tempo seco e sereno, depois do nascer do sol e quando esse astro fez dissipar o orvalho e toda a umidade estranha às plantas... Na escolha das plantas, é preciso também ter cuidado com a vizinhança e a proximidade das outras plantas. Por exemplo, há plantas cujas hastes são frágeis... elas trepam naquelas que lhes estão próximas... Ora, se estas plantas forem venenosas ou de virtude contrária àquelas que elas suportam, percebemos com clareza que elas devem ser rejeitadas."[62] Inversamente, aliás, o visgo do carvalho prevalecerá sobre aquele que parasita a pereira ou a macieira. A esse respeito, não podemos omitir as recomendações de um outro farmacólogo célebre, Virey, mais dedicado às sugestões naturais dos odores e das cores. Uns e outras inspirarão o momento da colheita e, sobretudo, determinarão de maneira certa o que se deve reter ou o que se deve abandonar. Assim, para dar uma citação que resume uma concepção tão sugestiva e tão inesperada: "as cores dos vegetais indicam, em geral, seus princípios dominantes e podem servir para estabelecer suas diferenças na matéria médica. O branco anuncia qualidades emolientes, refrescantes, nutritivas, umectantes; o amarelo anuncia propriedades amargas, anti-helmínticas, purgativas, estimulantes; o vermelho, as faculdades ácidas, antibiliosas, adstringentes, diuréticas...; o verde, um princípio acerbo, austero, estíptico, da adstrição; o azul anuncia qualidades com frequência acres...; o negro, propriedades deletérias, nauseantes, estupeficantes, que agem sobre o sistema nervoso".[63]

O herborista e o boticário, por fim, versam sobre discussões ou descriminações verdadeiramente poéticas. Assim, as rosas que entram na maioria das preparações oficinais (aquelas que os farmacêuticos têm sempre prontas, em oposição às

---

61 *Op. cit.*, p. 52.
62 *Ibid.*, p. 50-51.
63 J.-J. Virey, *Histoire naturelle des médicaments, des aliments et des poisons*, Paris, 1820, p. 36-37.

magistrais que os médicos prescrevem e ajustam ao caso que pretendem tratar), as rosas farmacêuticas, mereceram sensíveis cuidados e favoreceram distinções delicadas, possibilitaram inúmeros medicamentos, como a água de rosas, o espírito de rosas, o mel rosado, a conserva de rosas ou as pílulas de rosas. Segundo sua cor ou palidez, segundo sua precocidade, seu odor, segundo elas floresçam nas sebes ou nos jardins, umas e outras não gozam mais das mesmas propriedades e não entram nas mesmas operações. Macera-se umas, destila-se outras.[64] Os próprios vasos onde são colocadas umas ou outras modificam o resultado final: ele é de estanho ou de cobre, volumoso ou exíguo etc.?[65]

De todo modo, seja pelo fato de se acrescentar os princípios (adição quantitativa), seja por se complicar ao infinito as regras a serem seguidas (adição qualitativa), tende-se ao mesmo objetivo: um remédio imaginário que retenha o máximo das potências naturais e não deixe escapar nenhum meio de se superativar. O remédio sempre totaliza, reúne. Em alguns casos, como notamos, ele chega a incluir os dois contrários (adição oposicional) e a realizar a *coïncidentia oppositorum*. Os dois extremos conjugados definem, então, um conjunto dinâmico. Junta-se o jovem e o velho, o amargo e o açucarado, o preto e o branco, o vegetal e o animal, o sólido e o líquido, decorrendo daí o eletuário das farmácias ou das boticas. Às manipulações clarificantes e extrativas, às operações metamorfoseadoras se opõem a prática do "composto", o ardor das misturas, o sistema da multiplicação do qual a *coïncidentia oppositorum* representa o ápice. O boticário justifica à sua maneira e racionaliza essa aparente contradição: ele afirma corrigir as naturezas, umas pelas outras, ou ainda confeccionar uma panaceia, um remédio suscetível de ser dado imediatamente e em todas as eventualidades, sem que se deva esperar pelos remédios magistrais de preparo lento. A triaga célebre, por exemplo, reúne, de um lado, as cabeças de víbora, a pimenta, a canela, mas, de outro, intencionalmente, os xaropes, os méis mais delicados, os perfumes mais suaves, as rosas mais frágeis. As raízes ali contrabalançam os efeitos das flores, as folhas se opõem aos grãos ou os sumos líquidos se alternam com as cascas. É evidente que o orvieto ou o mitridato, bastante semelhantes, obedecem à mesma filosofia da combinação. Um ácido que se corrige por meio da doçura, uma mucilagem liberada por um sal, o oleoso que umecta o seco, tais ensamblamentos suscitam, aliás, controvérsias, levantam discussões e, sobretudo, ocasionam dúvidas: "É assim", escreve Virey, "que dois sons, um grave e outro agudo, mas num perfeito acordo, compõem a mais doce harmonia reconduzindo os extremos ao médio",[66] mas ele se irrita igualmente com a farmácia das misturas e das acumulações: "Acreditou-se ter dado um golpe heroico para com as doenças reunindo nessa composição (a teríaca) quase todas as potências da terapêutica..., mas essa pretensão de fazer remédios católicos ou próprios para tudo só produz, na

---

64 Nicolas Lémery, *op. cit.*, p. 630 a 640.
65 *Ibid.*, p. 635.
66 *Histoire naturelle des médicaments*, 1820, p. 79.

maioria das vezes, compostos próprios para nada porque suas qualidades opostas se neutralizam reciprocamente."[67] Isso, porém, não impede que aqui e ali os extremos se encontrem: a carne de cãezinhos se conjuga, aqui, com o serpão e a manjerona, os vermes de terra e os sapos se unem alhures com a menta, a violeta e o alecrim. A filosofia do eletuário se opõe à destilação purificadora ou à trituração que modifica: ela visa uma lenta impregnação, uma completude e, nesse sentido, uma reconciliação dos elementos rivais. Ela conta, sobretudo, com o tempo e em nada com o fogo do cozimento para apaziguar as inimizades materiais. O orvieto, segundo Ambroise Paré, só pode agir quatro anos depois de sua confecção. Sua ação cessa por completo depois de dez ou doze anos. Nessa paciente reconciliação dos inimigos, o excipiente, podemos advinhá-lo, exerce um papel decisivo de intermediário, ele favorece a junção e depois o entendimento das substâncias. Com certeza, esse gênero de medicamento e esse método de elaboração não agradam a todos: em seu *Formulaire magistral*, Cadet de Gassicourt vitupera os conjuntos e Fourcroy (*De l'art de connaître et d'employer les médications*) se vangloria da oligofarmácia, a terapêutica já se orienta para os "específicos": "Em vez de eletuários famosos, decocções compostas, opiatos preciosos, pílulas multiplicadas, uma matéria mineral, vegetal ou animal em substância, sais cuja natureza é bastante conhecida, algumas preparações químicas simples, eis o que deve constituir a matéria médica."[68] Mas essa querela sobre o uno ou o múltiplo permanece abstrata. E quando se aconselha um remédio único, não seria esse um meio de se desviar da majoração do princípio, substancializá-lo e hipostasiá-lo? O simples onipotente ou o eletuário totalizador? Não é a mesma filosofia? Baumé, por sua vez, tende bem mais para o lado da síntese e do opiato: "Fazem entrar nos eletuários substâncias de virtudes bem diferentes e de natureza bem pouco semelhante, umas são caloríficas, outras refrescantes, outras são calmantes e outras irritantes..., essas composições foram inventadas para aumentar a virtude das drogas, para unir, por meio da mistura e da fermentação experimentadas por esses medicamentos, a virtude das drogas, a fim de delas resultar apenas uma."[69] Nosso farmacólogo, porém, propõe igualmente uma reforma dessa operação, em cujo detalhe seria vão entrar: disso resulta sua fama. Um dos primeiros, ele modifica a arte da "celeste teríaca", no sentido em que ele reduz, por exemplo, o número dos participantes. Esse reformista parte em guerra contra as "inutilidades" e as "repetições", tempera o furor das ensambladuras.

Mas, sejam quais forem as críticas que a *coïncidentia oppositorum* tenha merecido, isso não impede que essa totalização aperfeiçoe as precedentes: com ela, trata-se sempre de intensificar, de criar uma dinamogenia que, por sua vez, completa aquela já realizada pela sublimação purificante e pelo pilão transformador. Em definitivo, três operações essenciais, três instrumentos fundamentais (o pilão, o banho-maria, o pote

---

67 *Traité de pharmacie théorique et pratique*, 1811, t. II: *Des électuaires*, p. 2-8.
68 Fourcroy, *op. cit.*, t. I, p. 446.
69 Baumé, *op. cit.*, p. 94 e 660.

de arenito onde se reconciliarão e se conservarão os elementos hostis), três esquemas constitutivos do remédio oficinal, mas sempre, como insistimos, uma energética bastante unitária que corrige, transmuta ou concentra uma natureza esparsa, pedregosa ou floral, mineral ou animal e chega a convertê-la em remédio valoroso.

As receitas (metamorfosear, reunir, destilar) incidem sobre substâncias apropriadas cujas características devemos extrair a fim de completar nossa descrição. As matérias eleitas respondem, com efeito, a condições: por que o ouro ou os chifres de cervo, as cabeças de víbora ou os vermes de terra, por que o carvalho ou loureiro e até mesmo a própria e simples água?

Não se trata de passar em revista todos os ingredientes que entram na preparação dos grandes remédios: nos limitaremos aos mais usuais ou aos mais célebres. Com frequência, eles reduplicarão de algum modo os temas que definem os trabalhos ou as regras da farmácia: tal material foi mantido (o pútrido ou o cadavérico) pelo fato de favorecer ou evocar tal procedimento da arte (a fermentação e a putrefação fecundante).[70]

Mas quando o procedimento evoca a esse ponto a matéria sobre a qual ele se exerce, sob pena de nos repetirmos, nós o abandonaremos: nosso exame quer tão somente reter os componentes variados e imprevisíveis oferecidos pela inesgotável natureza. Também nos propomos a extrair apenas as razões gerais que explicam sua presença ou sua eleição, a lógica de suas virtudes farmacêuticas latentes.

Verificaremos e reencontraremos, aliás, o estatuto próprio à disciplina sobre a qual queremos refletir, a farmacologia, a saber, o entrecruzamento estreito entre o verdadeiro e o falso, o válido e o aberrante. As matérias escolhidas com frequência oferecem ambiguidade: ali, o insensato caminha ao lado do positivo. De todo modo, nem tudo é absurdo na farmacopeia antiga, uma vez que a maioria ou um certo número de suas substâncias sobreviveu: as solanáceas, como a beladona e o meimendro, a famosa dedaleira, a noz vômica, a cicuta, a ipeca, o álcool, a quinina (ou a casca da fruta-de-conde), o ópio que suscitou tantos problemas, para falar apenas destes. Observações pertinentes e experiências indiscutíveis conseguem com frequência consolidar, caucionar e autenticar as ilusões ou os desvios mais nítidos: estas, portanto, não decorrem do arbitrário e não traduzem a fantasia de tal ou tal

---

70 Em *Novum organon*, de Bacon, que constitui um *Manual de experimentação*, se descobre, em filigrana, uma autêntica e completa Ciência dos remédios, assim como o enunciado e a justificação dos meios da Arte. Bacon celebra justamente o esterco fecundante, assim como os detritos que se decompõem: "A putrefação, que prepara as vias para a geração da forma nova, é precedida da destruição da antiga forma..." (p. 184, trad. Lorquet, 1857) e, antes (p. 65): "A história natural não é de modo algum maculada (pelas coisas vis e baixas); a luz do sol entra igualmente nos palácios e nas cloacas sem jamais se sujar... Da mesma maneira que, por vezes, odores requintados emanam de substâncias pútridas como o almíscar e a civeta, e de fatos vis e repugnantes por vezes sai a mais pura luz." Bacon já enumera e se vangloria dos medicamentos mais significativos que o século XVIII retomará: a água de rosas, o mercúrio e, sobretudo, os famosos sais policrestos (p. 211), união e mistura de substâncias.

boticário. Enfatizamos que, sempre, os erros grosseiros pareceram, primeiro, verdades e foram efetivamente cercados de provas sólidas. O medicamento antigo merece coisa melhor do que o descrédito ou o desdém, ele se situa a meio caminho do especioso e do objetivo. Contudo, os historiadores da ciência retiveram principalmente seu aspecto mais alógico, negligenciaram o segundo, decorrendo daí suas fáceis risadas. Para dar um exemplo, o mais desfavorável aos nossos olhos, nos interessaremos primeiro na escolha e no uso medicinal da víbora ou da serpente, do fígado e do coração desses répteis, ou seja, o bezoar animal. Para dizer a verdade, esse não é um componente ordinário e banal, é o seu modelo ou paradigma, a tal ponto que ele serviu de símbolo para a farmácia, de emblema teriomórfico. Ora, ele não é justamente um engrama imaginário, a ilustração dos desvarios do passado? Junto aos filósofos, não serve ele para mostrar a dominação das lendas sobre as boticas dos droguistas, senão dos charlatães? Certamente – como poderíamos negá-lo? –, a farmácia pode recorrer às víboras, em nome das crenças ou de motivações psicológicas luminosamente analisadas pelos teóricos da imaginação. Nosso réptil desce à terra dos mortos para ressurgir e rastejar na superfície: esse comércio o sacraliza. Esse anfíbio muda de pele e se regenera com as estações. M. Eliade insistiu nisso: "Alguns animais se tornam símbolos ou presença da lua porque sua forma e seu modo de ser evocam o destino da lua. Assim o escargô que aparece e desaparece em sua concha, o urso que se torna invisível no ápice do inverno e que reaparece na primavera, a rã, pelo fato de inflar, afunda e reaparece na superfície das águas, a serpente porque ela aparece e desaparece, por ter tantos anéis quanto os dias da lua... O simbolismo da serpente é de uma polivalência perturbadora, mas todos os símbolos convergem para uma mesma ideia central: ela é imortal porque se regenera, portanto, é uma força da lua e, como tal, distribui fecundidade, ciência, profecia e até mesmo imortalidade."[71] Se esse simbolismo impele o esculápio mais antigo a pedir a vida e a cura a um ofídio sagrado, não podemos igualmente invocar razões positivas que substituirão a frágil mística e fundarão de modo bem sólido uma medicação durável e exuberante em suas formas (sal volátil, óleo viperino, pó bezoártico, sem contar, como já vimos, os eletuários que revestem essa víbora e se formam a partir dela)? Moyse Charas nos parece favorecer essa passagem do mitológico ao experimental: "Eu mesmo tive a curiosidade de provar deste sumo e o fiz muitas vezes na presença de diversas pessoas, sem lavar minha boca nem antes, nem depois... Muitas vezes, fizemos cães e pombos engolir cabeças de víboras ainda vivas."[72] Essa tão modesta experiência, entre outras, nos parece consagrar o uso da víbora recomendado por Mme. de Sévigné com tanta insistência em sua corres-

---

71 *Traité d'Histoire des Religions*, p. 150.
72 Charas, *Nouvelles expériences sur la vipère*, no qual se verá uma descrição exata de todas as suas partes, a fonte de seu veneno, seus diversos efeitos e os remédios requintados que os artistas podem extrair das víboras, tanto para a cura de suas mordidas quanto para a de muitas outras doenças, 1670, p. 101.

pondência: com efeito, a cabeça cortada da serpente continua a se mexer. Não é preciso mais que isso para a epistoleira lhe conceder uma vitalidade fabulosa. A constatação de Charas, porém, nos parece mais decisiva: "Esse sumo não é venenoso sendo tomado pela boca, mas o é nas mordidas."[73] Numa época em que não se pode ainda pôr em questão o postulado que explica o erro da farmacodinamia de Charas (o remédio como extremamente relativo), como dar conta da contradição material (a víbora absorvida não causa mais nenhum distúrbio), a não ser admitindo que o animal que envenena pode também curar e, talvez, fortalecer? Essa não é uma racionalização que visa a satisfazer um desejo escondido: os fatos parecem testemunhar a ambivalência da serpente, veneno e elixir, tóxico, de um lado, mas também alexifármaco. Além disso, ainda no século XVII, a via digestiva parece ser a mais importante, a absorção significa a incorporação. Se a serpente assimilada não lesa mais, não seria essa a prova de que ela própria é seu remédio, de que ela é uma panaceia? Basta a arte se apoderar de seu veneno, destilá-lo, concentrá-lo ou misturá-lo a outros ingredientes: ele, então, se torna um fortificante, um antídoto, um remédio maior. A serpente redentora se opõe ao animal das trevas, aquele que inquieta a imaginação e suscita medo: a própria reptação realiza um movimento bastante estranho. O animal colado à terra se desloca igualmente com uma espécie de impetuosidade. Mas Moyse Charas – pelo fato de ele não poder se interrogar sobre o poder absoluto do veneno, pelo fato de seu realismo farmacológico crer dever separar alimento e medicamento, remédio e tóxico, tão distantes um do outro quanto o bem e o mal – será levado a inevitáveis divagações: uma vez que a via digestiva prevalece sobre todas as outras, o resultado dado por ela inferioriza os outros e, por conseguinte, o eixo do problema girará insensivelmente. Em vez de se perguntar: por que ela não age mais no caso de absorção?, ele se interroga: por que, quando ela morde, ela lesa, na suposição de que ela não o deveria? Já que se engole a víbora impunemente, é porque sua peçonha não contém nenhum veneno. Como, então, ela pode oferecer algum perigo? Adivinha-se a solução à qual o experimentador chegará: alguma coisa deverá necessariamente ser juntada à peçonha para torná-la maléfica: será a cólera impetuosa da víbora irritada. Ela inocula, então, na carne humana, um espírito temível por sua penetração, sua velocidade e sua sutileza. Aquele a quem o animal morde é tocado tão somente pela violência de uma vingança e de uma irascibilidade, e pela prontidão dos espíritos que habitam esse anfíbio tão móvel. E estes, segundo Charas, só lesam pelo fato de impelirem diante de si os humores, pressioná-los e favorecer as coagulações. Basta, justamente, absorver a víbora sabiamente destilada: o sal se oporá, em sentido contrário, a essa invasão, ele expulsará o invasor irado. Essa medicação aparentemente homeostática, essa cura do mesmo pelo mesmo decorre das experiências precedentes, assim como do postulado que as subtende: a não relatividade do mal. Disso resulta a metafísica dos contrários. O mal (a cólera, a serpente irritável) inclui um bem profun-

---

73   *Ibid.*, p. 206.

do que a arte não terá dificuldade de extrair e de conservar em seus eletuários soberanos. Pouco a pouco, por não ter afirmado que a via decide sobre o princípio e sobre sua nocividade,[74] se cairá nas terapêuticas mais primitivas, inspiradas, segundo Lévy-Bruhl, neste modelo: para curar, é preciso expulsar o espírito que penetrou no corpo do paciente. Para tanto, é preciso refazer, em sentido oposto, o que foi feito. A mesma ação invertida anula a primeira. Se saltarmos por cima de uma pessoa deitada no chão, para deter as consequências lamentáveis desse insulto, relatava Lévy-Bruhl, o primitivo volta novamente à tona da mesma pessoa, mas em sentido inverso. De modo semelhante, se absorverá sal de víbora para apaziguar a dor do envenenamento. Lembramos apenas um argumento de Charas, uma constatação estabelecida a partir dele mesmo e de seus amigos. Mas o fato de ele não conseguir intoxicar animais (mais ou menos refratários) que mordem as víboras reforça sua hipótese. A víbora só transtorna pelo capricho e pela fulgurância de sua irritação. O mal não reside no sumo viperino, no líquido injetado no local da mordida, líquido que se limita a transportar um espírito contingente e violento. Assim, experiências autênticas escoram uma farmacologia especiosa: de todo modo, isso nos dá a prova de que o remédio antigo mistura o positivo e o místico, o físico e o psíquico. Portanto, esse remédio não é apenas devaneio ou crença: verificações, ainda que se as considere tímidas ou pouco consistentes, tentam impô-lo e justificá-lo, sem contar as curas que esses placebos, antes de se desenvolverem inteiramente antes do tempo, deviam e podiam operar, sem contar também o fato de que as picadas de víboras e de serpentes não poderiam se comparar, no sentido em que umas causam lesões graves e outras lesões ligeiras e fugazes, em função de muitos fatores (o lugar da inoculação, o momento, a espécie, o sujeito receptor, sua sensibilidade etc.) não presumidos no século XVII. Por se pensar em realidade, se é impelido no erro, mas de maneira necessária e inevitável. Quem poderia censurar os médicos de então por não questionarem um postulado que eles, precisamente, não perceberam? No campo experimental, as prevenções, embora anteriores aos controles e às provas, só podem se revelar lenta e laboriosamente: a inteligência não poderia apreender diretamente, no *a priori* de uma *démarche* formal, os pressupostos implícitos que pesam sobre as verificações ou sobre as experimentações. Em farmacologia, a observação se impõe mais do que alhures, como já o demonstramos. Ao critério da cura e do sucesso terapêutico falta, surpreendentemente, rigor. Seja como for, manteremos que o uso da serpente não traduz apenas uma necessidade do imaginário, mas que ele se cercou de provas, certamente bem ingênuas, mas pelo menos bastante impressionantes. Em qualquer hipótese, a serpente não desmente o princípio que define a matéria entrante na composição das panaceias: tudo o que parece uma

---

74 Se não estamos enganados, não é, em parte, a Cullen que se deve atribuir o enunciado ou o pressentimento da renovação farmacológica à qual Charas não tem acesso? Em Cullen, a substância medicamentosa é caracterizada, em qualquer hipótese, menos segundo sua essência que segundo parâmetros como a dose, a oportunidade e, sobretudo, a habituação ou a repetição (cf. *Cours de matière médicale*, t. 1 e 2, 1787).

força, uma energia, um ilimitado. A medicina só retém as potências, e a escolha de suas substâncias caminha na mesma direção que a natureza de suas operações. Essa dinamia pode se revestir de diversos aspectos: mecânica ou temporal, espiritual ou germinal. Quando a faculdade prescreve plantas odoríferas devido a suas exalações, ela parece contradizer nosso filosofema: na verdade, interpretamos mal sua "indicação". Julgamos segundo nossa época, na qual triunfam os tratamentos maiores, na qual as injeções mais variadas e mais arriscadas substituíram as suaves lavagens, as fumigações tênues, as absorções benignas. Com efeito, a intravenosa data tão somente de ontem. Os séculos precedentes só conheceram a lanceta e a sangria. Nas farmacopeias atua apenas a ingestão oral: somente as inspirações odoríferas as superam em importância pelo fato de os eflúvios ou os vapores significarem os espíritos, os invisíveis ou os imateriais que nada poderia deter, os aéreos que se difundem e invadem. Os textos reconhecem muito os aromas, os perfumes, as emanações (tanto na ótica da cura quanto na do contágio), todas as manifestações espirituais da profundeza, tudo o que representa, em suma, "a alma do medicamento". O volátil, de um lado, retém a energia dos vegetais e, de outro, graças à sua leveza, ele pode deslizar para o interior dos organismos doentes: "Eu acreditava que uma grande doença só poderia ser curada por meio de uma grande quantidade de remédios dados durante um longo espaço de tempo. Assim, eu mensurava a grandeza do remédio pela quantidade, e não pela virtude, como o fazem ainda as escolas com as quais caí no erro... Essas espécies de remédios devem ser dadas sem que o doente ou o arqueu se apercebam, caso contrário, o arqueu se zanga e se aquece ainda mais ao perceber que se esforçam, por meio de remédios, para acalmar sua perturbação..."[75] Invisível, portanto, inaparente, sutil, portanto, penetrante, o odorante parece o mais eficiente, por vezes até mesmo sem que o saibamos: "Os médicos sabem que os odores sozinhos podem nutrir durante algum tempo e que eles reanimam mais prontamente ainda do que alimentos sólidos... Os odores mais nutrientes são os das carnes. Disso decorre, em parte, a aparência dos açougueiros, dos salsicheiros etc."[76] Em suma, odores e sabores, o imaterial em geral, tão celebrado por Berkeley em *Siris*,[77] não significa o leve ou o inconsistente, o vaporoso ou o acessório, mas traduz a força viva das plantas ou dos vegetais. Ademais, ele sozinho pode atravessar os condutos fechados ou vencer as obstruções do patológico. Do mesmo modo, quanta atenção dada às resinas e às fumaças, às atmosferas e aos aromas, aos buquês e aos eflúvios! Compreende-se que a farmacopeia acolha o tomilho e o funcho, a armósia e a acácia, a terebintina ou as violetas, para só falar destas amostras. Os perfumes não servem também para embalsamar e preservar os mortos da corrupção?

---

75 Abbé Rousseau, *op. cit.*, p. 107; e p. 115 e 117: "Toda a virtude dos medicamentos só consiste praticamente na comunicação do odor ou de um certo perfume quase momentâneo". A virtude do odor sozinha pode curar.
76 Virey, *Histoire naturelle des médicaments*, p. 44-45.
77 *Siris*, trad. Beaulavon-Parodi, p. 7.

Assim, os temas que analisamos se recortam e se reforçam uns aos outros.

O odorífero, não mais do que a víbora, não infirma nossa lei: a medicina usa forças naturais, pretensas potências. Basta que uma serpente pertença a dois mundos, o subterrâneo e o terrestre, basta igualmente que uma planta mergulhe suas raízes na água e desabroche ao sol (assim como o lótus, evocado para combater a esterilidade)[78] para que uma e outra entrem na botica do boticário, que reúne as energias a serem trabalhadas e imantadas por ele. Ora, banhar-se nos dois universos não é um começo de "totalização"? O visco que cresce sobre o carvalho paralelamente oferece um exemplo célebre de sobredeterminação. O vinho, por sua vez, será não apenas um remédio maior, mas poderá servir para reavivar todos os outros, no sentido em que a maioria dos sumos, dos sais ou dos extratos ganharão com a infusão em um vinho medicinal. Ora, o vinho também mistura as riquezas da terra, a água das chuvas, o fogo do sol, a influência dos astros e dos ares. Por reunir os quatro elementos ele define, à sua maneira, um microcosmo, ele constitui um medicamento heroico, sem contar o fato de ele nascer, de algum modo, de uma fermentação. Frazer explica sua potência renovadora, assim como seus perigos, por meio de uma crença maior ainda: as plantas teriam sido consideradas como animais pelos primitivos. Como eles, elas sangram quando cortadas. O sumo vermelho evoca o sangue e seus temíveis poderes. De fato, ele não embriaga? Ele não infusa uma energia, um espírito, naquele que o absorve? Nos dias de hoje, o vinho ainda desperta as mesmas e antigas crenças regeneradoras. Esse fortificante imaginário sempre reúne o céu e a terra, o sol e a cave, as riquezas do solo e os ardores do verão, ele concentra os elementos cósmicos. Por essa razão, ele pertence à farmacopeia do sobredeterminado e do policresto, que pesquisa tudo aquilo no qual a natureza parece crescer e se multiplicar.[79]

O muito jovem ou o muito velho definem a totalização temporal. Não mais um plural aritmético, mas o infinito potencial. Assim, no fundo das terras, os minerais não cessaram de ser cozidos, recozidos, disso decorrendo sua perfeição, sua pureza e também sua dureza. Inversamente, o nascente e o novo, o virtual, anunciam uma força que o tempo ainda não encetou: a placenta, o sangue dos jovens, as bagas das plantas primaveris, as flores frescamente desabrochadas, o primeiro sangue menstrual, em suma, tudo o que é brotante, fetal, imaturo e informe:

"Madeira morta e madeira ébria de seu passado... Nesse sistema, o germe, ao contrário, está no limite, na outra ponta. O germe é o que é residual no mínimo...

(O germe) é o que está mais próximo da criação; o que é mais recente, no sentido latino da palavra *recens*. É o que é mais fresco. O mais recentemente saído, o mais saído das mãos de Deus."[80]

---

78 Saintyves, *Les Vierges mères*, em capítulo sobre "As plantas divinas e as águas sagradas".
79 A vinha, de um modo mais geral, remete à alquimia e a seus grandes devaneios: sobre esse assunto, se lerá G. Bachelard, *La terre et les rêveries du repos*, p. 323, cap. X: "Le vin et la vigne des alchinistes".
80 Charles Péguy, *Note conjointe*, N.R.F., 13. ed., p. 120.

O poeta celebra o germinal e sua poética bane a casca sem vitalidade e sem frescor. Indiretamente, ele responde a um problema farmacológico que apaixonou os séculos XVII e XVIII: onde reside a virtude dos simples, onde eles concentram suas energias salutares? Em primeiro lugar, notemos: mais que os minerais e os metais, mais que os animais e até mesmo que as excreções humanas, as plantas retêm a farmácia e a condicionam. Trata-se, cremos nós, de um fato indiscutível. Talvez essa preferência se explique justamente porque o vegetal habita o céu e a terra. Ele contém água, ou seja, a seiva, e o fogo, já que ele fornece a matéria combustível. Os Tratados de matéria médica ou de herboristeria não consideram as plantas como inertes: eles descrevem os inúmeros movimentos que as animam, as plantas trepadeiras e as sensitivas, as campanuláceas que se enroscam, as que viajam e as que serpenteiam, as anfíbias e as aéreas.[81] Mais do que qualquer outro princípio, o vegetal vive um ritmo temporal e se regenera com as primaveras. Por fim e, sobretudo, ele se entrega a orgias germinativas, a libertinagens reprodutivas, como já o notava Bacon, depois de Aristóteles, e como o notaram todos os poetas ou filósofos do vegetal, tal como Bernardin de Saint-Pierre ou Michelet: "Nas plantas, a raiz, que é como se fosse sua cabeça, é regularmente situada embaixo, ao passo que os órgãos da reprodução ocupam a parte superior."[82] Nós podemos repeti-lo? Esses argumentos não bastariam para privilegiar as plantas, caso elas não gozassem efetivamente de propriedades farmacológicas violentas ou miraculosas: elas adormecem e irritam, expulsam as dores e as febres. Não cessamos de encontrar a mistura do fantasmagórico e do positivo. Mas, para o herborista, o boticário e o médico, a questão não é essa, ela está na aplicação: onde reside o essencial da dinamia vegetal, natural ou galênica? Na casca, como no quinino, ou no sumo, à imagem da papoula? Na haste ou nas folhas, nas raízes ou nos rizomas? Se Candolle valoriza de modo sistemático as flores, Brown opta justamente pelas raízes, secretas e como que protegidas: "É, sobretudo, à raiz das plantas que aflui a umidade. É ali que o calor está no grau mais conveniente, nem muito forte de modo a produzir uma afecção estênica, nem excessivo a ponto de acarretar a fraqueza direta. O único uso do solo, através do qual penetram as potências das quais acabo de falar, é fazer função de filtro, a fim de que os poros demasiado abertos não deem passagem a uma demasiado grande abundância de incitantes... e que, por outro lado, poros demasiado estreitos não permitam a penetração de uma quantidade suficiente de incidentes."[83] Desse modo, Brown não cede à tentação que Péguy experimentará mais tarde: privilegiar os cereais, os germes ou as extremidades floridas. O perene e o ressurrecional podem, com efeito, se refugiar, por assim dizer, nos rizomas (por

---

81   Cf. Bernardin de Saint-Pierre, *Études de la nature*, Paris, 1825, t. II, Études XI; *Sur la nature des plantes*, p. 273 e 381-382.

82   *Novum organum*, p. 125.

83   Brown, *Élements de médicine*, trad. Fouquier, 1805, p. 250. Para ler um ponto de vista diferente, se poderá consultar A. de Candolle, *Essai sur les propriétés médicales des plantes*, notadamente p. 44 (2. ed.). A primeira edição data de 1804.

exemplo, o da samambaia macho), nas raízes (aquela, tão célebre, da mandrágora), na haste (a da dulcamara, tantas vezes prescrita), na casca (a do salgueiro branco, realmente rico em ácido salicílico, decorrendo daí, sem dúvida, seu nome). Para nós, pouco importam, é verdade, as preferências e as excessivas valorizações que essa espécie de "teste da árvore" farmacológico evidencia: trata-se sempre de reter ou de surpreender um excesso de ser, uma essência, o tesouro capaz de curar.

Sairíamos de nosso assunto se quiséssemos recensear todas as matérias que entram nas fantásticas farmacopeias: gostaríamos apenas de extrair os princípios fundamentais ou constituintes, sem penetrar no formigamento dos detalhes. Gostaríamos apenas de nos deter nos casos ou nas escolhas mais desfavoráveis, mais contrárias à nossa interpretação, a serpente ou o odorífico, o mineral ou a raiz vegetal. Sempre acreditamos reencontrar e ilustrar o esquema que decide sobre a matéria médica, a saber: a totalização imaginária dos elementos, a captação da superabundância natural, a apreensão dos "espíritos" insinuantes e eficientes em razão de sua imaterialidade.

E se algumas substâncias memoráveis ou importantes não foram particularmente cogitadas ou esclarecidas, foi apenas porque a explicação de sua escolha não oferecia dificuldade ou porque esta fora levantada pelos comentadores: por que a aranha ou o verme de terra? Por que a toupeira ou os moluscos? Por que o sangue menstrual ou a rainha dos prados? Por que os olhos do lagostim ou o mirtilo, os bichos-de-concha ou o lírio do vale? Na maioria das vezes, os médicos que recomendam uns e outros se justificaram. Os historiadores, os sociólogos e os psicólogos, os filósofos e até mesmo os farmacêuticos se dedicaram a resolver esses problemas de mitologia vegetal ou animal (Cabanès, Saintyves, Reutter de Rosemont, Allendy, Lévy-Bruhl, Essertier, para falar apenas destes).[84] Aliás, cada vez que um médico defende ou enaltece um princípio, ele nunca deixa de tirar partido de experiências ou de observações que nem sempre merecem o descrédito. Certamente, algumas não poderiam levar consigo a convicção de qualquer um: elas podem tão somente servir de documentos para uma psicologia do erro. Assim, as escolas e os mestres discutem ao infinito sobre a questão de saber quem supera em força ou em energia, a água ou o fogo, os dois grandes remédios da potência física ou mecânica. A água apaga o fogo, mas, por outro lado, a chama vaporiza o líquido. A polêmica durará, se estenderá por pelo menos três séculos: estamos mesmo persuadidos de que ela prosseguirá clandestina ou inconscientemente. Macquart publicou uma obra volumosa para enumerar e provar as virtudes da água comum, pura ou destilada, e chega a aconselhar aos filósofos: "Os bebedores de água são bem menos sujeitos à gota, às oftalmias, aos tremores, às doenças nervosas, às indigestões, às perdas de sono, que aqueles acostumados ao vinho, ao café, aos licores espirituosos. As pessoas dedicadas às ciências e às letras deveriam também fazer delas uma bebida

---

84 Mais próximos de nossos desenvolvimentos, A. de Gubernatis, notadamente *La mythologie des plantes*, v. 2, assim como R. Brun, tese em farmácia, Lyon, 1958, *Le médicament et les hommes*.

favorita. Suas ideias, por certo, seriam mais nítidas, seu julgamento mais saudável, seus sentidos mais refinados..."[85] Essa higiene se perfila sobre um fundo de metafísica ou de cosmologia: "O fogo, que desempenha um tão grande papel nos recursos da natureza, lhe parece inteiramente submetido (à água). A água o aniquila por sua presença ou lhe retira toda a sua atividade etc."[86] Esse filósofo da balneação pouco a pouco se entregará aos temas religiosos que sempre mais ou menos invadiram os defensores da água, mesmo os mais recentes, de Michelet a Quinton: a água sozinha vivifica. Ela só pôde ser criada por Deus. O homem pode atiçar o fogo ou engendrá-lo, ele não poderia produzir a água e, sobretudo, a que cai do céu. A água do mar, entre todas, foi abençoada: se os homens, como Vênus, nasceram do oceano, eles não deveriam regressar a ele a fim de renascer? "O todo se resume em uma palavra, mas essa palavra é a um só tempo uma medicina e uma educação: é preciso beber a água do mar, banhar-se nela e comer todas as coisas marinhas nas quais sua virtude está concentrada."[87] Michelet certamente escreveu as páginas mais ardentes e mais líricas em honra aos oceanos e às praias. Ele foi o apóstolo mais entusiasta da medicina por meio das águas e dos banhos, chegou até a divinizar a água, a qual dotou de todas as generosidades e de todas as energias, elétrica e calórica (as correntes quentes que a atravessam revelam sua vitalidade arterial), salina e iodada. Pouco a pouco, ele inclusive confundiu a água dos mares com o sangue mais vermelho, com o leite mais gelatinoso (*La mer*, liv. II, cap. II: "La mer de lait", e cap. IV: "Fleur de sang", liv. IV, *La renaissance par la mer*): "Por que a água não seria a salvação do homem? Segundo Berzélius, não há senão água (nos quatro quintos) e, amanhã, tudo se transformará em água... Ela é a grande força, porém a mais elástica que se presta às transições da universal metamorfose. Ela envolve, penetra, traduz, transforma a natureza."[88] Só que, e sobre esse ponto nos permitimos contestar o historiador inspirado, as recomendações dadas por ele refletem um sonho e uma prática seculares. Ele retoma uma medicina tradicional. Descer às águas, absorvê-las, lavar-se ou purificar-se com elas, mergulhar, beber nas fontes, esses gestos sempre

---

85 *Anuel sur les proprieties de l'eaus, particulièrement dans l'art de guérir*, por M. Macquart, Paris, 1783, p. 83.
86 Macquart, ibid., *Sur l'eau de mer*, ler cap. VII do livro VIII: "Utilité de l'eau de mer pour la pratique de la médecine".
87 Michelet, *Oeuvres completes*, t. 29: *L'oiseau, la mer*, p. 519, no parágrafo sobre "L'origine des bains de mer".
88 Ibid., p. 516, e p. 520, Michelet escreve: "A base universal de vida, o muco embrionário, a vivente gelatina animal na qual o homem nasce e renasce, na qual ele tomou e retoma sem cessar a tenra consistência de seu ser, esse tesouro, o mar o tem tanto que ele é o próprio mar... Sua generosidade envergonha a economia da terra. Ele dá, saibam, portanto, receber. Sua riqueza nutritiva os amamentará torrencialmente." O livro inteiro constitui e define uma medicina lírica. A passagem que acabamos de transcrever mostra como Michelet, este sonhador cósmico, aproxima os dois homófonos *mer* (mar) e *mère* (mãe) que se colorem um ao outro. Mais que a terra ou a matéria (*materia, mater*), o mar parece ao poeta a maternidade e, portanto, a cura, o rejuvenescimento.

significaram uma crença ressurrecional. A imersão, uma dissolução que favorece uma renovação, um renascimento, não é um retorno ao caos? Não é esse o esquema de todas as terapias arcaicas? O próprio batismo prolonga e amplifica essa medicina natural.[89] Para todas as civilizações, o seco, o dessecado, por oposição ao macio e ao esponjoso, não constituem antivalores? De nossa parte, estamos persuadidos de que os médicos e os filósofos ficaram impactados ou perdidos com a experiência dessas terras poeirentas e estéreis, bruscamente despertadas e animadas pela água: disso surgem animálculos, insetos, vermes, plantas, numerosas e antigas memórias sobre as palingenesias e os "revivescimentos" aquáticos, sobre a virtude curativa da humectação e da embebição. Mas os adeptos do fogo não se desarmam, eles invocam outros exemplos, se referem a argumentações igualmente surpreendentes. O fogo salubre, por sua vez, parece dotado de uma propriedade seminal, já que ele se comunica sem se enfraquecer. Ele, inclusive, queima, por assim dizer, pelo fato de se estender e de se multiplicar. Ele toma igualmente posse dos objetos mais hostis ou mais resistentes: assim, o ferro, na presença do fogo incandescente, torna-se fogo, disso decorre a prova e a confirmação de sua energia prevalente. O fogo ataca, destrói, transforma: Ambroise Paré o considera como a medicação essencial. Por certo se poderia temer que a inflamação, a flogose, essas chamas interiores, essas queimaduras e esses cozimentos que definem nossas doenças, desaconselhassem e afastassem as cauterizações, o uso do moxa,[90] outrora tão difundido. Na realidade, o fogo pareceu ser seu contraveneno, as pontas de fogo apagam as dores, cessam as supurações, espécies de cocções humorais. Aliás, conhecemos o aforismo de Hipócrates: "*Quod remedium non sanat, ferrum sanat. Quod ferrum non sanat, ignis sanat. Quod ignis nons sanat, insanabile est.*" O fogo amadurece, o calor cura ou abranda, o sol fortalece, todas elas terapêuticas mágicas inspiradas na tendência geral de recorrer às potências e às violências aparentes.

Água e fogo, sobre os quais não convém se estender, uma vez que esses remédios não apresentam problemas difíceis – suas justificações, inclusive, abundam –, entram nos quadros nocionais que fixamos: é sua infinidade cósmica que os designa para se tornarem remédios heroicos. Só que, aqui também, quisemos lembrar alguns dos argumentos, mesmo entre os mais frágeis, que os caucionam ou os validam. A medicina não cessa de se orgulhar de sucessos terapêuticos realizados por eles: efetivamente, os ares ou as terras, o fogo ou o mar podem alterar ou curar. É evidente que a razão ou a explicação dessas melhorias difere sensivelmente daquela dada por nós. Em toda hipótese, esses remédios cósmicos confirmam as leis que

---

89   Não insistimos sobre esses temas de universalização ritual. Mas, sobre a possibilidade de cura espiritual pela água e pelo fogo, se pode ler:
    – Carl-Martin Edsman, Lund, 1949, *Ignis divinus, le feu comme moyen de rajeunissement et d'imortalité, contes, légendes, mythes et rites*;
    – sobre o assunto, complementar, Philippe Reymond, *L'eau, sa vie et sa signification dans l'Ancien Testament*, Genebra, 1958.
90   Morel, *Mémoire et observations sur l'application du feu au traitement des maladies*, Paris, 1813.

acreditamos dever extrair: o grande, o universal e o energético definem, tinham de se definir como remédios valorosos e fundamentais. Toda a terapêutica antiga equivale a uma dinamogenia que maneja o intenso e utiliza o forte, dinamogenia comandada pelo imaginário e pelo positivo, por uma tentativa de experimentação e pelos transbordamentos místicos.

Depois de haver estudado o diagrama do antigo medicamento, temos de situar um em relação ao outro, a fim de concluirmos a abordagem do remédio moderno: dessa comparação deve surgir uma melhor compreensão da *materia medicans*, tão fluida e tão árdua de definir. O novo rompe abertamente com o antigo?

Nós nos propomos a mostrar que, apesar dos parentescos, das transições e mesmo das evidentes sobrevivências, a atual farmacologia forma uma antítese em relação ao que a precede e que descrevemos. Passa-se do a favor para o contra. Apenas, a separação só se opera com extrema lentidão. Como já o notamos, é somente com o tempo que a evolução se torna revolução. Na história das farmacopeias, nada de brusco, razão pela qual a terapêutica não poderia se comparar às outras disciplinas ou às outras fenomenotécnicas que exigem mutações intelectuais e favoreceram reviradas de perspectiva. No entanto, embora imperceptíveis e transitivas, as transformações operadas são igualmente completas e decisivas.

Poder-se-ia temer, primeiro, que nenhuma mudança essencial se tenha manifestado. O filósofo que olhasse demasiado apressadamente acreditaria na imobilidade e na estagnação do sistema. Um tal julgamento condenaria até mesmo nosso exame: como pesquisar um itinerário intelectual e *démarches* metodológicas num domínio morto e sempre antigo? A indústria farmacêutica,[91] para fabricar suas drogas, não parte de urinas de jumentas grávidas, de testículos de touro, da bile do porco, do fígado do novilho e, sobretudo, do sangue humano? E qual planta ainda não foi utilizada, das mais comuns às mais indígenas? A farmácia galênica parece conservar sua eminência: a medicina demanda sempre aos vegetais (fitoterapia) e aos animais (opoterapia), e até mesmo às forças naturais sempre oferecidas (o sol, a água, o ar), os meios de remediar as doenças e as fraquezas. Os mofos dos cogumelos, suas secreções, o verdor das algas, as vitaminas e os hormônios, o conjunto de uns e de outros não caracteriza a medicação atual separando-se verdadeiramente das antigas macerações, dos unguentos ou dos xaropes de estranhos componentes? Melhor ainda, a violeta, a flor do espinheiro, o lírio do vale e até mesmo a rosa *gallica*, cara a Lémery, conservam sempre seu lugar no códex, ao lado do serpilho ou do alecrim. Nada é excluído. E quantos remédios do passado continuam sendo consumidos![92] O sulfato de soda (sal de Glauber), o mercúrio, ainda que sob a

---

[91] Por todas as questões referidas a essa indústria, para conhecer tanto os meios dos quais ela se serve quanto as transformações visadas por ela, remetemos sempre à tese tão documentada de Jean Laurent, La pharmacie en France, *Étude de géographie humaine*, Paris, 1959 (tese principal para o doutorado em letras).

[92] *Ibid.*, p. 53 sq e p. 163 sobre a Pastillerie.

forma de mercurocromo, a tintura de iodo, a água de Dalibour (para a lavagem das feridas) conservam seus fiéis. Aliás, quantos remédios recentes que, a despeito de suas sobrecargas e de seus floreios, se limitam a continuar os tradicionais, tão estimáveis: a solução de Bourget, em gastroenterologia, merece o respeito de um filósofo, assim como a solução de Milian (contra as dermatoses), o elixir paregórico ou o xarope de Desessartz (expectorante e fluidificante). Ao olharmos as emocionantes farmacopeias de ontem, quantos bons xaropes para deter a tosse, quantas pastas untuosas para acalmar as coceiras, quantas infusões para facilitar a digestão! Apesar dos argumentos e dessas provas, é preciso recusar a analogia, a similitude. A farmácia das plantas e das flores, a dos cogumelos ou dos extratos animais, cada vez mais cede terreno. Ela não cessa de perder seu papel e só subsiste pelo amor do passado ou pela sedução irresistível, como "placeboterapia", exercida pela energética mística, vegetal ou animal.

Objetar-nos-ão que o remédio maior de nosso tempo, a penicilina, no entanto, basta por si só para manter o valor do naturalismo: o antibiótico, com efeito, converte em remédio a secreção antagonista de um cogumelo. Ele se limita a utilizar uma concorrência vital microscópica. Desse modo, ele não favorece a ressurgência e a renovação da farmacologia das secreções, da virtude dos vegetais? Como iremos mostrar, a despeito das aparências, ele serve menos a essa filosofia do que enfraquece seu fundamento. Por toda parte, a farmacologia se libera de suas amarras com a natureza que ela captaria, concentraria ou desviaria em seu benefício. Cada vez menos se colhe ou se cultiva um remédio. Cada vez mais o medicamento ativo "se produz", no sentido em que ele se constrói. No entanto, a organossíntese, a química dos remédios, ainda não triunfou por toda parte; aqui e ali ela deve compor. A famosa penicilina oferece justamente um exemplo no qual se delineia, sem realizar-se inteiramente, a ruptura entre o "criado" e o "recolhido". Por essa razão, seu exemplo retorna com tanta frequência, embora, afinal, ele permita refutar a filosofia que dele se extrai habitualmente.

Os fatos merecem ser conhecidos: uma cultura de *penicillium notatum*, com efeito, impede o desenvolvimento de germes então presentes no mesmo meio. Embora o farmacólogo ali descubra um inibidor natural, ele não pode ir mais longe. Entre essa observação e a medicação antibiótica passaram-se anos. Não se deve tampouco ignorar o fato de que o primeiro doente a receber um tratamento de penicilina não pôde ser salvo. O *penicillium notatum* só propicia, com efeito, duas a quatro unidades de antibiótico por milímetro de cultura, ali onde são precisos milhares, senão milhões, delas: "Lembramo-nos da história autêntica, muitas vezes contada, da equipe de Oxford e de sua primeira tentativa de tratar um doente por meio da penicilina de laboratório, produzida por cultura em superfície... Mesmo completando a coleta por meio do antibiótico recuperado na urina do doente, eles não conseguem manter, pelo tempo necessário, um débito de penicilina suficiente para salvar um só homem que, no entanto, acusara uma resposta inicial rápida e promissora para sua terapêutica."[93] Em suma, Fleming teria descoberto uma fraca fonte, não percebeu um rio. Existe, nos dias de hoje, um "modelo" cuja insuficiência não se deva logo notar, seja nos efeitos, seja no débito, um não excluindo o outro, como vimos anteriormente? E não é uma lei da farmacologia a necessidade de passar justamente das extrações ineficientes a fabricações artificiais e autônomas, subtraídas de suas tímidas origens? Pelo menos a dificuldade material de suprimento decide sobre a total independência: "Em 1950, se estima haver nos Estados Unidos mais de sete milhões de americanos sofrendo de reumatismos articulares. Ora, o laboratório Merck, único fabricante, só pode liberar 200g de cortisona por mês, dose que não permite tratar mais de 100 doentes. Isso equivale a dizer que, para fornecer o hormônio necessário a um único reumatizante durante uma única jornada de um tratamento que deve durar muitas semanas, é preciso não menos de 40 bovinos. Parece que, de fato, se está num impasse."[94] Quando a natureza possui o tesouro curativo e substancial, ela com frequência não contém dele senão traços, não poderia, portanto, alimentar o consumo. Disso decorre a urgência do artificialismo. A própria penicilina não foge à regra, no sentido em que, para obtê-la em quantidades que permitiriam a cura, a farmacologia: 1º abandona o *penicillium notatum* em benefício de uma espécie vizinha, mais prolífica: 2º desnatura esta última, a submete a radiações que criam mutações e, portanto, cepas mais secretantes. Por fim, o cogumelo produtor se parece tão pouco com aquele do qual partiu Fleming quanto um cavalo de traço acidentalmente imunizado com aquele inoculado e hipercontaminado pelo Instituto Pasteur, visando extrair dele soros terapêuticos, 3º chega-se, por todos os meios de cultura, a aumentar a produção e, sobretudo, a subtrair-se do conjunto da fermentação uma variedade de penicilina mais ativa. Progressivamente, o laboratório chega ao remédio ativo. Se, por um lado, o ponto de partida remete ao naturalismo, a seleção da espécie e sua transformação pelos raios mutantes, sem contar o resto, inauguram a emancipação que não deixará de prosseguir. Logo o antibiótico não dependerá nem mesmo dos mofos, mas só da quimiossíntese. Ele será fabricado a partir de elementos químicos comuns. O *antibios* perde, pouco a pouco, sua origem obscura e vital. O antagonismo micros-

---

93 "Les miracles invisibles", por S. Ensminger e L. Gorini, in *Produits pharmaceutiques*, 1958, p. 174. Observações da mesma natureza em *Traité de chimie organique*, de V. Grignard, t. XXII, p. 1103. "Mais de 60.000 isolamentos de cepas selvagens que foi possível recolher em víveres alimentares, as frutas e os vegetais, foram efetuados somente pela Universidade de Stanford... Entre essas cepas, nenhuma se mostrou digna do interesse em cultura de superfície... É possível modificar os caracteres biológicos de uma cepa pela ação dos raios ultravioletas, bombardeamento por nêutrons, colchicina, iperite e seus derivados." Capítulo dedicado à produção da penicilina.

94 J. Laurent, *op. cit.*, p. 92. Notemos que, para substituir o animal enfraquecido, o laboratório deva recorrer ao vegetal, fonte mais abundante de cortisona: o estrofanto, o cardiotônico que fornece a oubaína bem conhecida, servirá para a fabricação do hormônio córtico-suprarrenal. Uma tonelada de grãos equivale, com efeito, a 12.000 toneladas de bovinos. Posteriormente, o laboratório seguirá outras pistas e abastecerá o mercado cada vez mais ávido.

cópico somente abriu uma perspectiva: os cogumelos ensinam aos farmacólogos, de algum modo, a prescindirem deles. E pelo fato de os antimicrobianos não mais serem colhidos e sim criados, ele ganha tanto em extensão quanto em variedade e em potência. A multiplicidade recompensa a liberdade e a quantidade caminha junto com a qualidade.

O que vale para o antibiótico caracteriza mais ainda as medicações galênicas mais veneráveis. Por toda parte, a farmacologia abandona, pouco a pouco, seus "arquétipos" e os doentes dependem cada vez menos das tempestades ou dos bloqueios, das atmosferas, das florações ou das secas. A farmacologia deixa de ser solidária para com as vegetações salutares, menos devido à precariedade ou à insuficiência de seu débito do que em decorrência da sua debilidade curativa: quando se conhece o alcaloide ou o glicósido responsável pelos efeitos buscados, parece sempre que o extrato total, o ancestral *totum*, misturava a esse elemento um antagonista, quando não um tóxico. A Natureza não entrega senão medicamentos enfraquecidos ou edulcorados, ou seja, perigosos. Para obviar a pobreza e a ambiguidade dos simples, é preciso – segunda e necessária etapa – liberar o princípio ativo: do mesmo modo, caem no mais profundo esquecimento, a despeito de seu perfume e de seu valor sugestivo, as infusões, as macerações e as composições do passado. Mais do que concentrar e juntar com o objetivo de intensificar imaginariamente, a preparação moderna repousa, primeiro, apenas no isolamento e na separação, momento que prefacia, aliás, a organossíntese vitoriosa. De todo modo, a Natureza não oferece apenas misturas e disparates incoerentes, no sentido em que confusamente as vitaminas, por exemplo, caminham lado a lado com as antivitaminas, os ácidos neutralizam as bases ou os dextrogiros equilibram os levogiros, o que dá um "racêmico" inativo. Não valorizemos o sumo ou o extrato que funde, ao acaso das circunstâncias e dos climas, os elementos mais variados ou os mais supérfluos. E, sobretudo, não censuremos esse plural de associação entre as autênticas matérias médicas que, elas também, agrupam as unidades e realizam conjuntos sinérgicos. Uma síntese não é uma mistura. Portanto, é falacioso olhar a Natureza como um arquiteto que teria se antecipado e pressentido a riqueza dos atuais sistemas ou das organizações medicamentosas. Em vão se os junta: os dois produtos não se parecem e até mesmo se opõem. Em qualquer hipótese, três momentos marcam a emancipação e a constituição do princípio real: o farmacólogo quebra o *totum* energético (por meio dos modos mais diversos: a cromatografia, a eletroforese, a relargagem, os trocadores de íons, as centrifugações, as absorções etc., que dissociam e fracionam por todo lado). O princípio, uma vez separado, deve em seguida ser analisado e molecularmente reconstruído. Por fim, último estágio evolutivo, o farmacólogo ensaia sobre a fórmula todas as transformações, as adições, todas as variações que melhoram o remédio e deve curá-lo de sua doença original: sua hereditariedade que o limitou, sua extração que o modificou. Tudo permite pensar que o "primeiro", o arquétipo, não equivale ao "melhor", que o real não se iguala ao possível, porquanto ele só realiza uma forma, ao passo que todo remédio decisivo, uma vez que é permitido, deve se multiplicar e constituir uma série de todas as suas variações: uma essência sofre por sua inextensão. Assim, um remédio não deve atingir apenas o agente do paludismo, o hematozoário, mas deve também, ele ou seus semelhantes, prevenir as recaídas e, para tanto, destruir os gametas e os "esporozoítas". Disso decorre a importância dos antipalúdicos de síntese e sua indiscutível prevalência sobre o quinino. A observação se aplica à maioria dos tratamentos antiparasitários. Se o intruso evolui e se transforma, não se deve apenas lutar contra uma de suas formas, mas impedir o desenrolar do ciclo.

Mas, se esse terceiro momento que conclui o remédio – sua proliferação excessiva, suas variações moleculares e o desdobramento de sua gama – ainda não está concluído, o segundo movimento que o decanta e o isola basta por si só para mostrar a ruptura entre a operação farmacêutica de ontem e a de hoje. Embora em vias de desaparecimento, devido ao triunfo da organossíntese e do artificialismo, ela, mesmo assim, manifesta um progresso terapêutico bastante notável. Nesse sentido, para tomar o exemplo de um princípio conhecido de todos, o esporão do grão de centeio, como, aliás, todos os grandes remédios, conheceu uma história movimentada. Ela culmina na distinção e no fracionamento de dezesseis alcaloides e, sobretudo, no reconhecimento de dois grupos claramente dessemelhantes: de um lado, os que propiciam efeitos comparáveis à inibição da fisiologia simpática (os simpaticolíticos)[95] e, do outro, os ocitócicos, ou seja, excitantes da fibra muscular uterina, que encontram seu emprego em obstétrica, quando é preciso se opor às hemorragias do *post partum*. Essa bela dicotomia permite a eficiência de uma terapêutica eletiva. Segundo o efeito, o endereçamento se faz ao uterotônico ou, cada vez mais raramente, é verdade, ao simpaticolizante. O extrato global só poderia provocar uma reação confusa, irregular, aliás, perigosa. "O estágio de estudo dos alcaloides naturais do esporão do grão de centeio já está ultrapassado. Os químicos se ensaiam, a partir dos produtos naturais, para criar derivados fisiologicamente mais ativos. A metilergobasina, por exemplo, se revela mais ocitócica do que a ergobasina."[96] O esporão do grão de centeio, cuja origem remonta à Idade Média (o mal dos ardentes), atinge, por fim, uma zona evolutiva situada entre os dois últimos patamares que acreditamos dever distinguir: não ainda o artificialismo absoluto, mas uma química enxertada em um naturalismo elaborado.

A folha da dedaleira atravessou uma história mais atormentada, que se concluiu logicamente pela desvalorização e quase rejeição desse pó secular. Primeiro, um certo número de plantas, tropicais, por certo, mas também comuns, como o lírio do vale, revelaram propriedades comparáveis. Por outro lado, graças aos cotejos, evidencia-se o esqueleto molecular do princípio cardiotônico (um fenantreno), ponto de partida para a criação de uma família diversificada. A folha da dedaleira,

---

95 Em princípio, pelo menos, porque eles só produzem essa lise depois de uma estimulação do simpático, depois de um simpaticomimetismo.
96 L. Revol, *Leçon inaugurale, chaire de pharmacie galénique*, Lyon, 17 de março de 1949, p. 20.

aquela da qual falava Potain e que Nativelle analisava, esmoreceu: o terapeuta prefere a ela um cardiotônico, imutável e certo, o pó ou a infusão, a tintura de outrora peca pela irregularidade. Ora ela age, ora não age porque as substâncias que contém se degradam ou se hidrolisam. Essa instabilidade e essa fragilidade a desacreditam. Embora colhida nas clareiras, embora comovente e evocadora – uma folha que apazigua o coração e prolonga uma vida ameaçada –, ela também desaparece. A farmacologia se desnaturaliza: ela visa apenas conhecer a invariante que condiciona a cura, o edifício molecular que ela, por sua vez, transformará e corrigirá, com a intenção de se dar remédios que não sejam nem desagregados pelo tempo, nem modificados pelo espaço geográfico (tal sol, tal colheita, tal exposição).

Mesmo antes dessas análises e desses triunfos, a farmácia, que lançava mão ainda e, sobretudo, das fontes naturais, iniciara, desde a metade do século XIX, a divergência metodológica. A própria galênica, cabe reconhecê-lo, expulsara os fantasmas e esboçara a separação, que não cessará mais de se agravar, entre os modos de preparação dos remédios. Evoquemos, em amplas linhas, essa renovação modesta, porém basal, que prepara o sistema farmacológico moderno.

1º Abandona-se, primeiro, os critérios qualitativos do florido ou do colorido, do primaveril ou do jovem, quando se pesquisa e se recolhe as plantas. Duvida-se dos conselhos que haviam prodigado tanto os boticários, como Baumé e Virey, quanto os filósofos Bacon ou Berkeley, mais tarde, Bernardin de Saint-Pierre e Michelet. Em suma, vozes discordantes elevam-se e recomendam o definhado, o vetusto, o minúsculo, o que inquieta o privilégio do vivaz, do recente e do desabrochado: "Com frequência se compra lotes de folhas de dedaleira a um preço elevado por estarem bem verdes, bem estendidas. Outras são compradas de modo relutante e a preço baixo, por estarem manchadas de amarelo ou enrugadas. Ora, a experiência biológica revelou... que as primeiras continham 1% de glucósidos ativos... e as segundas, o triplo."[97] Essa explicação de um analista explicita, talvez, por recorrência, as hesitações dos herboristas.

2º Mais revolucionário, o próprio trabalho oficinal consistirá menos em intensificar a matéria do que em impedi-la de se transformar. Em vez de reforçar, só se cogita em parar. E mais do que mobilizar energias latentes, se estabilizará uma potência presente. O que pode haver de mais vão do que o labor do boticário que tritura os elementos, os pulveriza e os malaxa uma vez que, apenas recolhida, a planta sofre alterações que a transtornam: oxidações, polimerizações, fermentações. O essencial de sua virtude se evapora e a abandona. As membranas celulares se rompem e, em favor dessas mudanças as diástases, assim liberadas, agirão e destruirão as arquiteturas moleculares dos princípios. Resulta daí essa regra de ouro da farmácia galênica: bloquear e conservar. Não mais intensificar ou aumentar, trabalho falsamente positivo, mas, tarefa estritamente negativa, interditar um desperdício. *Ipso*

---

97 *Produits pharmaceutiques*, v. 5, p. 543.

facto, a Natureza cessa de ser um reservatório sagrado e superabundante, ela, por sua vez, conhece o aniquilamento e a corrupção. Toda a farmacologia se constitui contra o tempo: desde o princípio de Bourquelot, que submete imediatamente os vegetais aos vapores de álcool fervendo, a fim de manter os carboidratos em sua integridade e em sua integralidade, desde as regras de secagem e da dessecação rápida que destroem os fermentos hidratantes particularmente nocivos, até a engenhosa ampola de vidro, imaginada por Limousin, que abriga a solução e a subtrai às radiações ou aos contatos que a alterariam. Por toda parte, convém estabilizar e retirar a temporalidade do remédio, preservado e imutável.

3º Por fim, o galenista tende a medir, a intitular suas drogas. Ele se assegura de sua eficiência quantitativa: nessas condições, uma dúvida paira sobre a matéria médica. Os controles, físicos ou biológicos, aliás exigidos pelo códex, permitem menos evitar a fraudulência do que as desigualdades de uma Natureza caprichosa ou ainda as alterações de um remédio mal conservado.

Pouco importa: isolar, inibir, vigiar, tantas operações novas que contradizem as das antigas panaceias. Assim, desde meados do século XIX, a farmacologia caminha para sua autonomia: se ela ainda não questiona seu naturalismo, ela o inquieta. As humildes *démarches* que evocamos já preludiam o artificialismo que define a farmácia contemporânea e, portanto, o remédio moderno. Nada de floral ou de vegetal, nada de campestre ou de vital, nada que seja colhido ou extraído nos atuais anti-histamínicos de síntese, nos barbitúricos, nos anestésicos, nos anticoagulantes – pelo menos nos últimos –, nos estrogênios ditos de síntese, nos novos antibióticos, nas sulfamidas, nos anticonvulsivos, nos neocurarizantes, para falar apenas destes. Não apenas os esquemas formadores do remédio desapareceram totalmente, mas, com eles, a matéria médica.

Doravante, o laboratório se apossa de qualquer coisa, dos elementos mais variados, visando "construir" ou "edificar" seus pós ou seus solutos. O *Material* substitui a nobre e sempre comovente *matéria* médica. A própria oficina mudou de aspecto e de função: nela, não mais se prepara o medicamento, se o vende. "O próprio farmacêutico preparava (outrora) seus medicamentos galênicos. No momento propício, se via instalar o alambique para destilar a água simples, as águas aromáticas e os alcoolatos. Durante o ano todo, os aparelhos de extração, os cobres rutilantes estavam de serviço. O farmacêutico empenhava sua honra profissional em um xarope benfeito, um elixir agradavelmente nuançado, um unguento habilmente bem-sucedido, um láudano de Sydenham com uma bela cor e de agradável odor de essências e açafrão."[98] Apesar das lentas evoluções que descrevemos, estávamos, portanto, fundamentados para perceber entre os dois extremos – a panaceia ou o elixir e o remédio moderno ou a organossíntese – uma clara revolução.

---

98 L. Revol, art. cit., p. 10.

Capítulo 1 ◦ O problema da definição do remédio

Por fim, se o presente do medicamento, nós o vimos (primeira seção), conhece a variação e uma indeterminação impossível de expulsar inteiramente, se seu futuro o destina fatalmente a não ser senão o elo de uma cadeia ou o pai de uma linhagem farmacológica que o englobará e o ultrapassará, quer dizer, o desclassificará, pelo menos seu passado nos trouxe luzes sobre ele próprio, sobre seus ancestrais e seus modos de fabricação. E a maneira como se o confecciona ou a maneira como se o concebe, outrora e hoje em dia, não se separam, no sentido em que ser e fazer se determinam mutuamente. Se sabemos mal o que é o remédio ou o que ele pode exatamente, se nos interrogamos sobre o seu futuro (no que ele se tornará em consequência dos progressos e, sobretudo, da necessidade de lutar contra as habituações e principalmente contra as doenças novas?), acreditamos saber "de onde ele vem" e, acima de tudo "de onde ele não vem mais", de onde não deverá vir mais, sob pena de regressão na energética empírica. Só que, cabe notá-lo, se pudemos esclarecer o remédio, nós, porém, só o examinamos exteriormente, através das perspectivas de sua preparação ou de sua elaboração oficinal, mas fora dos efeitos curativos que ele deve provocar. Nos capítulos a seguir, as dificuldades começarão quando buscarmos refletir menos sobre o próprio remédio do que sobre as condutas terapêuticas relativas ao seu emprego: quando prescrevê-lo? Como? E o que ele pode?

Outrora, a questão só era formulada episodicamente. Fetichizou-se tanto a matéria médica, que ela se tornou católica e universal. Ela vale para tudo e contra tudo, em todos. Ela dá tantos efeitos benéficos naqueles que a absorvem, que nada pode restringir seu uso. Basta apenas tomá-la. A medicina se desinteressa dos problemas da terapêutica que não podem aparecer senão com a dessubstanciação. A maneira de prescrever ou de formular conta, então, tanto quanto o produto administrado.

Depois de haver meditado sobre as etapas do progresso farmacológico, depois de ter visto as dificuldades metodológicas que circundam a definição nocional do objeto de nosso estudo e de nossa análise, o medicamento moderno, precisamos passar ao exame das condutas ligadas ao seu manejo.

Segunda Parte
∞
*Dois domínios
sobredeterminados e lendários*

◦ Capítulo 2

Hormônio e revitalização
As evoluções das terapêuticas endócrinas

I

Devemos entrar no domínio propriamente terapêutico. Com efeito, não basta refletir sobre as dificuldades encontradas pelo farmacólogo na determinação do remédio, em busca de uma definição que permanece manchada por uma inelutável contingência. Não basta tampouco comentar ou depreender as etapas da farmácia, nem mostrar como essa disciplina material rompeu com suas origens. Nossas análises anteriores apenas conjeturam o remédio exterior e acessoriamente por meio das questões de fabricação ou de controle, de experimentação e de dosagem.

O remédio só se esclarece verdadeiramente pelo e nos seus usos clínicos. Ele não é somente um material ou uma molécula química, um pó ou um extrato. Ele não se reduz apenas a um produto suscetível de acarretar um resultado, mas ele se integra a uma conduta terapêutica evocada e fundada por ele: quando e como administrá-lo? Em suma, o medicamento só se define concretamente com seu emprego e seus riscos. Paralelamente, um instrumento não se concebe fora das operações efetivas que ele favorece. Por essa razão, deslizaremos pouco a pouco da estrita farmacologia à terapêutica, do medicamento elaborado ao tratamento salvador.

Nisso, o filósofo da biologia não ganhará apenas uma melhor apreensão da substância curativa: com efeito, nossa análise visa extrair os esquemas ou as *démarches* intelectuais inspiradas pela materialidade farmacêutica, quando ela se aplica eficazmente. O medicamento moderno, em virtude inclusive de sua força e de sua potência, obriga a desvios, mediações e astúcias, ao mesmo tempo que afasta a simples violência direta e imediata. E quando é preciso ultrapassar os resultados habituais julgados insuficientes, ele ocasiona complicações destinadas a reforçá-lo. Propomo-nos, justamente, a examinar essas argumentações ou essas adições, esses sutis manejos que tonalizam o remédio moderno. O querer, o poder e o saber se conjugam e se religam entre si para decidirem sobre uma *démarche* complexa. Em outros termos, o médico que prescreve não poderia reter o interesse e a atenção de um filósofo caso ele se limitasse à simples administração de uma substância extraída da farmacopeia. Mas, atitude diametralmente oposta, o médico pode recorrer a uma droga que se avaliaria ineficaz e incongruente, ele pode também se afastar daquela que se recomendaria por si mesma. Essa escolha e essa rejeição complementar remetem a uma teoria biológica, a uma concepção geral da saúde e da doença, ou, para empregar o jargão médico, a uma fisiopatologia que dramatiza e intelectualiza a *démarche* terapêutica. Tratar não decorre, não decorre nunca da simples prática, mas supõe sempre uma opção teórica que decide sobre a ação curativa e sobre seus meios. O médico certamente pode se desinteressar dessa escolha anterior ratificada por seus mestres: nem por isso ela deixa de existir. E já mencionamos a necessidade, para a própria prática médica, da tomada de consciência da doutrina original que banha a mais modesta das recomendações médicas.

Não apenas a farmacologia remete a um conjunto nocional, mas um tratamento, por modesto que seja, informa um pouco sobre a essência profunda do organismo. Nós o enfatizamos com o objetivo de fazer o filósofo se voltar para nossas análises. O universo do remédio deve retê-lo, se ele quiser apreender o biológico, porque, na verdade, o homem só conhece bem aquilo que ele pode transformar. A terapêutica define precisamente essa ação: por isso, ela desemboca em um autêntico saber biológico. Nessas condições, um filósofo não deve se opor a entrar no mundo das drogas, das poções ou das injeções. O tratamento não é um problema limitado de aplicação, um simples pragmatismo de eficiência, mas a porta aberta que por vezes é necessário ultrapassar para descobrir as funções biológicas e a verdade do organismo. Assim, a medicação não cessa de depender de uma teoria, implícita ou explícita, ela permite igualmente renová-la, enriquecê-la ou consolidá-la. Essas duas proposições justificam bastante a presença do filósofo em um domínio que se poderia acreditar estrangeiro ou acessório. É preciso explorá-lo, ou seja, vislumbrar algumas das mais importantes *démarches* ou prescrições da medicina contemporânea.

Nós nos dedicaremos primeiro e exclusivamente às dificuldades e às questões que decorrem da atual endocrinologia. Apenas, antes de cogitar sobre o tratamento de afecções tão conhecidas quanto à doença de Basedow ou o diabetes do jovem, precisamos desmistificar a própria noção de hormônio.

A etimologia dessa palavra perturba mais do que instrui: ela vem do grego όρμαω, eu excito. São, afirmam os Tratados, substâncias químicas cujos efeitos se exercem a distância. Sobre esse ponto, elas se aproximam das formações nervosas que, elas também, solidarizam os segmentos. Assim como elas, os hormônios garantem e regulam as funções essenciais. São secreções indispensáveis, portanto, energias vitais, e, por isso mesmo, consideradas revitalizantes.

Elas agem em doses mínimas, e nada obscureceu tanto seu papel. Com efeito, é esse caráter que nos parece explicar sua fisiologia oculta: já que o minúsculo tem em seu poder efeitos essenciais e prolongados que se propagam ao organismo em sua totalidade, de qual virtude é ele depositário? Como os Polegares que triunfam sobre os Gigantes e os substituem, assim também esses microagentes foram paramentados e carregados de atributos heroicos. De todo modo, nada amplifica mais uma causa do que produzir efeitos superiores a ela: ela se torna prodigiosa. Por outro lado, a exiguidade quantitativa dos hormônios, que caminha junto com sua grandeza qualitativa, dá conta da ignorância dos biólogos que só as descobriram tardiamente, por volta do final do século XIX.

E, ainda, trata-se, de fato, de uma descoberta? O campo hormonal está tão banhado na obscuridade que a luz não pode penetrar nele senão lentamente. O pensamento não pode se livrar de suas prevenções. Nenhuma "glândula de secreção interna" escapa à regra de uma origem mais ou menos equívoca e hesitante. Assim, considera-se Brown-Séquard como um iniciador nesse domínio: ele, o primeiro, teria pressentido a existência de um hormônio masculinizante presente no testículo. Quando se retorna aos textos, se lê uma incomparável explanação mitológica hormonal, mais do que uma antecipação sobre a fisiologia das glândulas secretoras. Insistimos em transcrever esse documento de pseudobiologia energizante: apesar de sua extensão, ele merece ser exumado dos arquivos da história das endócrinas, pelo fato de ele valer como antídoto ou como antítese, por ele dar um resumo fiel do que o hormônio foi, do que ele não é mais e do que ele não deveria ter sido. "Há alguns anos", escreve o célebre experimentador, "concebi um outro modo de pesquisas... Decidi fazer em mim mesmo pesquisas que me pareciam dever ser, em todos os aspectos, mais decisivas do que as feitas em animais... Esse procedimento consiste em injeções subcutâneas de um líquido obtido pela trituração de testículos de cachorro ou de cobaia com a adição de um pouco de água (de 2 a 3 cm^3 por testículo). A quantidade média de líquido por injeção foi de um centímetro cúbico aproximadamente, ou seja, a quinta ou a quarta parte do que fora fornecido por um testículo depois da adição de água. As três primeiras injeções foram feitas com o líquido obtido de um testículo de cachorro, com dois ou três anos de idade, extremamente vigoroso".[1]

Este foi o procedimento experimental. Eis aqui as consequências que dele resultaram: "Tenho 72 anos, feitos em 8 de abril passado. Meu vigor geral que era considerável, diminuiu notável e gradualmente nos 10 ou 12 últimos anos. Antes das experiências com as quais me ocupo, eu precisava me sentar depois de mais ou menos meia hora de trabalho de pé no laboratório... Voltando para casa de carro, por volta das 6 horas da tarde, eu ficava, já há muitos anos, de tal forma fatigado que precisava me deitar, quase que imediatamente depois de uma refeição tomada às pressas. Algumas vezes, o cansaço era tão grande que, apesar da necessidade de sono e de uma sonolência que me impedia até mesmo de ler os jornais, eu só conseguia dormir depois de algumas horas. Hoje, depois do segundo e sobretudo do terceiro dia após a primeira injeção, tudo isso mudou e voltei a ganhar pelo menos

---

[1] Primeira comunicação feita em 1 de junho na Sociedade de Biologia, 1889: "Efeitos produzidos no homem por injeções subcutâneas de um líquido retirado dos testículos frescos de cobaia e de cachorro", em *Comptes rendus hebdomadaires des séances et mémoires de la Société*, p. 416.

toda a força que eu possuía há muitos anos."[2] Em nossa opinião, nenhuma dúvida é permitida nem sobre o diagnóstico do estado descrito pelo ilustre acadêmico, nem relativamente às terapêuticas de ressurreição que ele próprio experimentou nele mesmo. Ele acaba de pintar, com sobriedade e felicidade as tímidas abordagens e os sinais mais claros de uma síndrome melancólica frustrada, tão frequente justamente em idosos: a insônia e a astenia, a adinamia e os distúrbios hipocondríacos, a improdutividade intelectual etc. E o triunfo hormonal, como epílogo desse diminuto drama de prostração, confirma essa interpretação. Com efeito, para obter o equivalente a alguns miligramas da moderna testosterona,[3] seria preciso uma moagem de algumas centenas de quilogramas de testículos. Ora, o biólogo só se injeta um centímetro cúbico, ou seja, "a quinta ou a quarta parte do que fora fornecido por um testículo depois da adição de água". O sucesso, tão radical e quase instantâneo do "licor vital", testemunha em favor de uma neurose colorida pela ciência hormonal em preparação: com efeito, foi desde o segundo dia que o paciente ressentiu os benefícios rejuvenescedores e miraculosos da moagem – retirada, é verdade, de testículos de animais ardentes ou reputados como tais (o cachorro), ou de cobaias "muito jovens". O audacioso experimentador, que teria se aconselhado com Arsonval, não recua diante dos detalhes e das falsas precisões: "Tomei, comparativamente, antes e depois da primeira injeção, a medida do jato da urina quanto à extensão do caminho que ele percorria para alcançar a privada do banheiro e percebi que a mediana dessa extensão, durante os dez dias que precederam à injeção, era inferior de pelo menos um quarto da que ela se tornou depois das duas primeiras injeções. Essas experiências comparativas foram feitas depois de uma refeição que sempre consistiu em alimentos e em bebidas com a mesma quantidade e da mesma espécie. Sabemos o quanto os idosos sofrem com a fraqueza das contrações do reto. A expulsão das matérias fecais se tornara, para mim, há mais ou menos uns 10 anos, extremamente laboriosa e até mesmo quase impossível sem o uso de purgativos ou de meios artificiais. Depois dos 15 dias que se seguiram à primeira injeção, uma mudança radical sobreveio no ato reflexo da defecação... Posso dizer também que outras forças que não estavam perdidas, mas sim diminuídas, melhoraram notavelmente."[4] A Sociedade de Biologia se apaixonará e discutirá muitas vezes seguidas essas cômicas revelações. E Brown-Séquard, de quem podemos esperar completar desse modo o pitoresco, senão o inquietante, voltará à carga: ele visa aperfeiçoar as modalidades experimentais das famosas injeções reparadoras. "A dor e a inflamação das quais sofri poderiam ser diminuídas de maneira notável por meio do emprego de um líquido mais aguado... Mas... Terei de empregar um outro procedimento, embora ele me pareça menos eficaz. Quero falar da injeção do líquido testicular no intestino. É provável que eu possa introduzir na cavidade retal um líquido muito menos irritante

---

2   *Ibid.*, p. 417.
3   Wallet, *L'hyperfolliculinie*, Masson, 1946, p. 289.
4   Primeira comunicação feita em 1 de junho, mesma referência, p. 418.

devido à quantidade de água que eu poderei lhe acrescentar. Os efeitos locais irritadiços serão assim muito notavelmente diminuídos, senão anulados."[5] No entanto, o historiador deve debochar menos de seus bastante grosseiros desvios do que pesquisar a razão metodológica desse desvario.

Não há nada de mais mítico do que o hormonal: nos propúnhamos, justamente, em favor dos progressos e das conquistas da experimentação e também da terapêutica, a esclarecer essa noção e a desmistificá-la. Além disso, as secreções sexuais, mais que todas as outras, foram desnaturadas. Os preconceitos eróticos e os modelos culturais falsearam, mais do que alhures, as perspectivas. Brown-Séquard cede apenas ao empuxo das surdas crenças que valorizam o macho viril, o animal ardente, o sumo testicular, apanágio dos fortes e dos jovens. Com o intuito de esclarecer o conceito biológico de "glândula de secreção interna", limitar-nos-emos a lembrar alguns princípios novos, alguns argumentos indiscutíveis que permitirão, primeiro, dessexualizar o sexual, mais exatamente, que ajudarão a arrancá-lo de um erotismo que o turva. Brown-Séquard levanta um problema, ele evoca uma antítese. Quando pudermos racionalizar o endócrino e até mesmo os difíceis hormônios sexuais, apreenderemos melhor as *démarches* do terapeuta e suas audácias. Para ele, o hormônio cessa de ser uma força misteriosa, uma secreção vital, ele intervém apenas como fator enzimático nos circuitos metabólicos essenciais, torna-se um instrumento bioquímico. Paralelamente, conjuntos moleculares ativos substituirão os pálidos extratos glandulares. Contudo, antes de lá chegar, será preciso que a biologia renuncie, pouco a pouco, às suas convicções.

As antigas experiências de Pézard sobre a natureza e o condicionamento dos caracteres sexuais secundários, a partir dos órgãos reprodutores, nos parecem já abrir o caminho para essa renovação endocrinológica. Quando se castra o galo doméstico, nem todos os caracteres sexuais ditos secundários refluem:[6] se a crista, por exemplo, perde sua rutilância, em compensação, plumagem e esporão não mudam. A galinha ovariotomizada, ou seja, submetida à mesma prova, evolui para a forma precedente, a do capão. Os esporões crescem, as plumas se emprumam. Dessa modesta experimentação, podemos tirar uma dupla conclusão de importância metodológica: 1º Aquém dos tipos morfológicos, existiria uma forma neutra e intermediária. Aliás, ela se situa mais próxima do "galo" do que da "galinha". Sobre essa maquete comum, de algum modo, a divergência pode se operar. Ligeiras adições ao modelo resultam no galo. É preciso diminuir bastante para derivar a morfologia galinha. Só que a dicotomia não deve esconder o ancestral ou a figura comum original. E essa noção já se choca com as maneiras de ver e de julgar, favoráveis ao dimorfismo. 2º É preciso sobretudo renunciar ao preconceito segundo o

---

5 Segunda nota sobre os efeitos produzidos no homem por injeções subcutâneas de um líquido retirado dos testículos frescos de cobaia e de cachorro, comunicação feita em 15 de junho de 1889, em *Comptes rendus*, p. 421.

6 A. Pézard, *Conditionnement physiologique des caractères sexuels*, tese de ciências, 1918, p. 173.

qual o hormônio não pode senão incitar um desenvolvimento e se traduzir como um mais. Na realidade, o ovário inibe a "forma" primeira. Nós o enfatizamos: um tal resultado inquieta a endocrinologia mítica para a qual a opoterapia, a injeção de glândulas, dá um excesso de forças, aumenta e revigora. Por fim, mediante essas primeiras e humildes revelações de biologia sexual se esboça um filosofema fundamental: os hormônios sexuais transbordam a esfera do genital e do sexual propriamente ditos. Eles ultrapassam a função reprodutora. Aliás, inversamente, hormônios considerados como afastados do genésico decidirão sobre esse instinto e sua realização. Pressentimos a lei de não especificidade endocrinológica que sempre reencontraremos na terapêutica hormonal.

Mais tarde, do começo do século XX até os nossos dias, a sexologia deveria conhecer uma história movimentada e crítica. As ricas experiências de Pézard foram legitimamente discutidas: encontramo-nos num domínio no qual é árduo e com frequência imprudente concluir. Aqui, pouco importa. A verdade é que nada, ou mais ou menos quase nada, subsiste das crenças seculares ou dos dogmas mais inatingíveis.

Não poderíamos evocar todos esses resultados sem ultrapassar os limites de nosso assunto. Devemos nos limitar a alguns princípios filosóficos de biologia sexual e hormonal, aqueles que nos servirão para apoiar nossas conclusões: procurar, como dissemos, libertar a noção de hormônio das brumas da magia que a recobrem e a falseiam. Paralelamente, ter melhor acesso intelectual às *démarches* terapêuticas modernas que supõem o manejo das diversas endócrinas e, notadamente, das sexuais.

A embriologia e a patologia puderam precisar e fundamentar o tema de uma inevitável bissexualidade individual. Este é o primeiro princípio que devemos rapidamente cogitar: uma necessária androginia humoral em todos os viventes. Masculinização e feminilização representam dados últimos, aparências grosseiras. Não apenas, como queria Pézard,[7] a galinha é um galo impedido, como também abriga um galo virtual, um poder de masculinização pronto para se exprimir. A galinha é, antes, um galo dominado. E o sexo não é senão preponderância, prevalência ou aquisição mais ou menos estável. Nós nos recusamos a entrar nos detalhes, mas, enfim, a patologia conhece bem esses tumores cujo ponto de partida se encontra no súbito desenvolvimento, no homem, dos vestígios femininos e inversamente. A androginia se inscreve na anatomia (presença de um sistema ou de um conjunto, mas sempre os resquícios da outra organização sexual) exatamente como ela se revela ao fisiologista: "As urinas dos machos contêm foliculina... As urinas das fêmeas têm uma atividade andrógena etc."[8] Por essa razão, no homem, por exemplo, a feminilidade pode ressurgir, anatômica ou fisiologicamente: o equilíbrio ambo se rompe. Assim, a hipertrofia da glândula prostática, na idade crítica, na andropausa,

---

7   Para um exame crítico das experiências de Pézard, cf. K. Ponse, em *Revue suisse de zoologie*, Annales, 1948, "Les actions paradoxales des glandes génitales".
8   *Physiologie du sexe*, por R. Courrier e Hermann R. Kehl, 1938, p. 61.

resultaria de uma transformação hormonal e, sobretudo, do aumento do utrículo prostático, sobrevivência feminina mülleriana.

Concebe-se que o terapeuta, para se opor a esse empuxo invasor, administre, então, produtos machos, em outras palavras, a testosterona, a fim de aliviar o doente e atenuar seus distúrbios. Ele remasculiniza aquele que ganha uma feminilidade malfadada. O cancerologista trata de um câncer de mama por referência aos mesmos princípios: não apenas ele retira o tumor e os gânglios vizinhos, mas, na maioria das vezes, ele pratica uma ovariectomia porque os estrogênios incitam a proliferação celular maligna. Os hormônios femininos podem, por si só, produzir um tumor do seio. Ao mesmo tempo, ele recorre a injeções maciças e regulares de testosterona. Para falar uma linguagem imagética, ele salva essa hipermulher que morre de sua feminilidade mamária por meio de uma brutal e intensa masculinização. Mostramos, aqui, uma aplicação – aliás bastante controvertida, convimos com isso de bom grado – do bissexualismo fundamental que define o vivente, que inspira as medicações cancerosas hormonais. Não entremos nas discussões de nossos exemplos, retenhamos apenas o tema dessa ambossexualidade, e que o filósofo, com o biologista, afasta doravante o dogma de uma sexualidade unívoca e cromossômica escondida no interior das células primeiras! Não somos um homem ou uma mulher, nós nos tornamos, aliás, nunca o conseguimos.[9] Essa androginia humoral esclarece também a patologia que ela guia e fundamenta a terapêutica. Essa perspectiva revela, sobretudo, o vivente antitético, suas tensões, seus conflitos fisiológicos, e mesmo seus fracassos e sua própria afirmação: claro, as aparências enganavam, mostravam o vivente como "natureza simples", submetida a um destino hormonal.

Uma segunda regra domina e enriquece as concepções endócrinas modernas: os hormônios sexuais não secretados unicamente pelas glândulas sexuais. Adivinha-se a importância desse princípio. Quando o biólogo queria dessexualizar o embrião, ele tentava uma castração larvar no interior do útero materno: experimentação, entre parênteses, instituída visando verificar e experimentar a tese de uma sexualidade hereditária e irrevogável. A demonstração fracassava porque as glândulas suprarrenais formam um reservatório de princípios andro ou ginomiméticos. A patologia, assim como a cirurgia, o confirmaram amplamente: de um lado, não existem tumores suprarrenais que se traduzem por signos de virilismo na mulher (síndrome genitosuprarrenal) ou criam homens com corpos de mulher? Do outro, a castração cirúrgica visando deter uma evolução maligna não impedia, como dizem os Tratados, uma "estrogenia residual", isto é, que os hormônios feminilizantes continuassem impregnando o organismo. Por essa razão, alguns terapeutas preconizaram, para evitar os erros de cálculo da castração, a suprarrenalectomia. Aqui, pouco importa. Queremos apenas reter o espírito ou o método dessas intervenções inibidoras: uma glândula sexual não possui, de algum modo, o apanágio de um papel ou de uma função. Disso decorre a impossibilidade de um

---

9 Para precisar essas questões, reportemo-nos utilmente aos trabalhos de K. Ponse.

pensamento anatomoclínico. Disso se extrai igualmente uma definição da medicina como semântica. É preciso aprender a decifrar signos biológicos que se cometeria o engano de igualar a sinais destinados a prevenir o distúrbio e a localizá-lo. O sintoma clínico se aproxima da linguagem, não se deve considerá-lo como um simples grito ou uma mímica. No limite extremo, não se poderia sustentar que uma certa liberdade separa o significado e o significante, exatamente como o ato terapêutico, em resposta a essa semiologia, comportará uma parte de iniciativa, de risco e de invenção?

Terceiro princípio que prolonga o precedente e deve dessacralizar ainda mais o conceito de hormônio: os biólogos e os terapeutas multiplicaram as provas da radical não especificidade dos famosos "licores vivos" ou dos "extratos glandulares", no sentido em que estes são tomados emprestado do mundo vegetal ou mesmo mineral das substâncias que sexualizam e dão resultados comparáveis, senão superiores, às "moagens" animais. Nada de reservatório sagrado, nada de privilégio para as fontes da vida! Por essa mesma razão, as "moléculas" endócrinas perderam sua unidade e seu prestígio, já que corpos, afastados das fórmulas bioquímicas naturais, substituem os esteroides sexuais. Nada de especificidade de origem, nada de especificidade de constituição e de organização, nem tampouco especificidade de ação e de consequências: com efeito, seria falso acreditar que os princípios masculinos masculinizam, uma vez que a maioria dos hormônios, machos ou fêmeas, produzem efeitos mistos ou intermediários. A testosterona pode, por exemplo, feminilizar, tal como tal ou tal estrogênio. "Diversos autores forneceram a prova dos poderes feminilizantes do testículo e masculinizantes do ovário. A experiência *princeps* de Crew (1927) revela que o útero de uma fêmea ovariectomizada é preservado da atrofia por enxerto de um testículo... As atitudes andrógenas do ovário são igualmente nítidas. Lipschultz (1932) relata a restauração, por meio de um enxerto ovariano, das glândulas anexas da cobaia macho castrada" etc.[10] Essas claras e doravante clássicas experiências abalam a endocrinologia. Elas, sobretudo, apressam o final dos preconceitos. O hormônio masculino, na fêmea, pode não apenas desenvolver os vestígios masculinos – admite-se de bom grado e bastante facilmente –, mas ele chegaria até a intensificar a feminilização. A androginia não estaria indo demasiado longe? Mas a surpresa vem do fato de tendermos a hipostasiar e substancializar o hormonal, que portaria em si mesmo a sexualidade e inclusive a capitalizaria, ao passo que o dito hormônio, afinal, desempenha o papel de excitante, para falar por meio de imagem. Ora, só se excita exatamente o que é excitável. O hormônio não é um Deus que cria um movimento, ele se limita a ampliá-lo. Em outras palavras, o resultado de uma injeção depende, em grande parte, do estado do receptor, do momento, do período sexual, da idade e de muitos outros fatores internos. Por essa razão, a testosterona, por exemplo, dada ao jovem embrião de frango orienta sua morfologia. Ela inibe o

---

10   *Physiologie du sexe*, por R. Courrier s R. Kehl, Hermann, 1938, p. 61, cap. IV. "Relations entre hormones mâles et femelles."

sistema fêmeo (a organização mülleriana) e o masculino invariavelmente. A mesma testosterona em doses proporcionais feminiza igualmente a galinha adulta: a galinha estabilizada e orientada não reage, portanto, como embrião bissexualizável e hormonalmente hesitante. A mesma causa suscita dois efeitos opostos, ou, mais exatamente, a causa ocasional não decide inteiramente o resultado final. Ela só age por meio de um desenrolar, para retomar a definição de Bergson: "A *distensão* gradual da mola que faz girar o fonógrafo desenrola a melodia inscrita sobre o cilindro: se considero a melodia tocada como um efeito e a *distensão* da mola como causa, diria que a causa procede, aqui, por desenrolamento... O efeito é mais ou menos dado antecipadamente e o antecedente invocado é, em graus diversos, é verdade, a ocasião mais do que a causa."[11] É preciso acrescentá-lo? A quantidade administrada modificará inteiramente as consequências: como a qualidade varia em função da quantidade hormonal, devemos admitir que a maioria das substâncias sexuais possa, à vontade, masculinizar ou feminilizar.

Se reagruparmos nossos três princípios metodológicos (a androginia, o abandono do monopólio produtivo e, por fim, a radical não especificidade de onde resulta um certo laxismo na *démarche* endócrina, por assim dizer) veremos o quanto estamos distantes de Brown-Séquard. O hormônio não pode tudo, como ele acreditava, ele não o poderia por si só, ele não pode sequer existir sem que existam seus antagonistas, ele pode inclusive suscitar o inverso do que é esperado. Só que, regra de ouro das invenções e das promoções terapêuticas, o que uma substância perde em compreensão ela o ganha, com frequência em extensão. O hormônio sexual, por ter sido dessexualizado e desfuncionalizado pode, de modo cada vez melhor, entrar em conjuntos medicamentosos mais eficazes e mais ricos de aplicação.

A história dessa amplificação não deixa de ter inesperados: basta relatar um de seus momentos particularmente sugestivo. Hans Seyle, o primeiro, teria revelado o poder anticonvulsivo de alguns esteroides. Ele teria, inclusive, experimentado alguns derivados da progesterona tendo em vista tranquilizar um organismo. Dando prosseguimento, a farmacologia chega a uma substância sintética muito próxima da progesterona, o "Viadril", como anestésico, decorrendo daí a possibilidade, hoje, de narcose estritamente hormonal.[12] A surpresa vem do fato de que se olhava o hormônio como um excitante e, mais em particular, o que condiciona a sexualidade. *Oestrus*, efetivamente significaria fúria e impulsão. No entanto, um esteroide vizinho da progesterona e da desoxicorticosterona mergulha no sono, hiberna, impede o *delirium tremens*. Não olhemos os detalhes: com certeza não se trata da própria progesterona, mas de um corpo de síntese que reproduz, de algum modo, uma transformação da dita progesterona no organismo, um aumento de sua degradação (pregnandiol). Isso não impede que esse parente hormonal

---

11   Bergson, *Évolution créatrice*, 52. ed., 1940, p. 74.
12   O Viadril, ou seja, o succinato sódico de 21-hidroxipregnandiol.

abra uma perspectiva nova, ele rompe com a origem de maioria dos anestésicos, vapores ou pós que o acaso das experiências químicas revelava aos médicos ou aos biólogos. Só nos surpreenderemos de fato com essa evolução caso o conceito de endócrino não tiver sido remanejado e desmistificado. O hormonal, com efeito, se tornou não mais o licor vital e revitalizante, mas enzima, agente de transformações celulares, um princípio que regula a essencial energética bioquímica. Em suma, o hormônio desempenha o papel de catalisador, favorece reações, dissociações ou recomposições das arquiteturas microscópicas, incita transportes eletrônicos indispensáveis, trocas iônicas ou combustões que se encontram na base das próprias funções da vida. E o sono cirúrgico, por sua vez, deve ser considerado como um resultado macroscópico. Na realidade, ele depende do tecido cerebral e das células corticais, estas últimas por seu poder de utilizar o oxigênio ou os glucídios, este, enfim, de inúmeros ativadores que comandam essa dinâmica ínfima de trocas internas. Assim como o sangue não pode absorver por si mesmo oxigênio do ar, pois essa captação depende de um sistema especializado na fixação, assim também a vida cerebral supõe o jogo de quinases e mobilizadores. O menor distúrbio (do mesmo modo que para tudo o que altera o pigmento que é a hemoglobina) nesse sistema enzimático impede as necessárias oxidações e, de imediato, cessa toda vigilância. Justamente o hormônio, como vimos, entra na classe dos microagentes da energética celular, ele pode retardá-la ou acelerá-la. Em suma, não se ficará chocado com essa anestesia hormonal, já que hormônio e anestesia decorrem dessa mesma bioquímica diastásica. É evidente que o farmacólogo escolherá uma endócrina ligeiramente diferente do hormônio propriamente dito, a fim de reter seu poder narcótico sem dever comunicar ao organismo transformações sexuais. Ele modificará a cinética sem abalar o equilíbrio visceral. Mas quisemos apenas ilustrar e justificar uma orientação, dar um exemplo de uma legítima extensão. Os hormônios sexuais, de algum modo dessexualizados, se alojam cada vez menos na regulação das funções às quais foram inicialmente ligados. Sua generalização biológica não poderia, aliás, conhecer limites. Convém desindividualizá-los e desfuncionalizá-los. Sua não especificidade garante sua ubiquidade terapêutica. Através dessa ótica, compreende-se melhor algumas manifestações fisiológicas ou patológicas, que logicamente deveriam inquietar uma endocrinologia demasiado coisificadora e demasiado limitada a si mesma: as afecções das glândulas endócrinas repercutem em todas as funções do organismo, modificam até mesmo o comportamento e o psiquismo. As doenças glandulares começam com frequência por desordens intelectuais, um retardamento ou um delírio, um torpor ou um estado febril. Por outro lado, quem não sabe que a cortisona torna eufórico e que o "cortisonado", para criar um neologismo, ganha um rosto lunar, um ar jovial? Quem fingirá ignorar a hebetude do eunuco? O animal castrado não perde sua brusquidão e sua vivacidade? Todos esses resultados se concebem de modo ainda melhor pelo fato de o hormônio ser pensado em termo novos como catalisador ou agente geral da vida celular.

II

Quisemos retraçar, tão fielmente quanto possível, as transformações metodológicas realizadas pela biologia, os hormônios, tão difícil de desembaraçar de sua magia. A medicina simultaneamente flexibilizava suas regras corretivas quando devia suprimir ou curar as desordens glandulares. Se o hormonal perde sua antiga e abusiva clareza, o tratamento abandona paralelamente sua simplicidade. Propomo-nos, justamente, a depreender em detalhe essa renovação e a extrair sua filosofia, fiel ao nosso *leitmotiv*, segundo o qual a ideia se delineia a partir dos trabalhos e das operações, transparece através dos sucessos, ou até mesmo dos fracassos, diante das coisas. Ora, enfrentar a doença e modificar o vivente constitui uma intervenção sutil e delicada. Por conseguinte, ela deve nos informar efetivamente sobre o mundo e sobre a razão humana.

A medicação antiga, senão arcaica, se funda sobre um esquema rudimentar: substituir a endócrina avariada nos distúrbios em hipo, ou, no caso inverso, esvaziar, ralentar a hipersecreção. Excitar ou moderar. No limite, em caso de falência total, injeções cotidianas de extrato (medicina substitutiva) e, no caso oposto, para impedir transbordamentos, a ablação da glândula (cirurgia de exclusão). Tais eram os dois polos ou as duas travessias que definiam o tratamento hormonal.

Mas a hormonoterapia não cessa de deslizar de uma vontade médica de suspensão ou de substituição para uma busca difícil de equilibração e de normalização, mediante o rico teclado hormonal, e de modo algum, como se teria podido acreditar, mediante uma medicação monovalente estritamente localizada. A terapêutica das afecções endócrinas aprenderá a navegar, primeiro, entre dois obstáculos: o de favorecer o processo patológico, mais exatamente não reprimi-lo o bastante, assim como o de fluir no sentido oposto, também arriscado. Caso um perigoso coma resulte de falta de insulina (diabetes), um excesso de insulina se apresenta igualmente temível. Do mesmo modo, é possível desencadear uma crise violenta tanto por uma quantidade elevada de tiroxina quanto por uma privação brusca. Assim se explica a dolorosa evidência dos fracassos que se seguiam a uma ablação, mesmo parcial, da tireoide, ou por uma quimioterapia que tendesse ao mesmo resultado. Em resumo, transforma-se facilmente um hiper em hipo. Aliás, um e outro – daí o drama clínico – são difíceis de reconhecer ou de distinguir em virtude da pobreza das reações gerais do organismo doente. É o que comanda a paradoxal conduta que consiste, por exemplo, antes de qualquer intervenção supressiva, em dar ao doente um tratamento iodado. Do mesmo modo, *acrescenta-se a tiroxina aos antitireoidianos* destinados a moderar sua secreção. Associa-se os dois "opostos", o que evoca uma explicação e uma reflexão.

Previamente, já que somos levados a cogitar sobre o papel dos antitireoidianos, devemos uma palavra sobre sua origem: tão sinuoso e rico em cores quanto o seu avesso, o iodo que deve corrigir os distúrbios hipotireoidianos, o mixedema.[13] Em 1943, um médico empreendedor, Jeanet, assinalou a brutal multiplicação de bócio entre os operários ocupados com a extração do aminotiazol. Ele mencionou igualmente a melhora de um trabalhador acometido de um ligeiro Basedow. Como sempre, devemos prestar menos atenção no fato ou na anedota do que no princípio que disso emerge: o mundo industrial se torna prova farmacológica global e, em larga escala, fonte de invenções e de verificações. No interior da usina, que acaba de revelar a existência dos antitireoidianos, o homem não cessa de experimentar indiretamente sobre si mesmo. Mas, sobre esse ponto, devemos tranquilizar o moralista: as frequentes e graves doenças profissionais, essas lesões do homem pelo homem, são consequências e de modo algum objetivos buscados. Aliás, não se poderia nem interditá-las nem mesmo proteger-se delas, já que, precisamente antes de elas explodirem, ignoram-nas. Somente o mal ou a doença informam sobre sua nociva presença. Em geral, não é da natureza do mal o fato de sua revelação já ser impregnada por ele mesmo e de não se poder conhecê-lo impunemente? Mas deixemos aqui o que aproxima o moral e o biológico para retornar a nosso exame: a origem inesperada, no universo da usina, dos antitireoidianos. Já por volta de 1930, é verdade, Cheney desconfiava de usa existência. Com efeito, ele observava a aparição de bócios nos coelhos de laboratório, outro meio artificial. Sua causa residia na alimentação dada, exclusivamente feita de repolhos que contém precisamente, em estado de vestígios, o futuro antitireoidiano. Por fim, o que reforça essas sugestões convergentes, os clínicos notavam uma ligeira repercussão na glândula tireoide de uma certa sulfamida, a sulfaguanidina, bastante próxima dos inibidores tireoidianos. Todas essas linhas acabam por se recortar e por ajudar à determinação do elemento antibasedowniano que, em 1944, Bovet e Perrault empregariam com sucesso. Esse antitireoidiano, que acabamos de lembrar brevemente, o empirismo de origem,[14] logo reduziria a importância do tratamento cirúrgico da hipertireoide: reduzi-lo, e não despojá-lo. Não cogitaremos as indicações de um ou a oportunidade do outro. Somos incompetentes e, em nosso desenvolvimento, essa questão

---

13 Os antigos – história ou lenda? –, fosse por eles próprios, fosse sob a influência dos médicos chineses, comparavam as gargantas espessas a uma espécie de esponja. Em virtude de sua *similia similibus*, de sua crença natural segundo a qual a analogia das formas explica e fundamenta sua simpatia, portanto a ação de uma sobre a outra, em nome do que Paracelso dá limão aos cardíacos, por exemplo, administra-se pó de esponja para curar o bócio. Outra trajetória: em 1812, o bloqueio inglês impede a importação do salitre do Chile, necessário à fabricação da pólvora para canhões. Para substituí-la, utiliza-se a cinza de esponjas e de algas marinhas. Extrai-se dela seu elemento químico, o iodo. Adivinha-se que, posteriormente (Coindet), o metaloide substituirá os vegetais marinhos.

14 Todos os tratados relatam essa elaboração que justapõem à descoberta da importância do iodo. Inspiramo-nos mais particularmente em Mahaux, *Essai de physiopathologie thyrohypophysaire*, p. 2 e 174. Encontramos o equivalente em Lederer, *Les relations thyro-ovariennes*, assim como em todas as obras ou artigos dedicados a essas questões (*Les Assises de médecine, Les hyperthyroïdies*, novembro de 1957).

de aplicação nos parece supérflua. Preferimos extrair uma lei geral ilustrada pela descoberta do antitireoidiano, lei que concerne à evolução e ao destino cultural da terapêutica: o frequente abandono do ato sanguinolento, pelo ferro e pelo fogo, graças à quimioterapia. Esta última, muito recente, já perdeu seu valor e declinou. Ela comporta perigos e, sobretudo, o terapeuta moderno vai mais longe. Ele pode mais, ele pode até mesmo demais, o que levanta o problema menos do emprego do que dos limites do emprego. Ele não deve apenas agir, mas principalmente temperar e retardar sua ação. Com efeito, ele pode este milagre, esta utopia de ontem: pela simples absorção de um copo d'água, sem dor nem sabor, suprimir definitivamente uma tireoide basedowniana, enucleá-la e atingi-la em sua totalidade. Essa água recebeu apenas alguns milicuries de iodo radiativo invisível. Não se poderia imaginar nada de mais violento e de mais despojado: beber um simples copo d'água. Com efeito, as células da glândula fixam o iodo que circula no organismo. Quase sozinhas, elas captam o que as irradiará, exatamente como a medula, na qual se elaboram os glóbulos do sangue, armazena o célebre fósforo 32 que se desintegra em suas malhas. Essas atomizações internas ilustram o axioma baconiano: "comandar a Natureza obedecendo-a", uma vez que o isótopo se introduz no interior de um metabolismo, em uma cadeia bioquímica. É a própria tireoide que trabalha para sua supressão, essencialmente incapaz de distinguir o átomo de iodo estável e seu semelhante, o radioelemento que, graças à sua quase identidade, penetra no funcionamento celular. Inversamente, os tecidos que não fixam o iodo não serão tocados por essa radiação destruidora, mais eletiva do que uma exérese cirúrgica, grosseira e macroscópica. Outrora, inclusive, ela transbordava sobre os órgãos vizinhos, os recorrentes, os paratireoides etc. Com um copo d'água, não mais choque operatório, não mais ataques maciços e forçosamente súbitos: a radiação, ao contrário, age lentamente, se propaga por uns 20 dias, opõe-se, assim, a todo desnivelamento tireoxiniano, economiza, portanto, uma crise por ablactação. O copo d'água irradiado oferece todas as vantagens, com exceção de uma: ele é muito bem-sucedido e corre o risco de destruir uma glândula que se deveria apenas diminuir ou moderar. Uma exérese total equivaleria a substituir um distúrbio por um outro, inverso, talvez, mas equivalente quanto à gravidade. Ora, para continuar utilizando imagens, é possível fixar limites a um raio, a um bombardeio? Ao contrário, os méritos do tratamento cirúrgico permanecem ligados a seu voluntário insucesso, ele sabe deixar no lugar uma fatia (posterior) de tireoide sã e secretante.

Fechamos, assim, nosso parêntese sobre os antitireoidianos, sobre sua aparição logo seguida de seu decrescimento, o inibidor atômico substituindo parcialmente o inibidor bioquímico. Retornamos a nosso ponto de partida: no tratamento de um hipertireoidismo, na doença de Basedow, o terapeuta deve acoplar os dois opostos: o *antitireoidiano* e a *secreção tireoidiana*, ou seja, a tiroxina. Essa contradição material, essa síntese dos antagonistas define a verdadeira medicação dessa doença que consiste, nós o enfatizamos, não em impedir ou estancar, mas em reequilibrar. Ela previne a crise por meio de uma brusca ablactação, tão frequente em patologia, ela visa evitar as terapêuticas demasiado radicais ou demasiado destrutivas. Essa associação curativa dá um golpe decisivo, cremos nós, na concepção da especificidade: tal quadro mórbido, tal diagnóstico, tal ação reparadora ou supressiva. E a tiroxina, junto com o que a impede, está longe de representar um simples meio de segurança, uma satisfação para a timidez do operador, ou, ainda, o frágil componente de uma prescrição de compromisso e até mesmo uma sobrevivência polifármaca: "O imenso entusiasmo para com os A.T.S. (antitireoidianos de síntese) eclipsou de modo passageiro a terapêutica iodada. Muito erradamente. Mas, uma vez que nos apoiávamos numa experiência puramente empírica quando, em 1930, com Marcel Labbé e Azerad, nos posicionamos como defensores da iodoterapia, podemos agora afirmar que ela constitui a terapêutica médica a um só tempo a mais fiel e a mais lógica da doença de Basedow... Esse é o único modo de tratamento que não comporta nenhum risco de agravamento nem de complicação, nunca um empuxo de toxicose, de exoftalmia nem de tireomegalia."[15] E M. Perrault que, entre os primeiros, introduziu os antitireoidianos no arsenal farmacêutico, afirma que a associação poderá ser revisada "com maior frequência", escreve ele, "por baixa dos antitireoidianos e elevação da tiroxina, mais do que pela manobra inversa".[16]

Nesse domínio tão aberto, não está excluído que o iodo ou a *tiroxina*, associada a seu oposto, o *antitireoidiano*, sirva menos para evitar uma brusca ablactação, como se pensava, do que a pôr em repouso a glândula hipofisária, na qual se refugia, cada vez mais, o fator original e causal da doença. Para elucidar realmente o paradoxo da associação dos contrários – cada vez mais frequente, em regra geral, como o mostraremos em seguida –, a medicina deverá renunciar a suas representações espontâneas e até mesmo invertê-las. A terapêutica (seja pelo fato de ela progredir, seja pelo fato de ela se renovar), em sua perpétua mudança não cessa, com efeito, de inquietar a teoria médica que ela mobiliza: ela é o aguilhão da medicina moderna. O que há de mais animado, no presente tanto quanto no passado, do que o conflito entre a visão fisiopatológica da doença tireoidiana e a terapêutica que se propõe a reduzi-la? O fracasso do tratamento se verifica particularmente frutuoso para a fisiologia e a biologia em geral, ele permite destituir os conceitos errôneos. Não apenas a medicação desempenha um papel implacável da verificação, mas seu empirismo inventivo fornece uma base positiva à reorganização nocional que ele inspira. Acabamos de propor um exemplo: *o uso da tiroxina na doença de Basedow*, que não é possível edulcorar ou minimizar. Já no final do século XIX, a história da cirurgia tireoidiana também oferecia um demonstrativo disso: a ablação da glândula, numa doença em hiper, acarretava a morte mais ou menos imediata. Depois de muitas tribulações, chegava-se a suspeitar de "outra coisa", ou seja, a existência de uma outra endócrina que uma ressecção demasiado generosa retirava: assim foram

---

15 Os tratamentos atuais da doença de Basedow por Gilbert-Dreyfus, em *Revue du practicien*, 21 de junho de 1957, p. 1996.
16 *Thérapie*, 1948, Sur l'emploie de la thyroxine ches les basedowiens.

descobertas as paratireoides, ao mesmo tempo em que a tetania que se segue à sua ablação. Mas, para retornar ao nosso exemplo, mais eloquente ainda, quando o clínico quer curar o basedowniano ele não pode se contentar apenas com os antitireoidianos, pois, com eles, ele fracassa. Os clínicos, por si mesmos, recorrerão à tiroxina: por quê? A fisiologia elementar é ridicularizada e o dogma anatomoclínico é ameaçado por isso. E o insucesso encontrado na correção dos transbordamentos tireoidianos traduz uma concepção demasiado limitada e demasiado restrita da doença. A medicina do começo do século XX, com seu positivismo descritivo, terá sido abusada pelas aparências, prisioneira da sensorialidade dos sintomas. Desvio no qual o filósofo deve meditar: o signo clínico, já o notamos, decorre de uma *semântica* interpretativa e não de uma leitura imediata. Aquele que sofre de tremores ou de falta de ar, caso ele sinta seu pescoço inchar, ele certamente incrimina a tireoide. Ele se entrega ao realismo anatômico dos sofrimentos e das modificações corporais: o médico o acompanha, no começo, por meio de um coisismo das alterações manifestas. Num momento em que a inspeção e a palpação, e mesmo a audição, são evocadas para qualificar o patológico, o pescoço intumescido, eventualmente pulsátil, os olhos exorbitados retêm e fixam a atenção, decorrendo daí a nominação de "bócio exoftálmico", com a suspeita de uma desordem tireoidiana. Pescoço intumescido, primeiro, e, em seguida, segundo uma fórmula considerada, olhos esbugalhados e coração pesado. Só que a terapêutica não responde. Ironia da situação, *apenas a tiroxina melhora os dois sintomas maiores* e impactantes, o bócio e a exoftalmia, porque nenhum dos dois reflete um excesso tireoidiano, mas dependem de uma hipersecreção hipofisária. Das duas aparências, os globos oculares proeminentes e a hiperplasia ou o aumento da tireoide, duas espécies de excrescência tanto mais visíveis pelo fato de elas emergirem num corpo emagrecido, nenhuma remete à tireoide que, no entanto, elas parecem designar. E, pela segunda vez, a terapêutica tireoidiana ajuda a evidenciar uma correlação hormonal: depois das paratireoides contíguas, a ligação hipófise-tireoide. Com efeito, todo biólogo admite uma fundamental associação, de tal maneira que: 1º a ante-hipófise estimularia a tireoide; 2º a qual, em retorno, retardaria a secreção pituitária.[17] As duas fisiologias não poderiam estar disjuntas: não se pode modificar uma sem atingir a outra. Retardar a tireoide equivale, então, a excitar a hipófise. Ora, precisamente a doença de Basedow deve ser concebida como um excesso de estimulação hipofisária. A tireoide não consegue moderar essa incitação o bastante e se esgota em respondê-la. No limite, o bócio significa uma falha funcional, uma tentativa compensadora. Mais exatamente, no Basedow atual, o clínico acredita ler duas séries semiológicas superpostas, um excesso hipofisário e uma hipersecreção tireoidiana que inunda o organismo e o intoxica, um duplo frenesi. Mas, se o antitireoidiano desempenha um papel indispensável, compreende-se plenamente que a tiroxina conte bem mais: ela deteria o *primum movens*, interditaria o começo do ciclo pato-

---

17   Esse termo é sinônimo de hipofisário.

gênico, disso decorre a fórmula enigmática, mas adequada, de Perrault: a escolher, mais vale aumentar a tiroxina que o antitireoidiano nessa afecção hipertireoidiana. De todo modo, negligenciar esse contraponto, o iodo ou a tiroxina, sob os ares de um rigor terapêutico, é provavelmente agravar a doença que se quer suspender. O terapeuta deve, então, para ser eficiente, assumir a contradição material, a sinergia dos antagonistas. A secreção tireoidiana administrada não somente evitará a crise por ablactação brusca – a *iodo suspenso* –, tão frequente em farmacologia e em uma infinidade de casos, como o assinalamos (álcool, Gardenal, toxicomanias diversas, o que torna impossível uma definição objetiva do veneno e do remédio), mas ela também combate o elo pituitário da afecção, ao passo que o antagonista põe em repouso a própria glândula tireoide. As duas fisiologias se elevaram num ritmo excessivo, numa aceleração tóxica. Cabe a dois princípios hostis inibi-las paralelamente. Por meio da evolução desse exemplo, apreende-se a dificuldade de uma hormonoterapia pertinente: ela deve preservar as oscilações naturais, abster-se de um ataque localizado. Nesse domínio, um tratamento conjunto só pode ser um conjunto de tratamentos, o que nos afasta sempre da droga única, causal e específica.

E ainda: o esquema circular das duas endócrinas, reguladas uma sobre a outra, é tão pertinente? À luz das transformações e dos progressos terapêuticos em curso, não se deveria abandonar esse modelo representativo? Parece que se calcou demasiado a hormonologia sobre a neurologia, na qual os centros mais recentes e mais diferenciados comandam os inferiores: a biologia define a hipófise como o "cérebro hormonal". Essa aproximação nos parece justamente posta em questão. Uma medicação mais avisada e mais judiciosa já convida a renunciar as certezas de ontem, as aquisições que se acreditava serem sólidas e estáveis. A patologia ainda não se tinha liberado completamente de seu *atomismo* inicial, seu pecado original, mas já debitava na conta da glândula tireoide desordens que manifestamente não poderiam decorrer dela. É preciso, de algum modo, prolongar o movimento, arrancar a doença de Basedow de suas barreiras localizadoras, *ipso facto,* generalizá-la. A terapêutica, naturalmente, precipita a evolução e a liberação, uma vez que ela aprende a tratar um *hipertireoidismo* sem *antitireoidiano e sem tiroxina*, sem olhar nessa direção. Evidentemente, distúrbios como a elevação do metabolismo de base, os tremores característicos, o nervosismo, o emagrecimento, significam a participação, a entrada em jogo – digamos – das funções centrais e nervosas: seria de fato fácil dar os detalhes e administrar sua prova. Aliás, Charcot via no Basedow uma afecção estritamente nervosa porque ele levava em consideração a emotividade, a insônia rebelde, a extrema labilidade dos sentimentos e ainda os pensamentos confusionais, por vezes delirantes, das doentes cobertas de suor, queimadas por uma espécie de fogo interior.[18] Nessas condições, não se deveria inverter completamente o eixo da fisiopatologia da doença e concebê-la como um distúrbio hipofisário e

---

18 O próprio Basedow assinala que uma de suas doentes experimentava uma sensação interna de torrefação tal que ela se expunha à chuva e ao vento. Ela devia lavar seu corpo em água gelada.

tireoidiano, por certo, mas refletido e ampliado pelo centros superiores, que convida o clínico a desnaturalizar mais que nunca sua semiologia?[19] E essa reascensão do vetor patológico, ou seja, explicativo, essa dependência dos centros elevados situados e relação às formações subjacentes ou periféricas se soldam por uma consequência terapêutica inegável, ou melhor, por não ceder à exposição didática que nunca começa pelos começos, a medicação exigiu essa total inversão. É por isso, se convém regularizar o complexo tiro-hipofisário de base, ele próprio desorganizado na sequência de emoções violentas, é preciso, sobretudo, impedir as manifestações terminais, a eflorescência das desordens que, por sua vez, prolongariam e intensificariam a doença. O médico tenta bloquear o ciclo e esse encadeamento, ele prescreve essencialmente sedativos nervosos, ele ministra drogas para o sono, a tranquilidade ou, para empregar as palavras em uso, antinervin e neurolépticos. Com exceção de algumas situações típicas (um bócio imergente, por exemplo), ou alguns casos agudos, é preciso aprender a ultrapassar as aparências, romper com a tradição que pesa, aqui, com seu enorme peso e tentar subestimar a nota tireoidiana nesse clássico hipertireoidismo. De fato, para eminentes clínicos atuais, o repouso completo, a calma, o tratamento em sanatório, a ausência de inquietação, pareceram os meios mais eficazes, por vezes os únicos a prodigar. Do mesmo modo, nas crises, eles recorreram à hibernação e à indução a um sono prolongado. Chega-se a pretender que distúrbios centrais podem realizar uma autêntica síndrome basedowniana, sem passar pelo relé tireoidiano. Disso decorrem as doenças de Basedow com iodemia normal e completamente autonomizadas.

Por meio desse exemplo, nos confrontamos com uma questão francamente filosófica: a terapêutica se propõe a apagar o mal. Mas, onde situar esse mal e, sobretudo, qual é ele? Com frequência, ao longo da história, o que uns consideram como o funesto, outros o respeitam e o protegem. Por meio de qual critério definir o mórbido? O que exprime o mal ou o que o provoca? Parece-nos que a terapêutica dos distúrbios tireoidianos abandonou pouco a pouco a tireoide e que lutar, com efeito, contra a tireoide nos pretensos hipertireoidismos equivalia a vestir uma camisa de força num agitado a fim de que ele se apaziguasse. Mais ainda, suprimir ou cessar a secreção tireoidiana na doença de Basedow, não apenas não cura como corre o risco de atiçar o mal. A glândula se inclui num conjunto que ela, aliás,

---

19 Reencontramos nossa definição da medicina como semântica. O patológico serve para fundamentar os primeiros princípios – os mais modestos e os mais tímidos – de uma teoria do símbolo, uma vez que essa última palavra enfatiza a capacidade de deslocamento expressional. É raro, por exemplo, que uma dor ou um incômodo na região precordial corresponda a um ataque do coração, o qual, em contrapartida, se expressa ao longo de um eixo que reúne o esterno à mandíbula e à extremidade da mão esquerda. O corpo humano em sofrimento não deixa de pertencer ao cultural: por meio dele, se pode reencontrar uma certa história, hábitos, condições de vida, uma alimentação e uma higiene. Certo, à gramática das modificações corporais faltam amplidão e liberdade. Só que ela impacta por sua intensidade e riqueza criptológica, disso decorre uma decifração laboriosa.

permitiu reconhecer, já que os fracassos dos tratamentos conduziram a perceber influencias ou forças que ditam sua própria fisiologia. Ora, tocar em relações tendo em vista regularizá-las é com frequência desviá-las ou agravá-las. Se A depende de B, modificar ou bloquear A equivale, então, a liberar ou a acentuar B que, por sua vez, incitará A. Não se interrompe um caminhar em seu centro ou em sua moradia sem desconcertar a economia que reage a essa intrusão ou a essa intervenção. Não é possível golpear ou retardar sem despertar respostas. Como harmonizar e equilibrar um conjunto frágil sem recorrer a terapêuticas generalizadas e mediatizadas? Essas talvez não sejam senão imagens, mas nos sugerem a complexidade dos encadeamentos patológicos e nos impõem a necessidade de temperar a importância dada à glândula tireoide no clássico hipertireoidismo basedowniano. Elas nos ajudam a ver, igualmente na clínica, a passagem de uma filosofia da sinalização para uma filosofia significante, cuja terapêutica garante o bem fundamentado.

Será que se recusará nossas observações e se persistirá em querer os antitireoidianos para tratar um hipertireoidismo? A fim de vencer essa obstinação, nos limitaremos a mostrar uma perspectiva que reforçará, cremos nós, nossa tese. Em vez de se medicar os distúrbios hormonais pelo viés dos comandos nervosos, operação de longe a mais lógica e a mais judiciosa, a mais eficaz também, é possível tocar na função tireoidiana graças a um desvio pelo viés da fisiologia ovariana. A terapêutica endócrina não deveria ser astuciosa, deslocamento, mediação?

O Basedow modificado e tratado pelos hormônios sexuais não é uma heresia, nem mesmo uma medicação de vanguarda. Sabe-se, desde sempre, que o Basedow, o hipertireoidismo, acometem mais a mulher do que o homem, que eles se afirmam nas crises que pontuam a vida feminina: menopausa, gravidez, puberdade etc. Os poetas do amor, os eróticos, observaram o ligeiro inchaço do pescoço na adolescente, o que favoreceu, em parte, variações galantes, delicadas aproximações entre "garganta" e feminilidade. No "retrato desenhado da puberdade" se esboça um imperceptível mas tocante hipertireoidismo: o brilhar do olhar que evoca o brilho da exoftalmia, um coração que bate, o que anuncia a taquicardia basedowniana, uma emotividade cambiante e nervosa que prefigura as tempestades mórbidas. Assim, um laço evidente se ata entre sexualidade e tireoide. As duas fisiologias não se deixam separar e repercutem uma na outra. Todos os médicos que trataram dessas questões o enfatizaram, aliás, com vigor: numa palavra, a vida sexual da mulher, a *libido* e suas energias, assim como seus desregramentos, dependem menos das glândulas sexuais do que da tireoide,[20] centro endócrino do erotismo, e menos ainda desta do que do cérebro e das formações nervosas.

Aliás, a doença de Basedow, doença mais hipofisária que tireoidiana, para repeti-lo, transborda amplamente no domínio genital: a esterilidade das basedownianas, sua tendência aos abortos, para retomar os termos dos Tratados, e mesmo

---

20   Pende, citado por Lederer, teria escrito que "uma mulher privada de ovário continua mais mulher do que uma outra privada da tireoide" (*op. cit.*, p. 108).

o aumento, por vezes também a extinção da *libido*, entram na descrição da afecção. Menos e mais que uma associação, as duas endócrinas se limitariam e se completariam uma a outra. A foliculina abaixaria o metabolismo de base e favoreceria o ganho de peso, ao inverso da tiroxina, o hormônio da esbeltez e da febrilidade. Por essa razão, na jovem, as linhas prebasedownianas são esmaecidas por um esboço ovariano: uma ligeira corpulência, algo roliço, um inegável nervosismo, sintomas leves que abrandam os primeiros, os ardentes e os tireoidianos que destacamos precedentemente. Os dois movimentos se compensariam e se equilibrariam. Em qualquer hipótese, o terapeuta explora, por assim dizer, essa harmoniosa oposição. Contra os excessos do Basedow, os estrogênios podem dar resultados curativos. Para dizer a verdade, esse recurso aos estrogênios verifica uma regra essencial da hormonoterapia: quando se quer restringir uma secreção glandular, tende-se menos a moderá-la do que a estimulina hipofisária que a favorece. Em vez de A, B, não o inapreensível rio, mas sua fonte. Só que, para reduzir esse B produtor, essa estimulina particular, não se tem escolha: é preciso abaixar o regime funcional da glândula. Para tanto, administra-se de bom grado a foliculina. Ela inibe sua própria estimulina (a foliculino estimulina hipofisária, a F.S.H.), mas também, por meio de uma fatal difusão, os outros excitantes pituitários e, portanto, aquela que incita a glândula tireoide. Tratamento indireto: pode-se, então, apaziguar certas síndromes basedownianas pela intermediação dos hormônios sexuais, cuja polivalência e amplas extensões médicas vimos anteriormente. Por fim esses estrogênios agem também na periferia, nos espaços celulares tanto quanto nos centros estimuladores. Disso decorre seu frequente e benéfico emprego.

Abandonemos os detalhes e as teorias: deles resulta igualmente que a fisiologia tireoidiana se inscreva no interior de correntes e de influências poli-hormonais que a transbordam amplamente. Ela não pode mais se isolar tanto das secreções ovarianas quanto da hipófise e mesmo dos centros nervosos superiores. A terapêutica impôs cada vez mais essas dependências e essas correspondências. Ela liberou o hormonal de seu dogmatismo, de seus limites, de sua anatomia. Quer se queira, quer não, uma terapêutica estritamente tireoidiana do hipertireoidismo conduz a um duplo fracasso senão a uma dupla contradição: 1º ela acentua o processo que almejaria corrigir; 2º ela considera a tireoide como a única responsável do hipertireoidismo. Portanto, ela não pensa verdadeiramente a endocrinologia, mas permanece ligada às concepções anatômicas ou morfológicas que inspiraram a medicina no século XIX, vítima de seus meios de pesquisa clínica, tais como a inspeção ou a palpação. O hipertireoidismo remete a outra coisa: nem sempre se deve preocupar com ele, ele é relação ou sinal, não coisa ou lesão. Como o escreve magistralmente um teórico da endocrinopatia: "Na grande maioria das síndromes endócrinas, ou melhor, hormonais, de revelação tireoidiana, a causa da doença não está no corpo tireóideo que aparece não como culpado, mas simplesmente como cúmplice e, com mais frequência ainda, como vítima."[21]

---

21 M. Perrault, *Semaine des hôpitaux*, 26 de julho de 1948, p. 1813.

III

Depois de ter tentado mostrar a renovação que concerne ao próprio hormônio, cogitamos uma consequência terapêutica desse progresso endócrino: se o conteúdo do instrumento biológico evoluiu, o tratamento que o aplica deveria naturalmente beneficiar-se dele. Nessa intenção, examinamos a medicação que visa corrigir o hipertireoidismo ou a doença de Basedow, também chamada de bócio exoftálmico (pescoço intumescido, olhos esbugalhados).

Numa palavra, o que se pode concluir disso? No começo do século XX pensou-se estar de posse da fórmula da cura: retirar uma parte da glândula quando se quer abaixar o débito. Depois, atitude semelhante, diminuir sua secreção excessiva com a ajuda de um antitireoidiano. A regra salvadora parece simples e um distúrbio em hiper parece evocar uma réplica moderadora. Nada de mais claro. Só que o sucesso não responde a esse esquema elementar. O empirismo impele alguns clínicos a romper com essa lógica, a acrescentar a esse antitireoidiano o seu oposto, ou seja, a tiroxina ou o iodo. Quisemos esclarecer o problema desse inverossímil recurso: por que os dois antagonistas? Como explicar essa síntese superior do mais e do menos que dá resultados válidos? É preciso, então, se contradizer para poder curar? Esse sucesso médico acarreta, na verdade, uma dupla observação de biologia clínica: 1º a tiroxina se endereça menos à glândula tireoide do que à hipófise que a incita, o que, evidentemente, impele ao reconhecimento de uma solidariedade dos dois hormônios, regularizados um sobre o outro. Retardar um é acelerar o outro. Dar apenas o antitireoidiano sozinho é, portanto, aumentar o funcionamento hipofisário. Ora, os principais sintomas do hipertireoidismo, ou o que assim se nomeia, se explicam por um desregramento hipofisário: disso decorre a benéfica tiroxina que deverá impedir esse excesso de hormônio que comanda o outro, o qual não pode mais retardar ou conter. A doença de Basedow se desloca, portanto, e sua semiologia é assim inquietada: esses olhos exorbitados e esse pescoço pulsátil remetem a um "mais além deles mesmos". Por conseguinte, é preciso separar-se deles. 2º Cada vez mais, visando um sucesso mais garantido, a clínica abandona a tireoide, por assim dizer, quando ela quer interpretar os sinais basedownianos. Com efeito, estes dão testemunho de uma participação nervosa central. O repouso, os calmantes poderão até mesmo jugular um ligeiro Basedow. Não apenas a terapêutica sabe livrar-se totalmente dos meios tireoidianos, mas também, como vimos, utilizar o desvio ovariano para combater uma hipófise e uma tireoide demasiado secretantes. Esses meios utilizados se sobrepõem: eles infirmam o dogma anatomoclínico que pesava sobre a fisiologia e a patologia que inspirava a farmacologia.

Esse dogma se revela particularmente nefasto: ele impede de compreender adequadamente tanto a noção de hormônio quanto a essência do organismo. Ele desinforma e perverte a própria experimentação: à força de praticar a exclusão de uma glândula dada, e depois injetar o sumo que ela despeja nos humores, acreditou-se estar autorizado para ler como se pelo direito, e depois pelo avesso, as linhas de seu campo de aplicação. Só que retirar a causa é ver em negativo e com clareza seus efeitos? Salta aos olhos que não. Mesmo Claude Bernard, por outro lado tão virulento contra o anatomismo, cedeu a seu prestígio. *Ipso facto*, ele descobria uma hormonologia falaciosa, mais perigosa ainda do que a de Brown-Séquard que evocamos.

Claude Bernard extrai sangue da veia sub-hepática, assim como da veia cava, o sangue que entra no fígado e aquele que dele sai. Ele observa que na saída, a taxa de açúcar permanece constante, por oposição àquela da entrada. Disso ele conclui que o fígado fabrica o açúcar sanguíneo. De algum modo, ele lhe confia uma função fisiológica da maior importância que o sistema nervoso controlará, para acelerá-la ou freiá-la, tal como o provará a experiência da injeção no chão do quarto ventrículo. O conjunto parece sólido e positivo, mas a fisiologia não tardará a abandonar essa representação: nem o fígado, nem o sistema nervoso terão o papel que Claude Bernard lhes atribui. Em 1889, Von Mering e Minkowski evidenciam a importância do hormônio pancreático que Banting e Best isolarão em 1922. É ela, a insulina, que permite e dirige esta "estocagem hepática". Ela comanda a glicemia. Não seria ele também, para empregar uma imagem anterior, um cúmplice, um revelador, um instrumento? Em qualquer hipótese, ele perde o essencial da função que Claude Bernard lhe conferiu. Não é pelo fato de nele se operar uma regulação que ele a garante ou a assume. Quanto à injeção diabética, ela não se interpreta mais como a prova de uma ação direta do nervoso sobre o tecido hepático, mas revelaria influências: liberação de um hormônio hiperglicêmico, a simpatina, talvez a adrenalina suprarrenal. Em suma, ela desencadeia um elemento que, por sua vez, irá modificar a glicemia. Aliás, pouco importa a teoria atual: vê-se igualmente o erro de Claude Bernard que se entrega à leitura anatômica, à interpretação direta. Essa é a razão pela qual sua fisiologia não cessa de beirar o endócrino sem poder verdadeiramente ter acesso a esse conceito fundamental. O teórico da medicina experimental passa ao largo e não consegue respeitar seus conselhos, seu programa: içar-se a ideias novas, libertar-se dos preconceitos, engajar hipóteses. Esse fracasso levanta um problema para o historiador, se é verdade que ele deve refletir tanto sobre o que foi quanto sobre o que deveria ter sido. Com efeito, ele deve pesquisar a resistência intelectual que deforma um desenvolvimento, o retarda, ou aquela que barra um progresso, se opõe a uma mutação. Em Claude Bernard o anatomismo ainda é condenado apenas por palavras. Sua fisiologia não rompe com a tradição, a de Bichat ou de Auguste Comte. Ela conserva a ideia segundo a qual se pode atribuir "uma função" a uma glândula e também segundo a qual "uma glândula" recebe "uma função" em virtude de uma distribuição analítica e morfológica. No entanto, o inverso prevalecerá: nenhuma glândula isolada, nem nenhuma função que dependa de uma só secreção: deve-se entrecruzar e religar.

Em sua farmacodinamia o hormônio detém a própria negação do que a topografia inspira, ele nega as distâncias e os lugares, as formas em benefício das forças e dos metabolismos internos.[22] E Claude Bernard o desconhece em consequência de uma metodologia demasiado analítica, demasiado apoiada nos elementos ou nos tecidos, os órgãos macro ou microscópicos, muito subjugados aos esquemas de uma verificação por exclusão e restituição, o ir e vir de uma separação e de uma reunião.

O hormônio se revela contra o anatomismo que ele estilhaça e afasta. Será preciso o acaso de uma bizarrice, uma superposição clínica desconcertante[23] ou insucessos terapêuticos, como insistimos, para abalar o dogma mecanicista que define o endócrino como uma secreção interna encarregada de um papel definido e circunscrito. Ora, a hormonologia, por definição, é ciência biológica da multiplicidade e das relações. A doença de Basedow o evidenciou de maneira, cremos nós, decisiva. Por essa razão, a terapêutica foi obrigada, pouco a pouco, a retirar da tireoide o fundamento do hipertireoidismo.

Mas, para podermos estender nossas conclusões, a lógica da simetria pretende que cogitemos, depois do tratamento de uma afecção em hiper, o de uma doença endócrina em hipo. O diabetes se oferece por excelência. Ele é ligado a uma carência do pâncreas, a uma insuficiência de insulina. Apenas, sobre esse assunto, nos limitaremos a algumas observações: primeiro, para evitar empreender uma nova demonstração, depois porque só queremos confirmar nossas conclusões anteriores sobre a endocrinologia e as medicações permitidas por ela.

A terapêutica antiga, inspirada pela ideia de um excesso de açúcar sanguíneo que se deve impedir, agrava o mal e o mantém. Ela lutava em dois fronts: primeiro, se prescrevia a insulina, mas, sobretudo, para eliminar esse excesso perigoso e tóxico por meio do qual se define a doença, eliminava-se o mais possível de glucídios da alimentação, se propunha ao diabético um regime severo. Mediante esses dois meios, tendia-se a restabelecer a "constância" bernardiana transbordada, devolvia--se o meio interior a suas invariantes, a seu equilíbrio. Apenas, por meio dessa intervenção se acumulava erros: nos deteremos a comentar os mais reveladores, os mais gerais, os que podem legitimamente reter o exame de um filósofo. Em primeiro lugar, não é uma atitude das mais primitivas aquela que consiste em lutar selvagem e cegamente contra as manifestações da doença? Nós o lembramos muitas vezes: um sinal não é nem uma coisa, nem um fiel reflexo. Se por vezes ele exprime uma lesão ou um desregramento, ele traduz, o mais frequentemente uma resposta, em geral

---

22 Podemos lembrá-lo? Nenhuma doença do fígado se trata verdadeiramente com "estratos de fígado": todas as afecções hepáticas foram generalizadas, elas todas lançam mão das terapêuticas de ampla envergadura (a icterícia, a cirrose etc.).

23 Para evocar um caso recente e com muita frequência comentado, Hensch percebe e especifica o poder da cortisona quando busca saber por que uma ictérica abandona seu reumatismo deformante, como, aliás, a mulher grávida, o qual tanto uma como a outra reencontram depois de sua cura ou do parto. Os dois estados se excluem: esta é a experiência fisiopatológica que é diferencial sem ter sido provocada. A sucessão ou a anulação de estados patológicos acarretaram concepções antianatômicas, em conformidade com sua formação, por assim dizer, antiexperimentalista.

desvantajosa, do organismo ao que o ameaça. Mas ele pode merecer muitas outras interpretações: por exemplo, para ir ao caso mais equívoco, ser uma consequência que limita a influência de um excesso e que compensa uma grave desordem, em suma, ser o bem de um mal. Nessa circunstância se deve mais mantê-lo que aniquilá-lo. Quase sempre, é verdade, perceberemos no patológico, no falso bem da defesa, mas não se deve, contudo, perder de vista o inverso feliz, esse bem do mal que tende a corrigi-lo. Todavia, a consciência não é senão demasiado tentada por esse julgamento sumário: tudo o que no sofrimento e na aflição surge, insólito e desproporcional, participa certamente do mal e de seu sinistro cortejo e, por conseguinte, tanto quanto possível, é preciso destruí-lo. Mas a doença constitui um conjunto, uma realidade mista e ambígua. Não é certo que tudo o que ela favorece se integre a ela e mereça a condenação médica, evoque, portanto, as represálias do aniquilamento redentor. Convém previamente interpretar "os sinais" incertos e heterogêneos, antes de partir em guerra e de prodigar as medicações sagradas, as que devem liberar e salvar. Seja como for, não se deve combater o excesso de açúcar no sangue do diabético, um açúcar tão abundante que passe para a urina. Com efeito, considera-se o diabetes como uma enfermidade metabólica, definem-na pela dificuldade encontrada pelos hidrocarbonos de atravessar a membrana celular. Essa passagem depende de catalisadores ativados pela insulina. Em sua ausência, ou em seguida à sua diminuição, a chegada do açúcar nessa célula que o consume só se opera graças a uma forte concentração (lei de ação de massa de Guldberg e Waage), decorrendo daí a significação positiva e o valor compensatório do afluxo açucarado. Por isso, longe de ver na hiperglicemia uma mobilização nociva, é preciso considerá-la como uma invasão salutar. Certo, o diabetes define uma grave doença. Isso não impede que a presença do açúcar no sangue e na urina seja, sem dúvida, uma consequência do distúrbio causal, mais que o próprio distúrbio. Por sua vez, essa malfadada presença do hidrocarbono nos humores em quantidades avaliadas como excessivas só oferece perigos por seus efeitos e não por si mesma (a glicosúria, o açúcar na urina, pode, por exemplo, acarretar uma abundante eliminação de água e essa perda põe em questão a vida, abre a porta a cataclismos irreversíveis, a hipotensão, o coma, a azotemia etc.). Nós o enfatizamos: a "glicemia-consequência" só inquieta por suas consequências, assim como o açúcar no sangue não personifica exatamente o mal que é preciso perseguir. Devemos por certo velar para impedir distâncias demasiado manifestas, devemos mais certamente ainda manejar e respeitar as quantidades que ultrapassam a taxa bernardiana, violam o princípio da invariante.

Percebemos, aqui, o erro metodológico que vicia as primeiras terapêuticas redutoras: se reconhece um diabético pela presença de açúcar na urina e no sangue. É preciso, portanto, interditar essas manifestações para curar o diabético, quando é o inverso que se impõe. A hiperglicemia tenta abrandar um fracasso, uma incapacidade. A verdadeira terapêutica não deve consistir, aqui, em impor um *status* que o organismo não pode aceitar sem prejuízo, ela não poderia forçá-lo a se comportar como um organismo saudável que ele não é, ou não é mais. Ela deve, ao contrário, ajudá-lo a assumir seus encargos, a aumentar sua tolerância ou a defender sua própria segurança no interior de seu novo estado. Uma medicação hormonal avisada não deve nem eliminar, nem combater, mas reequilibrar. A doença é, tanto quanto desordem ou negação, remanejamento e transformação. Alteridade mais do que alteração. Por essa razão o sintoma, em vez de ser banido, pode, algumas vezes, ser preservado. Em qualquer hipótese, o excesso de açúcar no sangue, por sua ação maciça, facilita uma bioquímica que a insulina rarefeita não mais ajuda. O hormônio pancreático, com efeito, abaixaria e abriria a "comporta celular", para se expressar como os livros.

Paralelamente, o terapeuta não deverá se inquietar com a presença do açúcar na urina, uma presença que assinala o diabetes. Sua ausência total seduz o purista, adula o biólogo, tranquiliza o fisiologista, mas ela não deve tentar o verdadeiro clínico: "Muitos autores não consideram que uma glicemia normal para um sujeito saudável o seja também para um diabético. Não é certo que o desaparecimento do açúcar seja o índice de uma melhor utilização dos hidratos de carbono. Alguns diabéticos fazem doenças hipoglicêmicas quando sua glicemia, permanecendo superior à taxa normal, caia abaixo de uma certa cifra ou sofra um desnivelamento demasiado brutal. Uma de nossas doentes apresentava semelhantes distúrbios quando sua glicosuria estava muito fraca: ela os ressentia ainda recentemente, quando esta atingia, no entanto, 13g. Ela notou que se sentia melhor com uma glicosuria um pouco mais elevada."[24] Não exageramos nada: no entanto, bem se adivinha que o problema é o das proporções, das tolerâncias, dos limites. O médico não reduz mais, porém controla, mantém, substitui a questão do mínimo e do máximo pela questão do ótimo. E o enfermo só retorna à saúde por meio de uma adaptação maleável e difícil, ele não reencontra sua virgindade ou sua fisiologia anterior. Essa noção, magistralmente sustentada por filósofos da saúde e da doença, esclarece e fundamenta nossa análise de metodologia terapêutica: o clínico dá um regime relativamente açucarado, bastante livre, frugívoro para o diabético, para aquele que se definia como a vítima de sua glicemia. A insulina só será prescrita depois das análises cotidianas, com o único objetivo de prevenir acidentes, impedir graves transbordamentos que não poderíamos estudar sem ultrapassar o quadro de nosso campo de exame.

Encontramos, aqui, uma terapêutica exemplar e bastante contraditória nas aparências: a associação de um regime glucídico e de um hormônio hipoglicêmico, um depois o outro, um e outro, os dois se determinando mutuamente. A here-

---

24 E. Bianco, *Le régime libre dans le traitement du diabète infantile*, Lyon, 1953, p. 117. No mesmo espírito, se consultará a excelente obra de MM. Royer e Lestradet, *Le traitement du diabète infantile en régime libre*. É evidente que só tratamos, aqui, do problema do diabetes magro, dito também consuntivo, por oposição ao diabetes grãs que concerne ao adulto. Este último se diferencia, por mais de uma razão, do primeiro. Ele foi igualmente modificado pela introdução na farmacopeia das célebres sulfamidas hipoglicêmicas.

sia do passado provinha de um falso rigor: juntava-se o patológico ao fisiológico, suprimia-se as expressões da doença para vencê-la à maneira de Gribouille. Forçava-se o diabético a aceitar o ideal da fisiologia, impunha-se o modelo de um sangue que contém tão somente um grama de açúcar por litro de urina que não poderia admiti-lo. Confundia-se o significante e o significado ou, ainda, o sintoma e a doença, uma vez que se considera a hiperglicemia como uma maleficência, enquanto ela constitui uma tentativa positiva de acomodação. Faltava-se para com a lógica dos medicamentos hormonais, necessariamente complexas, polivalentes e reequilibrantes. Por essa razão, esse tratamento foi saldado, nas crianças, por meio de cruéis e indiscutíveis fracassos. Desembaraçar o sangue de seu açúcar, primeiramente, não é curar de fato o diabetes. Em segundo, é agravá-lo. Mas, sobretudo, em terceiro lugar, é favorecer uma patologia da terapêutica, multiplicar as desordens mais diversas. Em hormonologia, nós o insinuamos com frequência, quando se abandona muito resolutamente um perigo, cai-se em seu inverso, igualmente prejudicial, vai-se de Caribdis a Cila, substitui-se uma doença em hiper por uma desordem em hipo ou inversamente. Mas, sobretudo, se forja por completo uma doença metabólica e nutricional, a mais pesada e a mais irreparável que se possa temer nesse domínio. Miséria das medicações inconsequentes ou primitivas, dignas dos sarcasmos molierescos: elas não curam, mas pesam com toda sua nocividade sobre o organismo que pretendiam salvar. E, quanto mais o mal se agrava, mais o tratamento continua ou se exagera segundo o círculo vicioso que se imagina. Assim, o regime que repudia os açúcares para desaçucarar os humores não tarda a se tornar patogênico porque, para compensar a ausência dos hidratos de carbono, ele recorre às gorduras ou às albuminas. Um não pode ir sem o outro. Ora, o regime hipergraxo se revela entre os mais nocivos: ele não favorece, por exemplo, a eclosão das desordens arteriais, o ataque às paredes vasculares? Sombria ironia, acusava-se a hiperglicemia diabética de produzir e de desenvolver arterites de consequências sinistras (gangrenas etc.).[25] Em suma, provoca-se a si mesmo e por certo a complicação[26] da qual se gabam de subtrair o paciente. E uma dietética tão desequilibrada não limita a isso seus inconvenientes: com efeito, ela nunca cessa de precipitar a evolução do diabetes e de reduplicá-lo. Esse regime conduz, por exemplo, para o próprio coma diabético. Bastará uma palavra para explicar essa estranha revirada. As gorduras que substituem os açúcares deverão dar as calorias e a energia neces-

---

25 Entre parênteses, podemos notar essa concomitância ou essa perpétua junção: um desequilíbrio humoral repercute sobre a parede e inversamente. Nós o assinalaremos com frequência a seguir. A anatomia e a fisiologia foram pegas na armadilha da separação: o conduto sólido, o líquido circulante. Mas a patologia os reúne e impede a abstração.

26 A título de hipótese, podemos nos perguntar sobre a realidade da arterite que o diabetes clássico traria em seu flanco. Seria ela o efeito da sombria afecção evolutiva? Ela não seria a consequência de um tratamento que se aplicaria sempre em boa consciência? A medicina nunca deixa de transformar as doenças. Por meio dela, estas passam sub-repticiamente do plano da *natureza* ao da *cultura*.

sárias. Para tanto, elas se transformarão, por assim dizer, em açúcares. Quando se exclui os glucídios, os lipídios os revezam: no metabolismo geral existem placas giratórias que permitem todas as conversões e todas as suplências possíveis. Não se deve parar nos pontos de partida, nas rudimentares oposições. O que se impede de um lado, se reencontra do outro, com a diferença que a operação não se efetua impunemente para o organismo. As gorduras que, de algum modo, deformam sua utilização e degradação (neoglicogênese) abandonam dejetos, os corpos cetônicos que rapidamente intoxicarão o meio interior em seguida à sua acidez. Para continuar a falar por metáforas, retirar os açúcares para desaçucarar é, por fim, reaçucarar e mal, incompletamente, com, em acréscimo, a inundação humoral de escórias e resíduos que acarretarão o coma e a asfixia. Dever-se-á, então, injetar açúcares no sangue para evitar a vicariância, esta bioquímica compensadora tão necessária quanto indiretamente prejudicial.

Por isso, uma alimentação restritiva, que bani os açúcares, essa terapêutica elementar e falsamente sintomática tenta, cada vez menos, o especialista em diabetes que a põe de lado: e ainda não quisemos passar em revista e enumerar todos os males dos quais a incumbem. Retivemos apenas os mais sugestivos ou os mais inesperados, a arterite e o coma, as duas complicações maiores do diabetes.[27] A terapêutica, instruída pelos fracassos causados por ela, se inquieta: ela reflete sobre si mesma, interdita pouco a pouco suas atitudes e suas correções primeiras, chega cada vez mais a esta dupla e vitoriosa verdade médica que insistimos em evidenciar: 1º o clínico aprende a respeitar os distúrbios e irregularidades que julga salutares, tal como a presença do açúcar na urina e uma quantidade relativamente elevada de glicose no sangue. Ele vê nisso o positivo e não o negativo. Ele os contém, mas também os preserva. A medicina do século XIX e do começo do século XX tendeu demasiadamente a definir o mórbido pelo que se observa no doente sem aparecer no homem de boa saúde. Disso decorre a necessidade para a terapêutica de dever apagar sem distinção as diferenças e as desigualdades; 2º doravante, o clínico recomenda a ingestão de açúcar, o consumo de frutos, ontem selvagemente defendidos, ele exalta o regime livre e impede o falso rigor, a falsa virtude das restrições, as pesagens escrupulosas ou as proibições alimentares. A insulina, por conseguinte, dia após dia, sem que se possa fixar sua posologia antecipadamente, se limitará apenas a prevenir um transbordamento glicêmico eventual, ela estabilizará o desequilibrado e ajudará o diabético a suportar os sobressaltos de uma fisiologia mais rígida e mais maltratada. Em suma, o médico associará o açúcar e aquilo que o rarefaz: os glucídios e o hormônio da hipoglicemia.

---

27   Os Tratados analisam em detalhes as carências múltiplas ou os fracassos do regime não açucarado, eles insistem, por exemplo, sobre o que se nomeia como "síndrome de Mauriac", que segue a essa alimentação: raquitismo, parada do crescimento, hepatomegalia, ou seja, fígado intumescido, flatulência anormal do ventre, em suma, infantilismo e desordens de desenvolvimento.

A nova medicação do diabetes, doença aparentemente em hipo, sobrepõe-se, por fim, *mutatis mutandis*, à da doença de Basedow, distúrbio em hiper. Uma e outra obrigaram a reviradas conceituais ou explicativas, graças às quais o clínico chega a incriminar suas próprias intervenções, inspiradas em um pseudorrealismo e a promover associações aparentemente contraditórias ou irracionais.

Iodo e anti-iodo ou antitireoidiano, açúcar e insulina: tentamos dar a justificativa biológica desses conjuntos difíceis, porém eficientes. Essas sínteses renovaram a hormonologia, demasiado subjugada unicamente à experimentação da exclusão e da restituição. Uma doença hormonal e um tratamento endócrino adequado, em contrapartida, revelam a variedade dos fatores em causa no processo que se buscará deter ou temperar. A glicemia, por exemplo, não decorre do "fígado", tal como acreditou Claude Bernard, nem do nervoso. Ela põe em jogo tanto o pâncreas quanto as suprarrenais, a hipófise e todos os metabolismos internos. A própria glicemia não é a definição do diabetes, ela já é uma reação para vencer uma desordem celular e enzimática. A tireoide conheceu uma história crítica revolucionária tanto quanto movimentada: o antitireoidiano sozinho é tão nefasto e impotente quanto apenas a insulina para curar o diabetes, ou seja, um meio interior que parece demasiado açucarado. A terapêutica elevou-se a concepções que rompem com as teorias dos fisiologistas ou com as conclusões experimentais. O mesmo ocorreu para os hormônios sexuais que se libertaram pouco a pouco do princípio da especificidade que os aprisionava. Com efeito, esse princípio os pregava a uma função particular, os derivava de uma certa glândula. Ora, nós o vimos, nada subsiste desse ponto de vista restritivo ou localizador.

Por fim, graças às retificações necessárias que impõem medicações cada vez mais ajustadas, é possível depreender três períodos, três viradas na biologia endócrina: a fase mágica ilustrada pelos pressentimentos e pseudo verificações de Brown-Séquard; depois, uma etapa experimental, a dos discípulos de Claude Bernard e, por fim, a era nova que varre o positivismo anterior, demasiado limitado e demasiado calcado na morfologia. Descobre-se, primeiro, as regulações e as inter-relações entre as endócrinas inseparáveis, evidencia-se suas dependências que permitirão "ataques indiretos e mediatos"; sobretudo, o hormonal se torna um agente da vida celular, um ativador bioquímico; em suma, através das tribulações da medicação, nós o vimos pouco a pouco se despojar de suas franjas míticas.

↦ Capítulo 3

Cirurgia e ressurreição
Os progressos da arte cirúrgica

Pode parecer surpreendente que depois de havermos considerado o tratamento hormonal, suas variedades e suas novas complexidades, passemos ao exame das terapêuticas cirúrgicas, de seu espírito, de seu método.

Com efeito, o que pode haver de mais dessemelhante? De um lado, extratos purificados, comprimidos, pós ou ampolas, a habitual farmacêutica; do outro, instrumentos que cortam, pinças e martelos, tesouras e agulhas. Por um lado, substâncias; por outro, gestos. Uma bioquímica, uma mecânica. Não se poderia imaginar dois capítulos mais heterogêneos, a ponto de um parecer excluir e interditar o outro.

No entanto, seria lamentável concluir nossas análises apenas sobre as prescrições médicas, dever abandonar o ato sanguinolento, curador e positivo entre todos os outros. Certo: a operação cirúrgica não equivale a um remédio-objeto, mas ela representa igualmente uma terapêutica das mais decisivas e das mais salvadoras. Estar-se-ia enganado ao definir o remédio por uma substância, confundi-lo com um elemento da farmacopeia, uma vez que ele transborda por todas as partes esse materialismo estreito. No limite, uma fala, um silêncio, para as afecções mentais, não poderiam romper um isolamento, aliviar uma dor e, por conseguinte, curar verdadeiramente? Seria o cúmulo banir a psicoterapia de uma teoria geral do remédio devido à sua aparente imaterialidade, sob o pretexto de ela não ser medicamentosa, ao passo que, nós o vimos, todo remédio se auréola de psicoterapia, ele não pode se emancipar dela. A psicoterapia habita todo remédio, ajuda a defini-lo.

Seríamos, então, mal-vindos ao querermos eliminar o psíquico de um conjunto farmacológico. Não digamos mais: uma fala não pode ser um remédio. Digamos agora: alguns remédios só valem pelo verbo que os acompanha. Portanto, se a linguagem pode se tornar um remédio maior, *a fortiori*, a intervenção cirúrgica.

Certamente quisemos circunscrever nossas análises e não estender a noção de remédio por temermos dissolvê-la. Essa não é uma razão para mutilá-la e cristalizá-la sob uma única figura, murá-la num excessivo naturalismo. Um curativo, um gesso que imobiliza, uma tala, um levantar precoce, esses gestos seculares ou essas decisões curativas definem instrumentos evidentes da cura, pertencem à classe dos remédios, em sentido amplo.

E, mesmo se conjeturamos o cirúrgico depois do hormonal, se os aproximamos aventurosamente, é por razões antropológicas e filosóficas: eles representam, um e outro, os tratamentos mais ousados e mais miraculosos, mas também, um como o outro necessitam ser claramente vistos, retirados das brumas que os recobrem ou os deformam. Um e outro abrigam o mais moderno e o mais mítico. Teremos de tomar consciência da verdade da cura instrumental, do remédio mecânico, da liturgia de branco do gesto liberador. Mas, assim como a endócrina era alterada, sobrecarregada de temas mágicos ou quiméricos, assim também o ato de ablação ou de radical supressão. Exatamente como os sumos jovens e ardentes pareceram, primeiro, restituir a energia e a potência – magia de transferência –, paralelamente, o cirúrgico extirpa o mal, livra dele – magia do exorcismo. Dar força ou retirar a fraqueza, dois momentos que se juntam e se confundem. Não se deve separá-los apesar da estranheza da aproximação. Depois da renovação nocional que rejuvenesceu a velha opoterapia ou a cura por meio de extratos celulares, que abalou toda a endocrinologia, devemos descrever os momentos essenciais que modernizaram o ato cirúrgico.

Devemos recusar, aliás, a nítida separação que remonta ao século XVI, e que não cessou de se ampliar, entre o médico que "pensa" a doença e aquele que, ao contrário, com suas mãos, a combate e a elimina vitoriosamente. De um lado, um espetáculo e teorias; do outro, um ofício e sucessos tangíveis. Essa "divisão do trabalho" que consagraria os "trabalhadores" e desvalorizava os "retóricos" não tenderia a se esfumar? Os remédios da química moderna rivalizam com o cortante dos bisturis mais afiados. Por outro, a cirurgia intelectualiza suas intervenções. A dicotomia se apaga, o cirurgião se torna "o médico que executa sua própria receita".[1]

Confiando nessas observações e nessas evoluções, acreditamos poder analisar a terapêutica cirúrgica ou mecânica, em seguida à endócrina e à fisiológica.

I

Nós nos absteremos de cair em querelas cirúrgicas ou discussões áridas sobre a patologia das fraturas e das luxações, das oclusões ou invaginações, das úlceras e das perfurações, dos cálculos e dos tumores.

Nós nos preservaremos também de examinar os devaneios que o ato violento do cirurgião libera e mobiliza. Eles embaralham os laços afetivos e difíceis que, sempre, se atam entre o operador e seu paciente. Ou bem fulgura a agressividade,

---

1   Tese já sustentada por Diderot, *Lettre d'un citoyen zele qui n'est ni chirurgien ni médecin à M.D.M., maître en chirurgie, sur les troubles qui divisent la médecine et la chirurgie*, 1748: "Et quel avantage concevez-vous à ôter les mains à un médecin et les yeux à un chirurgien?" (*Oeuvres complètes*, Assézat, 1875, t. 9, p. 219).

nos acasos de fracasso ou de uma vitória limitada, ou então transborda o entusiasmo do triunfo que se segue ao sacrifício redentor. Com efeito, o cirurgião não se compararia a um pai mecânico ou artificial – *pater artifex* – que reconcebe o homem ameaçado e lhe abre uma vida nova? Ele torna a pôr em marcha o homem detido ou enfraquecido, ele combate ou afasta as trevas da morte. Taumaturgo, ele ressuscita. Mais do que qualquer médico que se considera fora do mal – um irmão que socorre –, o oficiante armado e decidido nos parece menos o mutilador ou o executante simbólico das castrações que o pai onipotente que reanima, costura e sutura pacientemente, não sem que a anestesia tenha mergulhado o doente num sono de múmia, o tenha transformado em crisálida, o tenha docemente descido na noite profunda de onde ele poderá renascer. O tema relativo ao rancor do cirurgião castrador, aquele que corta e cisalha, se eclipsa diante daquele de um *pater artifex* que, por si só, reinsufla a vida, um pai mais criador que os outros. Se os habituais nascimentos se realizam em geral em detrimento dos protagonistas, talvez mesmo apesar deles, o renascimento cirúrgico, ao contrário, liturgia de paciência e obra de virtuosidade, requer a lucidez e a precisão. Um refazer difícil não é mais do que um fazer natural? Uma emergência espontânea não é menos do que uma produção arrazoada? Em suma, ao "traumatismo do nascimento" de que fala a psicologia oponhamos o "traumatismo do renascimento" cirúrgico que dramatiza sua elaboração e suas consequências. Nenhum pai decide tanto do destino abraâmico de seu filho entregue em suas mãos. Nenhum assume tanta ambivalência de uma decisão e de uma execução que pode salvar ou matar. Nenhum Prometeu rivaliza a esse ponto com o destino que ele contraria ou inverte. É difícil olhar sem paixão esse pontífice da vida, esse pai por excelência: seu "fazer" se aureola necessariamente de uma sobre-humanidade, se imbui de misticismo. "Vossas dramáticas funções se realizam hoje com uma solenidade quase religiosa, numa espécie de luxo de metal polido e de lençóis cândidos, banhados pela luz sem sombras emitida por um sol de cristal. Um antigo retornante do Inferno que vos visse em vossa grave tarefa, revestidos e mascarados de branco, uma lâmpada maravilhosa fixada na fronte, cercados de levitas atentos agindo como segundo um ritual minucioso sobre um ser mergulhado num sono mágico, entreaberto sob vossas mãos enluvadas, acreditaria estar assistindo a não sei qual sacrifício, daqueles que se celebrava entre os iniciados nos mistérios das seitas antigas. Mas não é o sacrifício do mal e da morte que vós celebrais nessa estranha pompa tão sabiamente ordenada?"[2]

Mas se devemos deixar de lado essas obscuras representações, essas excessivas crenças, nem por isso elas deixam de existir, se repercutem inclusive sobre a cirurgia, por vezes a falseiam, no sentido em que uma terapêutica tão magnificada pode tentar o doente que a exige. Ele cede aos prestígios dessa religião moderna e se oferece à faca do sacrifício que deve redimi-lo. De seu lado, o cirurgião resiste sempre a essa paixão? Não transformemos o operador em um arcanjo armado com

---

2 Valéry, *Discours aux chirurgiens*, Bibliothèque de la Pléiade, t. I, p. 913.

sua espada: ele também deve experimentar a insidiosa tentação dos rituais de ablação e de purificação, pode se entregar à impetuosidade da extirpação radical, tangível e definitiva. Se nossas análises não visam esclarecer a relação médico-paciente, elas, porém, não podem ignorá-la, uma vez que precisamente os protagonistas da experiência terapêutica modificam seu desenrolar, decidem por vezes sobre sua natureza. O paciente, o remédio, aquele que o prescreve, esses três termos formam um conjunto, uma energética comum. Se examinarmos apenas um dos três, o remédio, não poderemos verdadeiramente e sempre abstraí-lo dos dois outros que o condicionam. A franja psicoterapeutizante que cinge todo remédio reflete justamente essa dupla presença humana. No ato ou no tratamento cirúrgico, uma vez mais, encontramos, mais vivos e mais acentuados, os dois componentes, a dupla presença do médico e do doente. Se este último exige neuroticamente a libertação e a intervenção, o operador não advertido corre o risco de responder a essa dupla solicitação. Nesse sentido, não queremos lembrar os traços de ferocidade disparados por B. Shaw sobre o intervencionista, aquele que, em vez de resistir ao doente, lhe cede, e, no limite, o induz: "Há um modo para as operações, assim com há um modo para as mangas e para as saias. O triunfo de um cirurgião, que por fim descobriu um meio de fazer mais ou menos sem perigo uma operação outrora reputada como desesperada, é habitualmente seguido de uma verdadeira raiva para com essa operação, não apenas entre os médicos, mas entre os doentes. Existem homens e mulheres sobre os quais a mesa de operação parece exercer uma fascinação: são dessas pessoas meio conscientes que, por vaidade, hipocondria ou desejo intenso de ser um constante objeto de solicitude ansiosa – ou sei lá eu o que ainda? –, perdem o pouco de consciência que sempre tiveram do valor de seus órgãos ou de seus membros."[3] Essas críticas atingem menos a cirurgia do que sua caricatura. Elas nos ajudam, em todo caso, a enunciar a ideia simples que queremos sustentar, a saber: que o fazer cirúrgico não se reduz à "obra da mão". O poiético cirúrgico sutilizou-se, cerebralizou-se, complicou-se. Deve-se ou não intervir? Ele não cai mais na paixão religiosa do sacrificial, ele repudia o falso realismo daquele que "faz alguma coisa", ele afasta o romantismo malsão da violência mutilante, única salvadora e enérgica, ele se despoja, se transforma, se interroga. Por meio de nossas considerações sobre a evolução do tratamento cirúrgico, não cessamos de evidenciá-lo: o fazer supõe uma conduta elaborada e difícil, ele não se reduz a alguns gestos simples e diretos sobre o modelo: extirpar, suprimir, ressecar, reatar, cortar, remendar, derivar, e sei lá eu mais o quê. O teórico dos objetos e das matérias deverá meditar neste fisolofema inspirado pela técnica cirúrgica: no começo, não apenas o mecânico se

---

[3] Obras de Bernard Shaw, *Le dilemma du docteur*, Aubier, p. 17: "Sacrificam-se amígdalas, apêndices, úvulas e até mesmo ovários porque a moda exige que eles sejam retirados... A psicologia da moda se torna patologia... As modas não são, afinal, senão epidemias que se faz nascer etc." (*ibid.*, p. 75). O prefácio do autor, que compreende 96 páginas, não abandona esse tom de requisitória.

encontra sobrecarregado de mística e impregnado por ela, mas, ele próprio, em sua verdade reconquistada, se diversifica, se multiplica, cria estranhos problemas. Propomo-nos, justamente, a refletir sobre essa intensa transformação de um fazer que se tende a simplificar, que se representa demasiado humildemente, como se apenas o *homo sapiens* pudesse progredir e renovar o universo.

Por essa razão, esse fazer cuja sutileza e complexidades mostraremos, começa sempre por uma interrogação: é necessário ou não que ele se exerça? A eventualidade de um "não dever fazer" problematiza a decisão cirúrgica. Só que os doentes acabam sempre por encontrar um cúmplice. As neuroses de conversão pretendem, com efeito, e a todo preço, um mutilador que as autentique, que as salve da dúvida essencial que as corrói. Se, para um filósofo, é verdade que o corpo humano sempre signifique não ser apenas coisa, mas relação tanto quanto suporte, então, efetivamente, suas dores e suas crises, suas queixas e seus distúrbios podem revestir sentidos múltiplos. Será de fato uma lesão escondida, uma organicidade, uma desordem de funcionamento, será uma manifestação histérica? Já nos estendemos sobre a dificuldade médica da decifração.

A dúvida pode nascer, de algum modo *a priori*, quando a doença atinge certas zonas corporais ou diz respeito a alguns fragmentos mais expressionais. Segundo Jules Michelet, a mulher com frequência se revela por sofrimentos no ventre e o homem em seus órgãos digestivos.[4] A criança sofre "pelo alto" (nariz, boca, orelhas, amígdalas, vegetações, brônquios), o idoso "por baixo" (prolapsos, hemorroidas, próstata, varizes, colo do fêmur, articulação do quadril etc.). Deixemos aqui essas elementares observações de psicossomática. Isso não impede que na mulher, por exemplo, a cirurgia ginecológica deva ser limitada. Entre a pusilanimidade do temporizador e a febre do mutilador por fim atentatória, será possível manter a medida? Com efeito, os clínicos reconheceram o aspecto neurótico de algumas dores no ventre, algias pelvianas, gemidos sobre "o interior" que podem refletir, em linhas gerais, uma inaceitação do *status* feminino e uma fuga existencial no mal-estar corporal, ou ainda equivaler a uma tentativa histérica visando ser posta a nu. As dores escondidas e obscuras querem, então, um iniciado que as reconheça e as desvele.

Mais frequentemente, a crer nos psiquiatras,[5] esses sofrimentos ventrais crônicos significariam uma corporeidade ameaçada, ferida, que espera sua redenção

---

4   Michelet, *Oeuvres completes*, Flammarion, 1898, t. 34: *La femme*, p. 259. "Elle (la femme) est malade d'amour, l'homme de digestion".

5   Sobre esse assunto, nos inspiramos na tese tão sugestiva de R. Malineau, *Aspects psychologiques de l'appendicectomie*, Bordeaux, 1955, que estudou de forma notável a corporeidade feminina e seus distúrbios. "O homem", escreve ele, "se dobra neuroticamente sobre seu ventre quando ele se torna, em certa medida, mulher... O medo do mundo exterior, a incapacidade de assumir seu engajamento natural lhe dão 'dor de barriga'..." (p. 233 e sq). Inspirando-se em H. Deutsch, o autor prossegue: "(normalmente) Ele só está em perigo quanto a seu pênis, ele teme a castração, mas é um medo preciso. O objeto no qual ele se aliena se torna muito mais o símbolo de potência e de autonomia... A moça, ao contrário... só pode se alienar em si mesma, na totalidade."

imaginária. Devemos retirar o que aliena e inferioriza essa mulher neurótica. O cirurgião deve arrancá-la de sua imperfeição fisiológica, de sua maldição. Tanto o macho teme a castração, quanto à mulher, em contrapartida, demandaria ser desembaraçada de suas vísceras sangrentas e vergonhosas: em nossa civilização, se o cirurgião não se defendesse disso, ele seria arrastado a libertar a mulher de seus grilhões sociais. Redentor ainda mais do que castrador, o operador devolveria à escrava dos instintos uma liberdade fantasista e abstrata.

Essa observação ou esse exemplo que se propunha a ilustrar e a precisar nosso comentário não visa de modo algum condenar a tão frequente apendicectomia. Aliás, de qual direito distribuiríamos os elogios e as críticas? É bastante evidente que queremos apenas refletir sobre a terapêutica moderna, que ampliamos as próprias ideias daqueles que devem tratar, que entramos em suas próprias discussões visando extrair delas o espírito, a metodologia evolutiva. E almejaríamos revelar ao filósofo, atento à realidade e à verdade, a complexidade do agir cirúrgico, suas dificuldades e suas transformações. Ademais, previamente não se tratava senão da apendicite crônica e não da aguda que, com toda a evidência, exige um operador diligente e decidido. Contudo, ele só intervirá depois de um exame clínico aprofundado e crítico.[6] Continuamente, a cirurgia moderna precisa e limita suas próprias indicações, se interroga sobre a validade de suas decisões. Ela não é mais o golpe de faca, e se trata, cada vez menos, de perfurar ou de retirar. O *prurido secandi* cedeu lugar aos tormentos intelectuais da oportunidade: "Todo mundo, para citar um filósofo eminente da cirurgia[7] assistiu, mesmo fora do meio médico, às discussões antigas sobre as operações de apendicite em plena crise ou fora dela, sobre a necessidade, segundo alguns, de operar imediatamente ou a vantagem, segundo outros, de se esperar o desaparecimento dos acidentes agudos. E a escolha é tão difícil que, diante de alguns casos, a discussão se mantém." E o que encoraja as hesitações é o fato de cada vez mais aquilo que decorria só do que era médico entra no cirúrgico e inversamente. Toda distinção se apaga, resultando daí, por vezes, uma flutuação legítima na determinação curativa. De todo modo, quer ela se imponha ou não, que se a recomende ou que se a evite, a operação de apendicite, tal como a dos ovários, do útero ou da pequena bacia, em regra geral, e como aquelas inversas mais comparáveis que se aplica às amígdalas ou aos septos nasais, todas, indiscutíveis ou não, exigem uma psicoterapia para acompanhar o ato cirúrgico, o prefácio, o prólogo, por vezes mesmo dispensando-o. Não se trata impunemente as regiões da corporeidade significante, aquelas por meio das quais o homem se revela e se esconde. A arma psicológica deve ter um lugar ao lado dos espaçadores, dos bisturis, dos trocartes. A "obra das mãos", por se concluir numa atmosfera humana, não pode recusar a intervenção ou a participação do psíquico que, no paciente, complica a doença ou então a cria inteiramente, ou ainda retarda a cura anatômica.

---

6   H. Mondor, *Diagnostics urgents, abdomen*, Masson, 1933.
7   Dr. Jean-Louis Faure, *Savoir opérer*, p. 73. Ler-se-á com sólido interesse o capítulo obre "L'évolution de la chirurgie et les étapes de l'art opératoire".

Manteremos, para nossa análise, uma dupla conclusão: 1º uso necessário de uma fina instrumentação psicológica no trabalho cirúrgico, cada vez menos possível de se confundir com um "agir" direto e mutilador; 2º uma vontade de limitação em algumas situações que parecem exigir um gesto liberador, de urgência. Esse "não dever fazer nada", aqui ou ali, essa obrigação não diminui em nada o valor da terapêutica cirúrgica: ela a purifica. É preciso ou não operar? Em que momento? Essas interrogações ganham tanto mais importância quanto são muito mais bem discutidas; pelo fato de o tratamento médico ter se ampliado, ele dispõe de meios de grande efeito que visam eletivamente aos tecidos mais inacessíveis ou as zonas mais frágeis: os espiões radiativos, os raios, os antibióticos, os hormônios e os anti-hormônios, os antimetabólitos. E os dons habitualmente reconhecidos nos cirurgiões, tais como a virtuosidade, a habilidade e a precisão operatórias se apagam diante das aptidões ou das capacidades intelectuais: o conhecimento clínico das evoluções mórbidas, a arte do diagnóstico, o sentido das contraindicações, o manejo das drogas da farmacopeia etc. Se, primitivamente, o poder precedeu o saber, com a cirurgia moderna trata-se do inverso. Disso dão testemunho todos os filósofos da evolução dessa disciplina curativa, mais particularmente Paul Lecène, que enunciou esta lei de uma cerebralização progressiva da mão operadora: "A operação", escreve esse mestre, "deve ser tão somente um resultado ao qual somos levados por uma sequência de atos puramente cerebrais (observação, comparação entre experiências anteriores, raciocínios). Operar pelo prazer de operar, com um diagnóstico prévio insuficiente e indicações vagas não é, em primeiro lugar, o feito de um cirurgião consciencioso e, depois, é a melhor maneira de desacreditar a cirurgia."[8]

Seria ainda mais falso acreditar que nosso cirurgião ganha ao temporizar, que ele deve saber se dedicar aos jogos das incertas deliberações. Com efeito, mais frequentemente ele deve se apressar e não adiar nem por um instante o momento de intervir. A dialética temporal entre a aceleração e o protelamento, o ataque e a espera, anima o autêntico operador. Ele deve sempre ou bem atrasar-se, dar-se um tempo, ou então se precipitar, tomar a dianteira de uma evolução mórbida. A pressa ou a lentidão, nunca, porém, em sua decisão, o tempo habitual e seu ritmo regular. Assim, para evocar a urgência de um cirurgião, "se antes da vigésima hora o cirurgião pode prometer oito ou nove curas sobre dez, depois da vigésima hora, e apenas para estas duas afecções especialmente (a úlcera perfurada no adulto e a invaginação intestinal no bebê), a mortalidade volta a ser o que ela era há quarenta anos".[9] Assim, o método sangrento e violento, o cirúrgico que se oporá cada vez menos ao método médico, não resulta das condutas elementares. Seu tempo sozinho o subtrai delas e o eleva.

---

8   P. Lecène, *L'évolution de la chirurgie*, Paris, Flammarion, 1923, p. 340.
9   H. Mondor, *Diagnostics urgents*, p. IX, Prólogo. Essa obra, das mais apaixonantes sobre a cirurgia do abdômen, ajuda, por outro lado, a extrair uma filosofia do sintoma. Ela apresenta sem cessar o princípio de um não paralelismo entre a lesão e a clínica, decorrendo daí o estudo das formas escondidas e traidoras, desviantes e obscuras de uma afecção da qual o cirurgião deve aprender a descobrir a pista e a suspeitar. Com efeito, "a doença tem astúcias de um malandro..." (p. 141).

II

"Não dever agir", por vezes o abstencionismo, "agir imediatamente", adiar ou se aventurar, tantas modulações temporais de uma terapêutica que se diferencia, que atua sempre num tempo que ela ultrapassa ou utiliza, não mais se submete. Mesmo quando o terapeuta "espera" o momento oportuno, com efeito, compreendamos que ele o provoca: se, por exemplo, a tensão arterial despencou, como se diz, uma intervenção comprometeria a vida frágil do paciente. É preciso reequilibrá-lo previamente, disso resultando uma terapêutica destinada a preparar a seguinte e a torná-la possível. Aqui já se aponta uma terapêutica da terapêutica, uma medicação relé. A cirurgia "se medicaliza" e se duplica na ocorrência de um tratamento pré-operatório. Quanto mais ela se tornar menos simples, melhor ela curará.

No começo, lembremos, para poder melhor mostrar a extensão de um progresso que nos propomos medir, o cirurgião se limita a seguir a autocrática natureza: é a religião da *sola Natura medicatrix*. Ela sugere, aos primeiros intervencionistas, tanto o ato a realizar quanto o modelo do instrumento a inventar ou a manejar. Se, por exemplo, um paciente sofre de anúria, não se deve então recorrer a um tubo do mesmo comprimento, da mesma direção e do mesmo diâmetro que o ureter? O cateter, como assinalaram todos os teóricos da aparelhagem médico-cirúrgica, encontra-se negativamente definido pela morfologia anatômica que delineia como côncava a forma e o relevo dos primeiros instrumentos. Essa sonda deverá ser lisa a fim de poder deslizar pelo canal que ela remonta, mas também oferecer uma certa consistência, permanecer, contudo, maleável, se ela deve tomar a forma das sinuosidades e das curvas das vias evacuadoras. Os próprios gestos liberadores, por sua vez, são ditados pela doença, no sentido em que eles visam reproduzir o processo das curas espontâneas. O ilustre barão Larrey justifica sempre suas audaciosas amputações argumentando que os membros feridos e gangrenados se esfoliam e caem por si mesmos. Ele pretende apenas antecipar e também limitar uma invasão pútrida.[10] É possível citar uma única operação que não se inspire no modelo natural? Todas, na verdade, derivam dele: assim, a redução das luxações, ou seja, a recolocação no lugar de uma articulação danificada, a drenagem dos abscessos e coleções purulentas que tendem a se exteriorizar, a operação célebre da pedra que visa extrair um cálculo que, por vezes, se conseguia eliminar por si mesmo, a cesariana igualmente. "Ninguém sabe se a ideia dessa operação nasceu em seguida a um caso no qual, depois de dores atrozes, a matriz da parturiente se dilacerou ou ao se examinar as entranhas

---

10   D.-J. Larrey, *Mémoire sur les amputations des members à la suite des coups de feu, étayé de plusieurs observations*, Paris, du Pont, 1797: "É muito fácil conceber, com base nessa curta exposição de fatos, que a amputação, nesse caso, deve ser praticada de imediato. Adiá-la, contentando-se em aplicar um simples aparelho, seria esperar os acidentes dos quais acabo de falar" (p. 3). Mesmas observações em *Clinique chirurgicale exercée particulièrement dans les camps et les hôpitaux militaires* (1829) ou em *Relation historique et chirurgicale de l'expédition de l'armée d'Orient, en Egypte et en Syrie* (1803).

dos animais sacrificados contendo fetos ainda vivos. O fato é que o 'nascimento por meio da incisão' é mencionado no *Rig-Veda*, o mais antigo livro das Índias, no *Talmud* dos judeus e nos testemunhos dos gregos, romanos e árabes. Segundo uma lenda bastante duvidosa, Cesar, o primeiro imperador de Roma, teria assim sido extraído do ventre de sua mãe, o que originou seu nome 'Caesus', o excisado. Por essa razão, essa operação foi nomeada 'cesariana'... A excisão de crianças de mães mortas era praticada (na Idade Média). A Igreja impeliu a isso a fim de que toda criança fosse batizada. A *Lex Regia* proibia sepultar uma parturiente morta antes de se ter tentado, por meio de uma incisão, extrair a criança do seu cadáver e de batizá-la. Durante séculos, quando os médicos estimavam estar abaixo deles toda intervenção no corpo humano e a cirurgia era exercida pelos barbeiros, as parteiras tinham de jurar perante a Igreja que fariam a excisão das crianças das mulheres mortas em suas mãos."[11] Como essa citação sugestiva o mostra, a cirurgia primeira não decorre só do naturalismo, o religioso, com suas exigências, a atravessa e a orienta.[12] Seja como for, a operação do passado tende para um duplo objetivo: ou bem ela restabelece a morfologia perdida, o ideal topográfico rompido pelas fraturas e pelos diversos deslocamentos, ou então ela realiza a forma ou o estado das curas espontâneas, das harmoniosas remissões e consolidações.

Depois desse naturalismo, a cirurgia entra numa era oposta à precedente por uma espécie de dialética oposicionista: a etapa da audácia e da violência curadora. O cirurgião a amplia. Esse herói consegue vencer a natureza, se aventura nas vísceras as mais profundas e as mais proibidas, como o abdômen, o estômago, o peito ferido, enfrenta pleura e peritônio, tenta o destino. Dupuytren e Péan, Gensoul e até mesmo Jaboulay, o mestre de Leriche, ilustram esse período glorioso e temerário. Mas ela própria, a cirurgia, será condenada e renegada. Com efeito, a cirurgia moderna pode se definir como a "morte do cirurgião" e sua eliminação. Ora ele terá sido necessário a fim de fazer sua disciplina ultrapassar os limites impostos por seu naturalismo original, ora ele deverá desaparecer com e pelo progresso para o qual ele trabalhou. A queda do Prometeu, do demiurgo ou do *pater artifex* que, mais do que qualquer outra figura, retém a imaginação, condiciona e define plenamente a cirurgia contemporânea.[13] Chegar-se-á a acusar o operador fascinante e decidido. O processo começa modestamente, em nossa opinião, desde o final do século XIX com Pasteur e Lister: "O que causa a epidemia", proclamará Pasteur diante da Academia, "é o médico e seu pessoal, que transportam o micróbio de uma mulher

---

11 Jürgen Thorwald, *Le siècle de la chirurgie*, 1957, p. 180-181.
12 Lecène, *L'évolution de la chirurgie* (p. 124-125), por sua vez, justifica a moda das cauterizações e das pontas incandescentes pelo fato de os árabes considerarem como verdade religiosa ser sacrilégio colocar as mãos sobre o corpo humano: o contato com o sangue, a mutilação ou a excisão cortante só convêm em tempos de guerra. Desse horror religioso pelo "sangue versado" proviria o uso imoderado do cautério.
13 Cf. Ducuing, Les enseignements de la chirurgie américaine, *Toulouse médical*, 1948, p. 163 e, do mesmo autor, no mesmo sentido, *L'évolution de la main en chirurgie*, p. 506.

doente para uma mulher saudável". Até então, a relação médico-paciente parecia de algum modo descendente: a graça da redenção partia do médico para o doente que a implorava. O operador do bem afastava e expulsava o mal. Sem modificar evidentemente esse eixo do encontro terapêutico, a descoberta da infecção e da transmissão o inverte um pouco e o perturba: o médico veicula "o micróbio", faz arder a febre do mal, participa da propagação da gangrena, da epidemia. Para salvar, o deus moderno deverá ele próprio purificar-se. A acusação começa apenas e timidamente. Pouco a pouco, ela crescerá e a cirurgia acabará por substituir o cirurgião, para retomar a expressão dos historiadores dessa evolução.[14] Desde então, a localização do mal – um tumor, um quisto, uma oclusão –, sua natureza e seus prolongamentos, nada é mais entregue a uma palpação ou a um toque sensíveis. A radiografia os substitui. "Os condutos esofágico e uretral, as cavidades gástrica, retal e vesical, depois a cavidade pleural e o interior das orelhas, do nariz e da laringe logo se tornaram acessíveis à vista... Um outro progresso considerável em breve seria realizado e deveria transformar a medicina tanto do ponto de vista do diagnóstico quanto da terapêutica: foi, por volta do final de 1885, a genial descoberta dos raios X pelo físico Roentgen. A radiografia constitui, seja para o cirurgião, seja para o médico, um meio de diagnóstico indispensável, sobretudo depois que as injeções de contraste tornaram possível o exame dos órgãos ocos."[15] Por outro lado, a anestesia, revolução inigualável, libera a cirurgia de bravura: doravante, o operador pode dar tempo ao tempo. Outrora, o cirurgião devia realizar uma exploração para a qual sua virtuosidade o qualificava; o barão Larrey desarticula um quadril em alguns segundos, menos de um minuto. Não se poderia falar de uma conduta operatória: ela se resume a gestos vivos e hábeis. A anestesia e o curare, que liberam o operado de suas contraturas, dispensam o intervencionista dessa incomparável agilidade. Nos dias de hoje, a técnica operatória nasceu. Se outrora a aptidão pôde, a rigor, se transmitir de pai para filho, ela não podia ser adquirida, menos ainda ensinada. Doravante, ela pode ser aprendida. Com efeito, uma manobra se decompõe e se esquematiza. Se, por definição uma exploração não podia ser codificada em regras pelo simples fato de sua subtaneidade, em contrapartida, graças à docilidade e à imobilidade do sujeito que se oferece sem reservas ao sacrifício da cura, o racionalismo do método, da minúcia e da prudência substitui as improvisações arriscadas assim como os lampejos de proeza. O cirurgião sabe, antes de executá-los e para podê-lo, os gestos a realizar, as vias a seguir, os limites a respeitar, os tecidos a evitar. M. Ducuing enfatizou particularmente essa mecanização e essa standardização da cirurgia moderna. E doravante o que conta é menos o nome do executante que o ancestral que ele reproduz, a escola que o formou ou os meios de análise que o acompanham. Não se diz mais: "tal médico o operou", mas sim "ele

---

14 Cf. Jean Fiolle, *Essai sur la chirurgie modern*, 1919, notadamente a 1ª parte: "Essai sur la chirurgie en général". Do mesmo autor, *Discussions des rapports du LIe Congrès Français de Chirurgie*, 1948.
15 Dr. von Brunn, *Histoire de la chirurgie*, p. 91.

está fazendo um Dragstedt, tentando um Peet ou um Smithwick". E trata-se ainda menos de comemorar ou de invocar um "mestre" do que lembrar a intervenção, copiar fielmente uma tentativa bem-sucedida, remeter a uma doutrina. Não um homem, mas um conjunto de princípios.

Ao longo dessa evolução que por fim conduz a cirurgia sacrificada pelo naturalismo a uma independência que a libera do próprio cirurgião objetivando-a em uma disciplina autônoma, a cirurgia chega sobretudo à "tomada de consciência de si mesma": o agir se esclarece no momento em que ele se institucionaliza. Quando o tratamento cirúrgico decorre de heróis que dominam as doenças, não apenas ele se confronta com fracassos, mas também lhe falta clareza, racionalidade ou tecnicidade. E esse romantismo do ardor purificante e da extirpação curativa, apesar do sucesso que ele representa, escorrega igualmente numa certa magia. Decorre daí sua fraqueza operacional. O agir radical e decidido se reconhece, historicamente, por este signo: ele se aliena em alguns gestos rápidos, não pode ultrapassar alguns limites, nem evitar alguns fracassos. Para ultrapassar esse período do heroísmo e da violência, será preciso que o cirurgião exteriorize o método cirúrgico, se separe dele e impeça a surda fusão entre o operador e a operação, entre ele próprio e suas tentativas corajosas. Do desdobramento nascerá o progresso e a promoção da cirurgia.

E se, como vimos previamente, a verdadeira cirurgia se modera (se deve ou não operar?), doravante devemos mostrar suas fronteiras interiores: depois da restrição de seu campo, a de suas próprias manobras e deslocamentos. Depois do agir circunscrito de fora, aquele que aprende a se censurar e a se criticar. Mas é a tomada de consciência que, de algum modo, exteriorizará a técnica operatória, a aperfeiçoará e ajustará para seus próprios fins. Uma filosofia do agir e de seus progressos deve enfatizar essa dialética fundamental que realiza a cirurgia fora do cirurgião e que também a humanizará na medida mesma que a despersonalizará.

O cirurgião Leriche fundou a necessidade da "limitação qualitativa" do agir operatório: por discutíveis que possam parecer suas recomendações terapêuticas, se o presente já desmentiu algumas de suas previsões, nem por isso esse mestre deixou de favorecer uma revolução copérnica do método cirúrgico. O cirurgião, com efeito, criaria desordens com sua invenção. Ele superpõe à doença que pretende curar a doença de sua agressão e de sua impetuosidade terapêutica. Seu querer anula seu poder. Ele não pode incisar, afastar, furar, eviscerar ou cravar sem que o organismo se revolte contra essa efração. Se a anestesia condena o doente à inércia, ela efetivamente suprime a vida de relação, a consciência e o movimento, mas de modo algum as sensibilidades profundas e vegetativas que se opõem à ofensa dos instrumentos ou dos deslocamentos, à injúria das incisões e dos arrancos. Resulta daí o conceito revolucionário de "doença operatória que transformou a metodologia e a tecnologia do agir sangrento. Este deverá cindir-se no sentido em que, doravante, o cirurgião deverá agir, mas, paralelamente, lutar contra as consequências da intervenção. O agir se torna duplo: benfeitor e nocivo. Por conseguinte, ele deverá apagar, ao mesmo tempo em que se executa, essa maleficência induzida e entretida por ele. Entre parênteses, essa observação vai ao encontro das de Semmelweiss e de Lister, a de Pasteur ou até mesmo de Freud, que acusam o operador ou o terapeuta de contaminar, ampliar o mal ou servi-lo. Para liberar o encontro humano da cura, é preciso primeiro retificar ou purificar o redentor que não mais se beneficia de seu privilégio de inocência. É evidente que essa noção sacrílega levantaria revoltas e despertaria críticas: com efeito, ela não acomodava uma relação humana, ela a perturbava e transformava sua economia. "Contei muitas vezes como a ideia me veio à cabeça. Eu havia visto as repercussões tissulares dos pequenos traumatismos pela vasodilatação ativa produzida por eles. Um dia, pensei que os traumatismos operatórios deveriam ter o mesmo efeito, mas numa escala completamente diferente. Liguei tudo o que acontece ou pode acontecer, depois de uma operação, à doença traumática, à exclusão do que era consequência de um erro de assepsia ou de uma falta técnica. A ideia parecia lógica. Não parecia dever suscitar oposição. Ela, porém, provocou uma considerável. Quis-se ver nela apenas uma má interpretação de erros de assepsia e de erros de técnica, justamente tudo o que eu eliminava. E a tal ponto que meu amigo Lambret, tendo proposto pôr na ordem do dia a doença pós-operatória para um próximo Congresso de Cirurgia, o Comitê, em sua quase unanimidade o recusou, por se tratar de "uma questão sem base e sem importância."[16] E essa doença da operação – e não apenas a operação da doença – nasce antes do começo do ato mutilador, se prolonga na convalescença, turva, portanto, a evolução da doença. Por essa razão, não somente as drogas novas deverão curá-la, mas, sobretudo, o cirurgião deverá moderar, ralentar, abrandar seus gestos que despertam as sensibilidades tissulares. Pior ainda, o mal resulta com frequência de um desregramento do próprio sistema simpático. Ora, ocorre a ação cirúrgica prejudicá-lo, já que ela desencadeia espasmos e constrições funestas. Em suma, a terapêutica corre o risco de caminhar na direção do mal. Essa é uma razão a mais para o operador estar alerta contra as manobras excessivas, apressadas, temerárias. "A cirurgia nunca leva à cura senão ao preço de uma doença... A cirurgia teve de se disciplinar. Renunciando a suas proezas, ela buscou se fazer tolerar ao menor preço tissular. Seus gestos se tornaram suaves, mensurados, pacientes. Tornaram-se, sobretudo, econômicos de sangue e de sensibilidade."[17]

Essa patologia da terapêutica imoderada consagra o desaparecimento do cirurgião com sua audácia intervencionista, sua certeza triunfante que, sempre, acusava os tumores demasiado invasivos por seus fracassos ou o esgotamento do operado, a doença ou o doente, à exclusão da ação destinada a salvar um e a expulsar a outra. O cirurgião da dor que preconiza a suavidade, isto é, o manejo do vegetativo e da vida tissular, transforma os dados do processo: com efeito, não basta agir com uma intenção curativa – o bem do final não consagra o meio empregado –, é preciso sobretudo agir minuciosa, lenta e precaucionalmente. Quanto mais o cirurgião

---

16   René Leriche, *Souvenirs de ma vie morte*, p. 78.
17   *Id.*, *La philosophie de la chirurgie*, p. 164.

se inibe e se despersonaliza, mais ele aumenta sua eficiência. Quanto mais ele se diminui, mais ele triunfa. O filósofo dos avanços materiais reterá a verdade de um sucesso inversamente proporcional à audácia e ao dinamismo do operador. Para se aperfeiçoar, o agir aprende a se restringir. Ao "não dever fazer nada" por meio do qual caracterizamos o primeiro tempo do método cirúrgico que sabe vencer e ultrapassar a temporalidade, é preciso acrescentar um "agir subjugado e inibido" que evita todos os transbordamentos. A extensão cirúrgica varia em razão inversa de sua compreensão: quando ele se empobrece, perde suas cores e seu brio, ele se amplifica. Aliás, uma decisão de operar cada vez menos depende da intrepidez de um homem, decorre cada vez mais da própria cirurgia que se dedica a codificar as diversas situações médico-cirúrgicas a fim de preestabelecer o que escapa à sua jurisdição ou o que pode se beneficiar dela. O operador, antes de se decidir, escuta menos sua consciência do que consulta as regras de indicações ou o quadro de experiências e dos resultados. Em suma, o saber predetermina o querer e condiciona o poder. E a ação liberadora perde seus ornamentos e seu estilo: hoje, é um conjunto silencioso e branco de reanimadores, anestesistas, ajudantes, biólogos ou histologistas que realizam um ritual sóbrio e lento.

Não temos de nos aprofundar nas múltiplas consequências dessa renovação cirúrgica. Limitar-nos-emos a enunciar uma dentre elas: a mais benigna, talvez a mais insignificante, mas suficiente para revelar a ampliação e a radiância do "espírito" operatório. Ele se concentra cada vez menos no ato efetuado ou a realizar. Ele se generaliza e se amplia: o "levantar precoce" participa, com efeito, do tratamento da doença operatória em sua fase pós-cirúrgica, e devemos aproximá-lo das medicações clássicas que corrigem os distúrbios liquidianos, as perdas sanguíneas, os desequilíbrios bioquímicos, os espasmos nervosos. Ele deve, inclusive, reter a atenção do filósofo, tanto por causa de sua imaterialidade quanto pelo ensino cultural do qual ele é portador. Essa terapêutica, essa higiene do operado rompem com um costume imemorial segundo o qual o doente deve ser confinado a um leito, enrolado em cobertas quentes, afastado e passivo. Obriga-se o paciente ao repouso mais completo, afasta-se dele as influências, o esforço, a inquietude, proíbem-no do mínimo movimento. Mergulham-no no torpor, mumificam-no. Esse comportamento se inspira, no começo, em temas míticos ou religiosos: "Assim como se põe a criança no chão logo depois do parto a fim de que sua mãe verdadeira o legitime e lhe garanta uma proteção divina, do mesmo modo se põe no chão, a não ser que as enterremos, as crianças e os homens maduros, em caso de doença. Esse rito equivale a um novo nascimento. O enterro simbólico, parcial ou total, tem o mesmo valor mágico religioso que a imersão na água, o batismo. O doente é regenerado por ela: ele nasce de novo."[18] E mesmo essa vida crisálida ou fetal, em que medida ela não decorre de uma antiga magia de proteção? Ela não é a sobrevivência de uma

---

18   M. Eliade, *Traité d'Histoire des Religions*, prefácio de Georges Dumézil, 1949, p. 220, cap.: "La terre, la femme et la fécondité".

atitude atávica, ou seja, socorre-se menos o doente do que se o retira da vida social? Imobiliza-se aquele que corre o risco de contaminar, assustar ou inquietar o grupo; se paralisa e se sequestra aquele que os demônios habitam ou aquele cujo sangue impuro se acaba de difundir. O enterro, por fim, serve tanto para a regeneração do ferido quanto para a salvaguarda e segurança dos seus. Ele garante os dois: a doença cria uma deiscência profunda e é preciso proteger o infectado contra o furor das purificações tanto quanto preservar o corpo social das poluições ou do contágio. O cirurgião, por sua vez, caminha espontaneamente nesta direção: com efeito, ele corre o risco de encorajar o "baixar à sepultura" simbólico germinativo e reparador. Depois de seu trabalho orgiástico que, em compensação transtornou o organismo, em função de uma espécie de obscura contrapartida, para apagar talvez o rancor, ele preconiza o inverso da violência primitiva e da desmedida curativa, impõe uma vida parasitária, os benefícios da apatia. Os dois momentos se anulam e se completam: o excesso do sacrificial, depois, a indolência e o aleitamento. Depois da brusquidão, um lento levantar, uma longa convalescença. Dois tempos, duas mágicas. A calma se segue à tempestade e às suas convulsões. E o doente, por sua vez, colabora: os primeiros movimentos se anunciam dolorosos ou difíceis. Por conseguinte, ele almeja prolongar essa vida de ataraxia e de torpor. A medicina popular também reforça essa paixão pelo decúbito: ela exalta o repouso absoluto. Pelo fato de o doente com frequência cair ou se alongar por lhe ser difícil reerguer-se – epilepsia, coma, ataque –, ela considera o aleitamento como uma atitude que a boa natureza indica para uma reação salutar tanto quanto elementar. Nada, por conseguinte, que não leve o operado a manter-se no leito, a comprazer-se nele. Uma vez que ele foi sacudido e abalado em todo seu ser, ele merece "refazer-se", deve poder beneficiar-se de uma vida noturna na qual ele se "refará". Reencontramos, aqui, a cirurgia primeira, suas zonas irracionais inevitáveis, sua magia ressurrecional: num primeiro tempo, o demiurgo armado rompe o destino, o revira e será preciso, depois desse ato ainda negativo, que o doente "renasça", que ele viva uma vida crisálida.

Se tudo concorre a esse ponto (a sociedade, o operador, o doente, a opinião, as crenças) para valorizar e alongar o tempo do profundo repouso, a terapêutica que pretende vencer essa prática, esse costume social, é bastante revolucionária: ela força o doente, desde o segundo dia após a intervenção, a "se levantar" a fim de evitar a desaceleração de sua circulação, a estase funesta, a congestão, todos os distúrbios indiretamente suscitados pela atitude cirúrgica. A doença pós-operatória é uma das sequências operatórias não apesar da intervenção, mas por causa dela. O doente, por vezes, morre menos *em* seu leito do que *por causa* de seu leito. Ele é menos atingido por uma doença sorrateira e ontologicamente prejudicial do que pela medicina da dor e da solidão. Essas fórmulas só surpreenderão os que desconhecem a importância do que os cirurgiões nomearão o "perigo azul", ou seja, a flebite, os distúrbios pulmonares, os escarros, para falar apenas destes. A deambulação se impõe rapidamente, guardadas todas as proporções, contra os infortúnios do decúbito. E, se a flebite ameaça, em vez de parar o caminhar, ainda assim o prescrevem para impedir o coágulo de se fixar, aumentar e se enrijecer. Com certeza, e concordamos com isso, o método do "levantar precoce"[19] perdeu sua importância. Hoje, o cirurgião possui meios medicamentosos para fluidificar o sangue, extinguir as inflamações, favorecer as trocas. Não se pode negar que a higiene do levantar ou da marcha conserva seus defensores. Se ela não cura verdadeiramente as misérias do pós-operatório, ela as previne. De todo modo, esse método evidenciou os sérios perigos do confinamento ou do aleitamento: por meio dele, o cirurgião se interroga sobre o que ele deve permitir ou aconselhar, tendo em vista salvar seu doente.

As decisões mais anódinas podem se tornar importantes. Aliás, se insistimos nessa medicação profilática do traumatismo operatório, é pelo fato de ela mostrar, de maneira concreta e sugestiva, a amplificação do socorro ou do agir cirúrgico. O oficiante não se contenta em cortar, excisar ou suturar. Ele acompanha o operado em sua convalescência a qual ele deve vigiar. Sobretudo, ele quer suprimir os acidentes, as desordens acarretadas por seu agir. O cirurgião moderno, com efeito, sabe, doravante, que dos três termos presentes: ele próprio, o mal e o doente, cada um à sua maneira, pode prejudicar e impedir a cura. O paciente, por meio de suas defesas ou de suas reações, exacerba o mal que o cirurgião acelerará ou favorecerá por sua precipitação e seus gestos falsamente curativos. Nessas condições, o redentor se obriga a vigiar-se e se absterá igualmente de conselhos médicos perigosos. Ele se preocupará com a alimentação do operado, com suas ocupações e até mesmo com seu próprio psiquismo. Essas não são para ele questões totalmente supérfluas ou secundárias: assim, o levantar e o decúbito prolongado podem modificar a evolução da doença, afastá-la ou agravá-la.

Quisemos prová-lo: a cirurgia não é somente mecânica. Mesmo quando ela o é, ela ainda tenta igualmente cindir-se para tomar consciência da desordem provocada por ela pelo simples fato de seu exercício. O agir cirúrgico perdeu sua antiga simplicidade: ir até onde está o mal, em seus recônditos para libertar o organismo invadido. Ele ganhou com essa tomada de consciência que o inquietou e intelectualizou: se ele abandonou seu estilo glorioso, romântico e imperial, se ele se estereotipou e ralentou, ele também se aperfeiçoou e ampliou consideravelmente, a ponto de não mais conhecer limites externos ou locais inacessíveis. O cérebro, o coração, a medula, doravante nada escapa a suas possibilidades exploradoras ou a seus instrumentos liberadores. Nós o enfatizamos: sua extensão varia na razão inversa de sua compreensão: ele vai tanto mais longe quanto mais ele se inibe e luta contra si mesmo. Efetivamente, ele não mais olha apenas o mal, ele se interessa pelo doente e, sobretudo, controla a si mesmo. Ele transborda o momento da intervenção, vigia a si mesmo tanto antes quanto depois. Nós o vimos, por fim, reagir contra o mis-

---

19   Desconsideramos o detalhe das recomendações e das explicações. Encontrar-se-á precisões e análises verdadeiramente médicas, das quais nos abstivemos, em André Chalier, *La méthode du lever précoce en chirurgie abdominale*, Masson, 1945. A. Chalier é, aliás, o promotor dessa terapêutica.

ticismo do sequestro ou a magia da excessiva quietude que se segue à desmesura sangrenta. Se o cirurgião procede então de modo mais suave e lento, paralelamente ele manifesta mais firmeza na convalescença: ele recusa abandonar o operado à imobilidade. Pouco a pouco, o par místico violência-repouso substituiu seu oposto. O levantar rápido se inscreve nesse registro de inversão e de agitação.

Se esse método benigno do movimento precoce permite melhor conceber "o agir mecânico", seus prolongamentos assim como a autoacusação do cirurgião que se banha na doença, que não mais cura pelo simples fato de ele intervir, se ela mostra igualmente a ambiência cultural na qual se desenrolam os gestos ou as atitudes as mais desprovidas de sentido ou de poder (o decúbito), ela deve, mais amplamente, ajudar o filósofo a renovar seus conceitos de "salvação", de "cura" e de "violência". Com efeito, a solicitude pode prejudicar. Acreditou-se por longo tempo servir ao doente quando, estando ele frio, o aqueciam, ou então, estando ele fatigado, o deitavam, evitavam-lhe esforços ou a marcha. Pelo menos, pensava-se, não o serviam. Apenas: o que há de mais falacioso do que o célebre adágio *primum non nocere*? Ele sugere a abstenção, justifica as práticas mais nocivas. Sob as roupagens de "nada de gesto brusco", "nada quebrar", ocorre que se afasta do bisturi os doentes que dele se beneficiariam e que receberiam um "falso socorro médico" sob a capa de uma moralização fácil (não prejudicar). Paralelamente, depois da intervenção, se prolonga a passividade restauradora, a enganosa imobilização porque, então, se acredita, não "acontecerá nada". Aqui também, em vez de salvar o paciente, se o condena. Desse modo, o "não fazer nada" da abstenção e o "não fazer nada" do repouso absoluto se revelam ações finalmente agressivas e prejudiciais. Em suma, a cirurgia é uma grande escola metodológica do agir: de uma ponta a outra de nossa análise na qual buscamos descrevê-la, sem sua evolução e em suas proezas, ela não cessa de mobilizar ou inquietar o "fazer" complicado por ela. Ela chega até a incluir em seu sutil agir um agir contra ela mesma.

III

Buscamos extrair duas características essenciais do agir cirúrgico: 1º sua temporalidade de urgência ou de espera que pode até mesmo implicar um "não intervir"; 2º além disso, o fato de que ele deve lutar contra ele mesmo: esse desdobramento, essa tomada de consciência que limitou o agir devia, paralelamente, ampliá-lo.

Resta-nos agora entrar melhor na própria essência desse método cujas fronteiras tanto externas como internas reconhecemos até aqui. Agir, por certo, mas aonde conduzir o bisturi? O "que fazer?" prevalece sobre o dever "fazer". Com efeito, a cirurgia não se reduz a realizações pautadas no modelo "desobstrução" ou "exérese". Seu agir se desloca e se lateraliza. Recanalizar, ressecar, anastomosar definiam terapêuticas diretas. Quem ousaria minimizá-las? Somente, apesar de sua importância, elas não podem mais pretender englobar ou definir a integralidade do cirúrgico que a história não cessa de amplificar. O cirurgião não visa mais fatalmente o "mal" (tumor ou quisto, compressão ou aneurisma), pois ele se preocupa mais em modificar "o doente": a mão liberadora se dirige então para os sistemas reguladores, os comandos ou os potenciais fisiológicos. Devemos esclarecer, em suas linhas gerais, esse "agir" afastado ou oblíquo que transformou o espírito do método dito sangrento, a ponto de cada vez menos, ele respeitar os dados da anatomia, ou seja, as sugestões morfológicas (reerguer, abrir, fechar, liberar). Com efeito, tal é o paradoxo da cirurgia funcional ou indireta, seu antianatomismo declarado, suas perspectivas generalizantes que, aliás, a aproximam da terapêutica médica.

Em primeiro lugar, devemos evocar a experiência fundamental de Leriche, aquela que teria decidido a promoção da técnica cirúrgica: uma situação das mais banais, da qual seu espírito atento extrairia uma pluralidade de consequências originais.[20] Se Leriche a considera como o *primum movens* de suas reflexões para o lampejo revelador, reconheçamos que ele estava notavelmente preparado para recebê-lo. Desde o começo do século, seu mestre Jaboulay entrevia e já ensinava "a tendência recente que não é mais a exérese e que consiste em acionar os centros nervosos, os aparelhos nervosos periféricos, todos os órgãos, por intermédio de uma modificação trazida ao sistema nervoso da vida vegetativa que regula sua função".[21] Mas qual esse modesto e pretenso ponto de partida? Em 1915, um ferido de guerra que sofre de violentas dores no braço, distúrbios tróficos da mão, impotência muscular, em seguida a uma severa obliteração da artéria axilar. Nessa época, o que pode fazer o cirurgião para aliviá-lo? Nada. Mas Leriche secciona a artéria tamponada sem dúvida visando evitar a extensão do coágulo ou sua embolia nas regiões vitais. Ora, a mão logo se reaquece, as dores cessam, o ferido se cura. Quis-se apenas retardar uma evolução infeliz, afastar um perigo vital, mas o doente sai disso restabelecido. Afasta-se uma ameaça. Por fim, expulsou-se o mal. O que pode haver de mais sufocante e de mais imprevisto: corta-se um segmento arterial e a circulação retoma. Como se pode aumentar um débito quando se suprime os canais? Este é o problema formulado por Leriche para essa ilógica cura, da qual ele extrairia o duplo fundamento de sua metodologia.

a) Uma artéria obstruída não se contenta em interromper a corrente sanguínea, ela bloqueia a circulação de toda a região; a artéria doente se comporta como um nervo, no sentido em que dela partem reflexos vasoconstritores que barram os caminhos vizinhos, impedem as irrigações vicariantes. A gangrena se segue à obliteração não por causas hidráulicas, mas conforme às leis da fisiologia nervosa. Primeira lição de antianatomismo e de não especificidade: Leriche não propõe mais restabelecer um circuito, ao contrário, para curar, ele o corta. Com efeito, ele concebe o patológico não como uma fisiologia impedida (negativo), mas como uma fisiologia generalizada (positivo). Mas como o eminente cirur-

---
20   R. Leriche, *Exposé des titres et des travaux scientifiques*, 1937.
21   Jaboulay, *Leçons de clinique chirurgicale*, 1904, Introdução.

gião incrimina menos a própria artéria (a trombose que a oclui) que sua parede portadora de dispositivos nervosos, ele chega a esta consequência: em vez de seccionar o vaso, se pode apenas esfolá-lo, desnudá-lo, decorrendo daí as célebres simpaticectomias que sucedem às arteriectomias. Pode-se também levar ordens nocivas aos gânglios alto situados, aos relés que permitem a comunicação e a extensão. A variedade das terapêuticas se compreende pelo fato de que o mal não é mais "uma parte lesada", ele não reside mais em um lugar, mas uma radiância ou uma generalização. O organismo doente não se limita, é preciso, portanto e, sobretudo, romper a fisiologia patológica de seus excessos, interceptar os estímulos, extinguir o processo de algum modo.

Isquemias, arterites, gangrenas decorrem assim dessa cirurgia do simpático. Como a vida tissular em seu conjunto depende do sangue, seja o fato de ele faltar, seja o de ele abundar, como seu regime, por sua vez, depende do sistema neurovegetativo, o ato cirúrgico remonta das condições às condições, se desespacializa cada vez mais. O demiurgo moderno doravante tem em suas mãos, sobretudo, os fios que comandam a distribuição sanguínea e seu equilíbrio. Ele abandona um pouco os instrumentos mutilantes ou as manobras violentas. Ele tende, inversamente, a reorganizar ou a remodelar a vida tissular. Em vez de expulsar, ele irriga ou dirige. Perspectiva francamente nova: por meio de secções mínimas e benignas, ultrapassar as lesões, restabelecer as funções, agir principalmente sobre o anárquico, sobre aquilo que nenhum bisturi jamais alcançou, as trocas nutritivas, os metabolismos, as energias celulares. Pelo fato de o cirurgião ter acreditado reconhecer os determinismos da "generalização", da "extensão" que cria o patológico, ele poderá orientar a própria vida, e também pelo fato de ele saber ir às causas mais elevadas que regulam as transmissões, ele visa uma cirurgia do infinitamente pequeno.

b) Segunda consequência da experiência original que reforça o antianatomismo da primeira: extrai-se da cura inopinada do ferido de guerra uma condenação da fisiologia da dor, enfeudada na anatomia das vias e dos trajetos que, por isso, concebe a dor como uma estesia particular, transmitida aos centos "dolorosos" por redes apropriadas. Ora, assistimos ao nascimento, depois ao retrocesso do sofrimento, em seguida a um retardamento, depois de um retorno da circulação. No caso, a dor refletiu um distúrbio da vascularização. Novo intricamento e coalescência dos dois sistemas. Para Leriche, a dor se torna um sintoma essencial e global que não se pode localizar em um circuito ou em um aparelho definido. Aliás, como a dor poderia repousar sobre um substrato anatômico prévio? Com efeito, ela não pode equivaler a uma "sensação", pela boa razão de que ela não significa, ela não informa. Ela não pode preexistir no estado de virtualidade tendo em vista denunciar a eventualidade de um perigo. Com efeito, ela não apenas não adverte de nada, como também complica e agrava a doença. Ela é um sintoma clínico, ou seja, uma manifestação patológica que só tem valor para um cirurgião que sabe interpretá-la. Ela não tem significação objetiva.

Certo de ter curado seu ferido, de tê-lo aliviado unicamente pela ressecção da artéria trombosada, Leriche desconsidera resolutamente o naturalismo da dor como uma advertência (com efeito, do que ela advertiria já que, nessa época, nada se podia contra ela?) ou como uma sensibilidade particular. Concepção incontestavelmente original para um cirurgião chamado a modificar um estado que não se localiza verdadeiramente, para o qual se falará apenas de condições ou de fatores, de modo algum de topografia! A experiência matricial o sugere: o simpático, com seus reflexos estendidos, o sangue, as desordens tissulares (esses três elementos decorrendo uns dos outros) definem o modo de aparição mais frequente do sofrimento biológico. E, para curar deles, não se deve destruir nenhum dos *locus doloris*, é preciso modificar uma economia regional, cortar uma rede nervosa, interromper comunicações. A dor não é mais um resultado, mas uma resultante, ela não é uma "coisa", mas um conjunto humano de múltiplos componentes.[22] De todo modo, o mutilador clássico fracassa nessa luta contra esse "irreal" anatômico: ademais, não somente ele não consegue arrancá-lo, aniquilá-lo, mas arrisca-se a acrescentar a essa dor rebelde aquelas de suas incisões, de suas cicatrizes, das aderências ou das neoformações consecutivas.[23]

---

[22] Não é sem importância notá-lo. Leriche reconhece que, se de um lado a medicina inteira tende a acalmar nossas misérias, de outro, ela as favorece e as multiplica. Nessas condições, a dor não concerne apenas a um indivíduo, ela designa uma época, uma cultura e uma civilização. "Qual é o homem de Estado, hoje, que poderia levar a vida de Richelieu, tendo incessantemente as dores renascentes de seus abscessos fistulosos? Quem, portanto, viveria a vida pomposa e ativa dos homens do grande século, do próprio Luís XIV, que perdiam pouco a pouco seus dentes com cáries não tratadas e pareçam não prestar nenhuma atenção nisso? Se um dia você tiver alguma palpite, você compreenderá o que quero dizer. Você ousaria dizer que naquela época a polpa dentária não era dolorosa? No entanto, ela já tinha corpúsculos sensíveis. E, se ela era menos sensível, era sem dúvida porque a atenção dada à dor era menor... De fato, a antipirina e sua herdeira, a aspirina, nos dando os meios de nos aliviarmos muito facilmente, nos tornaram mais sensíveis à dor... Como a aspirina, a anestesia cirúrgica tornou os homens mais aptos a sofrer porque ela suprimiu para eles a dor das operações" (*La chirurgie de la douleur*, p. 67).
Essa longa observação entra plenamente em nossas análises. Com efeito, quisemos previamente "desmaterializar" e "dessimplificar" a noção de remédio, o objeto mais nobre, o superobjeto da existência e da vida humanas. Tentamos mostrar suas flutuações e sua problemática. Opusemo-nos à definição puramente química e objetiva do medicamento. O remédio, embora seja material de ponta a ponta, conserva zonas de confusão. Não é possível ultrapassá-las. Aliás, o remédio se inscreve obrigatoriamente em um contexto humano, participa dessas influências. Por essa razão, essa citação que testemunha em favor da recorrência do medicamento e do mal, que mostra a aspirina aliviando uma dor que ela própria aumentou, nos parece uma das mais sugestivas que poderíamos alegar.

[23] "Não se pode negar que um certo lote de dores escapa aos gestos aparentemente mais precisos e mais bem regrados e que, por isso, tenderiam a fazer pesar sobre a sistematização das vias dolorosas um certo descrédito.
"Essas dores atraíram para si os títulos evocadores de dores intratáveis ou dores irredutíveis; parece igualmente que algumas dessas intervenções podem ser elas próprias geradoras de do-

O antianatomismo não mais cessaria de se desenvolver e de acumular as provas que o caucionam. Uma revolução soprava sobre a antiga cirurgia das "formas", demasiado preocupada em suturar ou em anastomozar, reparar ou reerguer. Se suas realizações – nós o repetimos – não deixam de ter valor e eficácia, elas não bastam mais para descrever o campo da técnica cirúrgica. O agir do cirurgião se dialetiza cada vez mais, a ponto de deixar de lado o "mal" para ater-se apenas a suas causas longínquas, aos encadeamentos patógenos. A secção da artéria já garante esse ilogismo aparente, uma vez que ela parece agravar o distúrbio que, por isso mesmo, ela suprimirá. Com efeito, ela não é uma vontade de repermeabilização ou de desobstrução que libera um canal obstruído. Do mesmo modo, a cirurgia da úlcera do estômago, para tomar um exemplo diferente, aprende a se desviar da lesão buscando mais atingir sua causa, isto é, realizar uma "anacidez" gástrica, seja por reduzir a superfície secretante da mucosa, seja por suprimir as zonas reflexas do antro, seja até mesmo por remontar a ordem dos fatores e interromper as vias nervosas, seccionando então os pneumogátricos estimuladores (*Dragstedt*). E a úlcera permanecerá no lugar, se cicatrizará por si mesma: para que serve destruir o efeito de uma causa que permanece? Uma vez abrasado, não deverá ele ressurgir (as recidivas)? É preciso, portanto, corrigir menos uma anatomia do que temperar uma fisiologia. *Démarche* mediata tanto quanto decisiva, persegue-se menos o mal (concepção inteiramente ontológica) que as forças que o incitaram ou mantiveram (terapêutica das funções).

Por fim, essa cirurgia fisiológica se propõe mais e menos que a antiga: menos porque, por vezes, ela deve se limitar a facilitar uma tolerância, a estabilizar uma evolução, a reduzir influências prejudiciais. Reduzir, justamente, não é anular e suprimir. Por outro lado, ela visa mais porque, em vez de retirar, ela tende a recriar ou a favorecer uma reorganização conjuntivo vascular, transforma, à sua vontade, o organismo e, sobretudo, porque ela triunfa de afecções que extraviam o método mutilante. Com efeito, muitos dramas clínicos embaraçavam o operador e até mesmo todo organicista: o doente podia sofrer, senão morrer, sem que se pudesse encontrar sua causa. Estranha patologia do *sine materia*! Procurava-se em vão localizar um coágulo ou um cálculo no cadáver, balizar uma perfuração ou sufusões hemorrágicas. E quanto ao doente – mesmo enigma -, as radioscopias não esclareciam e não revelavam nenhuma dessas deformações morfológicas que fundamentavam o patológico. Inversamente, a cirurgia do simpático ajudava a compreender o que desafiava a anatomoclínica. Ela autenticava a existência de distúrbios puramente motores, de dores por contraturas. Ela criava uma patologia nova do espasmo e da atonia (as discinesias, por exemplo, das vias biliares). Ela explicava as mortes obscuras e brutais, ela dava, sobretudo, o meio de suspendê-las: com frequência, o coágulo nefasto só lesa na razão inversa ao seu tamanho. Quanto menor ele for, mais ele mata. Não se morre mecanicamente porque a artéria se obstrui, mas

---

res às quais a qualidade de dores centrais é por vezes atribuída", P. Wertheimer, *Neurochirurgie fonctionnelle*, cap. III: "Les traitements chirurgicaux de la douleur", p. 102.

porque, de uma sede microscópica se difundem espasmos que irradiam sobre toda a região pulmonar. A prova disso é que, caso alguém se dê o trabalho de impedir as comunicações nervosas, se pode impunemente fechar a artéria pulmonar. Ora, a cirurgia da ablação nada pode contra essa patologia do minúsculo e do arteriolar. Sua fulgurância surpreende o operador que não pode nem chegar, nem intervir a tempo. Aliás, mesmo que ele o pudesse, ele não mudaria nada nessa evolução dramática: como, com pinças, retirar esse "invisível" que se aloja num vaso de pequeno calibre? Em compensação, a cirurgia do simpático se impõe, é bem-sucedida. Ela propõe justamente deter a propagação nefasta, paralisa os gânglios ou os circuitos neuronais (infiltração estelar, por exemplo). Ela se elucida e se manifesta na luta contra o imaterial e os transbordamentos fisiológicos. Doravante, além das situações ou das afecções infecciosas, parietais e mecânicas (do tipo hérnia, perfuração), além da macrocirurgia das hiâncias ou das compressões, existe uma microcirurgia que restabelece as funções comprometidas, suspende invasões nervosas, reequilibra ou neutraliza. Esses gestos põem em jogo mediações, senão abstrações: ao doente que sofre do pé, como dizia o cirurgião Fiolle, se proporá uma ablação da suprarrenal, uma secção esplâncnico-dorsal. Àquele que se inquieta com hemorragias, erupções cutâneas mais ou menos vinosas, contra seu "púrpura" recidivo, o médico aconselhará uma esplenectomia (ablação do baço). O agir cirúrgico abandona a região doente ou em sofrimento, ele modifica os segmentos afastados tanto quanto inalterados.

Essa renovação metodológica da cirurgia, sob a impulsão de Leriche, nos confirma nossa observação: o "que fazer?", o agir do operador definitivamente perdeu sua simplicidade elementar, ele até mesmo se dialetizou, uma vez que se porta ali onde não se o esperava e, inversamente, deixa de lado a região que parecia reclamá-lo. Se recorremos a essa "cirurgia do simpático" para nossa demonstração, não se deve concluir disso a absolutização dessa medicação cirúrgica. Por isso, insistimos em terminar nossa análise com observações filosóficas sobre seu declínio. Com efeito, a cirurgia já se afasta, a passos largos, daquele que a mobilizou e promoveu.

Em primeiro lugar, o pensamento de Leriche, nos cabe reconhecer, só consegue afastar a magia dos exorcismos sangrentos (a exérese sistemática) pelo recurso a uma espécie de misticidade que iria cada vez mais recobri-la: uma ênfase demiúrgica e um certo messianismo animam essa cirurgia nova trabalhada pelos temas ou pelos arquétipos ressurrecionais. O cirurgião poiético se afasta das mutilações primitivas, ele irá "refazer" os tecidos, renovar os parênquimas, orientar as obscuras gêneses do conjuntivo, matriz fundamental. O Prometeu furtou da vida seus segredos e suas regulações, o potencial hormonal e, sobretudo, o sistema vegetativo que preside nosso destino fisiológico. Uma vontade de reanimação ou de recreação perturba seu agir racional. Mas uma cirurgia é avaliada por seus resultados, não por suas perspectivas ou seus sortilégios. Ora, o método de Leriche traz em si seus próprios limites e suas insuficiências. Por definição, ele não pode se louvar senão de sucessos frágeis e inconstantes. Já que o fisiológico se remete a equilíbrios de forças, é bem claro que uma intervenção funcional não pode inscrever-se duravelmente na carne do operado. Se modificarmos um equilíbrio dinâmico, o organismo deve reagir e ele tenderá a anular a obra do cirurgião. Quer-se abaixar, num certo hipertenso, as cifras da pressão arterial, corta-se, por exemplo, as cadeias simpáticas. No entanto, pouco a pouco, o resultado se apaga. Essa cirurgia da fisiologia e da plasticidade só pode conhecer triunfos com frequência efêmeros: aliás, ela luta contra "invisíveis", trabalha no obscuro, nem sempre sabe o que obterá, tampouco ignora seu "trabalho de Penélope". Disso resulta, é verdade, sua tenra humanidade, sua modéstia e seu antidogmatismo. Ela avança em um universo maleável e indócil, não pode mais se orgulhar, como a precedente, de seu realismo, de suas curas radicais que ele julgava tão objetivas quanto definitivas.

De todo modo, resta dizer que o célebre ferido de guerra de Leriche não mais seria tratado como o foi em 1915. As tentativas de denudação simpática (dentro ou contra a obliteração arterial) viveram, assim como as consequências teóricas que as acompanhavam. A cirurgia americana do *by-pass* transformou o problema dessa cura. Ela se opõe francamente ao que Leriche ensinava. Em que ela consiste? Hoje, os cirurgiões que reconheceram o valor dessa solução, diante de uma artéria fechada, derivam a corrente sanguínea por meio de um canal de matéria plástica (nylon, acrílico, por exemplo), de calibre bastante grosso, de tal maneira também que ele contorne ou transponha a obstrução, assim como a região mal irrigada. A maioria das estenoses se localiza, aliás, na maioria das vezes, em alguns cruzamentos: então, o cirurgião sobrevoa esse território doente e inoperável (como o notará M. de Barkey, o promotor desse método, algumas artérias não são inacessíveis, englobadas em uma massa cancerosa ou em um tecido mais ou menos remanejado?). Ele apresenta uma estrada nova que se une a jusante à precedente. Essa ponte provisória, esse audacioso *by-pass*[24] ignora a lesão e a via obstruída, preocupa-se apenas em substituí-la. "Aqui se encontra abalado, pela primeira vez (a Academia de Cirurgia) o dogma, no qual fomos educados, da necessidade da arteriectomia em caso de trombose, ideia cara ao Dr. Leriche, que garantia que ao se retirar a zona doente, se suprimiria uma fonte de reflexos vasoconstritores nocivos... Por outro lado, enfatizo esse fenômeno bastante notável do batimento e da expansão da prótese, visíveis inclusive ao longo da operação, com transmissão dos batimentos ao segmento arterial subjacente. Noções estas que vão contra os dados clássicos da fisiologia que parecem reservar ao tecido arterial vivo a possibilidade de batimentos transmitidos e de expansão."[25]

Em última instância, será preciso concluir que o agir cirúrgico se inspira em obras de canalização ou de encanamento, nos problemas da circulação ou do fluxo? Não nos parece. E esse audacioso método terapêutico prolonga ou amplia o de Leriche mais do que o renega. Certamente, o cirurgião do simpático deu à cura de seu ferido de guerra uma interpretação falaciosa. Quando ele ressecava a artéria obstruída, ele evocava apenas o jogo dos colaterais, ele ativava uma compensação

---

24 Expressão que significa derivação ou desvio.
25 M. Léger, *Académie de Chirurgie*, sessão de 12 de novembro de 1958, p. 890.

anatômica ou fisiológica. Retirada a artéria, o sangue, em vez de se confinar e, sobretudo, de se retardar, perder sua força ou dever refluir, engaja-se então nas únicas saídas oferecidas. E se o ferido se restabelece, depois da arteriectomia, não é de modo algum porque o cirurgião impediu uma constrição irradiante, mas porque ele restabeleceu, apesar das aparências, uma certa continuidade. Leriche, ao cortar a via principal, favorece as suplências. Ele não intercepta de modo algum um reflexo nocivo: um reflexo mítico que o cirurgião imagina para poder explicar sua obra salvadora. Por isso mesmo, ele permanece o prisioneiro da anatomia: pelo fato de ter seccionado uma artéria, a corrente passa. Ele subentende: ela não deveria passar. Portanto, já que ela passa, devo ter liberado um obstáculo, retirado uma causa que impedia esse movimento e que a artéria doente incitava. Ele cria um imaginário que ele pretende, em seguida, eliminar. Perigos e inútil construção! O erro interpretativo de Leriche vem do fato de ele fetichizar a artéria, caminho principal, e pensar a circulação em termos topográficos mais do que de maneira dinâmica, no espaço dos condutos mais do que no tempo das velocidades.

Em suma, o cirurgião, por meio da arteriectomia, apenas abriu e permitiu uma circulação vicariante direta, pôs fim a um refluxo ou a sinuosidades que rompem a corrente sanguínea. Por isso mesmo, sua tentativa deveria falhar parcialmente ou só ser bem-sucedida de modo tímido. Em vez de utilizar ou de "funcionalizar" os colaterais de débito fraco, não valeria mais a pena criar resolutamente um largo canal? Mecânica por mecânica, convém escolher a mais eficiente. A cirurgia americana do *by-pass* desnaturaliza a indicação e abandona os recursos anatômicos em razão de sua insuficiência. Ela se dá um conduto que sutura tão livre (ela escolhe o local) quanto facilmente, acima e abaixo do entroncamento estenosado. Desse modo, ela obedece fielmente a essa dialética do agir operatório preconizado por Leriche: não se fixar sobre a região doente, ver mais além, criar e imaginar, livrar-se a qualquer preço das sugestões da anatomia patológica tanto quanto do dogma das fisiologias. No domínio arterial, a cirurgia moderna também não hesita em substituir os vasos frágeis por tubos sintéticos, criadores de sua própria direção. Mais do que qualquer outra, essa terapêutica se libertou tanto do naturalismo da anatomia como da confusa misticidade de uma fisiologia nervosa que se apoderava do método leirichiano, muito desejosa, no entanto, de dele se libertar. Doravante, o cirurgião só comanda a natureza desobedecendo-a.

IV

O agir operatório que examinamos em sua história e em seus princípios se revela e, sobretudo, se renova com a cirurgia plástica, definida pelos pensadores da medicina como a cirurgia de amanhã: "Não se deve concluir que a cirurgia chegou ao seu fim. É de uma conversão que se trata. A cirurgia futura parece convocada a se desabrochar em dois grandes domínios: um, novo, o dos enxertos; o outro tradicional, mas em plena transformação, o dos traumatismos."[26] A cirurgia fisiológica, mais ainda que a de reconstrução e a de remodelagem, rompe com a figura antiga do mutilador sacrificial, perseguidor do mal: ela se propõe exatamente ao inverso, ou seja, a "refazer", mais do que a "desfazer", restaurar e não extirpar. Evidentemente, não poderíamos, sem ultrapassar as medidas, analisar suas proezas ou suas promessas. Limitar-nos-emos a algumas observações de filosofia terapêutica e buscaremos tirar as consequências que disso resultam quanto à inteligência do organismo.

O gesto de revivescência é necessariamente circundado de preconceitos: os mesmos que retardaram o progresso das terapêuticas endócrinas. Com efeito, a cirurgia plástica atravessou a inevitável noite da revitalização, da demiurgia ressurrecional: ela tenta, primeiro, rejuvenescer o organismo envelhecido graças a implantes, tecidos imortais, enxertos retirados de animais jovens. A célula primitiva, se acreditarmos no moderno Dr. Fausto, o mago Voronoff, nunca morre. Ela se divide e, por conseguinte, multiplica, sem enfraquecê-lo, o citoplasma original. Não se poderia descobrir cadáveres de infusório nem de protozoário decadente. Em compensação, quando o organismo se aperfeiçoa, individualiza seus elementos, estes perdem então suas potencialidades, a capacidade de se renovar. Com a especialização, eles conhecem a maldição do envelhecimento e da desaparição. Nos animais inferiores, tais como a hidra do mar e o verme da terra, em alguns insetos, subsiste, limitado e latente, o poder de germinar ou de se regenerar. Os eminentes vertebrados perderam definitivamente essa aptidão para rejuvenescer: só as células germinais, as que perpetuam a espécie, por oposição às somáticas destinadas à morte individual, podem viver eternamente e escapar ao menos em parte à destruição. Por essa razão, Voronoff preconiza, a fim de impedir a senescência e restituir ao idoso seu vigor, uma intervenção das mais inofensivas: abrir a túnica que envolve o testículo, vascularizá-la e congestioná-la por irritação (labora-se a terra antes de semear) e depositar, então, uma muda de células genitais. Uma vez que o médico faz uma transfusão do sangue retirado de um organismo saudável, o cirurgião, por sua vez, deve aprender a enraizar uma glândula germinativa. "Deixemos à cirurgia de nossos pais o papel que ela sempre terá, a saber: nos livrar dos tumores, das supurações etc.. A cirurgia nova, porém, nascida ontem, possui um campo de ação muito mais vasto. Essa cirurgia do futuro, é o enxerto de nossos órgãos, de nossos tecidos e de nossas glândulas."[27] Voronoff analisou de modo notável as resistências ou as dificuldades de princípio suscitadas por sua terapêutica: a moral se opõe ao fato de a humanidade recuar a hora da decrepitude, ela ensina a resignação ou a submissão. Além disso, "os costumes seculares exigem que se retorne os restos mortais à terra onde eles são lenta e inutilmente consumidos... Renascer, mesmo parcialmente, fazer parte de novo de um ser vivo, agindo, pensando, não seria este um destino mais almejável do que a fria destruição no fundo de um túmulo?".[28]

---

26 Jean Bernard, *État de la médecine*, cap. XII: "La chirurgie", p. 143.
27 Serge Voronoff, *La conquête de la vie*, 1928, p. 225.
28 *Ibid.*, p. 134.

Essa cura cirúrgica da morte e da esclerose evoca bastante a medicina revitalizante de Brown-Séquard: apenas, com Vornoff, ela reveste um sentido mais religioso e menos afrodisíaco, ela recorre às fontes vivas da imortalidade biológica mais do que ao vivaz e ao energético. De todo modo, tal como a opoterapia testicular, o enxerto dá apenas resultados ilusórios. Ele se inspira em uma magia elementar de transferência e de incorporação. A cirurgia plástica não se deterá nas brumas da revivificação. Cada vez mais ela abandonará, inclusive, os autoenxertos em prol dos homoenxertos (retirados de cadáveres), depois estes em prol dos heteroenxertos (retirados de macacos e novilhos). Mas, sobretudo, ela preferirá os produtos anorgânicos àqueles. O cirurgião plástico não se propõe substituir um parênquima usado por um novo, um morto por um vivo, à maneira como um maquinista substitui as peças de um conjunto fatigado ou usado. Ele tampouco busca introduzir o "melhor", inserir o bom no mau, ele visa, antes, como mostraremos, utilizar a vida contra ela mesma e orientar a criatividade tissular. Nada de mais propício aos erros, é verdade, que a cirurgia dos "aportes" como, inversamente, a das "exclusões": em termos mais gerais, parece que a biologia, *a fortiori* a cirurgia, sempre se desorienta quando deve interpretar as "subtrações" ou as "adições", as ablações ou as restituições. Quando ela acredita cortar e suprimir, ela não está realizando necessariamente uma ação negativa. Quando ela acrescenta, ela tampouco realiza um gesto simples de suplência ou de substituição. Ela não troca o alterado pelo inalterável, o morto pelo vivo. O enxerto cirúrgico constitui uma operação complexa que o mecanicismo e o vitalismo, os irmãos inimigos e inseparáveis da filosofia biológica fracassam igualmente em conceber. O implante vivificante abre a porta para os fantasmas e para as mais obscuras crenças dos quais a cirurgia de reconstrução se livrou aos poucos.

Na esteira de Voronoff, a ilusão primeira: pensar que o operador obedece à regra "retirar o doente para ali colocar o sadio", ou que ele primeiro subtrai para poder restabelecer e restaurar. Ollier, grande cirurgião, pioneiro do enxerto ósseo, enaltece o princípio da revivescência, do qual tira consequências reveladoras: "Somente do homem se deve tomar emprestado um fragmento periósseo, melhor ainda se for tomado de uma outra região do mesmo indivíduo... Os transplantes interanimais heteroplásticos permitem-nos apenas enxertos temporários e incompletos."[29]

Pela mesma razão, ele só utiliza a membrana perióstica porque o periósseo é para o osso o que a camada germinativa é para a pele. Já que o osso cresce de fora para dentro, trata-se, então, de descolar essa preciosa camada criadora, fazer-lhe uma enxertia de estaca tendo em vista a fabricação de um osso novo que fechará uma hiância ou uma eventual cavidade. É preciso acrescentá-lo? A histologia do remanejamento ósseo porá fim a esse romantismo cirúrgico que se saldou, como os erros mais tenazes, por meio de resultados sólidos e indiscutíveis. "Quando se tenta

---

29 *Traité expérimental et clinique de la régénération des os et production artificielle du tissu osseux*, 1867, t. II, Partie Clinique, p. 435.

fazer a filosofia de sua obra (de Ollier), fica-se convencido de que ela sustentou inteiramente o sucesso surpreendente de experiências que deveriam dar resultados inversos... O periósteo sozinho, sem grãos ósseos em sua face interna, não se ossifica. Quando separado rente ao osso, com muda óssea na face profunda, o fragmento se ossifica. Nesse ponto de vista, Ollier teve uma chance inaudita ao encontrar, por acaso, o que não esperava. Preocupado em manter bem intacta a preciosa membrana osteogenética, Ollier descolava o periósseo com uma minúcia extrema... Ele retirava pequenas lascas ósseas... Essas lascas, dizia ele, ali estavam para proteger a camada osteógena contra os escapes do instrumento. Nessas condições, ele obtinha resultados sempre positivos."[30] Em suma, o célebre tecido seminal sozinho não engendrava nada: ele só favorece a criação óssea à medida que elementos inertes e estéreis o acompanham sob o pretexto de envolvê-lo e preservá-lo. Vemos, assim o que a um só tempo favorece e condena o revitalismo de Ollier. Aliás, cada vez mais a noção de um enxerto ativo e fresco se chocará com uma lei fundamental e rigorosa: o transplante só se torna vivo graças a uma morte prévia. O enxerto só adere ao hospedeiro sob condição de desaparecer, ser reabsorvido a fim de poder ser reabitado. Essas surpreendentes relações entre a vida e a matéria, essa dialética microscópica de semeadura não vegetal, sem dúvida alguma afastam a filosofia elementar que acredita não poder fazer ou refazer do vivente senão o vivente. Coube sobretudo a Nageotte defender histologicamente e revelar o inverso: a superioridade do tecido morto para essa enxertia. A metaplasia, a incorporação implica, com efeito, a necessidade para o enxerto de retornar a uma etapa conjuntiva indistinta. O osso inserido dá apenas o cálcio indispensável, ele suscita uma invasão celular que o coloniza, fornece, enfim, uma talagarça para o futuro edifício ósseo: nessa reorganização, ele tem apenas um papel passivo: "O enxerto morto é capaz de se tornar parte integrante do organismo vivo no qual ele foi inserido. É nessa noção que reside a novidade trazida por meus trabalhos."[31] Inversamente, Nageotte encontra as razões que devem acarretar o abandono dos "enxertos vivos".[32]

Erro simétrico ou inverso, a teoria mecanicista da prótese, ela também em falta e rejeitada pela moderna *Plastic Surgery*: imagina-se erradamente, em uma atmosfera mais mítica ainda, que o reparador, à vontade, substituirá, por fim, o frágil ou o biológico, o envelhecido ou o quebrado pelo metálico (pino, broche) ou pelo químico (*nylon, crylor, dracon*). O *by-pass* já o mostrou: o cirurgião não hesita em inserir amplos e indestrutíveis condutos. Esse procedimento e essas tentativas de consolidação ou de radical restauração funcional não param aí: elas valerão igualmente para as cabeças ósseas ou para as cavidades articulares afundadas. A cirurgia não seria convocada a refabricar, no lugar do homem de carne, um organismo

---

30   Leriche et Policard, p. 105-110-113.
31   J. Nageotte, L'organisation de la matière dans ses rapports avec la vie, *Études d'anatomie générale et de morphologie expérimentale sur le tissu conjonctif*, Alcan, 1922, p. 83.
32   *Ibid.*, p. 482.

novo, mais ou menos mineral e inalterável? O material plástico não favoreceria esse desígnio, uma vez que ele alia a incorruptibilidade e a maleabilidade?

Essa representação mecânica da cura cirúrgica, embora material, participa igualmente do próprio erro que já vicia a concepção revitalizante: uma como a outra pensam metapsiquicamente a vida e a morte e suas demasiado vastas noções não podem se modelar por uma técnica positiva relativamente sutil. No domínio da osteossíntese, por exemplo – é um fato –, se o enxerto "vivo" corre o risco de fracassar, o "osso" morto tem menos sucesso ainda. Embora o osso deva, de algum modo, morrer, para servir à recalcificação não se poderia recorrer a um osso já morto: este último, inserido sobre o portador, se comportaria como um intruso ou como um estrangeiro. Ele não seria vascularizado nem colonizado. Seria, inclusive, menos ainda tolerado pelo fato de, por necessidade de assepsia, ter sido purificado por meio do álcool e se transformado em bloco homogêneo, duro e compacto. Ora, o osso esponjoso ou poroso sozinho convém, ele ajuda, com efeito, a penetração celular e vascular, uma e outra indispensáveis. Naturalmente, o fracasso da prevalência do morto parece justificar o enxerto de intussuscepção. As duas doutrinas se anulam, mas também se reforçam, já que as dificuldades de uma relançam a outra. Na verdade, o osso implantado não deve estar morto, mas deve morrer. Morto, ele se opõe à assimilação, se torna inclusive um "agressor" ou um corpo "estranho" que os osteoclastos não podem invadir. Vivo, ele deve ser destruído e suas células, sobretudo, aniquiladas para "dar lugar" àquelas de seu hospedeiro. A cirurgia moderna aprende a superar a antinomia morto-vivo. A filosofia da cura ou da restauração impõe um *status* ontológico intermediário, o do "semivivo" ou, o que dá no mesmo, o do "morto adiado".[33] De fato, o cirurgião plástico trabalha, na maioria das vezes, sobre e com uma matéria que não é nem viva nem morta. O banco de ossos, de tegumentos, de córneas ou de veias capitaliza elementos "em vida latente". Já que o vivo e o morto suscitam reações de incompatibilidade, basta servir-se de tecidos "desespecificados" que perderam suas células e não conservam senão sua trama conjuntiva. A refrigeração tem sucesso nessa manutenção, ela destrói paralelamente as propriedades "antigenéticas", realiza a "sobrevida" ou retarda a morte. Por essa razão, o operador com frequência enxertará ossos frescos: esta palavra, frescos, não deverá, sobretudo, evocar o frescor do vital, a juventude ou o verdor do vivo, como nas magias substitutivas. Fresco significa refrigerado e, desse modo, tornado tolerável. Ele concretiza a existência de uma vida congelada, subtraída do tempo, entre a vida pura e a morte irreparável.

E, quando se trata apenas de uma "prótese" anorgânica, não pensemos principalmente que o cirurgião abandone o "semimorto" ou o "semivivo" em benefício

---

33 A observação nos parece bastante geral: a biologia modifica os seres sincréticos, ela cria "semivivos", assim como os micróbios formolizados que conservam suas propriedades antigenéticas, mas que perdem suas capacidades tóxicas, assim também para o soro, que ganha em abandonar sua "especificidade".

de um produto sintético ou de um material inerte. Esse material neutro também, à sua maneira, serve apenas de talagarça ou de tutor a uma reorganização, a uma espontaneidade. Ele não abastece o hospedeiro, mas lhe fornece ou bem a maquete de seu desenvolvimento, ou bem um suporte que sustentará o frágil edifício que se delineia. Ele sempre canaliza e favorece a proliferação natural restauradora, os movimentos conjuntivos. Mesmo o tubo do *by-pass* forra seu interior com um endotélio pavimentoso, um verniz íntimo. Por fora, ele se recobre com uma manga fibrosa. Portanto, ele não permanece um simples canal de escoamento, ele se funde com o organismo, tal como um pino se incorpora ao osso novo. Em suma, a cirurgia reconstrutiva desencoraja a explicação mecânica de substituição tanto quanto afasta o vitalismo da intromissão ou da transferência.

O cirurgião da recreação não pode, mais que aquele que extirpa ou que "age" a distância, identificar-se com um demiurgo que eliminaria o friável ou o envelhecido em benefício do sólido e do inalterável. Ele não realiza a obra faustiana do rejuvenescimento ou da redenção orgânica, ele não ressuscita os corpos. Ele utiliza apenas as forças impedidas ou contidas. A pele de algum modo, pede apenas para se desenvolver e proliferar, as células pedem para se dividir, o conjuntivo para se estender. O cirurgião oferece a esses potenciais uma direção, um campo, apoios. Por vezes, ele abastece com materiais. Nessas condições, a prótese parece menos mecânica do que, em geral, se acredita,[34] ela reveste uma significação mais modesta. Ela é menos no ou sobre o vivente do que com e para ele. Do mesmo modo, "o substituto" vivo não desempenha o papel que Ollier lhe atribuía: um vegetalismo de reprise e de semeadura. Mecanicismo e vitalismo fracassam em conceitualizar a autopoiese em sua verdade. A cirurgia restauradora não é nem plantação nem substituição. As grandes doutrinas, o mecanicismo estrito e o vitalismo em sentido amplo, refletem a imensa ontologia da morte e da vida, elas remetem a pensamentos metapsíquicos. A cirurgia se desvia dessas perspectivas cósmicas: ela manipula "coisas" novas, tecidos desvitalizados ou "matérias sem rigidez". Fibras sintéticas e, portanto, inabitadas, os "quase mortos" sozinhos servirão eficazmente à reformação biológica, poderão se imiscuir nas arquiteturas e nos remanejamentos em movimento. O vivo não convém mais para esse efeito do que o completamente morto. Um e outro equivalem a pesos pesados que retardam ou impedem um devir, são intrusos ou agressores. São precisos apenas os neutros ou os neutralizados. Em suma, a cirurgia de amanhã, a do traumatismo ou do acidente, não é nem uma

---

34   Mesmo quando corrige um lábio leporino, um nariz desgracioso, uma face queimada e até mesmo quando ele chega a modelar um órgão ausente (uma orelha, otoplastia), ou a esculpir regiões destruídas (uma testa, uma face), o cirurgião parece recriar ou recompor o homem, livrá-lo de suas desgraças. Ele obedece igualmente aos mesmos princípios que a *Plastic Surgery*, em geral.
O transplante não mais de tecidos, mas de órgãos, por sua vez, levantaria problemas e interpretações que não podemos cogitar. Essas tentativas ainda não foram plenamente bem-sucedidas e a sua metodologia de incorporação e, com elas, menos simplificada que complicada.

transferência do "bom", nem a substituição do "ruim". Simultaneamente, a matéria plástica escapa das categorias em uso, ela se beneficia de um *status* original, oferece necessariamente uma certa ambiguidade que lhe permite ser incluída nos conjuntos reconstruídos. Ela participa de uma dialética microscópica incitada por ela e na qual a vida e a morte não mais se põem, já que, segundo uma definição de Leriche, "é unicamente morrendo que o osso dá osso".[35]

Acabamos de mostrar o quanto a cirurgia da "refação" sofria tantos preconceitos quanto à cirurgia ablativa ou a supressiva. Essas representações falaciosas, aliás, se confundem. Elas derivam da mesma fonte, a de um "agir" considerado simples e radical, definido pelo cortar, talhar ou ainda pela enxertia.

Quisemos, por oposição, melhor descrever a realidade e a verdade evolutiva desse fazer excepcional, tanto quanto incomparável, aquele por meio do qual, instrumentos em mãos, o homem modifica o homem. Essa técnica da interioridade humana, essa espécie de mecânica operatória da vitalidade não se assemelha a nenhuma outra: ela não merece ser considerada como o ápice da tecnologia? Ora, esse agir, nós o vimos, ou bem ele recusa se exercer, ou bem ele ultrapassa o tempo por sua subtaneidade patética. Ele aprende a se vigiar e a se limitar. Ele é com frequência indireto e longínquo, enfim, ele sabe utilizar o "reagir" orgânico. Cada uma de nossas análises tentou revelar essa ação delicada e complexa, temporalizada e, sobretudo, mediatizada.

Nada de mais ineficiente. Por essa razão, já que pretendemos refletir sobre os remédios, sobre a cura e sobre a terapêutica material, não podíamos não cogitá-lo. Aliás, o cirúrgico não poderia se separar do médico: uma tal divisão significaria não apenas um equívoco profundo sobre um ou sobre o outro, mas também, sobretudo, um desdém de um e do outro: seja pelo fato de querermos magnificar a cirurgia por um realismo positivo e tangível, por oposição a uma medicina teórica e loquaz, seja por se querer rebaixar a obra das mãos a uma realização arriscada, brutal, de último recurso, a inverso de uma medicação preventiva, garantida e menos temerária. Quando se apoia e exagera a dicotomia, subentende-se mais ou menos uma depreciação, emite-se um julgamento de valor, se retorna ao passado e a suas errâncias.

Em nossa intenção filosófica de reabilitar o ideal cirúrgico, de libertá-lo das falsas noções que o alteram e o simplificam, não descrevemos esse agir senão em seus projetos fundamentais ou mais característicos: não pretendemos tê-lo examinado e todas as suas modalidades. Assim, ele nem sempre se propõe a curar no sentido forte do termo: ele pode se limitar a retardar apenas uma evolução fatal, mais modestamente ainda, visar um objetivo paliativo ou sintomático, apagar uma manifestação dolorosa e suprimir, assim, a consequência de um mal que ele não modifica. Quando ele não pode extirpar um tumor que obtura um canal, ele contorna a massa cancerosa, realiza uma anastomose, como se facilitasse e abrandasse o caminho para a morte. O mal evoluirá igualmente, mas de modo surdo. Por vezes,

---

35 Leriche et Policard, *L'os*, p. 116.

ainda, o cirurgião não hesita em "criar" uma anomalia de funcionamento a fim de impedir uma outra mais perigosa. Um mal mínimo equivale a um bem. Em todos esses casos, o agir se relativiza: o cirurgião, em vez de realizar a exérese definitiva, mais que expulsar o mal, se limita a detê-lo e, por vezes até, a torná-lo tolerável. Ele não é mais o maniqueísta fantástico que garante o triunfo do bem.

Essa simples observação junta-se igualmente a todas aquelas que precederam e que buscam desmistificar e dessacralizar o mundo operatório, tão facilmente ganho pelas magias mais existenciais tanto quanto mais luxuriantes. Quando o homem mergulha suas mãos socorredoras nas vísceras do homem doente que ele retorna à vida ou afasta da morte, esse gesto dramático se oferece por si mesmo, inevitavelmente, às interpretações mitológicas e aos devaneios hierofânicos. E os próprios cirurgiões, quando descobrem uma técnica operatória liberadora, quase nunca deixam de versar na "misticidade" mais prometeica. Pacientes e operadores entram em um universo dramático e sagrado. O pensamento e suas claras vontades não convivem impunemente com o ressurrecional ou com a vitalidade ameaçada, eles ali se confundem facilmente. O mundo cirúrgico, por seu lado, em sua materialidade, parece favorecer as fantasias ou os milagres: ele é de uma extrema artificialidade, de uma evidente sobrenaturalidade. O oficiante se reveste de roupa branca da cabeça aos pés, usa uma máscara, maneja instrumentos polimorfos. Com certeza, todas as precauções ou todas essas ferramentas respondem a necessidades precisas e profanas. Não é para se tornar "um homem novo" que o cirurgião desaparece sob suas vestimentas estranhas ou por trás de seus aparelhos. Por exemplo, se ele usa luvas que escondem suas mãos, primitivamente era para se proteger dos contatos infecciosos e sépticos. As mãos célebre e celebradas se defendiam dos germes interiores, considerados nocivos, ao mesmo tempo em que das lavagens ferventes das águas fênicas. Hoje, há uma inversão da relação médico-paciente, esse necessário envelope garante mais o operado que o operador, agente involuntário do mal que ele carregava. Depois do pasteurismo, o mal cessa de estar dentro, ele pode vir de fora. De todo modo, essas luvas que parecem atrapalhar a destreza manual, que aprisionam aquele que quer agir, na realidade garantem e certificam sua eficácia terapêutica. Tal é, uma vez mais, a lição dialética do operatório: quanto mais o agir se controla ou se atardar, mais ele corre o risco de ser verdadeiramente bem-sucedido. Esse poder escapa ao imediato: ele evita inclusive, desde o século XIX, o contato das carnes, multiplica as telas ou as preservações recíprocas. E cada elemento do mundo cirúrgico, cada instrumento mereceria uma análise histórica, problemática e fenomenotécnica. De todo modo, é preciso insistir nisto: a excessiva artificialidade dos detalhes não traduz nunca um rito ou uma religião, mas uma positividade, um sinal de eficácia. E não é pelo fato de o feiticeiro, o xamã, se cobrir e se mascarar, se colorir e se emblematizar por todas as partes, que o cirurgião, mais disfarçado ainda e mais desumanizado, mais litúrgico também, deva lhe ser comparado, seja lá no que for.

Terceira Parte
Da força e da variedade das associações

↭ Capítulo 4

A *coïncidentia oppositorum* na luta anti-infecciosa

Tentamos anteriormente examinar dois domínios fisiopatológicos privilegiados: o cirúrgico e o hormonal, sobrecarregados de afetividade, senão de mitologia. As terapêuticas que se aplicam a modificá-los ou a corrigi-los, libertam-se laboriosamente dos preconceitos. Quando o cirurgião intervém, quando o endocrinologista se decide a prescrever, eles só o podem em uma atmosfera mais ou menos emocional. Eles precisam afastar um passado de crenças e mesmo de lendas. O paciente, indo de encontro ao médico, mantém uma irracionalidade na qual ele se banha. Em suma, os atos que atentam contra a integridade corporal e, sobretudo, os que a restauram, assim como os medicamentos hormonais, promotores de vida e de energia, mantêm rastros de "sobredeterminação". Uma nuvem de embaraço, de loucas esperanças ou de representações orgiásticas os cinge e os obscurece. É verdade que o operador bani as magias cada vez mais, graças a concepções mecânicas decididas e a hormonologia, por sua vez, se converte em uma clara bioquímica. Justamente, essas teorias tranquilizantes revelam, tanto quanto afastam, a atmosfera fantasmática e a emotividade que combatem vigorosamente, mas que podem sempre ressurgir, inspirar decisões temerárias. Em toda hipótese, nossa análise tende a mostrar a lenta emergência das medicações reais, sua difícil emancipação.

Nossa descrição permaneceria negativa, ela seria incompleta, caso se restringisse a essa conclusão. Por isso, nos parece oportuno cogitar condutas remediadoras mais elaboradas, sobretudo mais livres, ou seja, mais artificiais, através das quais transparecerá a maleabilidade da terapêutica moderna, assim como seu surpreendente sobrerracionalismo. Num primeiro tempo, começaremos pela análise das medicações "graças aos opostos", tratamentos aparentemente absurdos já que atuam os contrários. Não se administra ao doente apenas o que destrói o agente mórbido, mas, simultaneamente, o que exalta ou fortalece o invasor nocivo. Aviva-se, primeiro, o que se irá logo extinguir. Não há um sem o outro, evidentemente, mas de modo contraditório, um com o outro. Unir, num acoplamento desconcertante, dois produtos ou duas substâncias antitéticas, mas cuja radical hostilidade garante a potência, essa dialética objetiva acarretará, por ricochete, uma importante refundação, um renovo da patologia.

I

Essas associações sobre as quais meditaremos se aplicam sobretudo no que se nomeia a luta anti-infecciosa. Por conseguinte, dedicaremos nosso capítulo a expor seu aspecto mais moderno, mais revolucionário.

Notemos, primeiro, que a terapêutica clássica – e também a de ontem – só imaginara duas possibilidades de réplica ou de defesa, para se opor à invasão e ao pululamento bacteriano: 1º reforçar as barreiras naturais da economia biológica ameaçada, seja por meio de um aporte externo apropriado (soro de convalescente, por exemplo, soro hiperimunizado, mais tarde as gamaglobuliunas), seja por meio de estimulantes fisiológicos (no mínimo, uma alimentação reconstituinte). É o momento de lembrar o entusiasmo, antes da era pasteuriana, para com os espirituosos, os vinhos quentes, a aguardente, a madeira, todos magnificados com tocantes intenções reconstituintes e energizantes. Nos livros antigos, o álcool é dotado de inúmeros atributos tanto quanto de equívocos: ele baixa a temperatura quando ela sobe (por meio da vasodilatação) e a eleva no caso de ela cair muito (mediante uma espécie de estímulo); 2º porém, mais do que mobilizar as forças, mais vale atacar diretamente a causa, o germe, seja prevenindo suas ofensivas (vacina), seja lançando mão de antissépticos maiores, destruidores, ao que corresponde, na farmacopeia moderna, a sulfamida ou mesmo o antibiótico.

Essas duas terapêuticas dependem de uma representação da infecção que as macula e limita. Esta é apenas parcialmente válida. Concebe-se, então, a doença demasiadamente à maneira de uma invasão, como se a virulência do germe se definisse por sua possibilidade de conquistar os espaços biológicos, perfurá-los e deles tomar posse.[1] Aliás, poderia ser diferente? Não se poderia olhar serenamente

---

[1] O próprio termo infecção esteve prestes a traduzir essa crença. Se ele não o expressa, é simplesmente pelo fato de ele remeter a uma outra mais arcaica ainda. Expliquemo-lo.
O vocábulo infecção, do latim *infectus* (do qual resulta o adjetivo infecto), significa o fato de difundir exalações nauseabundas, mau cheiro e miasmas. O doente se intoxica pelos produtos da química excrementícia.
Sob o impulso de Pasteur, a ingênua química do envenenamento deletério é substituída pela biologia dos germes vindos de fora e que se multiplicam no meio interior. A doença corresponde à invasão do organismo por um parasita que o infesta, tal como as ervas daninhas infestam as terras cultivadas (*infestare*: atacar, acossar).
As duas significações e as duas etimologias – a emanação nociva ou então a invasão concorrencial – se sobrepõem. Se o substantivo "infestação" não consegue deslocar o substantivo infecção que lhe resiste, em contrapartida o verbo "infestar", mais do que infectar, se emprega na nova bacteriologia do final do século XIX.
Recentemente, ele se viu em desagrado devido tanto à fonética (infecção prevalece sobre infestação) quanto à lógica mais elementar que repugna a utilização a um só tempo de infestar e de infecção. O vocabulário deve escolher e se alinhar. Ele prefere conservar o primeiro termo, embora portador da significação do segundo. O *infectus* da corrupção (*inficere*: envenenar e impregnar) refletirá o *infestus* da hostilidade e da luta.

o assustador. Nada amedronta tanto quanto o insinuante. Ele alimenta os terrores e os delírios da imaginação adulta. A criança teme tão somente o irreal, inverossímeis carniceiros, animais glutões e, sobretudo, maiores que ela. Ela debocha dos micróbios. O homem, porém, se angustia com esse minúsculo, tanto mais por não poder observá-lo, pô-lo a distância e dele se separar. Perceber o mal é subtrair-se e curar-se dele. Os micróbios escapam, habitam os ares mais tranquilos e corrompem as águas mais límpidas. O microscópio sustenta o temor, ele revela a pérfida locomoção desses invisíveis: munidos de flagelos, por exemplo, graças a movimentos de torção, eles serpenteiam através dos glóbulos do sangue: "Um deles (desses vibriões) toma um aspecto muito particular, um comprimento desmesurado, com frequência mais longo que o diâmetro total do campo do microscópio e uma translucidez tal que escapa facilmente à observação. No entanto, quando se consegue percebê-lo numa primeira vez, encontramo-lo facilmente rastejando, sinuoso e afastando os glóbulos do sangue tal como uma serpente afasta a erva nas moitas."[2] Sua morfologia tampouco tranquiliza: ou é afiado e pontudo, ou então circular e encapsulado, uma vez que tal ou tal *cocus* é envolto por uma carapaça, ou seja, por uma sólida armadura. E ele pulula, sempre. Por essa razão, a microbiologia atiça as fobias: se, de um lado, como se sustenta, o pasteurismo tranquiliza o infectado porquanto o desculpabiliza – de fato, o mal vem de fora –, do outro, ele povoa o universo familiar com inimigos camuflados e ubiquitários. Ele substitui, para o imaginário, a ruminação hipocondríaca e acusadora pelo terror obsessivo das sujidades. Influências malignas rondam à nossa volta, nos ameaçam. O mundo hostil secreta e propaga agentes de corrupção. Se não mais merecemos nossos castigos, que puniriam não se sabe qual desregramento, mesmo assim corremos o risco, a todo instante, de sofrer a ofensa de uma surda e injusta efração. É preciso, portanto, como por vezes se o pretende, que a microbiologia tenha apaziguado as consciências.

Essas observações podem ajudar a compreender as patologias mais ou menos fantásticas, assim como as terapêuticas ilusórias que querem delas nos livrar. Contra o inimigo que avança, uma dupla estratégia: de um lado, é preciso atacá-lo e impedi-lo; do outro, exasperar e sustentar as defesas naturais. Derruba-se o intruso e se alerta, paralelamente, tudo o que pode lhe barrar o caminho. Mas a medicina atual renegará esse esquema marcial e abandonará, uma a uma, as metáforas da destruição e da mobilização demasiado concedidas ao arquétipo do espião sorrateiro e prolífico. Na ótica do combate, só se consideraria os dois antagonistas: o venenoso micróbio e os sobressaltos defensivos. Só que os limites ou os fracassos dessa célebre *magna therapia sterilisans* inquietarão e será preciso, quer se queira, quer não, entrar numa perspectiva menos analítica e mais fisiopatológica, no sentido em que o encontro dos dois rivais, germe e organismo, constitui um terceiro dado que lhes é inteiramente irredutível. Duas linhas que se cruzam e se chocam decidem sobre uma nova direção que rompe com as precedentes. O brusco desvio

---

2 Pasteur, *Oeuvres*, t. VI, p. 184.

da trajetória, que nega ao mesmo tempo que prolonga as forças anteriores, as ultrapassa, mas também as realiza, define à sua maneira uma síntese mais rica que seus constituintes. Estes não merecem mais a autonomia. Desaparecem com e no encontro que os reúne.

Em patologia infecciosa ocorre o mesmo. Nem o invasor, nem o invadido podem mais se conceber separadamente, a partir do momento em que se defrontam e coexistem. Sua compenetração define um conjunto *sui generis*. Todavia, os preconceitos acarretam sua abstração e disjunção, como se, na doença, se pudesse continuar a cogitá-los isoladamente. Por um lado, uma finalidade sumária sacraliza a réplica fisiológica considerada salutar que o terapeuta não pode senão prolongá-la. Por outro, o maniqueísmo de uma agressividade vinda insidiosamente de fora, o de uma maldade externa, sugere a eliminação, a radical supressão do germe nocivo. Essas duas exigências se conjugam e favorecem as habituais medicações: é preciso interditar a mistura, o contato deletério, o envenenamento. Revigora-se o "sadio" e se expulsa o "mórbido", sustenta-se o lutador assediado e se enfraquece o inimigo que o coloniza. Essas duas visadas independentes e contrárias desconhecem a simbiose do patológico, a de um micro e de um macro organismo que se compenetram. A doença resulta de sua coalescência. A infecção não deve mais ser concebida como o desenvolvimento autônomo de um germe no interior de um hospedeiro mais ou menos receptivo, enfurecido ou complacente. Inversamente, uma biologia abalada por uma presença tão íntima quanto perniciosa pode se perder sob o golpe de seus próprios transbordamentos, por seu único frenesi reacional. Nem o micróbio, nem o organismo podem se misturar um com o outro impunemente. A coabitação inaugura de algum modo para cada um deles uma nova maneira de ser e de se comportar. Por exemplo, para sair das generalidades, desde que o intruso sobrevém, reina uma intensa e febril atividade humoral. Células se juntam, exsudações as acompanham, remanejamentos tissulares não tardarão a se operar. Ora, no momento em que o infectado busca se proteger, ele já começa a se prejudicar porque, no interior dessa resposta inflamatória, nesse conjunto mais ou menos fibroso, o micróbio arrisca-se a encontrar um refúgio e a escapar assim dos ataques da medicação destrutiva. Paradoxalmente, quanto mais o organismo combate, mais ele se inflama, mais ele se lesa e se consome. Devemos renunciar à crença de um germe sozinho causal e nocivo. Na realidade, o organismo irritável e intolerante amplia a injúria, ele flameja e se congestiona, do que resultará cicatrizes, aderências, em suma, um tecido conjuntivo que prolifera e, sobretudo, se endurece. Justamente, o que parecia defender o terreno invadido e ameaçado comprometerá, por fim, a cura. A fisiologia se aprisiona na carapaça de suas "organizações esclerosas", de suas "fibroses" residuais. Estas abafarão ou prejudicarão os movimentos que agitam, abalam ou desdobram os diversos órgãos da economia (nenhum se mantém imóvel e cada um se cerca de serosidades que facilitam seus contínuos deslocamentos. Sempre visando empregar imagens, os edemas, os transbordamentos e os distúrbios de fluidos consecutivos à maioria das infecções, quase naturalmente, ganham e bloqueiam esses espaços vazios e extensíveis). É verdade que a imaginação do patológico convida a pensar diferentemente. Angustiadas pelas hiâncias, as carnes vivas ou descobertas, as rupturas e as cavernas, aterrorizadas pelo vazio dos furos, das perdas e das descontinuidades mortais, ela considera a cicatriz resistente ou o complemento sólido como uma bênção, a prova tocante de uma natureza que se recostura e sabe se reparar. Ela retece sua tela quebrada. Essa ingênua representação se inspira em temores fóbicos e ansiedades seculares. Mas ela expressa inadequadamente o verdadeiro "destino da doença infecciosa" ao longo do qual o homem trabalha seus sofrimentos e encadeia a si próprio.

O conceito de afecção sai disso remanejado. É o paciente que provoca e mantém a desordem. O micróbio se torna a ocasião disto: uma faísca que acende uma lareira pronta a se incandescer. Por essa razão, se é importante evidentemente suprimir esse fator circunstancial, é preciso, sobretudo, impedir o doente de "fazer sua doença", de constituí-la e de se violentar. Se o distúrbio, afinal, se define como resposta, afluxo, descostume – mais do que ontologia de um ser que avança ou um veneno que se difunde –, o médico deverá lutar menos contra o mal do que contra o doente. Ele inibirá menos uma agressão que uma agressividade, ele se oporá menos a uma invasão que a uma guerra civil. Ele abandonará a ideia de que o perigo habita o exterior e que, segundo o sonho de Bernardin de Saint-Pierre, nossa vigorosa resistência nos vale a salvação: "Os homens se queixam da morte, mas, se os homens não morressem, o que aconteceria com seus filhos? Há muito tempo não haveria mais lugar para eles sobre a terra. Portanto, a morte é um bem... Os outros males são igualmente necessários... As doenças são esforços do temperamento para expulsar algum humor prejudicial. A Natureza não envia as doenças para perder os corpos, mas para salvá-los."[3] Visando inquietar essa serenidade, lembremos: nosso furor, nossa mobilização desregrada ou incendiária acaba por colocar "o intruso" em "guaridas" inacessíveis à terapêutica, em blocos onde ele permanece, mantém a ameaça. Não apenas a defesa ajuda o inimigo, mas abala ou modifica de tal forma a economia humoral que ela deixará sequelas indeléveis, impedirá a famosa *restitutio ad integrum*, prejudicará, sobretudo, a simples cura, uma vez que uma gangue esclerosa comprimirá os movimentos vitais. Por conseguinte, se pode morrer de exagero ou de sensibilidade, mais do que de inércia ou de enfraquecimento. Se o ataque nem sempre vem de fora, a desordem, por certo, nasce do lado de dentro. Não se deve olhar o patológico negativamente, como perda, desperdício ou privação: é preciso vê-lo como uma infeliz positividade, uma hiperatividade, o excesso de um bem.

De resto, a pneumonia de Laënnec ajuda a supô-lo e até mesmo a prová-lo. Sua evolução cíclica atinge, quando, no entanto, a natureza, a virulência ou a quantidade do micróbio deveria ter provocado um desenrolar menos uniforme e menos variável. O germe maligno não se limitaria, então, a pôr em movimento, a ativar

---

3 *Études de la Nature*, 1825, Ed. Aimé-Martin, t. I, p. 448 (parágrafo sobre Les misères de ce monde).

uma tempestade interna, secreções, a turgidez das divisórias alveolares? As pretensas causas em vão podem mudar, com frequência, porém, o efeito permanece o mesmo. Por conseguinte, o antecedente se contenta em desencadear. O conjunto fluxionário, com seus episódios determinados, suas fases regradas, seu desenlace previsível, mostram, por si mesmos, que a congestão não é sofrida pelo organismo, mas que ele colabora para com ela, tanto mais que o pneumococo – infortúnio de uma bacteriologia demasiado objetivante e securitário –, longe de surgir de um lugar distante, obscuro e pleno de perigos, se aloja habitualmente nas vias respiratórias superiores. Ele só adquire sua virulência sob influências fisiológicas e interiores: "Na infecção broncopneumônica, o germe parece não ser tudo, para citar apenas um clássico.[4] Algumas observações e experiências parecem demonstrar o papel favorecedor das alterações do sistema nervoso. Sabe-se há muito tempo que a secção dos pneumogástricos permite reproduzir lesões pneumônicas, outrora consideradas como devidas à paralisia da deglutição.

Teremos ocasião de voltar a isso. De todo modo, não é certo que a medicação deva ir em direção à natureza. Se, por meio da febre, das crises e das inflamações, o homem paga o preço de sua evolução, de sua vivacidade e de suas sutis "homeostases", por meio das quais ele preserva a integridade de seu "mar interior", convém mais insensibilizá-lo ou endurecê-lo do que visar a destruição penosa de tudo o que o indispõe ou irrita. Sobretudo, e nada lhe é mais característico, lhe ocorre, sem causa notável ou conhecida, ferir-se e inflamar-se.

Então, seria vão procurar um "agente" a ser suprimido, uma "influência" a ser dissipada. O próprio organismo se perturba. Não devemos entrar no exame dessa "alergia", embora essa noção fortaleça nossa análise sobre a renovação e a inversão da terapêutica anti-infecciosa. Basta-nos notar tanto a indiferença eventual de tal ou tal organismo em relação aos micróbios, considerados legitimamente como temíveis – quanto, por vezes, irrupções ante a aproximação de simples saprófitos ou de inocentes parasitas. A palavra alergia por si só expressa com clareza a resposta desconcertante, acrescida e imprevisível, contrária ao princípio da toxidade e da intoxicação. Uma irritabilidade subjetiva substitui e faz suplência ao envenenamento objetivo e fatal. Mas sairíamos dos limites de nosso assunto se entrássemos na irradiação e na fecundidade desses temas patogênicos revolucionários, aqueles de pura sensibilização, de alergia e de anafilaxia. Eles também substituem a etiologia tradicional, causal e necessária, a ontologia de inspiração pasteuriana, pois operam o repentino (choque) e o repetitivo (na segunda vez, violências desencadeantes, inversamente a uma imunidade), tanto quanto o inofensivo. O doente, de todos os modos e gratuitamente, de algum modo, cria seu estado mórbido. Ele decide a um só tempo sobre a causa que o atinge e o desenrolar da crise. Os odores (por vezes de rosa), os sabores, a presença de um animal doméstico, um gato, um cachorro, um coelho, um cavalo, em consequência de invisíveis poeiras que emanam de sua

---

4 P. Vallery-Radot, J. Hamburger etc., *Pathologie médicale*, 1954, t. III, p. 258.

roupa ou de seus pelos – não é preciso mais que isso para acarretar um acesso interminável que, com o tempo, pode se agravar. Com efeito, o paciente se habitua cada vez menos com o excitante que o revolta. E não apenas o impalpável, o considerado perturbador quando não o devia, mas também a resposta ao ataque desafia toda previsão, o que termina por minimizar a causalidade do fator dito desencadeante ou provocador. Com efeito, o organismo manifesta de muitas maneiras sua indisposição, da crise de asma à enxaqueca, da urticária ao eczema e a congestões pulmonares mais ou menos extensas.

Devemos ir mais longe, tendo em vista destruir mais a explicação de uma doença infecciosa entrada no organismo de um ser pérfido e terebrante. Tal como os eflúvios ou o insignificante, o benéfico pode, ele também, transformar-se e se tornar uma fonte de distúrbios ou de abalos. Crustáceos, frutos, logo que ingeridos, por exemplo, fazem irromper vermelhidões cutâneas, nos casos mais benignos e mais aparentes. E, se o alimento choca, não é devido à sua qualidade (ele é o bem, não o mal; ele restaura as forças vitais, não as enfraquece), nem em seguida a quantidades intoleráveis: é exatamente o contrário, já que ele exacerba em doses mínimas. Nessas condições, é preciso singularmente ampliar e retificar a noção de "nocividade", uma vez que o benéfico se torna facilmente venenoso. O próprio remédio, o salutar e o sagrado, não deixa de obedecer a essa regra de ambivalência material. Explica-se então este paradoxo, segundo qual sujeitos idosos ou frágeis podem suportar posologias intensas, ao passo que doses leves da mesma substância acarretam nos jovens, de excelente saúde, acidentes **importantes**. Nada como isso para lançar uma dúvida sobre "a toxidade mensurável" ou "exterior", em relação com uma tara escondida e fraquezas orgânicas reveladas, então, por quantidades maciças. Admite-se facilmente que o excesso de um bem resulta em um mal porque o valoroso age de tal forma que deve poder, eventualmente, transbordar e desequilibrar.

Retém-se mais dificilmente a situação inversa, a saber: a de uma droga que indispõe ou comociona, quando exercida sobre sujeitos vigorosos, com proporções reduzidas, em um contexto de prudência. Mas a hipótese de uma suscetibilidade reacional esclarece essa dificuldade. Ela barra o realismo ontológico da maleficência externa, permite ultrapassar as representações demasiado detidas ou demasiado arcaicas do ataque injurioso, que seria anulado por uma enérgica defesa. Correlativamente, esse tema de um descostume, da anafilaxia, trata mal e contém aquele de uma progressiva tolerância que o leva em demasia à consciência, desdramatiza o contágio e suas peripécias. Se bastasse acomodar-se com o irritante ou acostumar-se aos venenos, tal como nos aclimatamos a tantas outras condições desagradáveis, a questão da cura não ofereceria dificuldades, nem nunca reveses.

Essas observações provam, aliás, que entre a bacteriologia mitológica que lembramos, assim como seus remédios naturalistas e ilusórios, e a terapêutica anti-infecciosa contemporânea cujos princípios e conversão metodológica já entrevemos, se intercala uma imunologia positiva e animada. Ela prefacia a filosofia microbiana antissubstancial e antimaniqueísta que se desabrochará em seguida. Ela lança um movimento que retirará pouco a pouco do germe maligno a causalidade da desordem interior. Nesse período de transição entre um pasteurismo idolátrico ou dogmático e a era atual, tão discursiva quanto eficiente, as descobertas de Ramon mereceriam ser retraçadas longamente e comentadas. No que concerne ao nosso problema e à evolução das ideias, não poderíamos subestimar sua importância. Demos apenas seu princípio. O formol remaneja a proteína que define a toxidade (a do micróbio assim como a do veneno ou do vírus), ele altera suas propriedades perigosas, mas conserva seu poder vacinador. A toxina, doravante atóxica, se torna a importante anatoxina. Antigênica, ela permanece capaz de provocar a formação de anticorpos. Não se pode almejar uma vacina mais ideal, nem mais afastada dos primeiros que não imunizariam sem graves perigos. Se, com efeito, os traços sozinhos podem matar, como, visando prevenir, injetar alguns centímetros cúbicos do mesmo princípio mortal? De todo modo, a dose pecará sempre por excesso ou por falta. Não se brinca com fogo sem se expor a grandes dramas. Mas a anatoxina remete a um veneno totalmente inofensivo. Ela permite, sobretudo, uma profilaxia tão sólida quanto fácil. Essa surpreendente possibilidade resulta da separação, efetuada por Ramon, entre o patógeno e o vacinal. O mal pode, assim, ser abstraído do benéfico que ele incluía, mas também infectava. Por conseguinte, o mal não era totalmente mal e o bem (a proteção) doravante não mais se compra por meio da prova de um contato arriscado com o perigoso. Para o imaginário, a vacinação evoca bastante um rito sacrificial de conjuração. Comprar-se-ia a tranquilidade mediante uma submissão ao demônio. Já que conhecemos sua hegemonia e sua potência, merecemos a paz. A formolização de Ramon permite exorcizar essa crença, ao mesmo tempo em que ela preludia essa filosofia antissubstancial realizada pela terapêutica moderna. Ela cinde resolutamente o ser maligno, isola seu lado vantajoso para o organismo. O homem pode, sem prejuízo, defender-se contra ele. Ele converte uma perigosa presença em um remédio milagroso: "As proteínas formolizadas são exceção à regra, segundo a qual uma proteína quimicamente modificada mostra uma especificidade nova. Pode-se imaginar a existência de uma exotoxina na molécula, de dois agrupamentos atômicos diferentes responsáveis um pela toxidade, o outro pela especificidade. Este último guardaria praticamente inalteradas suas propriedades, depois da ação do formol. Quanto ao outro agrupamento atômico, ele seria suficientemente alterado pelo primeiro reativo para que a toxidade venha a ser abolida."[5] Paralelamente a esse incomparável sucesso da imunoquímica, que mudava de modo brusco a face do universo, a clínica, sob o impulso de N. Fiessinger, recusava-se a transferir para um parasita, espécie de bode expiatório, o determinismo de uma doença que ele veicularia e desdobraria no interior de sua vítima. O germe nocivo modificaria superficialmente, no máximo, os tecidos sobre os quais ele vegetaria. Só que os restos celulares do hospedeiro infectado, as albuminas desnaturadas e deslocadas para o ponto de invasão e em seguida postas em

---

5   A, Boivin e A. Delaunay, *L'organisme en lute contre les microbes*, Gallimard, 8. ed., 1947, p. 206.

circulação, se tornariam os verdadeiros elementos virulentos (os autoantígenos) contra os quais o organismo reage por meio da formação de anticorpos floculantes e aglutinantes. Logo o círculo da doença se delineia e se ata. Por fim, nos protegemos menos contra um predador estranho do que devoramos a nós mesmos. Prometeu acorrentado por suas próprias mãos, o doente secreta os instrumentos por meio dos quais ele disseca e desnatura seus próprios constituintes. Essa hipótese de uma automutilação[6] não deixa de fortalecer a corrente de pensamento que ainda enfraquece o poder causal do micróbio e inverte a representação espontânea de um contágio invasor, de uma doença como empreitada de um intruso que se insinua, fervilha e se multiplica sem repouso.

Tudo o que precede introduz e justifica a terapêutica moderna, aprumada e audaciosa, aquela que, deliberadamente, associará ao destruidor do germe um remédio que suspende as inoportunas defesas. Se é preciso impedir o desenvolvimento do micro-organismo, é preciso também impedir o que lhe resiste. Se, de um lado, o suprimimos, de outro, lhe abrimos os caminhos, garantimos sua propagação. Essa decisão parece manifesta e grosseiramente contraditória. Sobretudo nas febres rebeldes ou afecções ameaçadoras, um tifo, uma meningite tuberculosa, o terapeuta se preocupa em interditar o que sempre se considerou salutar, o combate corpo a corpo e as barragens interiores. Esse papel de inibição orgânica será entregue à cortisona, dito hormônio anti-inflamatório: se ele ajuda à expansão microbiana inimiga, ele ajudará mais ao remédio que poderá circular e se difundir. Ele permite, portanto, o que engenhosamente se nomeou "ação em campo aberto". Desfralda-se a invasão: por uma espécie de astúcia, exterioriza-se o mal a fim de poder aniquilá-lo completamente. Disso resultam estes dois remédios: o bactereolítico e o propagador microbiano, tão opostos quanto associados. Para apagar a surpresa que essa desconcertante "síntese dos contraditórios" inspira, lembremos que o medicamento monossubstancial desaparece cada vez mais das modernas farmacopeias, que multiplicam as "ligações", as "sinergias" e as mais audaciosas composições. O remédio único materializa o sonho de uma panaceia com a qual o médico gratificaria seu doente. Essa multiplicidade ousada, mas, sobretudo, cons-

---

6   Como muitas vezes seguidas assinalou A. Lemaire, o dogma segundo o qual os anticorpos só respondem a um antígeno pertencente a uma espécie animal diferente foi derrubado pela descoberta do fator Rh e pela patologia do recém-nascido (isoimunização e doença hemolítica).
"Foi em 1900 que, pela primeira vez, Metalnikoff tentou provar que um organismo animal pode elaborar anticorpos no que concerne a seus próprios tecidos. Dirigindo-se à cobaia, ele utilizava como antígenos as células quase estrangeiras, de todo modo muito separadas do meio interior, que são os espermatozoides. Em 1901, Hulot e Ramon faziam experimentos na mesma direção, mas com o fígado... Foi sobretudo N. Fiessinger que... provava a existência de auto-anticorpos hepatotóxicos. Essas diferentes pesquisas não tiveram eco, elas eram contrárias ao dogma reinante da necessária heterogeneidade dos antígenos, condição indispensável para a formação dos anticorpos." A. Lemaire e J. Debray, Les maladies avec auto-anticorps, e *XXXe Congrès fr. de Médecine*, Masson, 1955, t. II, p. 3-4.

ciente, que leva a misturar os extremos, se opõe radicalmente, cremos nós, à prática secular das macerações, das moagens e dos eletuários que sobredetermina e capitalizam as preparações. A farmacologia moderna, isto é, racional, ao inverso da imaginária, substitui a obscura qualidade nascida da multiplicidade por meio da implementação de uma multiplicidade de qualidades que se corrigem e se aguçam. Uma substância eficiente, mas única, se enfraquece quando não se contradiz. Do mesmo modo, convém, por todos os meios, reforçá-la, completá-la, ampliá-la. Potencializam-na, aceleram-na ou a retardam, a desviam ou a introduzem, tal como a cortisona que favorece e realiza a ação microbicida. O bom e único remédio, tão valoroso que toda adjunção o embaçaria, só existe nos contos, com as varinhas mágicas, as poções e os tesouros. Assim com o germe encerra um mal que transportará e desenvolverá, assim também, do outro lado, o curativo não propaga a saúde ou não confere a salvação pela graça de sua presença militante. E nada altera mais a lógica das condutas socorredoras que as demasiado claras dicotomias, a separação decidida das influências, más ou boas. Se o mal não é absoluto, se ele inclusive encerra um bem que se pode tirar dele, da mesma forma um bem pode virar veneno e malefício. Mais frequentemente, ele se revela ineficaz tanto quanto perigoso: impotente, com efeito, por não poder ter acesso aos covis inimigos e arriscados, porque, da mesma forma que aquele colonizado por ele, o germe nocivo se acostuma também com o que o ofende e o destrói.

Ele só será tingido de surpresa. Nessas condições, é preciso guardá-la para momentos maiores ou para os triunfos indispensáveis. Contrariamente a uma panaceia sempre prescrita e sempre salvadora, o antibiótico só é bem-sucedido, por assim dizer, em função de seu não emprego. É preciso restringir seu uso sob pena de amortecer seu poder.[7] Em qualquer hipótese, o bactericida, por mais ruidoso e redentor que se o imagine, deve ser secundado e acusado. Convém, sobretudo, intensificar e aumentar sua brutalidade. É preciso inervar sua força e evitar a qualquer preço um tratamento longo no qual ele se enlanguesce. O forte, sozinho, não é forte o bastante. Que nada detenha ou retarde sua precipitação explosiva. Ora, o que prejudica o parasita, as diversas barreiras da pretensa defesa, serve ainda mais o que deve atingi-lo. Disso decorre a estratégia de uma terapêutica resolutamente ilógica e contraditória.

É até mesmo possível ultrapassar essa tímida concepção para admitir que, em regra geral, o perigo vem menos do agente externo do que da réplica à sua presença. Passa-se, pouco a pouco, de uma medicação bacteriolítica – favorecida por um hormônio antiadaptativo – para um tratamento hormonal que impede a reação, mas sob a capa de antibiótico. Essa mudança de ênfase merece ser examinada. Esse deslizamento do hormônio suprarrenal que acompanha o anti-infeccioso, para facilitar seu acesso, em direção ao antibiótico, associado desta feita ao hormônio

---

7   Já desenvolvemos esse tema em Surréalisme thérapeutique et formation des concepts médicaux, in*Hommage à G. Bachelard*, Presses Universitaires de France, 1957, p. 191-214.

que ele duplica visando suprimir seus riscos, permite repelir as doutrinas simplificadas, inspiradas, aliás, em um naturalismo cuja origem psicológica já bastaria para desqualificar. Evidentemente, manteremos apenas o princípio. Disso se extrai uma conduta que merece o qualificativo não mais de violenta ou engenhosa (tal como precedentemente, quando a cortisona servia para introduzir o destruidor e lhe abria o caminho), mas discursiva. Ela rompe com as raízes desse naturalismo combativo que penetram ainda nos tratamentos mais recentes. Mas essa medicação, aqui e ali, realiza mais e melhor. Em alguns casos, com efeito, o hormônio em questão, a cortisona, não deixa de introduzir o antibiótico do qual ela não se separa, no interior das zonas nas quais os germes se abrigam. Só que o mal é agravado se o golpe dos bacilos liberar endotoxinas venenosas. Essa toxi-infecção pode ser representada, com efeito, como um mal que inclui e prepara um outro mais dramático. Arruinar o inimigo equivale, então, a difundir os venenos que ele encerrava. No caso, o bem, quer dizer, o desaparecimento do mal, vira desastre. Quanto mais o remédio se empenha, mais ele prejudica. Quanto mais ele é bem-sucedido, mais ele fracassa. Duplicar o antibiótico por meio de um introdutor ou de um difusor que o apura e o aumenta, não seria uma tentativa perigosa? Não é o caso. Para concebê-lo, é preciso retornar à questão da filosofia material sobre a qual repousa o conjunto da terapêutica e da patologia: o que é o mal? Precisamente, ele não existe nas coisas, mas apenas em nosso protesto ou em nossa cumplicidade. Se devemos incontestavelmente contestar a definição tão culpabilizante segundo a qual "o mal está em nós e por nós", isso não impede que esse mal chegue sem nós, sem nossa involuntária colaboração. "A doença infecciosa, para aparecer, resulta de um certo acordo entre o organismo e o agente infeccioso. Da mesma forma que um mesmo micróbio só é patógeno para certas espécies, assim também, na espécie humana sensível, alguns tecidos se prestam à infecção. Se bem que, para ser realizada, a infecção supõe uma certa participação do organismo. Lembremo-nos de que, em certa época que não está tão distante, a noção de intoxicação explicava de maneira simples as reações patológicas provocadas pela ingestão de algumas substâncias ditas, por essa razão, tóxicas. Mas, ao se ver que a mesma substância ingerida na mesma quantidade por muitas pessoas só determinava a intoxicação em apenas algumas delas, fez-se necessário revisar a noção de intoxicação. E a noção de intolerância a substituiu em ampla medida..."[8] A cortisona impõe-se ainda mais. Depois de ter servido à violência destruidora do antibiótico, uma vez que ela inibe as reações e as congestões, ela favorece então o mal que resulta dessa desintegração, mas ela impede igualmente, e pela mesma razão, seus efeitos e sequências. A ofensa não desvanece com a indiferença daquele que a sofre? É bem por essa razão que as complicações, por exemplo, ao longo da febre tifoide, traduzem menos um envenenamento inelutável que uma suprema intolerância. O sistema vegetativo se rebela.[9] Ora, a cortisona,

---

8   V. de Lavergne, *La maladie infectieuse*, Masson, 1951, p. 287 (cf., também, p. 252 e 254, parágrafo Insuffisance des schémas e parágrafo Participation de l'organisme).
9   Les accidents par lyse microbienne au cours de l'antibiothérapie, por Reilly, *Rapport au Congrès français de Médecine,* Alger, 1955, Masson, vol. III.

que precedentemente suspendia as irrupções inflamatórias, conjuntivas e humorais (decorrendo daí a ação do antibiótico majorada e facilitada), paralisa e rompe paralelamente toda revolta consecutiva, todo levante que corre o risco de explodir (disso decorrem as endotoxinas inofensivas). Em suma, para empregar imagens, o hormônio suprarrenal ativa e liquida uma guerra cujas sequências ele controla e apaga. Depois de haver perfurado o abscesso, ele extingue o foco nocivo. Ele provoca um mal que, ao mesmo tempo e mediante a mesma propriedade, ele anula e suspende o desenvolvimento. Por essa razão, o epíteto dialético nos pareceu válido para caracterizar essa ambivalência dos efeitos materiais, esse risco calculado e difícil, em um domínio contrastado e movimentado: "Se hoje a cortisona não tem mais o lugar de escolha ocupado por ela no tratamento do reumatismo crônico evolutivo, ela, porém, ganha um lugar inesperado na terapêutica das doenças infecciosas, como se sua presença fosse desatrelar a ação dos antibióticos... Talvez seja vão querer encerrar num mecanismo único a ação do hormônio sobre os processos infecciosos. As ações lítica, anti-inflamatória e antialérgica devem se exercer ao mesmo tempo."[10] O mais notável permanece sendo o fato de essas possibilidades, que operam simultaneamente, se contradizerem entre si. Disso decorre justamente a oportunidade da secreção suprarrenal, quando aplicada a uma afecção plurivalente e composita.

Resta que a terapêutica anti-infecciosa contemporânea, fortalecida com germicidas violentos e irresistíveis, inverte igualmente os habituais preceitos, as decisões mais ponderadas. Ela chega até esta extremidade que a atual farmacologia, em seu conjunto, consagrará: lutar, primeiro, contra o lutador, ajeitar-se provisória e aparentemente do lado do mal contra o doente, mas em seu benefício. Se o mal (o micro-organismo) pode incluir um bem, o pretenso bem, mais certamente, implica o mal. O paciente cria e mantém seu sofrimento. Ele coincide com sua afecção e, no limite, a cultiva. A rigor, o mal biológico acaba por evocar o mal moral e a perversidade. A fonte destes últimos não vem de fora, mas de dentro. Só que o homem tentado acusa o mundo e seus charmes, sem se dar conta o bastante que eles já respondem a seus secretos desejos expressados por eles. O erro, por sua vez, pode também ser concebido como apego e perseverança: ele não é nem destruição de si mesmo, nem, sobretudo, possessão diabólica, mas rigidez e continuação. Disso resultam as longínquas analogias entre os dois universos desastrosos: o mórbido e o moral. Não é senão mais urgente, na presença de uma realidade tão equívoca e complexa, abandonar os gestos elementares, as energias demasiado rudimentares. Um tratamento à base de opostos poderá ser bem-sucedido. Ele realizará uma conduta no sentido que o psicólogo dá a esse vocábulo: com efeito, ele integra uma pluralidade de vetores, senão de valores, tendo em vista suscitar uma síntese superior a uma simples mistura ou a uma só adição. "A complexidade não significa

---

10   Id. Benhamou, *Les renforts de l'antibiothérapie*, p. 383. Na mesma página, M. Benhamou escreve (a respeito da ação do hormônio sobre a meningite tuberculosa): "Graças à sua ação antialérgica, a cortisona suprimirá as desordens neurovegetativas."

apenas a multiplicidade das ações sucessivas ou simultâneas desencadeadas em seguida a uma só estimulação, afirma Pierre Janet. Ela implica um outro caráter que se reencontra na reflexão, no ensaio, na pesquisa científica, numa grande quantidade de ações importantes e potentes."[11]

Transponhamos essa definição no domínio material do curativo (embora não haja uma distinção nítida entre o "psicológico" e "medicamento externo", uma vez que o remédio só existe pelos e para homens, que, fora deles, ele perde toda significação). A fusão de elementos antitéticos aí decide sobre um resultado que ultrapassa, nega, mas também reunifica os constituintes.

Correlativamente, e segundo um princípio que não sofre exceção, quanto mais um remédio age e é bem-sucedido, mais ele apresenta dificuldades. Uma rica matéria desperta e acarreta vigilância. Nem sempre se deve ver a consciência surgir unicamente na presença de fracassos ou de contradições. O sucesso não anestesia forçosamente, ele pode alertar, mais exatamente, obriga a consciência a sair de si mesma e de seu realismo, a perceber problemas ali onde ela não os vê. Portanto, estaríamos enganados ao majorar a importância dos limites, dos insucessos, como se o pensamento, para movimentar-se, devesse encontrar resistências, receber golpes, chocar-se com impossibilidades que ele, então, buscaria contornar. Quando o querer tropeça em realidades que não pode vencer, na urgência ou no pragmatismo, e se arrisca a ceder às exigências perceptíveis, mas, inversamente, no mundo da terapêutica, a facilidade e a segurança conseguem sozinhas criar uma autêntica intelectualidade do patológico. Assim uma terapêutica tão eficiente e relacional quanto à associação antibiótico-cortisona, graças a seus resultados positivos, criou uma sensibilidade médica menos imediata e menos realista que revoluciona a clínica. As interrogações não cessam, elas se levantam e se afinam. Pelo fato de a cortisona, por exemplo, suspender as réplicas, portanto a congestão, ela apaga de um mesmo golpe os sintomas habituais, os sinais evolutivos, a dor ou a temperatura. Os meios comuns ou seculares de alarme, de vigilância e de advertência, que séculos de exame paciente retiveram e decifraram, tendem a desaparecer. Adivinha-se, sem dificuldades, a importância dessa anulação. A remissão clínica não pode mais, como ontem, significar a vitória da cura. É preciso continuar a tratar aquele que se estima curado. A doença não é mais sofrimento e, inversamente, o silêncio, a ausência de dores, a queda da febre, não garantem mais totalmente, uma vez que os novos remédios impedem esses protestos nocivos, as diversas expressões da afecção. Mas não está excluído o ato de o "mal" se ramificar e se organizar insidiosamente. A semiologia, ou seja, a linguagem habitual da doença, foi inteiramente separada de seu substrato lesional ou anatômico. Por repetidas vezes, já notamos não ser necessário acreditar em uma correspondência, termo a termo, entre os sinais e as realidades mórbidas que eles trairiam. Uns não refletem os outros, a tal ponto que podem existir isoladamente. Assim como medicina conhece as dores "sem matéria", *sine mate-*

---

[11] *Philosophie, questions complémentaires*, com a colaboração de M. Piéron e Ch. Lalo, p. 115.

ria, paralelamente, o laboratório sabe que graves desordens podem se operar com pouco ruído e na serenidade fisiológica. E, aliás, mesmo quando o sintoma alerta, ele engana mais do que informa: o cardíaco não sofre do coração. Disso decorre a necessidade de recusar nitidamente uma teoria do sintoma como sinal e do signo clínico como reflexo. Para perceber a realidade do patológico através do que o altera, foi preciso uma ciência das não correspondências e uma gramática da decifração. Só que, a esse período de leitura que tenta discernir um "sentido" mediante o que não o designa sucede a idade atual, mais oblíqua ainda e mais difícil: o próprio terapeuta oculta a doença e se priva de qualquer meio sensorial de localização e de previsão. A infecção se desenvolve na calada da noite sem que nada possa traí-la. Disso surge uma nova consciência: o clínico não apenas luta contra o paciente para impedi-lo de se tornar doente e se prejudicar, mas deve também vencer uma doença que parece não existir. Ele deve quebrar um "inaparente", expulsar o invisível, senão até mesmo as sombras. Ele precisa comover-se com o que não inquieta, tender para novas seguranças, mais além dos dados semiológicos. Quando a doença se faz reconhecer por queixas, delírios e agitação, teria sido absurdo tratar aquele que não sentia nada. Doravante, isso é preciso, pois o terapeuta se encarrega de inibir essas despesas onerosas, essas manifestações inúteis e até mesmo maléficas. Apesar de tudo, em oposição ao charlatão que convence o homem de boa saúde quanto à doença, a patologia moderna vê na doença um excesso de saúde que é preciso interditar. Do mesmo modo, mais do que corrigi-lo, ela se opõe a essa defesa que constitui o mal. As noções de doença, saúde, cura e infecção foram bem remanejadas e até mesmo invertidas. Consequentemente, o tratamento deverá prosseguir fora toda estimulação. Ele extrai sua inspiração de uma nova inteligência do mórbido. Ele se tornou verdadeiramente racional. Por essa razão, não poderíamos admitir uma observação que se lê nos Tratados ou nos comentadores, segundo a qual a medicação moderna perdeu sua pretensão. Ela abandonou seu objetivo "causal" para se limitar a "ser sintomática". Por vezes, ela apagaria os sinais da doença sem muito se preocupar com a causa, tal como o bombeiro apaga o fogo sem pesquisar, primeiro, o que o provocou. De modo semelhante, graças a esses remédios potentes e de alcance geral, o médico inicia acabando com a febre, expulsando as dores, regularizando as funções. Ao contrário do metafísico ambicioso, mas estéril, a idade positiva da cura se caracterizaria por sua superficialidade e por sua eficiência. Essa maneira de descrever e de expressar a racionalidade farmacológica implica uma interpretação da infecção discutível e ambígua: subentende-se que a recessão dos sintomas leves e gerais é acompanhada pelo final da doença; que o positivismo da cura, sem olhar mais adiante, modifica realmente o curso das coisas põe de lado as teorias, as explicações eruditas que não levam a nada. Na realidade, um tratamento sintomático equivale rigorosamente a um tratamento causal, se é verdade que o "sinal" não mais adverte nem localiza, mas atiça e aumenta um mal que ele acaba por alimentar. Com efeito, vencer os sinais reacionais é curar. O organismo se engana e nos engana. O perigo não existe nas profundezas nem se disfarça num invisível numenal: ele pode residir na superfície daquele que parecia combatê-lo ao passo que o alimentava. Portanto, a medicação moderna não é "sintomática", mesmo quando ela se detém nas aparências e parece negligenciar as causas: uma vez mais, é melhor qualificá-la de racional uma vez que ela vai de encontro a muitos séculos de representações e também pelo fato de ela prosseguir quando nada de sensorial a comanda nem a guia. A razão a define e a prolonga.

* * *

Para completar nossa análise concernente à terapêutica moderna no domínio anti-infeccioso, suas audácias e a renovação conceitual que a acompanha, bastar-nos-á seguir o movimento precedentemente iniciado. A mudança de perspectiva dá uma colheita de resultados. Destacaremos apenas dois que nos pareceram os mais característicos e os mais importantes. Eles se inspiram no mesmo princípio: encontrar modelos farmacológicos ali onde ninguém teria cogitado pesquisá-los e utilizá-los em oposição ao organismo que favorece a eclosão da doença, serve ao intruso quando quer dele se proteger.

A primeira dessas duas iniciativas merece um prólogo de ordem geral. Semelhante audácia não entra brutalmente em cena: do ponto de vista histórico, ela avança com lentidão e hesitação. Somente no começo do século XX é que se observou que o coágulo sanguíneo, deixado à sua própria sorte, com o tempo, acaba por se dissolver. A ruptura da fibrina, esta fibrinólise espontânea, permanecerá ainda, por muitos anos, na penumbra. Por que esse recalque e, sobretudo, por que esse longo atraso – séculos – antes de emergir timidamente? É verdade que essa liquefação leva horas para se efetuar e que os observadores notam, principalmente, o brusco, o perceptível. Porém – móbil mais potente –, a biologia permanece ligada, desde seu começo, à visão de um sangue que coagula e impede sua própria hemorragia. Hipócrates já havia majorado essa formação, valorizado essa espécie de autodefesa: "Quando se faz uma incisão, primeiro, o sangue escorre, depois, ao se esfriar, ele se coagula e nasce uma pele; se retirarmos esta, ao cabo de algum tempo uma nova aparecerá e assim por diante indefinidamente. Fica então demonstrado que, exposta ao ar, a extremidade do corpo se torna necessariamente pelo sob a ação do frio."[12] Essa banal constatação sacraliza o sangue que se definirá de bom grado como a carne da carne. A descoberta de Harvey será retardada: já que o líquido vivo por excelência se solidifica, e, se preciso, regenera os tecidos danificados ou esfolados, ele não poderia simplesmente circular. Ele vai do centro, onde se forma, para a periferia que ele engendra e alimenta. No lado oposto, a água, antivalor e fonte do patológico, justificará os piores alarmes e semeará os temores. Uma pura e constante liquidez não encontra seu lugar, para a imaginação, no universo da biologia e da

---

12 *Observation et expérience chez les médecins de la collection hippocratique*, por L. Bourgey (trad. de um fragmento de *Chairs*), p. 143.

saúde. Esta última supõe a solidez e a consolidação. Ao contrário, liquefazer-se não é fundir e se perder? Nada é mais tranquilizador que uma carne firme, vermelha e consistente. O doente se expande ou transborda em humores, em serosidades e em fleumas. O mórbido com frequência se acompanha de derramamentos e de exsudações diversos (edema, inchaços). Por todas essas razões se concebe sem dificuldades que um líquido que bloqueia seu curso, ou nega sua fuga, merece o maior respeito. Ele escapa à maldição do que escorre e, portanto, desaparece sem retorno. A própria morte evoca a água,[13] assim como a água, por sua vez, pode sugerir um melancólico destino. Mas, se a água se esvai, o sangue, seu contrário, se conserva e sabe se preservar. Portanto, a coagulação pareceu uma manifestação fundamental do vivo, ela santifica o sangue que escapa ao destino dos líquidos comuns, ávidos de desaparecer. A água não apenas não deixará rastros de sua partida, mas também retira tudo o que estagnava. Em suma, se a liquidez significa dissolução, inversamente, um líquido que coagula e se solidifica merecerá veicular a saúde e a vida. A velha polêmica entre humoristas e solidistas se volta em vantagem dos últimos, ou melhor, conclui-se num hábil compromisso, ou seja, pela glorificação daquilo que, úmido e viscoso, pouco a pouco se encarna, se prende e se endurece. O sangue permite aproximar e harmonizar as doutrinas rivais. Ele equivale a uma quintessência, um quinto elemento bastante superior aos outros que, aliás, ele junta ou contém: se parece líquido (água), ele se metamorfoseia em carne robusta (terra). Seu calor (fogo) natural e sua sutileza mais ou menos espumosa (ar e espíritos) acabam por elevá-lo. Ele contém fogo e espíritos, assim como, mais tarde, ele fixará o oxigênio. Ele goza de um *status* incomparável. Embora pareça pobreza (com efeito, o líquido é o fugidio, o informe e o desunido ao extremo), ele é riqueza e potência, ele é a saúde. Perder seu sangue é morrer. Com frequência, a transfusão ressuscita. A biologia de Platão ilustra bem essa universal mitologia: "O sangue compreende três substâncias diferentes: 1º as fibras, 2º um resíduo que se coagula depois de ser separado das fibras e, 3º por fim, um fluido grasso e viscoso que escorre das fibras e serve, por um lado, para nutrir os ossos; por outro, para colá-los à carne. A carne parece, assim, provir de uma solidificação parcial do sangue e é feita dos mesmos elementos constitutivos. A ordem normal aspira que o sangue produza a carne. Há desordem quando, ao contrário, a carne retorna no todo ou em parte ao estado líquido e se derrama sob a forma de um sangue corrompido nos vasos."[14]

Esses argumentos mais ou menos fantasistas por muito tempo retardaram uma autêntica fisiologia do sangue, de seu escoamento e de suas modificações. Foi

---

13 Sobre esse ponto, não poderiam nos opor o mito de Vênus, saída do oceano e de sua espuma. Certamente, o mar revigora, a água permite a fusão, a regressão, a ressurreição e o batismo. Só que, para o imaginário dos elementos, morte e vida não se opõem. É preciso morrer para poder renascer. É pelo fato de ela destruir e absorver que a água reengendrará e renovará (cf., a esse respeito, Mircéa Eliade, *Le mythe de l'éternel retour*, N.R.F., 1949).

14 *Timée*, col. Budé, trad. Rivaud, p. 213, parágrafo Explication générale des maladies.

preciso esperar o século XX para se observar que se o sangue, carne da carne, coagula, ele, depois, perde sua consistência. Torna-se móbil. Uma biologia da descoagulação começa a despontar. Ao mesmo tempo e no mesmo sentido, a fisiopatologia ensina que a célere solidificação atrapalha mais do que serve ao conjunto da economia. Vantajosa por fora ou na periferia, ela prejudica por dentro, torna mais lenta e detém a circulação indispensável. Já vimos o quanto a medicina confere uma importância nefasta à trombose e ao coágulo. Seja como for, não apenas a fibrina cessa de desempenhar um papel sempre favorável, como também, pouco a pouco, o biologista percebe uma lenta destruição do coágulo. Os fatos, até então diminuídos ou passados em silêncio, remontam à superfície e se reagrupam: o sangue do cadáver conserva com frequência uma importante fluidez, assim como ao longo de algumas hemorragias difíceis de interromper ou no fluxo menstrual, sobretudo em algumas afecções ditas justamente hemolíticas. Alguns micróbios secretam diástases que ativam uma virtualidade "fibrinolizante", rompem a malha de fibrina e provocam manchas cutâneas, eritemas visíveis, uma notável púrpura. Pouco importa, aqui, o detalhe e os argumentos, guardemos apenas o princípio, a saber: culturas estreptocócicas liberam uma latência inativa e bloqueada. As diástases microbianas aceleram uma fluidificação natural, mas lenta de se operar, disso resultando a fácil propagação dos micro-organismos, disso resultando também as placas vermelhas e com amplas camadas de septicemias ou de algumas invasões, as queimações das antigas epidemias.

Essa descoagulação, para usar um neologismo, acarreta uma consequência terapêutica direta: quando um transbordamento sanguíneo ou uma secreção orgânica preenche uma cavidade natural, forma-se uma feltragem fibrinosa resistente que fecha os espaços naturais (hemopericárido, hemotórax, por exemplo) e compromete os movimentos fisiológicos de expansão. Nesse momento, o clínico pode e deve recorrer às enzimas bacterianas para tentar liberar os sorosos, dissolver os indestrutíveis coágulos, evitar uma intervenção cirúrgica e realizar um desbridamento com a ajuda de bisturis químicos que tirou de seus invasores. Estreptoquinase, estrepodronase, para nomear as secreções estreptocócicas clarificarão os depósitos viscosos, purulentos e em via de organização. Eles impedirão a temível patologia crônica de nomes múltiplos: bridas, compartimentações, sínfises, aderências, esclerose etc. Se o próprio movimento da cura define e incrusta a doença, é preciso romper, a qualquer preço, os gânglios indivisíveis, quebrar as carapaças cartonadas da defesa, fundir a fibrina e o coágulo.[15]

Mais além dessa prática e de seus sucessos, a ideia que o anima nos parece acusar a inversão doutrinal e estratégica que já relatamos; o antimaniqueísmo se

---

15   Sem conhecer sua verdadeira razão, o clínico do século passado o pressentia, reconhecia e afirmava a presença do estreptococo ante a visão da cor do pus, sua aparência física e sua consistência: clara e homogênea, por oposição ao grumoso e ao adesivo que lhe assinalava a presença do pneumococo.

amplifica. Doravante, a terapêutica utiliza em seu benefício as armas retiradas de seus adversários, os micróbios malditos. Ela converte o mal em bem. Por vezes, até mesmo essas secreções servirão para esmigalhar a carapaça dos pneumococos, graças às quais eles escapavam da fagocitose que teria podido destruí-los ou digeri-los. Para vencer, trata-se menos de lutar, de se despender ou de se insurgir – tentativa onerosa e arriscada, tanto quanto insuficiente – que de deslocar seus inimigos com a ajuda de instrumentos que eles, de algum modo, aguçaram. Fleming, embora num estilo diferente, de modo semelhante extrairá de uma filtração de mofos banais produtos capazes de inibir o desenvolvimento de parasitas perigosos. Ele extrai dos parasitas algo com que sufoca o parasitismo. Mas, no caso, com as estreptoquinase e estreptodronase, o movimento vai mais longe, porquanto se subtrai dos próprios predadores, não de seus rivais ou de eventuais concorrentes, as substâncias destruidoras e os fermentos liberadores. Por isso, uma terapêutica contra o patológico foi menos elaborada do que a descoberta de uma terapêutica no próprio patológico. Essas armas bioquímicas, é verdade, atuarão muito mais contra o anfitrião que contra o intruso. Isso não impede que elas possam também se voltar contra os invasores. Invenção para nós decisiva e promissora, tanto quanto audaciosa, uma vez que ela cessa de considerar o patológico enquanto inimigo puro e simples, o que se deve banir e afastar por todos os meios, com a ajuda de remédios heroicos e em doses maciças. Tende-se, ao contrário, a utilizar o maléfico, copiá-lo visando ser verdadeiramente bem-sucedido. Conseguir insinuar-se e progredir se deve ao fato de o maléfico usar recursos engenhosos, substâncias incisivas. Bastará que estes lhe sejam retirados tendo em vista eliminá-lo assim como tudo o que o favorece.

A vacinação, pelo menos para a imaginação, extraia de um mal um bem. Só que, para tanto, ela se serve de um micróbio atenuado. Ora, uma consciência liberada dos preconceitos e das ilusões admite e até mesmo sustenta que um mal ligeiro pode fortalecer e se saldar por uma vantagem positiva. O organismo se acostumaria, se prepararia e, portanto, poderia subtrair-se antecipadamente dos riscos de uma brutal invasão. O perigo só ganha devido à surpresa. Se nos habituarmos com sua violência e se nos fortalecermos contra ela preventivamente, ela não poderá nos atingir.

Apenas, e entre parênteses, nada mais enganador e especioso – já o vimos – que as representações e as crenças que tocam às práticas preventivas e imunitárias no domínio da higiene em geral, essa terapêutica a contrapelo, porquanto não se trata mais um mal, mas se o impede de advir e de se implantar. Até mesmo o vocabulário impele ao erro. Não é dito que um antígeno induz a formação de anticorpos,[16] como se uma agressão erigisse necessariamente uma defesa e desencadeasse uma vigorosa resposta humoral? A linguagem "anti" sugere sempre o combate imaginá-

---

16   A palavra antígeno significa uma substância capaz de engendrar (gene) o anticorpo. Mas essa não é uma propriedade inerente unicamente às bactérias: qualquer elemento, desde apenas que ele seja estranho ao organismo, se torna suscetível de suscitar uma reação e, portanto, a formação de anticorpos.

rio, a injúria, a ofensa que acarreta a mobilização. Esse finalismo sumário e quase inextirpável falseia ou empobrece a problemática da imunidade. Notemos apenas, para inquietar esse claro sistema colorido de antropologia, que um convalescente cujo soro contém anticorpos pode recair e que, inversamente, o sangue de alguns doentes, embora privados desses anticorpos, pode vitoriosamente se opor a qualquer retomada da infecção. Essa observação elementar já basta para provar que a abundância dos célebres anticorpos não significa a premunição e a segurança. Mas não poderíamos entrar mais, a não ser saindo de nosso caminho, na espessa floresta dessas questões controversas. Inclusive, não está excluído, para alguns bacteriologistas, que também o anticorpo defensivo, longe de socorrer, sirva e chegue a prejudicar. Com toda evidência, essa é uma noção que majoramos tendo em vista corrigir a tese natural e na intenção de barrar o declive descido espontaneamente pela inteligência do infeccioso e do tóxico. Com efeito, ao supor que o anticorpo envisca ou aglutina, neutraliza ou desloca o antígeno, ocorre-lhe poder tão somente remanejá-lo e, por isso mesmo, agravar sua influência: "A plasticidade (dos micróbios e dos vírus) é seu caráter essencial... Em outras palavras, o germe que, hoje, era portador de tal mosaico antigênico pode, amanhã, ter perdido alguns desses antígenos e ter adquirido outros em seu lugar. Desde então, como surpreender-se com o fato de os anticorpos que foram elaborados especificamente para os antígenos do primeiro, não conseguirem se coaptar com os antígenos do segundo?... Mas, melhor ainda: se as variações antigênicas espontâneas dão conta da não ação dos anticorpos, essas variações, em alguns casos, podem ser diretamente imputáveis aos anticorpos... Na realidade, talvez não devêssemos dizer: os anticorpos não protegeram por serem de um tipo diferente daquele do germe em questão, mas sim, é pelo fato de anticorpos desse tipo existiam que os pneumococos responsáveis pelas pneumonias nesses sujeitos eram de um outro tipo."[17] Os progressos da imunologia põem em fuga as tenazes crenças, as habituais noções, as da guerra, da resposta ou da habituação. Disso se segue que a milagrosa vacinação corre o risco, mais ou menos, por certo, de ser mal interpretada. Ela não é o que se imagina. De todo modo, a atual terapêutica anti-infecciosa não se limita a prolongar o rito ou o método de inoculação: ela inaugura e fundamenta uma filosofia da cura imprevista e mesmo revolucionária. Doravante, o clínico parece inspirar-se no venenoso e no ameaçador. E quanto mais o vibrião se mostra temível, mais ele secreta venenos e mais ele servirá à farmacologia, a qual extrai do maior dos males os remédios mais salutares, tanto para vencer as formações inflamatórias quanto para favorecer a difusão dos medicamentos administrados, ou ainda para dissolver as armaduras impenetráveis dos parasitas enquistados. Aqui, o mal, sob sua forma maior, propicia um bem e ajuda a cura. Não se trata mais, como na mitológica vacinação, de um perigo minimizado e abrandado, mas exatamente

---

17   R. Fasquelle, *Les trois aspects de la lutte contre les germes infectieux*, J. Peyronnet, éd., 1955, p. 172-174.

de um perigo agravado, de estreptococos prejudiciais, de suas enzimas incisivas. Um mal invertido se torna o bem eficiente.

Ademais, através dessa perspectiva a clínica consegue esclarecer obscuridades. Pois, se de um lado, numa rubéola, numa coqueluche, numa pneumonia tudo parece luminoso e explicável, de outro, tudo pode surpreender e acarretar interrogações teóricas desconcertantes. Um belo exemplo desse gênero de dificuldades nos é oferecido pelo seguinte enigma: na terapêutica contemporânea, que maneja bactérias implacáveis, quanto mais os parasitas nocivos se multiplicarem e invadirem o organismo, mais a cura será bem-sucedida e menos a doença deveria inquietar. Inversamente, quanto menos o mal ganhar proporção, tanto mais a doença correrá o risco de se enfraquecer e se agravar. Em outros termos, quanto menos os parasitas abundam, mais o efeito mórbido suscitado por eles pode se ampliar. O princípio de causalidade não é violado ou posto novamente em questão? Nossas análises anteriores nos permitem levantar esse obstáculo que enfatizamos ainda visando apoiar nossas conclusões: se é verdade que alguns germes (e o problema em questão concerne apenas um número restrito destes) secretam substâncias difusoras ou proteolíticas, se os estreptococos liberam quinases que rompem o conjuntivo ou as redes fibrinosas, eles servem ao anticéptico que os atinge mais do que favorecem a propagação do intruso. Nessa circunstância, o excesso de um mal se transforma em bem.

No combate triangular que põe frente a frente o micróbio, o doente e o remédio, a consciência cai facilmente em simplificações. Acabamos assim de notar que o micróbio pode permitir o jogo do remédio que o elimina e que o doente sozinho, do lado oposto, contraria ação da medicação ou a desacelera. Aliás, cada um desses termos, cada uma dessas forças reage. Sobre as outras e as transforma. Disso resulta uma situação complexa, movediça e irredutível a seus constituintes, o que interdita uma lógica demasiado realista ou representações demasiado detidas. Além disso, cada um desses componentes oscila, se transforma ou se desnatura, o que acrescenta à indeterminação global. Nem o germe, nem o remédio, nem o doente permanecem imóveis ou passivos. Na falta de fracassar ou prejudicar, as ideias terapêuticas devem se modelar nesse conjunto flutuante. Elas devem abandonar os princípios seculares. É assim que, para nos elevar a noções de ressonância filosófica, o mal biológico não pode ser substantivado como tal. Ele pode servir ao acontecimento do bem. Esse próprio bem pode transmudar-se em perigo, se é verdade que uma defesa intrépida fere o organismo e favorece o que o invade. Em resumo, o clínico nem sempre nem facilmente reconhece o vantajoso e o benéfico: o que ontem se considerava como salvador e propício tende, hoje, a definir o prejudicial. Para ganhar essa luta incerta, resta à farmacologia servir-se dos micróbios, pedir-lhes o segredo de sua eficácia e de sua surpreendente celeridade. Ela lhes pede emprestado seus "modelos" ou seus "esquemas". As bactérias, assim, trabalham para o homem, não mais contra ele. Cultiva-se com deferência as mais patógenas, atiça-se sua virulência visando combatê-las. Por vezes ainda, o que dá no mesmo, a terapêutica recorre aos vírus dos vírus, aos bacteriófagos,[18] mas sempre, definitivamente, para garantir sua própria vitória, ela utiliza seus inimigos, tira sua riqueza do que parece constituir seu fracasso ou sua pobreza.

* * *

A fim de concluir nossa análise, retivemos duas aplicações médicas que nos pareciam reveladoras do movimento que queríamos retraçar. Resta-nos expor a segunda que, alias, substitui a primeira.

Nessa nova direção, complementar à que precede, em vez de utilizar vibriões inimigos, busca-se no organismo, no reservatório humano e em seu benefício, as forças de destruição que ele encerra, mas sufoca. Mais do que extorquir dos cóccix exteriores seus dinamismos, a farmacologia buscará se servir, por exemplo, das diástases digestivas, e notadamente aquela que escoa do pâncreas, a tripsina, para que ela digira as membranas e as secreções em via de formação. Até o dia de hoje, a dita tripsina mal fazia suplência a uma fisiologia pancreática enfraquecida ou avaliada como insuficiente. Ela tinha apenas um papel exíguo, senão nulo. Ela permanecia encerrada em seu naturalismo funcional ou fisiológico. Entre parênteses, é preciso notar que essa enzima destruidora não pode exercer seu trabalho de ruptura no lugar onde ele se produz. Espontaneamente, a tripsina só digere no momento em que ela própria é cindida, ou seja, ativada, sem o que ela atacaria o pâncreas que a secreta. Na economia, a glândula fabricadora se encontra ao abrigo de sua própria bioquímica.[19] A tripsina quebra ou hidrolisa as moléculas proteicas no duodeno e apenas ali. A audácia terapêutica consistiu em transferir esse processo alhures, em injetar a diástase nas cavidades fechadas, nas articulações bloqueadas, nos canais obstruídos, cada vez que era preciso liquefazer ou liberar.

Não se deve minimizar a dificuldade de esvaziar uma supuração que preenche, por exemplo, os brônquios. Em favor dessa oclusão, a flora microbiana se desenvolve e agrava o estado pulmonar. Nada pode superar esse magma mucoso, aderente e inacessível que os próprios brônquios secretaram. Desconfiamos dos benefícios de uma enzima que efetua uma digestão pulmonar e fraciona os conjuntos infectados, ricos em fibrina, sem nunca poder atacar o epitélio brônquico ou o parênquima pulmonar, uma vez que, melhor que o mais sutil dos escalpelos, ele delimita o

---

18 A esse respeito, se lerá o artigo do Dr. A. Raiga, *Revue philosophique*, 1961 (p. 441-473), Le bactériophage de d'Hérelle, révélation du phénomène naturel de la guérison et du traitement idéal des maladies infectieuses.

19 A pancreatite hemorrágica, segundo uma verossímil patogenia, poderia se explicar como o brutal ataque da glândula por si mesma, que se destrói sob a ação de seu próprio fermento.
Um refluxo do suco duodenal no canal de Wirsung bastaria para ativar repentinamente a diástase pancreática, inativa por si mesma, resultando daí uma autodigestão aguda e mortal. Um enfraquecimento na habitual proteção, a junção de duas enzimas interiores e o homem se incendeia e se consome num instante.

morto do vivo, garantido por seus próprios fermentos. Nebulizado, aerolizado na árvore brônquica, ele dissolve os escarros espessos. O mais notável vem do fato de essa lise logo se duplicar por um resultado bactericida, porquanto a chegada de ar perturba e dizima as floras patógenas que se exaltam em um meio fechado. Nada interdita generalizar essa iniciativa: pode-se introduzir a tripsina em todas as cavidades cujo conteúdo se quer absorver, o que permite uma punção evacuadora, tanto em urologia, quando um depósito de fibrina obtura as vias urinárias, quanto em dermatologia para limpar as feridas necrosadas, as superfícies queimadas que se quer tornar lisas, eliminar os esfacelos ou os tecidos danificados favoráveis ao pululamento microbiano. Alguns chegaram a injetar esse proteolítico nas veias, visando a deslocar o coágulo embólico, resistente e fixado nas paredes. Pretende-se que o endotélio não seria tocado por esse potente catalisador. Por outro lado, introduzido em uma articulação, ele poderia liberar os movimentos congelados, restabelecer uma espécie de circulação protídea, exatamente como ele torna possível, em outros casos, a passagem do ar ou favorece o crescimento basal de uma pele que se regenera. Ele sempre retiraria os obstáculos que se opõem aos diversos movimentos da saúde. Se não se deve ver nesse bisturi químico, nesse agente de ruptura interior, uma panaceia, tampouco se deve considerá-lo como uma exceção, uma curiosidade ou um meteoro no céu da farmacopeia. Ele é um arquétipo moderno, um frutuoso modelo. Muitas medicações engenhosas e vivas decorrem, com efeito, do mesmo princípio, conhecem uma semelhante origem, obtêm resultados vizinhos: entre elas, a hialuronidase, de uma evidente importância, menos devido a seus atuais sucessos do que das perspectivas entreabertas e da reorganização nocional assegurada por ela. Não é inútil resumir a *démarche* de Duran-Reynals que desembocaria em sua descoberta. Primeiramente, esse virólogo se detém num problema limitado, senão fútil, relativo à vacina, fonte de tantas invenções biológicas decisivas.[20] Com efeito, o vírus colocado no tecido testicular, ali se modifica e aumenta brutalmente sua virulência, a tal ponto que produz, em vez da ectodermose clássica e benigna, uma encefalite com frequência mortal. Essa intensificação súbita e constante exige uma explicação. Nesse sentido, Duran-Reynals monta a seguinte experiência: "Considerando a estreita interdependência entre vírus e células, nos perguntamos o que poderia advir se injetássemos um vírus, por exemplo, o vírus vacinal, ao mesmo tempo que células ou extratos de tecido receptivo, tal como o tecido testicular... a questão era saber se o vírus vacinal seria fixado pelas células testiculares melhor do que por qualquer outro tipo de células."[21] Em outros termos, para poder apreciar e mensurar a força dessa curiosa atração, desse tropismo, coloca-se o vírus na

---

20 Sem falar de Jenner, Von Pirquet percebe, com efeito, na revacinação por raspagem, que a segunda inoculação difere notadamente da primeira; a mesma causa, em dois momentos diferentes, dá dois efeitos fracamente dessemelhantes. O segundo prevalece em gravidade e em rapidez evolutiva (alergia).
21 Duran-Reynals, *Semaine des hôpitaux de Paris*, 2 de abril de 1952, p. 1047-1048.

presença de dois meios celulares, dentre os quais o testicular: em qual deles o vírus escolherá habitar? Disso decorre um resultado bastante surpreendente: a injeção da mistura (vírus e moagem testicular) provoca uma lesão dérmica particularmente eflorescente: não apenas o parasita opta pela "pele", como também determina um dano mais importante do que previsto. Seguindo essa esteira, se é levado a procurar a natureza do fator agravante. Duran-Reynals não tardou a caracterizar esse terceiro elemento. Ao longo de suas análises, ele constatou a completa inação dos extratos testiculares de alguns animais, como os do galo, do pombo, do sapo, em suma, de todos os pássaros, répteis e peixes. Somente o extrato testicular dos mamíferos (notadamente o do touro), agrava as lesões cutâneas. E quando se prolonga a investigação, se estabelece sem dificuldades que o princípio da sobrevacinação, o fator maléfico, aloja-se não no tecido intersticial, mas nas células germinais, os espermatozoides. A histologia ensina que o óvulo dos mamíferos é circundado por uma camada de células granulosas, soldadas entre elas por um cimento dos mais resistentes. Justamente os espermatozoides devem secretar uma diástase que, para realizar a fecundação, rompe a barreira mesenquimatosa. Nada de fecundação sem desnudamento prévio da coroa protetora, nada de desnudamento sem a hialuronidase em quantidade suficiente, sem essa enzima de fertilidade e de mobilidade. Posteriormente, a análise se enriquecerá e se estenderá. Ver-se-á que a autólise de algumas espécies de pneumococos libera uma variedade de hialuronidase, arma da qual o germe se serve para invadir aquele que ele coloniza, uma vez que ela permeabiliza o mesênquima estanque e viscoso. Para dizer a verdade, desde o século XIX, o clínico geral desconfiava disto: não se podia explicar mecanicamente os deslocamentos tão rápidos dos vibriões ou dos micro-organismos sem lhes prover um meio de difusão que facilitasse suas surpreendentes migrações através das vísceras de seus anfitriões. Como conceber, de outro modo, essas prodigiosas viagens de parasitas, como as bilhárzias, por exemplo, que passam pela pele de um banhista, chegam tanto aos pulmões, ao fígado, ao baço, quanto às túnicas retais ou arteriais? Na realidade, basta que secretem um catalisador em doses ínfimas. Então, há uma cedência do gel amorfo e impermeável, definido por longas cadeias de grandes moléculas que constituem a substância fundamental do conjuntivo, que envolve as articulações, cimenta os capilares, preenche todos os espaços periféricos. A hialuronidase os rompe por meio de uma reação fermentária tão imediata quanto reversível: as barreiras dérmicas voltam a se fechar ou se reformam, depois da passagem do migrador, tal como uma porta por trás de um ladrão.

É bastante evidente que a terapêutica ganhará ao se acrescentar essa diástase do movimento (esse *spreading factor*), ainda que para favorecer a entrada no organismo, em seguida a circulação de seus próprios medicamentos. Ela se tornará o remédio aos remédios. Sem ela, eles não poderiam ter acesso aos centros, nem penetrar as regiões avascularizadas. Aliás, ela é recomendada cada vez que as vias tradicionais se mostram insuficientes ou inutilizáveis: situação rara, porém dramática, cujo melhor exemplo é dado pela toxicose do bebê. Na criança, assim como no adulto chocado, pode ocorrer, com efeito, que o colapso torne as veias filiformes, frágeis, praticamente não encontráveis. Também pode ocorrer que o desnudamento demande tempo ou se anuncie difícil. Injeta-se, então, soro fisiológico na derme, mas acompanhado de alguns centímetros cúbicos da enzima que abre um caminho e ergue todos os obstáculos a uma invasão. Pediatras e cirurgiões teriam referido esse método a qualquer perfusão venosa, mesmo quando ela não oferece nenhuma dificuldade. Suas vantagens são incontáveis: reidratação fácil e, sobretudo, inofensiva, afasta todos os riscos de sobrecarga ou de embolia. Entre a direção venosa, demasiado rápida, e a dérmica, lenta e impraticável, delineia-se um intermediário. Com a hialuronidase, o que era barreira se torna, com efeito, de via de passagem: "não podemos subscrever a opinião de Évans que pensa que a hialuronidase constitui apenas um método de reidratação acessório... Nossa experiência da reidratação com hialuronidase nos mostrou, ao contrário, que essa técnica podia substituir a perfusão em quase todos os casos. Sempre utilizamos um produto de origem testicular e as doses indicadas em nossa precedente comunicação permaneceram as mesmas, ou seja, uma unidade TRU para 2 cm³ de soro".[22] O que, à maneira do espermatozoide, corta as longas cadeias de macromoléculas tem a garantia de poder circular facilmente no interior do organismo. Além desse poder introdutor, suscetível de revitalizar e de ressuscitar, a enzima, tal como as quinases estreptocócicas, pode, por si só, tratar e curar. Ela eventualmente fragmentará a carapaça fibrosa e cérea de alguns germes. Como as estreptoenzimas e as diástases digestivas, ela servira também para absorver as acumulações conjuntivas reacionais que constituem e implantam a doença. Vimos, precedentemente que era preciso temperar ou suprimir as respostas desordenadas e intempestivas do organismo em revolta, senão perturbado. Por fim como todo remédio maior e soberano, a hialuronidase alcançará um ápice: não mais apenas permitir a medicação, mas fundamentar um diagnóstico. Este é um título de glória inesperado, mas indiscutível, Um medicamento significa, de resto, uma potência de ação, portanto, um meio de abalar o organismo. Ao mesmo tempo em que ele pode modificá-lo e, por conseguinte, aliviá-lo, ele pode estimulá-lo, obter dele uma resposta, portanto, caracterizá-lo de maneira positiva. Não há conhecimento fisiológico possível fora de operações efetivas ou de tentativas modificadoras. Disso decorre a transformação da hialuronidase que passa do de remédio para o de instrumento de saber fisiopatológico. Consequentemente, a hialuronidase afinará e reorganizará a nosografia. Nesse sentido e para resumir, injeta-se sob a pele uma partícula colorida precedida de uma quantidade devidamente graduada de hialuronidase, a fim de poder visualizar e mensurar o

---

22 *Thérapie*, 1952, p. 252. A revista publica o conjunto das comunicações apresentadas no Congresso sobre as substâncias difusoras, em particular, sobre a hialuronidase.
TRU significa *turbidity reducing unity* ou unidade turbidimétrica. Mede-se o poder do material diastásico em função da clarificação trazida por ele em um distúrbio conhecido e determinado. Utiliza-se, por vezes, uma outra nomeação: a unidade VRU ou *viscosity reducing unity*, ou unidade viscosimétrica.

estado de resistência do conjuntivo. Por meio dessa modesta prova, não se conhece apenas um órgão, nem mesmo um tecido, porém um complexo mais amplo: através da impermeabilidade ou da fluidez da substância fundamental, se pode descobrir e apreciar as influências recebidas, as incitações hormonais sofridas, uma vez que, aliás, o conjuntivo, longe de ser um tecido secundário de sustentação ou de proteção, constitui uma trama proteiforme e matricial, portanto a mais reveladora do estado global do organismo e de suas reservas plásticas. Não se poderia, portanto, diminuir o que o mensura em suas profundezas e ajuda a apreciar sua contextura.[23]

Mas o uso da tripsina e da hialuronidase que acabamos de precisar e de justificar prova que a farmacologia utiliza resolutamente os recursos do organismo que lhe são opostos, mas para seu benefício. Ela nem sempre fabrica corpos sintéticos, estranhos ou estrangeiros. O progresso pode, por vezes, consistir em romper com o naturalismo primeiro, em generalizar uma fisiologia a fim de tirá-la de seus limites (digestão, reprodução) e transpô-la para domínios que a excluíam, ou pelo menos aos quais ela não se aplicava. Essas iniciativas enriquecem de modo decisivo a noção de remédio e, correlativamente, acarretam uma refundição do universo terapêutico. Doravante emergem novos horizontes.

Previamente, para remontar bem longe e descrever o primeiro período dessa história da matéria médica, da qual depende por vezes a história do homem, o alquimista e o boticário buscavam, sobretudo nos seus tesouros, os segredos de suas energias reparadoras tanto no interior das terras quanto nas profundezas das águas (os metais extraídos do fundo das minas, as pérolas e os peixes), ou ainda no coração dos elementos vivos, animais e vegetais, com a condição de que eles fossem sobredeterminados, representativos da potência e da exuberância, também anfíbias, tais como a víbora ou as raízes da planta que se alojam no solo, mas portam um caule aéreo. Bruscamente, essa antiga matéria médica perde seu prestígio e sua importância diante do que chega dos equadores ou de mundos desconhecidos. Com efeito, nos séculos XVII e XIX, a farmacologia conhece uma irrupção de exotismo. Por ora, deixamos de lado o que confere aos novos remédios sua real supremacia: eles contêm, efetivamente, virtudes, forças incalculáveis. Disso decorre a invasão da farmacopeia das infusões familiares, dos perfumes suaves e dos nomes cotidianos, por um vocabulário que parece bárbaro, pleno de ressonâncias africanas, que designa ervas ou sumos particularmente potentes. Ópio, oubaína, teobromina, ipecacuanha, cafeína, estricnina, quinino, curare, indiscutivelmente apaziguam a

---

23 Devemos mostrar, aqui, a surpreendente complementaridade do mensurador e do mensurado. Num primeiro tempo, a força de penetração de um corpo visível permite apreciar a eficácia da enzima. Num segundo tempo, quando se determinou uma unidade, pesquisa-se a potência de oposição de um conjuntivo dérmico. Se, em física, a precisão da medida reflete, sobretudo, o método com o qual ela foi conduzida, se, à medida que é precisada, ela não pode mais negligenciar a inter-reação entre o objeto e o instrumento que modifica o que ele permite quantificar, em biologia, mais ainda, a unidade de apreciação ou o estalão ao qual nos referimos depende diretamente do fenômeno que se quer mensurar por seu intermediário.

dor, diminuem a temperatura, sustentam o coração, acabam com uma contratilidade rebelde, temperam a agitação e também, se for o caso, abala, e convulsionam. Por isso, nos séculos XVII e XIX, o livro das maravilhas, aquelas que reconfortam e salvam, subitamente se enche de princípios que vêm de longe. Ele reúne o que ardentes climas atiçaram, o que imensas florestas retiveram. A geografia da exploração e da colonização decide a segunda idade da terapêutica e seu segundo sopro. Curiosamente, a saúde dos homens, seus conhecimentos fisiológicos, seu poder de lutar contra a doença e a epidemia dependem diretamente da navegação, de suas proezas, do negócio e das guerras de conquista. O remédio, então originário dos trópicos e do além-mar, sai disso transformado. Ele ainda conserva os rastros desse engrandecimento. Ele perdeu uma simplicidade e uma inocência que garantiam sua insinuante virtude. O medicamento antigo tranquilizava e, sobretudo, apaziguava. Era preparado como uma culinária: aliás, a gastronomia ulterior das geleias, dos xaropes, das conservas, dos alcoóis ou das massas se limitará a desenvolver um dos ramos da árvore terapêutica, o agradável e o adocicado. O começo, herbanário, drogaria, confeitaria e oficina não se distinguiam.

A entrada dos exóticos marca um novo reino onde triunfam o excepcional, o desconhecido, senão o fantástico. E o remédio recebe vivas cores que nunca mais se apagarão. Ele não mais consola, ele cura, pode aterrorizar como qualquer potência real. Aliás, já o sublinhamos, o remédio se põe caminhando lado a lado com o veneno. A farmacologia descobre um através do outro: com efeito, o benéfico é extraído das ervas malditas, das provas ordálicas, das armas de guerra, notadamente das flechas mortais dos índios. Experimentalmente, o medicamento concretiza uma ambivalência material que acresce seu poder e aumenta seu prestígio: ele pode tanto lesar quanto liberar e expulsar os demônios da febre ou da dor. Como testemunham as ricas análises de Claude Bernard, nada separa, a não ser uma diferença mínima de dose, o tóxico e o curativo, o mal e o bem. Por essa razão, o remédio entra no universo do sagrado. Assim como os deuses devem punir, ou, se quiserem, salvar e recompensar seus eleitos, assim também o remédio divino e mítico distribuirá a vida e a morte, a euforia e o abatimento, o melhor e o pior. Um nada o faz girar, assim como os caprichos agitam o Olimpo. Um deus sempre favorável e invariavelmente prestativo cairia de seu pedestal. O remédio, por sua vez, vindo de longe e não habitual, nem sempre cura, ele pode prejudicar. Para a imaginação, essa ambiguidade inspira um culto, comanda tanto o temor quanto o respeito. Ela eleva o medicamento ao nível dos tabus, do que se deve manejar ritualmente e com extremas deferências.

No século XX, e mais particularmente em nossos dias, a farmacologia atravessa uma terceira crise de crescimento, entra em uma idade nova. O remédio não vem mais dos continentes recuados, não mais cresce sob as chamas dos trópicos. Descobrem-no principalmente em nós (por exemplo, para lembrar nossos parágrafos anteriores, os hormônios, como a cortisona, diástases digestivas, como a tripsina, enzimas, como a hialuronidase). Basta modificar ligeiramente a natureza para poder justamente dobrá-la ou transformá-la. O medicamento parece ser interiorizado tanto quanto miniaturizado. O próprio antibiótico, remédio por excelência que desordena o domínio da infecção, evidentemente não cai do céu nem nos chega de um rincão longínquo. Ele obedece à mesma origem que os fermentos ou os catalisadores que precedentemente cogitamos. Desde 1922, Flemming se dedicava a resolver o enigma segundo o qual alguns órgãos se beneficiam de uma imunidade natural que os subtrai de toda infecção. Ele isolará a lisozima, presente nas armas e que protege a córnea. Ela é capaz de quebrar as membranas dos germes que tentariam ali se implantar. À maneira da hialuronidase dos espermatozoides, ela age por hidrólise e rompe as cadeias que constituem as moléculas gigantes e indestrutíveis ou indivisíveis. É precisamente nesta perspectiva de uma enzimologia inibidora e antagonista, por toda parte presente e eficiente, que Flemming descobrirá a penicilina. A lisozima prefacia e introduz o antibiótico vizinho. Percebe-se claramente a continuidade e a analogia entre os dois resultados. Separar um do outro seria enganar-se sobre o segundo e cair na lenda de um medicamento milagroso, nascido pelo acaso de uma observação ou nos vislumbres de um pressentimento. Assim, na atual farmacopeia, não há nenhuma invasão nem irrupção como no tempo do exotismo.[24] Embora secretada por parasitas ou mofos, a penicilina não invalida a lei de uma emergência e da presença em nós dos principais modelos farmacológicos que a análise deverá extrair e sobre os quais ela construirá, em seguida, substâncias novas, remanejadas ou arranjadas visando seu emprego a um só tempo para e contra o organismo invadido.

* * *

O século XX, portanto, enriqueceu a matéria médica. Em seu espectro, é possível discernir doravante três nuanças que colorem mais ou menos os elementos capazes de vencer a doença. Mesmo o remédio recente, à sua revelia, se banha na história e supõe essa evolução. O mais neutro ou o mais químico, a molécula que seria artificialmente construída, circunda-se de uma franja impressa sobre ela pelas antigas panaceias, insuficientes e abandonadas, mas carregadas de um passado e de lendas portadoras de uma civilização e de uma cultura. Toda substância, seja ela a mais moderna, substitui aquelas que a precederam e recebe desta rastros de heroísmo e de maravilhoso. A matéria médica não pode recalcar suas antigas origens, a mágica e o exótico, que se projetam efetivamente sobre a química de suas produções. O lendário, o precioso longínquo, para só falar destes, assediam e vivificam o presente.

---

24 Toda regra tem exceções: assim, para *Rauwolfia serpentina*, cujos ricos alcaloides alimentam a terapêutica contemporânea, embora sejam extraídos de uma planta das Índias preconizada desde o século XVI contra os distúrbios nervosos (um médico português, Léonard Rauwolf, ainda exalta suas propriedades), consequentemente tão antiga quanto o rizoma ou a raiz de mandrágora. Teve-se igualmente de esperar o século XX para que essa indicação ganhasse todo o seu sentido e todo o seu brilho.

Mas centramos nossa análise, sobretudo, em torno de um problema subjacente ou implícito, uma filosofia biológica do bem e do mal, no sentido ordinário do termo, ou seja, do prejudicial e do favorável, do propício e do nefasto. Com efeito, a terapêutica moderna revirou os usos e os dados. Vimos, para nos resumir, que o almejável de ontem, o que se encoraja e se preconiza, nos prejudica e por vezes define o perigo por completo. Portanto, o bem nem sempre o é, tal como o remédio não é onivalente. Paralelamente, na esteira da vacinação, com frequência falsamente interpretada, é verdade, o mal pode nos servir e nos defender. Ele entrega à farmacologia instrumentos afiados, os fermentos de desbridamento e de liquefação. Estreptoquinase e estreptodornase nos pareceram reveladoras dessa mudança de orientação, por meio da qual o germe venenoso arma, de algum modo, o médico contra ele próprio.

Disso resultam consequências inesperadas e uma "inversão dos valores". Assim a virulência de um micróbio patógeno não dependerá mais de sua única presença em nós, nem de sua proliferação, de uma espécie de luta para a vida, mas de suas únicas possibilidades fermentativas e de sua complexidade bioquímica. A patologia resulta, com frequência, dos produtos de secreção. Na estafilococia maligna da face, por exemplo, que outrora acarretava a morte ou ameaçava dela, o parasita libera uma coagulase que modifica o plasma, provoca tromboses venosas. Em seguida, intervém um fermento lítico que esmigalha esse coágulo em numerosos êmbolos que se enxameiam. Duas substâncias ínfimas permitiram ao micróbio prejudicar. Só que quanto mais esse micro-organismo atingia e podia amedrontar, em seguida às suas diástases, mais o antibiótico conseguia dizimá-lo e eliminá-lo. Como vimos, pelo fato de os mesmos fermentos que expandem o mal impedirem o enquistamento favorecendo, portanto, a entrada da penicilina redentora, o micróbio venenoso se expõe por si mesmo ao que o aniquila. O temível se torna o benigno, o desfavorável se torna benéfico, é o tóxico que realiza e conclui a medicação. Disso resulta nitidamente que quanto mais o mal é mal, mas ele propicia o bem. Nessa mesma ótica da enzimologia competitiva, se pode dar conta das curiosas infecções associadas que inquietavam o pasteurismo, mais exatamente, toda biologia que substantivava o mórbido e insistia em objetivá-lo, em encarregar dele alguns seres malditos: um vírus sozinho, com efeito, pode muito bem não suscitar nenhum ataque. Todavia, misturado a um germe não patógeno, mas rico em fator de movimento, em *spreading factor*, o mesmo vírus produz importantes lesões. Os pasteurianos conheciam bem essa frequente equação de dois inofensivos que decidem de um resultado surpreendente que os ultrapassa qualitativamente.

Por essa razão, ao mesmo tempo em que a terapêutica avançava e se enriquecia, ampliava a patologia, os conceitos de saúde, de doença e de infecção. Se o micróbio remete a um conjunto complexo, onde operam diversas influências, é evidente que uma medicação avisada deverá inspirar-se nisso e renunciar para sempre as decisões unilaterais, as respostas elementares. Portanto, não é surpreendente que, em definitivo, o clínico consciente recorra à associação dos contrários e à dialética dos opostos, que prescreva simultaneamente um hormônio favorável ao germe e um remédio que deva inibi-lo. Essa sinergia aparentemente absurda e ariscada se salda, aliás, pelos resultados mais impressionantes. Ela libera a lógica terapêutica de sua pobreza de ontem traduzida pela regra: contra tal vibrião maligno, tal remédio benfazejo, e apenas ele, e *larga manu*.[25]

Hoje, o que prova a evolução das ideias será por vezes o inverso que prevalecerá. As noções de bem e de mal foram, portanto, bastante abaladas e, apesar dos preconceitos, refundadas e transformadas.

---

25 Atitude luminosamente expressa por Trousseau e Pidoux, em seu importante *Traité de thérapeutique et de matière médicale*, v. 2 (4. ed., 1851):
"Nas doenças crônicas, se deve geralmente agir por meio de pequenas doses repetidas com frequência e por longo tempo, com o cuidado de variar o mais possível remédios sucedâneos uns dos outros, a fim de evitar o suetudismo e manter a economia sob a influência de uma modificação terapêutica contínua. É preciso também saber suspender em tempo ações medicamentosas, retornar a elas, retomá-las, diversificá-las... Nas doenças agudas, recorre-se de bom grado às doses elevadas. O tempo e o perigo pressionam para agir resoluta e energicamente, não deixar a ocasião fugidia escapar entre apalpadelas que consomem instantes sem benefício..." (Introdução, LXXXIX). E, p. 452, a respeito da medicação antiflogística: "Sydenham marcou de maneira bastante profunda e tão geral quanto possível a diferença existente entre as doenças agudas e as crônicas ao dizer: 'Morbos acutos que Deum habent authorem sicut chronici ipsos nos...' Por Deus, autor das doenças agudas oposto ao homem autor das doenças crônicas, Sydenham entende que as causas das doenças agudas estão fora de nós, que elas residem nas influências invisíveis, colocadas acima da potência de cada indivíduo..." Seguir-se-á uma defesa das medicações heroicas e francas, as sangrias *larga manu* e *iteratis vicibus* (cf. p. 457).

◈ Capítulo 5

O formalismo terapêutico e a medicação anticoagulante

Em nossa análise anterior, dedicada ao exame da terapêutica anti-infecciosa, vimos o quanto o problema da introdução do remédio havia sido até suplantar, por sua importância, o próprio remédio. Não basta dar a "boa substância", é preciso, sobretudo, se assegurar de sua penetração e de sua difusão. Levantava-se assim a questão das associações unicamente ativas, das sinergias que permitem eliminar a velha noção do remédio único que ressuscita, em suma, o arquétipo da panaceia. A adjunção da potente cortisona ao antibiótico representa, sem dúvida, o paradigma mais surpreendente dessas uniões. Talvez seja a ele que se deva voltar sempre para julgar sobre a vida e a mobilidade criadora da medicina contemporânea. No caso, a associação não une apenas dois produtos diferentes e complementares, mas dois opostos, dois elementos francamente contraditórios. A cortisona favorece, com efeito e em princípio, uma infecção contra a qual se empenhará o antibiótico soberano. Do mesmo modo, tratar um hipertireoidiano por meio de uma medicação iodada ou um diabético mediante a ajuda de um regime parcialmente açucarado, essas duas medicações não são absurdas ou ilógicas senão na aparência. Elas exemplificam essa salutar adição dos contrários.

Para favorecer a tomada de consciência da rica matéria médica e prosseguir nossa enquete descritiva, precisamos explorar terapias menos audaciosas talvez, porém mais frequentes e não menos asseguradas: trata-se ainda de somações, de potencializações medicamentosas, mas elas implementam pensamentos diferentes, outros modos de relação. Aliás, não pretendemos passar em revista as quimioterapias nem mesmo todas as suas eventuais uniões: limitar-nos-emos a extrair do conjunto as tendências ou as linhas de força. Pretendemos refletir apenas sobre as mais esclarecedoras, as mais indiscutíveis de suas misturas.

Nesse sentido, o exame detalhado do tratamento anticoagulante se impõe: ele é, aliás, um dos mais espetaculares, aquele que se salda pelos resultados mais felizes. Para se convencer disso, basta evocar os flebíticos ainda recentes, imobilizados em suas calhas ortopédicas e que não se reerguiam sem graves sequelas. No momento atual, a doença embólica não resiste à terapia que abunda substâncias fluidificantes. Na farmacopeia, a heparina se alinha ao lado do largactil, da penicilina, da insulina, dos isótopos radiativos e até mesmo dos antiepiléticos, dos barbitúricos, dos anestésicos, para citar apenas os mais comuns. Deter-nos-emos, portanto, em um conjunto de substâncias medicamentosas revolucionárias cuja importância ninguém pode minimizar, já que os anticoagulantes reinam na medicina moderna tanto quanto, outrora, a morfina, ou melhor, o ópio ou a digitalina, qualificada, por Bouillaud, de "ópio do coração". Esse anticoagulante vale para alguns doentes, os que têm problemas na válvula mitral, por exemplo, tanto quanto a insulina para o diabético. Consequentemente, abordamos um remédio maior. Aliás, ele estendeu seu reino e desempenha um papel dominante em ginecologia tanto quanto em cirurgia, em neurologia ou em cardiologia, por toda parte onde se receia a temível flebite ou agravamento de uma arterite. A trombose, ou a oclusão dos vasos fechados por um coágulo, representa um determinismo patogênico geral, a ser alinhado junto aos mais familiares: a asfixia, a septicemia, o coma, o choque etc. Quando se sabe a importância e a frequência das coagulações intravasculares, das obliterações arteriais ou venosas que golpeiam a vida do homem, à exclusão, parece, das outras espécies, essa medicação devia renovar e acrescer amplamente os recursos terapêuticos. Mais ainda do que da flebite ou da arterite dos membros, o homem é como que convocado a sofrer de suas artérias coronárias, as artérias do coração, decorrendo daí a angina de peito, mais frequente, e o infarto do miocárdio que é seu termo, ou ainda, num outro domínio eletivo, o amolecimento cerebral que pouparia o animal. De passagem, assinalemos que o que será remédio para o homem ao longo dessas doenças estenosantes, será sempre veneno e temível tóxico para os roedores, os ruminantes. Esse tratamento anticoagulante, tão essencial e útil na clínica humana, contrariamente ao que se poderia presumir, buscará menos quebrar o coágulo de fibrina que tampona a artéria do que prevenir a extensão da trombose, pelo fato da lentificação da circulação e da hiperviscosidade sanguínea. Evita-se também a multiplicação dos êmbolos que obscurecem o prognóstico de uma cardiopatia valvular. Aliás, não está excluído que a heparina chegue a romper o bloco fibrinoso que feche a artéria: se essa eventualidade se mostrasse real, esse tratamento permitiria evitar a intervenção cirúrgica que libera a luz do vaso (embolectomia), porém, para nós, essa não é a questão. Enunciamos apenas o princípio: o anticoagulante não luta contra o mal (o obstáculo que detém uma circulação vital), ele se limita a impedir sua generalização. Com efeito, sabemos, primeiro, que uma artéria obstruída define apenas um estado relativo, porquanto as suplências entram em jogo e corrigem essa interrupção. Ademais, é provável que esse coágulo tenha tão somente uma existência efêmera, pouco a pouco ele será "repermeabilizado", como dizem os Tratados e, caso se decida por uma operação cirúrgica, estabelecemos sua razão: menos contra essa barragem do que contra suas repercussões a distância. Pouco importa, retenhamos que a terapêutica não se propõe a abolir o que é, mas se limita, aqui, a se opor ao que poderia ser, às temíveis complicações que o estado humoral (hipercoagulação) favorecerá. Em qualquer hipótese, afora essa ação geral e suspensiva, resta que os anticoagulantes definem a resposta médica mais eficaz e mais indiscutível ao longo das simples flebites (a *phlegmalia alba dolens* dos antigos). Eles encurtam notavelmente sua evolução e impedem as habituais sequelas. Trata-se então, claramente, com essas substâncias fluidificantes, de um objeto eminente e decisivo, de uma emergência capital na farmacopeia contemporânea.

Não é vão precisar, a fim de preparar nosso problema, que o primeiro desses remédios, cuja ação definimos, dataria de 1916, data na qual Mac Lean isolou do fígado (daí sua nomeação: a heparina) aquele que existe em estado natural no organismo. Já consideramos os fenômenos da pós-coagulação e assinalamos a presença nos humores de fibrino destruidores: portanto, não podemos estar demasiado surpresos da realidade dessa extração. Aliás, nos tecidos e vasos são numerosos os produtos, as secreções ou até mesmo os sistemas complexos que prejudicam ou desaceleram a "ação" do sangue: o organismo é menos uma realidade, uma sequência de ações e um encadeamento de fisiologias do que um equilíbrio mantido entre opostos, descoberto e isolado pela análise. A farmacologia busca suas melhores informações sobre "modelos" e "moldes", no que concerne a essas drogas a sintetizar, no próprio organismo, ela vive antinomias fisiológicas, se infiltra sempre no interior das dialéticas intestinas. Isso não impede que, no momento atual, só conheçamos a heparina, constituinte presente nos humores. Mas, por volta de 1942, para evocar uma data na evolução das descobertas medicamentosas, se religará os vastos acidentes hemorrágicos do gado canadense à presença, no meliloto deteriorado, de um derivado cumarínico. Os bovinos morrem em massa, sob o golpe de hemorragias e de sufusões múltiplas que chegam a sangrá-los até a última gota de sangue, aproximadamente um mês depois da absorção de forragem deteriorada. A planta não oferece nenhuma toxidade antes da floração, nem quando as ervas e os trevos foram convenientemente secos e conservados: somente a fermentação desse feno origina o aroma e o composto mortal. Ele será identificado: é o nosso dicumarol. Só assinalamos a historieta para mencionar a origem, por vezes longínqua e radicalmente imprevisível, das principais substâncias farmacológicas. Dificilmente encontraremos algumas delas cujo começo não se situe no curioso, no exótico, no barroco, no folclórico ou no acidental. Em termos pessoais, não temos a nos queixar por esse estado de coisas: as futuras drogas da terapêutica se banham assim, no lendário, participam do estranho e inserem uma nota de franca diversidade na árida química dos compostos que não tardará a eclodir.

Todavia, não se deve aumentar a parte do insólito ou do maravilhoso. A "matéria médica" não nasce miraculosamente pela graça de encontros comoventes e improvisados. Se outrora o herborista e mesmo o boticário esperavam colher a planta redentora, se partiam em busca do elixir ou da panaceia, é preciso notar que, em nosso tempo, essa tentativa é voltada ao fracasso. O moderno dicumarol o testemunha. A farmacologia não apenas extrai um medicamento soberano do que mata o gado, como também, sobretudo, a descoberta de cumarínicos fluidificantes supõe a convergência de uma pluralidade de investigações. O medicamento pertence à *Cidade Biológica*, não mais ao inspirado que o reconhece ou o experimenta. O agrônomo, o fitogeneticista, o veterinário, o químico, o biólogo, o botânico, o micólogo, cada um deles esclarece um dos elementos de um conjunto fechado. O engenheiro agrônomo, Schofield, o primeiro, para explicar a espécie de brutal pandemia que dizima as manadas de uma estação experimental em Dakota, suspeita da alimentação e até mesmo incrimina a ensilagem do trevo branco (*sweet clover disease*). Se, bem seco e conservado, ele não mata, ele sangra até a última gota quando de sua menor alteração. Tal foi o *primum movens*: observemos, de passagem, a dificuldade que consiste em perceber uma "intoxicação", tão difícil de separar de uma "infecção", porquanto uma e outra se expressam, com frequência, pelos mesmos distúrbios que se misturam ou se superpõem. Já que todos os animais morrem mais ou menos ao mesmo tempo, não seríamos levados a pensar que eles se contaminaram, que um vírus "habita" os estábulos, que micróbios circulam ou que miasmas os corrompem?[1] O biólogo Roderick, por sua vez, precisará o *ultimum moriens* do processo mórbido, a natureza e o mecanismo das hemorragias incoercíveis. Qual fator sanguíneo e indispensável parece faltar? O primeiro, ele assinala a queda da necessária protrombina (*drastic reduction of the prothrombine*). Em consequência, o veterinário sustenta as duas extremidades da cadeia: importa apenas religá-las. Link,[2] em 1942, encontra um elo intermediário: se os cumarínicos não são tóxicos, eles assim se tornam desde que um cogumelo os transforme e os desnature. A fermentação do meliloto ou do trevo que altera o princípio odorante das plantas forrageiras com isso se esclarece, compreende-se usa influência. Pouco a pouco outras condições ou outros fatores emergem e restituem o conjunto do ciclo mórbido. Pelo fato de a alimentação e o envenenamento, a vida real, revolverem uma rica variedade de componentes e misturarem muitas circunstâncias, cada descoberta se anuncia laboriosa e coletiva, visando justamente a encontrar as causas e seus efeitos, todas essas múltiplas interferências. É preciso ir de um estudo microscópico do solo, das águas e das plantas a um exame analítico e sistemático daquele que é acometido. Em um longínquo passado, no tempo das lendas e dos contos, o passeador solitário podia sonhar com um tesouro, com uma solanácea que apaziguasse ou com uma suave infusão que lenificasse. Só que ele não sabia muito bem o que obtinha, nem se o obteria, não sabia nem por que, nem como. Aleatório, frágil, o sucesso não era senão mais notado. Na farmacologia pré-científica, o erro se mantém a si mesmo: uma cura decorre forçosamente do excepcional. Portanto, graças a ela esse excepcional existe e passa a figurar. E, se ele existe, é preciso de fato aceitá-lo, e preciso até mesmo preparar sua vinda. A salvação se confunde mais ou menos com

---

[1] Nada é mais difícil de separar, ao longo da história, que as vastas carências em seguida a um desequilíbrio alimentar (do gênero beribéri) e as epidemias que atingem toda uma população.

[2] Armand J. Quick, The coagulation defect in sweet clover disease and in the hemorrhagic chick disease of dietary origin, A consideration of the source of prothrombine, *American Journal of Physio.*, 1937, fevereiro, n. 2, p. 260.

um dom dos deuses, com a arte de um feiticeiro, com a virtude de um caule, com a força subterrânea de uma raiz. Mas a análise implacável do como e do por que, o estudo da origem e das consequências, a busca das condições e dos determinantes afastam essa mitologia do naturalismo, da *Natura sola medicatrix*. O dicumarol e seus derivados ilustram bem essa sistemática exploração à qual se entrega o grupo dos especialistas em farmacologia: por fim, o que sangra os bovinos e a maioria dos animais (o dicumarol serve notadamente para desratizar (o tomorin), logo ajudará a salvar o homem e a liberar ou preservar suas sensíveis artérias.

* * *

Mas essa terapia não escapa às regras principais que buscamos evidenciar e que caracterizam os tratamentos médicos atuais: suas dificuldades e suas complexidades, pelo fato de associarmos uma pluralidade de elementos mais ou menos heterogêneos. Não existe uma substância anticoagulante, nem uma prescrição pura e simples, uniforme e como se fosse linear a esta. Será preciso que o terapeuta acople produtos diferentes e se prepare para uma conduta rica em oscilações, com francas inibições, retomadas e interrupções, acelerações e desacelerações, controles incessantes, em suma, uma terapêutica vigiada e, portanto, consciente, que inclui em sua curva sua limitação e até mesmo sua própria negação.

Por que, inicialmente, muitas substâncias devem ser reunidas, por que um plural mais ou menos fatal? Já falamos bastante de dois anticoagulantes de natureza e de origem dissemelhantes: a heparina natural e o dicumarol das forragens, mas por que dever conjugá-los? É que a coagulação do sangue – só tratamos da pós-coagulação e não da pré-coagulação – não poderia equivaler a um dado imediato e simples: ela própria é um resultado ao termo de uma multidão de operações enzimáticas. Para ser claro, devemos rapidamente esquematizar as fases e transformações que condicionam a formação do coágulo:

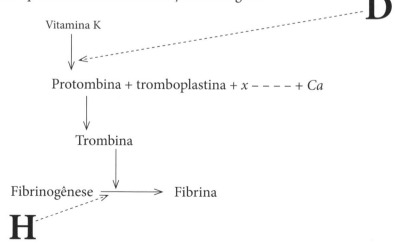

1º A fibrina, que aprisionará os glóbulos, resulta de uma precipitação de um protídeo circulante, a fibrinogênese, sob a influência da trombina.

2º Essa última se extrai da cisão da protrombina hepática por intermédio das plaquetas ou corpúsculos que liberam uma tromboplastina. A presença do íon cálcio é indispensável.

3º A protrombina prévia, por sua vez, demanda e supõe a vitamina K para sua formação ou sua síntese por meio das células do fígado. Excluímos o cortejo de inúmeros aceleradores, presentes em todos os níveis e que sobrecarregariam inutilmente nossa evocação. Retenhamos apena a serie: vitamina K, protrombina, trombina, fibrina.

Os anticoagulantes intervêm justamente em níveis diferentes (cf. fig.) e de maneira dissemelhante: sozinho, o resultado será o mesmo. Ou eles agem sobre o começo da fibrinogênese, ou então intervêm no outro extremo da cascata de reações. Assim, o dicumarol e os curamínicos impedem a formação hepática da protrombina, porque realizam uma antivitamina K, está definindo o primeiro dos elos do conjunto. Do lado oposto, a heparina só ataca a equação terminal, interdita a última transformação, para mencionar apenas seu poder essencial. É provável, com efeito, que ela preserve as plaquetas de sua destruição (ausência, nesse caso, de tromboplastina) e que influencie inúmeros condicionamentos cujas modalidades não examinamos. Para simplificar, digamos que o médico possui duas possibilidades anticoagulantes: ou impedir o último momento, ou então retardar ou interditar os estágios anteriores, os começos. Uma ação imediata mais fugaz, porque a heparina será eliminada rapidamente, ou então uma ação durável, porém lenta: com efeito, é bastante claro que uma avitaminose demande um certo tempo para produzir seus distúrbios e também que a protrombina, já secretada pela célula hepática e em circulação, fornecerá o material de reserva da coagulação. Só se atinge o futuro, não o presente. Não é possível fundir estes dois valores: a fugacidade e a impregnação, o instante e a duração, a velocidade e a estabilidade, nesse universo humoral das energéticas e das oposições enzimáticas.

Por essa razão, o terapeuta deve associar dois medicamentos. O primeiro, de espera ou substituição, abaixa imediatamente o nível de protrombina (a heparina) enquanto, simultaneamente, se recorre à medicação lenta em inscrever seus efeitos. Tal é o fundamento da sinergia heparina-dicumarol e a necessidade de uma dupla farmacologia no decorrer das doenças tromboembólicas. A primeira não afeta os elementos da coagulação em sua quantidade, mas apenas em sua atividade; a segunda, ao contrário, escasseia, pouco a pouco, o elemento inicial e condicional da série que vai dar no coágulo intravascular. Enquanto uma paralisa sem demora e por meio de um mecanismo físico de inibição – ela também pode agir *in vitro*–, a outra, inversamente, só intervém sobre o futuro e não pode exercer um papel senão *in vivo*, por intermédio do fígado (antivitamina e carência em protrombina). Assim se define o tratamento das coagulações patológicas: uma adição de dois semelhantes, não mais, como anteriormente, antagonistas, mas associados temporais que se superpõem, se substituem se imbricam visando instituir uma correção humoral, a um só tempo súbita e durável. Não é possível escapar a essa combinação. Com efeito, é preciso agir sem demora e obter um resultado imediato, porque o sucesso caminha junto com a celeridade (reabsorção provável do coágulo flutuante, gelatinoso e ainda não organizado e solidificado), mas, por outro lado, não se poderia manter por muito tempo a heparinoterapia: não apenas por causa da sujeição que ela implica (por injeção e nunca por ingestão), mas devido à luta incessante à qual ela obriga (sua instabilidade) e até mesmo por causa do perigo acarretado por ela (hematomas no lugar das injeções, caso seja aplicada por via muscular). Por isso, a droga de ataque, rápida para operar, assim como rápida a desaparecer, será diferente, embora complementar, daquela para a qual ela faz suplência, lenta para agir, lenta também para cessar de agir, o que é um mal menor.

* * *

Não podemos passar em silêncio sobre as tentativas dos biólogos visando encontrar um produto intermediário e que poderia fundir, numa síntese, as duas exigências antitéticas, a prontidão ágil e a estabilidade tranquilizadora, a instantaneidade e o temporal, mas um instante que poderia se prolongar e um temporal que não deveria se eternizar, sob pena de propiciar uma hipocoagulação perigosa. A disjunção dessas qualidades introduz o importante problema da *criação* de uma substância situada entre a heparina e o dicumarol: como inventá-la? Tocamos no vivo da farmacodinamia, em seu problema maior.

Para esclarecê-lo, é preciso voltar ao mecanismo de ação biológica do dicumarol. Identificado no trevo mofado, gerador das hemorragias incoercíveis que dizimam o gado canadense, ele logo foi extraído a partir do meliloto parasitado: tratava-se da dicumarina, corpo de constituição relativamente simples. Mas, 10 anos antes, Dam, experimentando, observara que um regime contendo todas as vitaminas conhecidas até então, não permitia a sobrevivência dos jovens pintinhos acometidos de hemorragias. Ele as evitava por meio da administração de luzerna que ele misturava na alimentação deles. Esse princípio ativo novo, que impede as desordens capilares e sanguíneas, não é outro senão a vitamina K, cuja designação evoca o poder: K, de Koagulação. Essa vitamina da luzerna não apenas desempenha um papel inverso ao da cumarina do feno avariado, como também sua constituição estereoquímica os aproxima: o dicumarol, isto é, a dicumarina, equivale, em linhas gerais, a uma duplicação da molécula da vitamina K. A semelhança de sua representação no espaço surpreende tanto quanto sua oposição fisiológica. Disso surgiu a noção, tão importante para a evolução da medicina, de uma antivitamina potente e aparece, sobretudo, um par de opostos com o mesmo componente estrutural que iria, por sua vez, abalar a farmacodinamia. O inimigo ou o negativo é o vizinho e o semelhante, o que recusa a demasiado fácil sugestão de uma luta pelos simples contrários. Não se pode aproximar esse ajuste fundamental de uma comparável senão de uma outra mais luminosa, que deveria, ao mesmo tempo, permitir explicar a ação das sulfamidas, antagonistas do ácido para-aminobenzoico, necessário às bactérias para seu crescimento e suas perniciosas frutificações, mas que possuem ainda uma estrutura molecular muito próximas, o que dá conta da provável interferência. Em linguagem imagética, digamos que apenas os irmãos nascem inimigos, concorrentes ou exclusivos um do outro. Todavia, devemos ir mais longe. Desses dois exemplos, os mais notórios da história da terapêutica, nascidos das constatações mais modestas e mais empíricas (no caso que nos ocupa, por duas vezes seguidas, os problemas das pastagens, da agricultura etc.),

Dicumarina   Vit. K

deveria ocorrer uma perspectiva de *formalização*, de algum modo e, por conseguinte, a exuberância da farmacologia que aumentava desmesuradamente seu poder de criar nos domínios mais variados: desde que um metabolismo essencial é descoberto, sua fórmula desenvolvida e estabelecida, o laboratório apura, mediante desdobramento molecular ou divisão do modelo, o que equivale ao mesmo, ou ainda mediante ligeiros acréscimos, os antimetabolismos capazes de frear um desenvolvimento, bloquear ou suspender uma evolução fisiológica (proliferação cancerosa, multiplicação bacteriana, hiperfuncionamento glandular e, naturalmente, reações em cadeia à imagem daquela da coagulação). Contudo, a fabricação de um corpo sintético de poder oposicional não se efetua *more geométrico*: a mecânica inventiva dos remédios permanece submetida aos avatares da verificação, às surpresas do controle e à incompreensível tradução *in vivo*.

Mais precisamente, é preciso elevar a concepção da formalização farmacológica e substituir a noção espacial de um "núcleo comum" ou de uma "configuração" comparável, ou a de uma representação molecular aproximada, por aquela de uma dinâmica bioquímica semelhante, que ultrapasse o jogo dos símbolos químicos e só pode se liberar, senão se desrealizar, em seguida a uma grande quantidade de ensaios e erros. Não basta modificar um pouco uma substância fundamental para obter infalivelmente seu contrário, mas, de fato, entre a multidão de estruturas próximas ou "quase" idênticas, umas agem, outras reagem e um grande número não age de modo algum. Nessas condições, apenas ulteriormente foi possível descobrir o "denominador comum". Não se trata, ou raramente, de um puro arranjo espacial, nem, por conseguinte, do fruto de um só automatismo, como se pudesse bastar desdobrar ou redobrar uma molécula para criar uma antítese, um oponente, portanto, um remédio.

De passagem, não se deixará de notar o quanto a bioquímica participa dos progressos e transformações da química, ela própria conduzida a retificar as estruturas primeiras e a abandonar o simples simbolismo da representação espacial em benefício de moléculas elétricas, estatísticas, energéticas. No domínio restrito que nos detém, o problema se apresenta em termos diferentes: aliás, não se trata tanto de química orgânica quanto do poder dos corpos químicos sobre o organismo. Em qualquer hipótese, de um lado, devemos enfatizar a prodigiosa multiplicação dos remédios sintéticos, dos produtos artificiais que tenderão a ultrapassar o papel, com frequência insuficiente ou demasiado indiferenciado, das produções naturais. Porém, de um outro lado, é a natureza, a realidade ou o acidente que fornece o ponto de partida, libera o *pattern* ou o protótipo pelo qual se regulará e se modelará a rica família dos corpos novos com todas as variáveis que o ancestral não podia permitir. Por isso também, a farmacologia cessou de ser a ciência dos remédios individuais para se tornar a de famílias inteiras, com suas numerosas filiações e relações, suas particularidades que chegam até a acarretar diversões. Mais do que a ciência das famílias farmacêuticas, buscamos, inclusive, mostrar que ela ultrapassa essa multiplicidade a fim de alcançar a das associações e dos acoplamentos. Mais do que o estudo de um grupo ou de uma série, ela deve explorar e revelar os poderes de suas coalizões ou de suas oposições. Esse novo *artificialismo* define apenas a ponta de um movimento, mas, para o filósofo, é bom olhar a direção para dizer a finalidade e distinguir o alvo. Aliás, é difícil explorar um domínio tão movediço e contrastado: nele, o artifício se prodiga e se estende, mas ele é incessantemente obrigado a se submeter ao empírico dos controles imprevisíveis. Nunca a razão criadora conheceu semelhante festa, nem encontrou um campo tão vasto, tão prometeico, como o testemunha a espantosa prolixidade dos compostos que nascem, uns a partir dos outros, em cachos ou às centenas. Nunca, porém, só um entre eles, tal como o assinalamos, pôde nascer sem dever ser religado a um ancestral de mais modesta origem. E, se a natureza sozinha pode suscitar o movimento e fornecer o *primum movens* (prodígios, acidentes, coincidências, curiosidades, práticas obscuras e empíricas), ela também permanece sendo o *ultimum moriens*: no que concerne a uma droga eficaz, inúmeras, embora vizinhas, não entram na farmacopeia seja devido à sua toxidade, seja por causa de sua ineficácia, seja até mesmo devido às duas. Não se poderia nunca afirmar, *a priori*, qual delas será bem-sucedida. A contingência mais mesquinha e mais restritiva não cessa de tornar mais pesadas as audaciosas *démarches* da criação farmacêutica. Todavia, depois do paciente e do cansativo vaivém entre o formal e o material, o teórico e o biológico, uma série de resultados positivos acaba por se alinhar. Com efeito, não se deve mais falar de um anestésico, de um epilético, de um cardiotônico, de um sedativo, de um neuroléptico, nem, é claro, de um anticoagulante. Seu nome não cessa de ser acrescido e cada um deles, também se assinala por uma mudança, uma singularidade de ação.

Cada um deles modifica igual e progressivamente a curva geral da linhagem, sua fisionomia farmacodinâmica. *A posteriori*, ela permite melhor liberar a silhueta que transparecerá em todos os predecessores. Foi preciso esperar o desfraldar e a emergência das individualidades para melhor conhecer, e até mesmo para verdadeiramente reconhecer, o aspecto e os traços que os afiliam uns aos outros, para poder também determinar a verdade e a natureza de seu "ancestral": a multidão pululante dos descendentes e a riqueza da gênese permitem, sozinhas, revelar a paternidade e identificar sua fórmula criadora. O determinante inventivo, o tema criador, aparece posteriormente, sucede paradoxalmente à sua obra numa espécie de prioridade material do fazer sobre o ser. Em suma, a lei é extraída *a posteriori*, embora seja *a priori* que se tenha fabricado as substâncias novas. Não poderíamos, sem ultrapassar as fronteiras de nosso assunto, expor o princípio dos métodos mais comuns dessa geração química dos remédios: a duplicação molecular ilustrada ela dicumarina é apenas uma entre muitas, cujas mais importantes e frutuosas são nomeadas isosteria (substituição do oxigênio, por exemplo, por um átomo de enxofre de valência igual), a abertura dos ciclos fechados ou, em outros termos, a criação de "ciclos potenciais" que rompem o princípio inicial do isomorfismo.

Para retornar a nosso problema – a busca de um anticoagulante ou de uma antivitamina K que não ofereceria mais os inconvenientes do dicumarol, os farmacólogos rapidamente perceberam não ser necessário conservar o modelo cumarínico, nem mesmo decalcar de muito perto o da vitamina K: a formalização inventiva deveria, ao contrário, liberar-se das servidões da representação, da analogia estrita ou mesmo funcional. Um dos mestres da quimiossíntese o notou: "Uma vez reconhecidos os perigos do dicumarol na clínica, tratava-se de encontrar o remédio ideal, suscetível de prevenir as tromboses sem provocar hemorragias irreversíveis. Contudo, as vias escolhidas para chegar a esse objetivo foram nitidamente diferentes. Eles (os autores holandeses, os bioquímicos dinamarqueses) foram guiados, em suas pesquisas, pela concepção segundo a qual a ação fisiológica é, antes de tudo, ligada à presença de um agrupamento molecular dado... Segundo nossa hipótese, a ação vitamínica ou antivitamínica deveria ser ligada, em primeiro lugar, a uma configuração espacial dada da molécula, bem mais do que à presença de tal ou tal agrupamento funcional. As descobertas anteriores de Woods e Fildes já haviam realçado a existência de uma zona molecular comum entre a vitamina H' e sua antagonista, a sulfanilamina... Essa constatação fundamental nos incitou a preparar modelos moleculares nos quais essa zona comum seria mantida."[3] Assim, o remédio sósia não deve ser concebido em termos morfológicos, nem mesmo como parcialmente idêntico, mas sim globalmente equivalente ou dinamicamente

---

3 C. Mentzer, Les divers groupes de substances synthétiques douées d'une activité antivitamine K, La signification biologique des résultants obtenus, *Bull. De la Société de Chimie biologique*, 1948, p. 872-873. (Mêmes analyses dans Ressemblance chimique et action synergique des molécules organiques, *Actualités pharmacologiques*, p. 159).

competitivo. Nessa perspectiva, a criação dos anticoagulantes se liberta das leis do espaço para seguir a da eletroquímica ou mesmo das atrações eletrotáticas. Pouco a pouco, se inscreverão na farmacologia drogas aparentemente afastadas, tais como o tromexane, a pindione (fenil-2-indanedione), a mais ativa da série, os numerosos heparinoides artificiais, como o tréburon, o trombocide e outros. Não insistamos, aqui, nessas antivitaminas, já que nenhum terapeuta se satisfaz plenamente com elas. A questão sobre um anticoagulante único permanece árdua e não resolvida, apesar de milhares de tentativas da química estrutural.

Se persistimos em abrir essa discussão, foi menos para constatar finalmente uma ausência de resultados do que para levantar um pouco o véu sobre a síntese farmacológica e apreender sua problemática inventiva. Nesse domínio da luta contra a trombose, contra um sangue que coagula no interior dos vasos, pela segunda vez, depois da fortuita descoberta das sulfamicidas se revelaria um princípio rico de aplicações ulteriores: com efeito, o que esgota e rarefaz a vitamina K, demasiado abundante, o dicumarol que se parece com ela, disso resultando a regra ou princípio de uma produção *a priori*, a saber: a duplicação molecular como remédio e inibição. Esse tema e operação, por sua vez, se esbatem para se tornar tão somente uma possibilidade entre muitas. O círculo se amplia. No que concerne aos inibidores da protrombina, a química estrutural finalmente destaca, talvez provisoriamente, a "regra de atividade", o "núcleo formal" presente em graus diversos em todos os anticoagulantes materiais: disso resulta que a assimetria pode vantajosamente substituir a simetria primeira e que, em outras palavras, a duplicação não traduz senão o método mais tímido de síntese de uma antivitamina. Portanto, ele está longe de definir a maquinal invenção.[4] O mais filosófico dessa experiência, desse movimento, continua sendo, em nossa opinião, o nascimento de uma renovação produtiva de medicações artificiais e, sobretudo – privilégio dessa situação –, a aplicação, ao próprio exemplo, da regra ou da doutrina cujo enunciado ele autorizava e favorecia. Com efeito, se extrairmos do meliloto deteriorado o princípio de uma antivitamina que age em consequência a uma semelhança molecular, o vizinho ou o próximo sendo então o único capaz de propiciar o antídoto, de criar o remédio que impede, é possível voltar-se para o dicumarol insuficiente e se perguntar se ele é o melhor análogo, se não existiria um outro mais semelhante e, portanto, mais oposto. Nessas condições, a partir de um remédio e por meio dele, se divulga outros mais ativos e mais manejáveis que o desclassificam, uma vez que o ultrapassam. Na farmacologia que se promove, um sucesso acarreta outros. A reflexão que analisa o acidente ou a coincidência, que não se detém apenas na aplicação feliz, "desrealizará" o medicamento bem-sucedido, enunciará então uma lei produtiva, ou, pelo menos, poderá entrever a possibilidade de uma serie indefinida

---

4   Préparations synthétiques et mode d'action de quelques hypoprotrombinémiants, *Relations entre la structure chimique et l'activité pharmacologique*, tese de doutorado em Ciências Naturais por D. Molho (engenheiro agrônomo), 1953, p. 11 e sq.

na qual as sínteses estão sempre em progresso umas sobre as outras. Não apenas a medicação anticoagulante em movimento permitiu formular os fundamentos da quimioterapia, mas ela própria também se beneficiou da teorização suscitada por ela. Essa é a razão pela qual não hesitamos em falar de uma farmacologia em vias de formalização, uma vez que os mínimos materiais são utilizados tendo em vista sua própria renovação e sua constante ultrapassagem, uma vez que essas vontades de purificação que desmaterializam os começos engendram, sem cessar, remédios menos lentos e menos incertos. Se, no que concerne ao nosso propósito, a criação de milhares e milhares de anticoagulantes ainda não conseguiu resolver o problema levantado pelo divórcio temporal entre o instante e a duração, entre a heparina e o dicumarol, embora a pindione se aproxime desse ideal, o método também se estendeu a todos os domínios da terapêutica contemporânea, porque toda formalização autoriza as mais imprevisíveis generalizações. A esse respeito, não poderíamos subestimar a importância em cancerologia e em hematologia dos antileucêmicos e dos produtos antimitóticos que se opõem às divisões celulares anárquicas. Já que as bases púricas entram na formação do núcleo e que este comanda a divisão celular desordenada, se buscará menos destruir as células circulantes, trabalho de Penélope, do que intervir nos lugares ou nos momentos da formação globular, tendo em vista impedir essa proliferação mediante antielementos ou antipúricos, cuja estrutura "imita" aquela das bases púricas indispensáveis (assim, 6-mercaptopurina, ou seja, um NH2 é substituído por um agrupamento mercapto SH). Pode-se, inclusive, ir mais longe, subir um grau e recorrer a antivitaminas, pois o complexo B é necessário à construção das nucleoproteínas (sínteses de proteína e de ácidos nucleicos, nas quais entram as bases púricas de que falamos). Disso decorrem os antifólicos, como a aminopterina, fator de anemia que tende a exaurir os elementos da divisão celular.

Para deter uma excessiva fertilidade sanguínea, ou se suprime uma de suas condições, ou então, o que equivale ao mesmo, o ativador que permite o jogo dos agentes dessa multiplicação: nos dois casos, a terapêutica utilizará o tema produtivo dos antimetabólitos e das substituições estruturais. Ela ilustra e confirma a importância das quimiosínteses arquiteturais ou das inibições enzimáticas, ou seja, das antivitaminas.

Embora nos interditemos tratar o problema da antibiose que mais modificou o tratamento das doenças, não podemos deixar de assinalar que ela encontra seu lugar aqui mesmo e que a potência dos bacteriostáticos se explica, por sua vez, assim como a ação antimitótica ou anticoagulante, por meio da noção de antivitamina e de síntese sósia. A penicilina e a estreptomicina, por exemplo, bloqueiam reações nucleares necessárias à enxameação dos micróbios, espécie de câncer extrínseco, de monocelular proliferante, ao passo que as tetraciclinas impediriam as óxido-reduções vitais. Em suma, o poder medicamentoso dos antibióticos remeteria ainda a uma inativação energética e fortaleceria o princípio farmacodinâmico do "icelomorfismo", para empregar o jargão em voga. Acrescentemos, a fim de apoiar nossas análises anteriores, que a antibioterapia conheceu, por sua vez, o mesmo ritmo de evolução que estudamos no que concerne aos anticoagulantes: no começo, sucessos empíricos a partir dos quais os bioquímicos erigiriam leis geradoras de novos e mais ativos bactericidas. Assim, isolou-se das culturas de *Streptomyces aureofaciens* um antibiótico, a aureomicina e, das culturas de *Streptomyces rimosus*, a terramicina, um e outro retidos tanto por sua fraca toxidade e eficiência quanto pela facilidade de sua administração: a via oral, em oposição aos antibióticos anteriores, penicilina e estreptomicina. Mas as fórmulas de constituição desses dois extratos de culturas destacavam a existência de uma estrutura comum, um ciclo naftaceno, conhecido em terapêutica sob o nome de tetraciclina que justifica sua configuração (cf. fig.) e que se revelou um antibacteriano maior. Aliás, ele se encontra bem localizado na atual farmacopeia.

No que concerne ele, chegou-se, inclusive, a ir mais longe. Tentou-se analisar de perto seu poder. Para empregar ainda a fraseologia médica El "fazia a quelação" dos íons metálicos indispensáveis às oxidorreduções e às fosforilações que acompanhavam a vida fulgurante dos germes patógenos (que lador, do grego χηλη = pinça ou propriedade de se combinar com os metais e de formar complexos estáveis). Mas retenhamos apenas a gênese desse remédio puramente teórica e realizada pelo ajuste de uma nova arquitetura molecular. Ele deve, inclusive, prevalecer em potência sobre seus predecessores naturais, secretados pelos mofos e só possíveis de se obter mediante uma laboriosa extração. Assiste-se, então, a passagem de uma produção natural onerosa ou incômoda para a criação de um produto

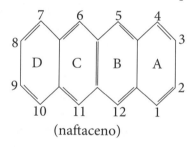

(naftaceno)

químico mais temível e, sobretudo, mais geral, cujos espectro de ação e processo ultrapassam aqueles de seus ancestrais, os quais também devem ser ligados ao seu chefe de fila, a penicilina, de Flemming, e até mesmo às evocações de Pasteur, que sugere e entrevê o uso das competições microrgânicas e transpõe ao universo microbiano o que Darwin observara no mundo das diversas espécies animais concorrentes.

Essa atividade dos antimetabólitos não deve, no entanto, sugerir um romantismo de luta, nem mesmo um combate pra vida: o processo parece apenas obedecer à química dos fermentos, esses catalisadores biológicos cuja força supera a dos ativadores da química: "Por exemplo, se compararmos a decomposição da água oxigenada pelo íon férrico e pela catalase (complexo de ferro e de porfirina), constatamos que a reação se efetua 10.000 vezes mais rapidamente com a catalase; 1mg de ferro incluído no complexo enzimático equivale a 10t de ferro inorgânico."[5] O

---

5   Mémorial des Sciences physiques, *Quelques questions actuelles concernant les enzymes*, fasc. LXI, por M. E. Aubel, Gauthier-Villars, 1956, p. 2.

mesmo autor, chamado a estudar os mecanismos de inibição desses fermentos, acrescenta: "Muitas enzimas são inibidas seja pelos produtos de sua própria atividade, seja por substâncias antimetabólitos que têm uma constituição vizinha de seu substrato (composto sobre o qual age a enzima). Um exemplo típico é o da succinodesidrogenage, estudado por Quastel. Se pusermos frente a frente um succinato, a sucinodesidrogenase e o azul de metileno, este se reduz e, assim, se pode medir a velocidade da reação, reportando-a à oxidação do succinato. Se acrescentarmos malonato, a velocidade da oxidação do malonato diminui rapidamente... A estrutura dos dois ácidos é vizinha. Isso se explica pelo fato de os dois ácidos serem capazes de se combinar com a enzima, mas só o complexo enzima-ácido succínico pode se desdobrar ao restituir a enzima livre... A introdução do ácido malônico na reação equivale a imobilizar uma parte da enzima sob forma inativa: um complexo enzima-inibidor."[6] Sem entrar nessas observações ou equações de oposição, que complicariam inutilmente nossas análises, devemos reter, em linhas gerais, que a vida celular ou metabólica obedece menos do que se acreditou inicialmente ao princípio da especificidade que liga substrato e enzima, sem possibilidade de generalização, transferência ou substituição. Na ótica pasteuriana que associa estreitamente o fermento e a constituição estereoquímica do substrato, o primeiro se tornava o meio metodológico de definir e separar o outro. Notadamente os isômeros óticos eram assim divididos ou diferenciados, já que os germes ou os fermentos atacavam o direito e o esquerdo eletivamente. A biologia atual rejeita esse rigorismo, uma vez que ela vê cada vez mais catalisadores polivalentes que agem sobre corpos "de função definida", mais do que sobre uma molécula de configuração dada ou única (estérases, hidrolases etc.). Tampouco tardará a eclodir a noção de pré-enzima ou de enzima adaptativa, mais que constitutiva, capaz, portanto, de rearranjos, em função das transformações do meio, se modelando sobre os substratos a degradar ou a sintetizar. Desse modo, é preciso ampliar a definição de fermento, abandonar como demasiado restrita a concepção pasteuriana e opor ao dogma da unicidade o da pluralidade ou da não especificidade de sua ação. Isso permite compreender os sucessos incríveis da farmacologia atual, assim como os fracassos que a obscurecem.

Seu poder vem do fato de ela saber inibir as trocas da vida celular, acelerá-los e, sobretudo, deformá-los. Ela pode descer aos meandros mais finos das energias tissulares e, por conseguinte, lentificá-los e até mesmo bloqueá-los: disso resulta, em geral, a antibiose, o antimetabolismo, o anticelular, o antimitótico, sem esquecer o anticoagulante. Em consequência, adivinha-se também que o próprio princípio esclarecedor de seu poder servirá igualmente, pouco a pouco, a retirá-lo dela, como se a tese fosse secretar, progressivamente, sua antítese. O essencial continua sendo sublinhar enfaticamente que o mesmo tema ou o mesmo processo define o sucesso e o fracasso, um e outro surpreendentes e brutais. Trata-se da regra da não especificação, válida, aliás, não apenas em enzimologia, mas também em sorologia e nas questões da imunidade, nas quais Pasteur e seus alunos não poderiam imaginar

---

6   *Ibid.*, p. 5.

que se aplicariam, embora a vacinação jenneriana o exemplificasse. Aqui, pouco importa: a eficácia das drogas mais usuais e mais milagrosas vem do fato de estas exercerem o papel de antimetabólitos, ou seja, de os fermentos celulares agirem não sobre o corpo bem definido, mas sobre uma "forma", no sentido gestático do termo. A silhueta prevalece sobre tal ou tal detalhe. Nessas condições, a enzima pode ser anexada e como se captada por substâncias fornecidas ao organismo. Ela se encontra, então, como se afastada de seu funcionamento natural, entrando em complexos neutros e inativos. Aliás, devido a esse laxismo da não identidade que soldaria entre si o fermento e a substância, logo se verá a enzima se adaptar a esse corpo novo que ela cindirá e dissociará, fará entrar em seu circuito metabólico: sem querermos retornar a isso, assim se explicam as resistências aos antibióticos mais impactantes. A lei, porém, ultrapassa a terapêutica antimicrobiana, se aplica em todos os domínios, para todos os tratamentos inibidores ou opositores de uma evolução. Disso decorrem os fracassos dos antipúricos e dos antifólicos, já que as células integrarão o novo ácido nucleico ou a nova nucleoproteína em sua bioquímica dinâmica. Em resumo, mudo o substrato, diz o farmacólogo, Prometeu moderno, a fim de desviar o metabolismo, extraviar a enzima, bloquear uma fisiologia excessiva. Pois bem, responde o protagonista dessa luta imaginada, mudo de enzima para retomar um substrato semelhante e inseri-lo no novo ciclo da vida celular. Uma e outra ação se correspondem e se neutralizam. Consequentemente, o chocante, o imprevisto, o surpreendente sozinho pode ser bem-sucedido por um tempo, e, portanto, curar, tal como o havia notado o mais sutil dos filósofos da terapêutica: "Se fizermos depender o valor de uma coisa do efeito de surpresa produzido por ela, se chega a definir essa coisa por meio desse único valor de choque... Vocês sabiam que apenas depois de mais de um século é que a novidade de uma coisa foi considerada como uma qualidade *positiva* dessa coisa? (grifado no texto)". A isso responde o médico de Valéry: "Perfeito. Aí está o que é perfeito para a famosa *Histoire de la thérapeutique*. Você insinuou, há pouco,[7] que o próprio organismo apreciava o novo, em alguns anos repugnava a medicina reinante, recusava curar, caso não o interessássemos com irritações inéditas."[8] E, à guisa de comentários, se poderia acrescentar que não apenas toda terapêutica é choque, mas também que é raro todo choque definir uma terapêutica. Daí a importância, por exemplo, segundo alguns clínicos, das decisões ou dos gestos mínimos ou insignificantes, como uma rarefação, depois uma intensificação da única dose, das interrupções bruscas, das injeções descontínuas, sem contar o resto fundamental: a própria droga, sua novidade, o modo de administração. Mediante esses meios variados e desiguais, busca-se a surpresa,

---

[7] O respondente subentende, com efeito, uma passagem anterior da discussão: "A terapêutica passa por mutável. O que curava em 1880, prejudica em 1890. Questão de moda, aceito de bom grado. Questão de progresso, sobretudo. Se houvesse uma outra coisa, uma mudança íntima, uma mudança de gosto em nossas células e, portanto, de suas reações..." (*L'idée fixe*, p. 108.)

[8] *L'idée fixe*, 45. ed., Gallimard, p. 127.

o insólito. De todo modo, compreende-se, assim, que quanto mais um remédio age, mais cedo ele desaparece. Quanto melhor ele cura, mais se o maneja dele se suspeita. A verdade farmacológica, é um fato, coincide com a fugacidade, o que não autoriza conclusões céticas, mas, ao contrário, traduz a fulgurância evolutiva e o empuxo do progresso da terapêutica que pode, cada vez melhor, responder a essa necessidade de renovação e do chocante. Inversamente, as medicações que não mexem, inquietam: do mesmo modo, são raros os remédios que permanecem.[9] Só a célebre teriaga reinou por cinco ou seis séculos. Da mesma forma, dá-se conta do fato de um só remédio não ter sentido, ou quase nenhum, nem valor, e de que todo verdadeiro remédio é família, ultrapassamento. Não se deve hipostasiar nenhum dos dois, mas ressituá-los em sua história, sua incessante melhora que acarreta sua perda. Quanto menos as drogas permaneceram, mais viva e mais certa será sua ação, o que vai de encontro ao pensamento do bom senso, tendente a capitalizar os bons remédios, a conservar ou venerar aqueles que, por fim, curam. Para esse bom senso, só mudariam ou sairiam da farmacopeia aqueles que parecessem sem poder real, os que não operariam, ou o fariam timidamente. Algumas famosas exceções, a rigor, poderiam caucionar esse erro: o emprego da digitalina, da codeína, dos alcaloides do ópio, da emetina, do quinino e até mesmo dos diversos e respeitáveis xaropes, como o de Desessartz (expectorante), o de Milan (contra as dermatoses infectadas), ou a eminente solução de Bourget, ainda enaltecida pelos gastroenterologistas e aqueles que se preocupam com as insuficiências hepáticas. Na realidade, esses elementos ou essas misturas só merecem tanta veneração pelo fato de terem fornecido o insubstituível ponto de partida para a vida da síntese e da quimioterapia.[10] Cada um deles acalmou ou tratou gerações, antes desta nova idade que descrevemos. Todavia, cada vez mais, cada um deles é modificado, superado ou abandonado em benefício de uma grande quantidade de componentes, de corpos artificiais, de moléculas sem nome próprio e sem história pessoal. E, inclusive, a acreditarmos no mestre da farmacodinamia, D. Bovet, os memoráveis ancestrais que ainda restam, a morfina e a digitalina, não tardarão a serem destronados pelos analgésicos ou cardíacos muitíssimo superiores. Assim, os remédios seculares, os velhos remédios se tornam começo: eles engajam uma vida nova.

Dessa incursão no domínio da farmacossíntese, se retirará ainda uma constatação bastante surpreendente, a saber: a luta contra as doenças extrai o mais claro de seus poderes e de suas armas novas cada vez menos do empirismo, como no caso da digitalina ou da morfina, por exemplo, e cada vez mais da doença e de sua

---

9   A. Bourasset, *Les anciens médicaments qui ont survécu à l'époque actuelle*, tese em Medicina, Toulouse, 1954.

10 Não se poderia silenciar sobre o prestígio do remédio individualizado, preparado em oficina e portador de um nome ilustre, em oposição à especialidade anônima, indiferente, abstrata ou cientificamente designada (sobre esse ponto, leia-se as obras de linguística dedicadas à publicidade ou à psicologia do consumidor).

evolução. Já tivemos a ocasião de notá-lo a respeito da descoberta das enzimas de penetração, da estreptoquinase, por exemplo. Devemos, portanto, minimizar a antiga separação entre a saúde e a doença, já que são as antivitaminoses que, por fim, servirão para travar as afecções mais comuns: infartos, septicemias, cânceres, e desacelerar fisiologias complexas como se, aliás, a própria doença não fosse mais extinção de forças, ausência de fuga da vida, mas, antes, aceleração, sedes tornadas autônomas, energias aberrantes. O terapeuta, longe de despertar a vitalidade, impedirá então, por meio da criação artificial de antivitaminas antagonistas, os desenvolvimentos celulares ou os ciclos metabólicos. Em outras palavras, numa perspectiva mágica, o mal é negação, diminuição e o remédio se define, sempre, como energizante, capaz de insuflar o vigor de lutar. Com a quimioterapia moderna, e para esquematizar, não é raro que o medicamento busque uma parada, uma oposição. O pó antibiótico ou anticoagulante serve para criar uma antivitaminose química, realiza uma vontade médica de rivalidade celular, uma bioquímica de negação. Primitivamente, ninguém cogitaria que as vitaminas e, portanto, as antivitaminas, consideradas como "fatores de vida", entrariam na fabricação desses antifermentos construídos de modo cada vez melhor, já que desembaraçados de suas inutilidades estruturais.

No entanto, foi nessa enzimologia que a química eletrovalencial buscou seus recursos e seus modelos que gozam de uma ampla extensão tanto no espaço (uma multidão de germes) quanto no tempo (apesar de sua superfície de ataque, elas podem remontar à origem dos processos vitais como a fabricação das células sanguíneas ou das proteínas que entrarão no plasma). Esses não são remédios que rompem ou eliminam, mas corpos que "imitam" as fisiologias dos parentes ou das pseudovitaminas que conseguem se infiltrar no interior das cascatas de reações que irão, então, bloquear. Eles também impedirão os micróbios de se multiplicar (sulfamidas e antibióticos), assim como as células de se dividir ou o fígado de fabricar a protrombina necessária à coagulação. Por essa razão, as vitaminas nunca mais poderiam pertencer somente à magia como no passado. Duas razões fortalecem esse erro: sua pequenez, como vimos, favorável a essa interpretação, mas também seu papel primitivo, a saber, dever se opor às carências diversas, reanimar, devolver a força, favorecer a ossificação ou a formação dos próprios elementos do sangue. Hoje, a vitamina perdeu todos esses apanágios: 1º ela pode rarefazer e inibir as criações humorais ou celulares tornando-se, eventualmente, uma potência negativa, se é verdade que, para falar filosofia, em geral, a doença não consiste em um aniquilamento, mas apenas em uma tendência infeliz do ser em perseverar em seu ser, em uma liberação perigosa e desordenada. A vitamina ou a antivitamina se oporá a essa independência; 2º por vezes o terapeuta prescreverá a vitamina em doses muito elevadas, tal como, para dar apenas um exemplo, o calciferol, ou vitamina D, contra o lúpus tuberculoso; 3º sua tenuidade significa apenas seu papel de "catalisador" ou de fermento que acarreta reações tissulares fundamentais; 4º por fim, cada vez mais a bioquímica recorre a compostos de síntese e abandona as fontes naturais. Essa concepção nova do poder vitamínico, é claro, foi tornada possível pela importância e pela generalização do poder "antivitamínico" que permitiu afastar-se dos começos enganadores e do naturalismo do início nos quais os grãos, os peixes jovens, o sol ou os legumes verdes pareciam ser os depositários permanentes e insubstituíveis da saúde e do vigor. Tudo isso desapareceu e a vitamina saiu doravante do mundo obscuro das forças para entrar no das formas moleculares, assim como no de suas deformações, quase sempre mínimas, porém suscetíveis de desempenhar um papel decisivo em fisiopatologia.[11]

Esses desenvolvimentos podem parecer estranhos ao nosso problema, porém, na realidade, vitamina e antivitamina dominam a questão da coagulação. A farmacologia é impelida a inventoriar e a experimentar todas as substâncias parentes do dicumarol, capazes de substituírem a vitamina K, tendo em vista criar uma espécie de "hemofilia" protetora. Em suma, o acidente das pastagens avariadas e das luzernas necessárias ao desenvolvimento dos pintinhos permitiu a inibição das sínteses hepáticas e favoreceu uma carência química que deve prolongar a vida do cardíaco e do arterítico. Entramos nessas explicações com o intuito de mostrar a importância de um problema em movimento: criar uma antivitaminose ou uma antivitamina que, próxima do dicumarol inicial, não mais ofereceria seus inconvenientes, notadamente o da lentidão de ação que o exclui da farmacopeia das urgências. Embora o problema não esteja inteiramente resolvido, é mais ou menos certo que ele receberá uma solução positiva, já que a farmacodinamia possui os instrumentos de sua incessante renovação, que ela não cessa de generalizar seus sucessos e suas criações e que, por fim, não há domínios nos quais subsistam e reinem ainda os medicamentos antigos, naturais e pouco curativos.

* * *

Na falta de um remédio que se situaria *entre* a heparina e o dicumarol, pois não poderia se tratar, como almejamos, de uma síntese entre o instantâneo e o durável, é preciso, então, utilizar dois anticoagulantes. Mas se bastasse essa dupla prescrição tendo em vista prevenir as recaídas embólicas, a medicação endovascular atual trairia o princípio que, em nossa opinião, caracteriza a própria evolução da terapêutica: quanto mais uma substância se torna ativa, real e não mais imaginária, mais seu emprego se complica, em oposição do preconceito que religa as dificuldades do manejo à insuficiência ou à inadequação da droga utilizada. Quando um remédio é bem-sucedido, pensa o senso comum, quando ele pode destruir a causa patógena ou interditar a evolução patológica, convém apenas prescrevê-lo e aplicá-lo maciçamente no lugar apropriado como um tópico que não se arranja.

Para barrar essa falsa representação, devemos retornar à biologia da pré-coagulação, visando melhor compreender *as astúcias* desse tratamento. Não basta,

---

11   Sobre esse assunto, leia-se com interesse a recente obra de M. Thiers, *Les vitamines*, Paris, 1956.

como o mostraremos, respeitar a regra: remédios anticoagulantes contra as coagulações intempestivas. Essa consequência decorre dos minuciosos controles da crase sanguínea aos quais foi procedido ao longo das doenças arteriais ou venosas. Dever-se-ia, em linhas gerais, distinguir três fases sucessivas: primeiro, uma hipercoagulabilidade precede e acompanha a produção do coágulo. Ela tomaria a dianteira das manifestações clínicas, senão elétricas, dos dramas coronarianos, a ponto de uma análise humoral, segundo alguns, permitir antecipações e, por conseguinte, uma ação preventiva pertinente. Retornaremos a essa observação, a essa vontade de previsão, tendo em vista começar o tratamento antes da aparição mesma dos sintomas e na intenção de impedir sua temível eclosão. De todo modo, a primeira fase da arterite, pré-clínica ou clínica, se define por uma franca e notável hipercoagulação, o que favorece seu reconhecimento, sua localização no tempo. Com efeito, "as variações da coagulabilidade parecem refletir de maneira bastante fiel, senão absolutamente fiel, o gênio evolutivo da coronarite trombosante: de maneira habitual, a hipercoagulabilidade sanguínea parece indicar o caráter ativo, a isocoagulabilidade, o caráter quiescente do processo etiológico...".[12] De todo modo, nesse estádio, o terapeuta não deve deixar de atentar para a heparinização, seja preventiva seja curativa, se a coronarite acaba de se declarar. Uma segunda fase se prepara então: ela começa, por volta de um dia ou dois, depois dessa trombose, ou depois do infarto que é sua consequência assim como seu agravante. Uma nítida e incontestável hipocoagulabilidade se delineia e uma aplicação surge imediatamente: não acrescentar a essa hipocoagulabilidade reacional aquela que desencadeia a terapêutica fluidificante. Caso contrário, por querer seguir as inspirações não repudiadas pelo senso clínico: um tratamento anticoagulante contra os coágulos intracavitários (cardiopatia) ou vasculares (coronarite, por exemplo), corre-se os riscos mais certos. A propósito, esse período de hipocoagulabilidade, que será longo e franco, não explicaria, *por si mesmo*, o que se nomeia o próprio infarto. Pois, afinal, a oclusão arterial – coronária, silviana, pulmonar – não poderia dar conta da inundação e do sofrimento tissulares, portanto, o enfarte, quando se conhece o terrível poder das suplências e as anastomoses. Na sombra ou na esteira da arterite, somente uma hipocoagulabilidade bastante brutal favoreceria a hemorragia capilar que seguiria a arterite. Assim, é o sangue extravasado que criaria a zona necrosada, privada de toda irrigação, que a anatomia microscópica revela congestionada, invadida de glóbulos. Disso resulta o embaraço dos autores na presença deste cruel paradoxo: um fechamento da artéria que dá um sangramento no interior dos tecidos vizinhos. A cirurgia do simpático, de Leriche, por certo rasgou uma parte do véu. Uma vasoconstrição, que resulta de toda obliteração, se reper-

---

12 H. Raynand e J.-R. d'Eshougues, Aspects humoraux de la thrombose artérielle, p. 401, in *XXXe Congrès fr. de Médecine*, Masson, 1955, t. I: *Les thromboses artérielles*. Sobre o mesmo assunto, porém com mais detalhes e documentos, se pode ler, de J.-L. Beaumont, *Recherches sur la coagulation du sang à l'état normal et dans les thromboses intravasculaires*, tese em Medicina, Paris, 1954.

cute no território como vasodilatação reflexa. Daí a infiltração e a asfixia regional. Mas essa teoria não exclui os distúrbios humorais e parece que a descoberta do laboratório esclarece melhor e mais objetivamente o processo hemorrágico e, portanto, o enfartamento. Uma hipocoagulabilidade natural responde à crise arterial e é o próprio organismo que prejudica a si mesmo, de algum modo, em seguida a uma resposta excessiva tanto quanto inevitável. Reencontramos ainda esta verdade primeira que a patologia não cessa de verificar e que traduz bastante fielmente o aforismo antigo: "A doença é em nós e por meio de nós." Mesmo quando se trata de doenças microbianas e exteriores, caso mais desfavorável a essa afirmação geral, a lei não é desmentida. Como insistimos amplamente nisso, a autoagressão, contrária ao *horror intoxicus*, pouco a pouco se impôs. E uma tempestade de denegações soprou, com efeito, sobre o templo pasteuriano, apenas edificado. Constatou-se, por exemplo, que o bacilo tífico circula no sangue bem antes que o doente sinta o menor distúrbio, durante o período de incubação. Paradoxalmente, ele desaparece no momento da flambagem clínica, se eclipsa em pleno tifo e, por fim, ressurge quando o doente entre em sua convalescência e quando cai a cortina sobre a cena clínica. E mesmo os sintomas cardinais da febre tifoide, os que se queria específicos, pouco a pouco serão encontrados em outras afecções ou infecções. As manchas rosadas, as ulcerações palatinas podem aparecer na febre ondulante. Entre a causa e o efeito presumido se intercala, então, um terceiro termo de importância que deveria ser o abalo orgânico, as reações vegetativas e a brutalidade da defesa que destroi os bacilos. Em resumo, mesmo nos casos de agressão caracterizada, é ainda a resposta do organismo que cria a desordem. Às célebres definições que se entrechocam, a de Paul Bert: "Morre-se sempre por asfixia" e a de Roger, segundo a qual "morrer-se sempre por intoxicação", é preciso acrescentar: "Só se pode morrer por si mesmo", por sua sensibilidade vasomotora, sob o golpe de suas próprias violências ou de suas próprias intolerâncias. Concebe-se o transtorno que disso decorrerá no que concerne à terapêutica geral.

Insistimos em recolocar num enquadre de conjunto a explicação que se pode dar do enfarte e da necrose tissular: uma resposta inadequada do simpático arterial e dos componentes plasmáticos, donde resulta que uma artéria fechada acarrete uma hemorragia e um afluxo líquido que inunda o tecido ou o território interessado. Em suma, quando um vaso se obtura, o organismo age e reage mal, agrava a desordem, começa por suscitar uma fluidificação de compensação, se nos é permitido tratar com imagens tão fáceis esses processos obscuros e complexos. Mas uma hipocoagulabilidade, válida numa situação natural ou habitual, torna-se catastrófica em uma circunstância diferente e até mesmo insólita: ela portará suplências sobre a rede já sobrecarregada e criará, por conseguinte, as condições suficientes de uma inundação hemorrágica. O sangue foge para o exterior e se esvai nos tecidos. Por essa razão, tendo em vista essa fase de hipocoagulação em seguida a uma obstrução arterial, o terapeuta deveria, desde o segundo dia do drama, guiado pelo exemplo biológico, atenuar ou até mesmo suspender suas tentativas corretivas, a luta excessiva contra o coágulo sanguíneo. Contudo, esse é o momento em que ele é mais tentado e solicitado, é também o momento em que ele é chamado: adivinha-se, então, a impaciência e a força das energias médicas, os gastos de prescrições diante da angústia de uma situação por vezes desesperada, essa vontade de se opor à extensão ou à intensificação de uma doença invasiva que ele quer deter. Mas, nessa circunstância pânica, ser um médico ou se tornar um terapeuta – só se pode vir a sê-lo, pois o ser primeiro com frequência nos pareceu funesto – consiste provavelmente em uma inibição ou uma atenuação dos pensamentos, senão dos reflexos. É preciso resistir ao impulso do "dever fazer", preservar-se das medicações excessivas e incontroladas, em resumo, não prejudicar o doente por meio de violências que salvam a consciência do terapeuta, mais do que a vida do paciente. Em termos paralelos, é evidente que a tranquila abstenção seria culpável: sob as nuanças de não lesar e de manter uma boa consciência, ela sacrificaria a vida do paciente que pagaria com sua morte, ou com suas enfermidades devido a sequelas, a hipocrisia daquele que pretende salvá-lo. Os dois abusos se confundem e não devem nunca ser separados nem opostos. Entretanto, num verdadeiro médico, a tentação do excesso pode se tornar aguda: primeiro, ela parece menos repreensível e, sobretudo, a nocividade de seus efeitos menos controlável. O próprio doente (ou seus próximos) impele o clínico a esse transbordamento energético: ele perdoaria menos ou não compreenderia tratamentos tímidos, pois ele sabe da renovação da farmacopeia e das extraordinárias potências, das "armas" que o Prometeu de sua confiança pode manjar ou mesmo desencadear. Quem não pede remédios miraculosos, aqueles que, como por um toque de varinha mágica, curarão radicalmente, expulsarão a angústia despertada por toda expectativa de vida e devolverão, por fim, a saúde, a *renovatio*? Em resumo, se a abstenção pode constituir uma falta, o excesso medicamentoso pode se tornar um erro. Essa é a razão pela qual essa atitude nos detém mais do que a outra. Ela corresponde mais a um julgamento falso, a uma vontade sumária, mais do que a uma carência profissional ou uma inabitual fraqueza.

Mas os anticoagulantes retomam sua importância e seu lugar em um terceiro e último período. Um empuxo de hipercoagulabilidade se segue, com efeito, depois de uma ou duas semanas, à fase hemorrágica. Ora era perigoso baixar a taxa de protrombina, ora se tornava necessário, no decorrer dos dramas de enfarte, retornar francamente as drogas fluidificantes. Disso resulta uma conduta flutuante e oscilante: uma heparinização imediata, logo depois a diminuição das posologias, ou seja, a interrupção medicamentosa. Por fim, próximo à segunda ou terceira semana depois do acidente, uma nítida retomada do tratamento "antitrombótico". É claro que esse esquema violenta as sugestões naturais, como ocorre frequentemente na medicina contemporânea: inibir as forças primeiras, no momento em que elas se reúnem e se insurgem, despertá-las, em seguida, quando a clínica não mais as alarma. Não pensamos forçar as realidades. Nem deformá-las: "Em suma", escreve um mestre da hematologia e da terapêutica, "aqui está como o tratamento anticoagulante é conduzido, na prática, no serviço do hospital Boucicaut: 1º nas 24 ou 36 primeiras horas da embolia pulmonar, devido a hipercoagulabilidade quase constante nessa fase, a heparina é injetada por via intravenosa, na dose de 50 a 75mg de quatro em quatro horas; 2º quando a embolia pulmonar data de mais de 36 horas, a indicação do tratamento anticoagulante não é mais sistemática: ela é subordinada ao estado da coagulação do sangue, apreciada pela avaliação da taxa de protrombina e, sobretudo, pelo teste de tolerância à heparina *in vitro*... Duas eventualidades são possíveis: a) pode ocorrer a suspensão passageira do tratamento anticoagulante nos casos nos quais há hipocoagulabilidade sanguínea definida, até que os exames da crase sanguínea, realizados de dois em dois dias, mostrem a passagem para a hipercoagulabilidade; b) ocorre prosseguir sem interrupção o tratamento anticoagulante e revezar a heparina com o éter etílico do dicumarol, em todos os casos em que a hipercoagulabilidade persiste, ou mesmo simplesmente nos casos em que a isocoagulabilidade".[13]

Não se discute a causa dessa ondulação ou dessa periodicidade. Ela resulta nitidamente do fato de o organismo não se reduzir a processos físicos indiferentes, mas, em compensação, ele próprio reage. Somente, o que perverte a descrição médica espontânea e as prescrições primeiras, na presença de coágulos a serem destruídos ou impedidos é o mesmo que, anteriormente, escondia a visão da "pós-coagulação", a saber: nada é mais dificultoso a conceber que o sangue e sua complexa fisiologia. Como tentamos mostrá-lo previamente, a consciência sacraliza o "fluido da vida" e acaba por pensar que ele coagula, que ele deve coagular e que essa coagulação define sua latência, uma atitude escondida e sutilmente protetora. Desse modo, ela já subtrai o líquido sagrado da física e da química orgânica, de tudo o que comanda os seres e as operações comuns. Ele não pertence à espécie dos líquidos heraclíteos, sem alma e sem defesa, que não podem senão deslizar, circular e passar sem permanecer. Como uma substância nobre e que detém seu curso, esse sangue coagularia quando estivesse em perigo de aniquilamento. A viscosidade cruórico só merece, então, louvores. E se o pegajoso e o colante, o baboso e até mesmo o fibrinoso por vezes mereceram o anátema dos filósofos, foi sem dúvida pelo fato de essas qualidades abrigarem uma vida, suporem forças e resistências que desencorajam a empreitada. A viscosidade, a ventosa e a sanguessuga que justamente aspiram o sangue, nada que não remeta aos surdos e turvos valores vitais, aqueles que se opõem e contratacam. Pra a consciência primeira, a viscosidade é a vida e seu sangue e inversamente. Opostamente, o líquido é inofensivo porque não existe, não resiste e, sobretudo, porque ele próprio se nega perpetuamente. Transportam-no transvazam-no facilmente: ele se dobra aos desejos do homem ao qual ele remete sua imagem. Seja como for, nessa perspectiva de biologia mitológica e secular, o sangue se enobrece pela coagulação e a embolia se torna, então, a simples e nefasta consequência dessa vitalidade, menos um mal profundo do que o preço de um bem. O sangue se densifica nas aterias ou nas veias quando estas per-

---

13 J. Lenègre (Hospital Boucicaut) e A. Gerbaux, Thromboses artérielles et embolies pulmonaires, in *XXXᵉ Congrès fr. de Médecine*, t. I, p. 191-192.

dem a integridade ou a urdidura de suas paredes: efeito infeliz, mas que resulta do extraordinário poder desse sangue capaz de suprimir as descontinuidades, apagar as asperidades e preencher as menores escavações.

A biologia permanecerá por muito tempo prisioneira dessas imagens e fantasmas, das angústias despertadas pelo sangue, líquido quente e espumoso que veicula os espíritos, materializa a saúde que ele difunde e que suas eventuais metamorfoses (ele se torna sólido) ampliaram. Mais do que a urina, ela também magnificada por ser espumosa, colorida e calorosa, o sangue define um dos primeiros remédios ressurrecionais. Ele só semeou o temor em razão de seu poder,[14] ele autoriza as esperanças de imortalidade. Luís XI, para rejuvenescer, consente em beber o sangue de uma criança,[15] e a transfusão tentou os homens e os Faustos muito antes dos médicos e das academias que, aliás, deverão proscrevê-la. Mas, pouco a pouco a patologia expulsou as ilusões. Nós a vimos surpreender uma espécie de "descoagulação" e explorá-la com fins curativos. Ela igualmente discerniu, na solidificação do coágulo, condições numerosas que ela soube analisar e que comandam sua formação. Essa solidificação se torna uma resultante, ela não é uma qualidade substancial, mirífica ou inexplicável. Ela termina reações anteriores. Ademais e, sobretudo, uma coagulação origina uma hipocoagulabilidade, porquanto a própria coagulação supõe o equilíbrio de dois sistemas antagonistas e complementares, de modo que o excesso de um (o coágulo) acarreta a intervenção do outro (uma heparinemia consecutiva e hemorrágica). Essas observações e lembretes relativos ao fluido da vida, nos pareceram necessários para poder contestar a dogmática proposição: o sangue coagula e se defende por meio da coagulação, uma vez que essa crença implica uma consequência terapêutica por vezes enganosa, lutar contra o coágulo por ocasião das oclusões arteriais, querer, inclusive, preveni-las. Só que a coagulação não se reconduz nem a um estado, nem mesmo à atualização de uma virtualidade salutar, que só oferece inconvenientes por seus excessos ou sua fatalidade. A antiga biologia reifica, separa demais hemorragia e coagulação, ao passo que os dois movimentos não se distinguem, mas se correspondem. Assim como a fisiologia evidencia uma parada espontânea (hemóstase) em caso de sangramento, assim também a patologia revela uma anticoagulação racional e consecutiva aos funestos coágulos. O organismo secreta talvez tantas substâncias anticoagulantes quanto os hemostáticos, umas e outros em equilíbrio humoral e de igual valor ontológico.

Nessas condições, o terapeuta é convidado a fluir nesse conjunto e não a se opor a ele ou a modificá-lo *ex abrupto* mediante drogas ofensivas. Para ser verdadeiramente bem-sucedida, parece que uma medicação avisada deve se aplicar às próprias reações do organismo, retardá-las ou acelerá-las, moderá-las ou desviá-las.

---

14   Temor antigo que Frazer, como Lévy-Bruhl, analisou e comentou longamente. Ele subsiste, no sentido em que deixou rastros: tem-se, por exemplo, que a cozinheira, no momento de sua menstruação, não erre no molho ou em seu prato.
15   Cf. Cabanès, *Remèdes d'autrefois* (Maloine, 1905).

De todo modo, modelar-se por elas e, com frequência, opondo-se às inclinações mais ou menos elementares liberadas pela urgência ou pela emoção. O médico deve temperar-se ou, ao contrário, apressar-se quando nada mais o comanda. Só a consciência é capaz desta dupla e difícil operação: desacelerar os impulsos impetuosos ou despertar apenas com o pensamento no futuro, não agir em função do que é, mas do que poderia vir a ser, prever e prevenir. Por essa razão, não é inútil, em nossa opinião, refletir sobre a obra terapêutica atual, se é verdade que ela implica a consciência, e excluir certamente o automatismo da regra, que ela nunca se reduz à aplicação sumária da droga ou do remédio e que não basta querer para poder, pois saber importa muito mais.

* * *

A medicação anticoagulante já nos pareceu bidimensional (o que introduziu o problema decisivo da farmacopeia) e flutuante: de um lado, medicação com revezamento e, do outro, em compassos acentuados e em compassos fracos, sem contar que esse *tempo* contraria os movimentos naturais e, até mesmo, os inverte. Essa sinergia temporal e oscilante não basta para traduzir e compor o conjunto, a silhueta de um tratamento hematológico consciente. Queremos enfatizar, para concluir sua descrição filosófica, que ele navegará entre dois recifes temíveis: de um lado, sua insuficiência como resultado de uma posologia pusilânime; do outro, ele corre o risco de favorecer desordens hemorrágicas em consequência de um excesso quantitativo. É ilusório cogitar prescrever tão somente "doses médias". Tal é o preço das terapias contemporâneas: sua potência que garante sua validez não se separa de sua violência que acarreta acidentes sobre os quais gostaríamos de insistir. Disso resulta que a medicação *se desdobre* sempre e que ela exclua *ipso facto* a simplicidade: a todo momento, ela inclui a possibilidade de sua cessação, não se separa nunca de um controle biológico minucioso e engloba a eventualidade do emprego dos antídotos, dos antagonistas destinados a impedir, sem demora, seus próprios efeitos. A terapêutica anticoagulante não é simples prescrição positiva: ela é cingida de negatividade, envolta em dúvida, vigiada e severamente controlada. Ela é a um só tempo intervenção e inibição. Aliás, essa ambivalência caracteriza o conjunto da farmacologia na qual o poder coincide com o querer. Uma droga inofensiva não age e, quando ela surte efeitos positivos e reais, passa-se com frequência sem transição do inofensivo ao tóxico. Disso decorrem as astúcias da farmacodinamia: reter apenas o componente benéfico e eliminar o elemento nocivo, ou, na falta de poder separá-los, conduzir um jogo difícil e sutil, quer dizer, buscar atingir o limite no qual os resultados dominam os erros de cálculo, impelir o recurso ao remédio até o umbral a partir do qual os inconvenientes prevalecem. É evidente que em casos de transbordamento e na falta de um controle prévio suficiente, que interdiria esse ultrapassamento, o terapeuta será obrigado a utilizar medicamentos destinados a fazer marcha a ré, a voltar ao ponto ou à zona instável da qual não deve sair e nos limites da qual ele deve apenas se mover. Se alguns derramamentos (hermatroses, hematomas, hematurias, sintomas preciosos por alertarem e favorecerem a vigilância) permanecem sem gravidade e, por conseguinte, não poderiam turvar as possibilidades fuidificantes da farmacopeia, o mesmo não se dá com as eventuais hemopericardias, hemorragias meníngeas ou hemotoráxicas que uma terapia anticoagulante pode desencadear. Ou o terapeuta ultrapassa seu objetivo, ou então ele pode não alcançá-lo: lhe é difícil ser bem-sucedido plenamente, se admitirmos que o nível ao qual deve cair, por exemplo, a protrombina circulante para evitar a extensão do coágulo, coincida justamente com aquele que expõe à hemorragia. Por essa razão, o médico nem sempre é convidado a curar, a designar o remédio que salva, mas, com frequência, ele é levado a escolher entre dois riscos, a aceitar um certo fracasso para evitar um outro pior, por vezes mesmo a produzir uma doença a fim de entravar uma outra mais temível: no enfarte, ele avalia entre o perigo trombosante e hemorrágico, disso resultando uma certa variabilidade nas decisões, problemas insolúveis de oportunidade e, portanto, a impossibilidade de reduzir o tratamento a uma aplicação fatal ou indiscutível, uma receita pura e simples. Certamente algumas situações não deixam dúvida: o tratamento anticoagulante é obrigatório em caso de flebite tanto quanto recomendável no jovem; todos os tratados concordam sobre esse capítulo. Mas é necessário ainda aconselhá-lo para o hipertenso, o idoso, o hepático, o ulceroso? Percebemos que as situações, as idades, as afecções anteriores, os momentos, tudo isso deve ser apreciado e pesado, sem esquecer, por outro lado, o conhecimento clínico daquilo contra o qual se quer lutar, os riscos evolutivos, sua iminência. Em resumo, a multiplicidade dos fatores presentes interdita uma conclusão onivalente e absoluta. Não se deve, aliás, não se pode minimizar o perigo hemorrágico, notadamente no tratamento da fraqueza cardíaca, na angina coronária ou no icto cerebral, aplicação opcional e absolutamente moderna do anticoagulante: se é verdade que o emprego da antivitamina preserva da recaída ou do agravamento, ele próprio devido à extensão do fechamento das coronárias, também é verdade que esse frágil sucesso pode subitamente desaparecer e logo favorecer uma ruptura do miocárdio, uma hemorragia maciça. Já tratamos de uma patogenia provável do enfarte, devido menos a uma falta de irrigação do que a uma anoxia consecutiva a uma infiltração. Classicamente, admite-se no "enfarte do miocárdio" um ataque do pericárdio, no sentido e que a bolsa serosa participa das deteriorações tissulares subjacentes. Disso decorre um ligeiro derramamento, por vezes sangrento: esta seria a causa da hemorragia pericárdica que complica com bastante frequência a cena do grande enfraquecimento do músculo do coração. Já consideramos a eventualidade de uma excessiva fluidez do sangue, portanto, de uma extravasão no território vizinho. Todavia, há mais: não se deve perder de vista que os cumarínicos ou seus derivados agem não somente sobre as constâncias humorais (protrombina, proconvertina etc.), mas também suscitam a dilatação dos capilares, senão das arteríolas – potencialidades dilatadoras ilustradas pela doença do meliloto avariado que sangrava até a última gota o gado canadense, acometido por manifestações purpúricas gigantes. Aliás, em regra geral, não seria vão contar com o fato de um remédio ou uma substância ser capaz de agir sobre o sangue com a exclusão dos vasos? Um e outro, embora sejam de um estado natural diferente (sólido e líquido), formam tão somente um tecido. É possível se atingir um sem abalar ou modificar por pouco que seja o outro? Assim, em patologia, observa-se que as afecções globulares ou humorais, portanto, estritamente sanguíneas, ecoam nas paredes e, inversamente, as arterites são acompanhadas de distúrbios sanguíneos. A doença de Vasquez pode servir de exemplo para esta afirmação, que talvez não tenha chamado suficientemente a atenção dos nosógrafos e dos anatomistas: trata-se de uma hiperglobulia; as hemácias ou glóbulos vermelhos passam de cinco a 10 ou 20 milhões por milímetro cúbico. Mas a morte sobrevém tanto depois de hemorragias quanto das flebites ou tromboses. De modo semelhante, o distúrbio das artérias acompanha as transformações do plasma (sobrecarga de colesterol, por exemplo), prova que a patologia não separa o sangue de seus condutos. Eles não fazem senão um.

Essa situação, a saber, uma lesão ou uma modificação do conjunto e não de uma só parte, encontra-se fatalmente em terapêutica: não se pode restabelecer ou modificar os constituintes humorais haver repercussão mais ou menos nítida sobre os vasos. Liquefazer o sangue por meio da inibição do mecanismo da coagulação acarreta a dilatação capilar, a fuga plasmática possível e, no fim das contas, o começo ou o agravamento do enfartar. A extrema especificidade que permitiria corrigir um só fator sem tocar no conjunto não pode ser concebida senão na imaginação. Nessas condições, se pode rever os perigos incorridos por uma anticoagulação imoderada ou incontrolada. Evidentemente, caso se trate de lutar contra a generalização do coágulo, convém evitar do mesmo modo o derramamento hemorrágico, a ruptura dos pilares, o hemopericárdio, sobretudo se é verdade que a superfície da serosidade cardíaca oferece o terreno favorável ao sangramento: granulada, em remanejamento e até mesmo vascularizada.

Por essa razão, o terapeuta, ao mesmo tempo em que prescreve sua drogas fluidificantes, cujo papel preventivo e ressurrecional nunca enfatizaremos bastante, se prepara a todo instante para interditá-las ou renunciar a elas. Ele vigia os sinais pressagiadores do excesso e não hesitará, desde o primeiro alerta, a acionar os remédios da coagulação que vão da transfusão paliativa (ela produz imediatamente a protrombina) à restituição da vitamina K necessária às biossínteses hepáticas. Essa situação resulta, em parte, da imperfeição notória do anticoagulante atual, já que não se pode recorrer à heparina, pouco manejável e inutilizável a longo termo. É preciso, então, contentar-se com um dicumarol perigoso, de um lado, por causa de suas possibilidades dilatadoras ou até mesmo tóxicas em oposição à rede capilar; por outro, devido à duração ou à perseverança dos distúrbios enzimáticos suscitados por ele: ele intervém sobre os vasos e sobre os humores, é tão lento para desaparecer ou para interromper seus efeitos quanto foi lento para agir e desacelerar a coagulação invasora. Ousaríamos qualificá-lo de remédio "discordante" e mesmo "catatônico"? Sobretudo, não devemos esquecer que historicamente ele foi um "tóxico" antes de se tornar um "salvador" e que, por isso, ele deve ser administrado numa quantidade tal que não se possa alcançar a zona perigosa, mas se conserve sua estimulação curativa. Repitamos: é justamente difícil permanecer entre os extremos da inação e do perigoso, custoso equilibrar o sistema "fluido-coagulante" e árduo favorecer suplências dilatadoras sem verter no obstáculo hemorrágico. As medicações potentes são obrigadas a se tornar as menos excessivas e as mais controladas, no sentido em que elas devem poder ser as mais rapidamente "detidas". Só as inativas podem ser perpétua e imaginariamente positivas.

O problema da medicação anticoagulante seria, aliás, insolúvel sem um estratagema: a necessidade de sua vigilância e de uma constante censura originou uma consequência digna da atenção dos teóricos da biologia moderna. A clínica busca conhecer, a todo instante, os perigos incorridos e acompanha o tratamento anticoagulante do célebre teste da heparina *in vitro*. A própria substância anticoagulante, de algum modo, se julgará: antes de utilizar antitrombínicos, o laboratório mede o tempo levado por uma amostra de plasma para coagular, na presença de quantidades crescentes de heparina. Para evitar as causas de erro consequentes às diferenças possíveis na atividade do reativo (produção natural e animal e não produto de síntese), compara-se sempre esse tempo com aquele levado por um sangue considerado hematologicamente normal, no sentido concedido a este vocábulo, e que se determina estatisticamente: o sangue testemunho coagula em 12 minutos na presença de uma unidade de heparina e, aliás, reciprocidade cara à biologia que explica a aproximação de seus resultados cifrados, essa mesma prova servirá para intitular em unidades a heparina que se mede por seus poderes e não por sua quantidade. Para nós, pouco importa. Resta que, em vez de assistir impotente ou inquieto os dramas clínicos ocasionados pela heparinização, inverte-se a situação: essa heparina informa antecipadamente sobre o próprio estado que ela será convocada ulteriormente a corrigir. Uma coagulação artificial e prévia ajuda a determinar o valor assim como a dose de anticoagulante a ser prescrita. Ela permite mais: por meio dela se buscará prevenir a trombose, mais do que curá-la, já que essa trombose se prepara humoralmente antes de explodir clinicamente. De todo modo, o melhor meio de conhecer as consequências da terapêutica em curso é menos experimentá-las ou prová-las que incitá-las em um tubo de ensaio e, portanto, fora do organismo. As reações sanguíneas na presença de quantidades regularmente crescentes de heparina (único anticoagulante que pode intervir *in vitro*. No momento atual, como o assinalamos, uma antivitamina, em outras palavras, o que impede uma síntese celular, só podendo merecer um sentido *in vivo*), nada corresponderão às latências hiper ou hipocoagulantes. E nada equivale a esse teste de atividade e até mesmo de reatividade para julgar a dinâmica ou a fisiologia do sangue.

Essa famosa prova assinala na atenção do filósofo por mais de uma razão. Retenhamos apenas duas. Primeira, apesar da imprecisão inteiramente biológica do ponto de partida, já que o medidor e o medido se determinam mutuamente, só ela merece o qualificativo de fidelidade e de certeza. Ela eclipsa as dosagens analíticas que se seria tentado a lhe substituir (numerar as plaquetas, contar as quantidades de protrombina ou de fibrinogênese circulantes etc.). Em biologia, os métodos físicos não podem equivaler aos biológicos: princípio que não é uma verdade evidente. Esses últimos prevalecem sobre os primeiros não apenas em qualidade, o que se aceita por vezes conceder, mas também em fineza quantitativa, o que despista mais: com efeito, eles são bem-sucedidos onde os outros fracassam. Assim, para tomar emprestado alhures uma prova: "Pôr-se-á na presença de maneira bem determinada, um reativo conhecido ou um ser vivo. Ocupar-nos-emos principalmente em evidenciar, de maneira conveniente, as modificações que resultaram, para o vivente, da reação à qual ele foi submetido. Aqui que se apresenta um método cuja generalidade é maravilhosa e a precisão extraordinária. Uma vez que, observado por um pesquisador não prevenido, o ser vivo, que foi objeto de uma reação, não parece ter sofrido modificação perceptível, uma vez que o emprego dos reativos mais habituais da química não dão nenhum resultado, há um momento de evidenciar, quase certamente, a transformação do animal sujeito; esse meio consiste em tomar, como reativo do animal transformado, o próprio corpo que determinou a transformação."[16]

De modo semelhante, o teste com a heparina ultrapassa todas as dosagens físicas ou químicas que permitem mensurar tal ou tal fator. Sabe-se, por exemplo, que uma trombose pode sobrevir em plena hipotrombinemia, porque a protrombina constitui apenas um elo de um conjunto. Basta a elevação da quantidade de um outro fator para compensar essa diminuição, ou ainda, nesse domínio no qual dois sistemas interferem, não basta deter-se em um termo tendo em vista conhecer a situação humoral real. Só um controle biológico global da dinâmica coagulante pode, portanto, valer: Ele expressa uma resultante na qual se neutralizam as forças antagonistas. Deter-se apenas na fixação da taxa de protrombina ou de tal outra proteína seria retornar ao erro cuja permanência denunciamos muitas vezes, a saber: "que o sangue coagula" e que seus constituintes só podem se mover ou se orientar nessa direção. A simples existência da heparina nos tecidos animais de onde ela é extraída permite, por si só, refutar essa crença elementar.

Uma outra consequência de ordem metodológica se libera dessa prova humoral, que dissemos superior sob o ângulo da fisiologia, em todas as dosagens, o que constitui, aliás, um princípio geral. Com efeito, para julgar uma inundação tanto humoral quanto hormonal, nada mais rápido e válido que o teste biológico: nesse sentido, se poderia enfatizar o crédito que se pode ligar aos diferentes meios de controlar tanto a realidade quanto a evolução de uma gravidez, ao passo que nenhuma reação química ou física pode traduzir os abalos em evolução. Mas, o teste com a heparina mostra, sobretudo, como as descobertas da farmacologia, que se reserva habitualmente ao tratamento das doenças, na realidade, se transmutam em possibilidades de diagnóstico e até mesmo de prognóstico, tanto é verdade que

---

16 De la méthode dans les sciences, *Physiologie*, por Le Dantec, p. 184-185, Le séro-diagnostic.

só se conhece o que se pode suprimir ou submeter a variações. Precisamente, o que permite opor-se a uma oclusão ajudará a conhecê-la, a descobri-la e mesmo preveni-la tanto quanto prevê-la nesse domínio no qual o fazer, o saber fazer e o saber colaboram. Essa inversão benéfica transforma a noção de remédio: ele não serve apenas a aliviar ou a curar, ele permite enunciar, graças a meios apropriados, suas indicações e suas contraindicações, ele se torna o instrumento que ajuda a fixar seu próprio valor, o interesse de sua não prescrição, por vezes a necessidade de seu abandono. Em biologia ou em patologia, encontra-se com frequência esta situação: a identificação entre o medidor e o medido que toma, aqui, uma forma especial, já que o controlador é o próprio controlado, o que acarreta, às vezes, estranhas dificuldades: quando um doente recebeu heparina, é preciso esperar sua eliminação. Sua presença transformaria e alteraria a resposta.

É uma representação desdenhosa aquela que vê no tratamento um exercício puramente empírico ou aventureiro, a fatal aplicação ou a última consequência de um sábio diagnóstico. Reconhecer a doença definiria, em contrapartida, o ato médico maior. Retornaremos a essa parcialidade. Resta que a farmacologia merece muito mais do que essa caricatura de emprego que a rebaixa: ela pode ultrapassar o diagnóstico fundamentado por ela. Com efeito, já que tal causa (a hipercoagulabilidade) acarreta ta consequência (o trombo) que suprime ou impede tal remédio (o anticoagulante), já que A propicia B que comandará C, é possível retorna ou inverter o encadeamento dos termos. Se, na presença de C numa tal quantidade, B é retardado ou inibido, é pelo fato de A exercer uma força de tal ou tal intensidade. C, longe de permanecer o último elo, o termo miserável do processo ou a simples fuga, pode se elevar ao nível de causa e começo: ele, então, esclarece a dinâmica sanguínea que ele poderá, seja ele próprio (heparina), seja um semelhante (os cumarínicos), em consequência, corrigir e modificar. Ele não apenas permite enunciar um prognóstico, mas se chegou, nós o sublinhamos, a conferir a esse teste farmacológico uma função de diagnóstico, por certo, mas, sobretudo, de previsão: as modificações reveladas por ele não se traduzem em nenhum plano, nem clínico, nem elétrico. Elas permitirão afirmar não mais uma realidade, porém uma possibilidade, evocarão uma medicação preventiva, destinada não a lutar contra um "mal" ou um sofrimento, mas a impedir, como, aliás, todo tratamento anticoagulante real que não visa fragmentar o coágulo, mas inibir os novos, a secar sua fonte. Portanto, conhece-se tanto A por meio de C quanto C pode modificar A. C se torna o meio mais seguro de conhecer e, sobretudo, de antecipar A.

Em medicina, aliás, os sintomas ou as síndromes pertencem menos à natureza do que à cultura por serem sempre provocados. Eles não existem no sentido em que bastaria lê-los pré-formados, no livro clínico. Todo sintoma é resposta ou reação, o que supõe uma questão ou uma prova determinante. Os mais benignos são os mais elaborados ou trabalhados. A radiografia tampouco escapa à regra: ela deve modificar os órgãos a serem olhados tendo em vista apreender as diferenças ou as deformações úteis. O sintoma mais banal é criado por aquele que o acolhe:

no limite, é preciso negar a existência de sintomas visuais, ou decorrentes da observação pura. Evidenciar reflexos supõe estimulações diversas e apropriadas. Na tão preciosa percussão, a mão tateia as paredes visando ouvir as modificações do som que atravessa os obstáculos ou os meios cujas natureza e extensão se quer conhecer: líquido, sólido, aéreo. Nessa semiologia sensorial, mais frequentemente doente e médico partilham a tarefa ou o trabalho de produção: a pedido de seu clínico, o doente tosse, fala em voz baixa, cessa de respirar, se deita, se levanta, sempre a fim de favorecer a eclosão de ruídos ou de sopros de outro modo inaudíveis. Nessas circunstâncias, quer se trate de auscultação ou de inspeção, se pode crer em um simples registro da realidade ou em uma paciente constatação. Mas é a fragmentação ou a separação dos papéis que favorece a ilusão: o doente produziu, sob as indicações de seu médico, o que este último busca ouvir ou olhar. Consequentemente, retifiquemos a definição do sintoma: ele não é um dado, mas uma resposta ou uma réplica. Sem contar os equívocos da interpretação ou as dificuldades de sua significação, pois, por si mesmo ele pertence ao domínio da cultura que, sozinha, pode explicar sua origem ou esclarecer sua problemática. Portanto, não se deve separar os sinais observados e os resultados das provas do laboratório, estes últimos sendo considerados como artificiais e arbitrariamente favorecidos: uns e outros entram na mesma definição. O teste com a heparina merece, porém, atenção, pelo fato de ele poder surgir no silêncio clínico e dar um "futuro" tanto quanto um presente.

Mesmo que se conteste essa definição de qualquer exame, assim como de qualquer sintoma, sensorial ou biológico, não se poderia negar que o confronto "heparina-sangue" fornece um resultado suscetível de orientar a terapêutica. Por conseguinte, é preciso admitir que a farmacologia cria o objeto que transforma a realidade e o mesmo objeto que permite reconhecê-la. Em patologia vascular, a ordem das operações – observação, diagnostico que reúne os dados colhidos, prognóstico e tratamento – se encontra completamente invertida. O remédio, ativo *in vitro*, pode anteceder até mesmo à observação e autorizar, *a fortiori*, um diagnóstico evolutivo. O antibiograma, num capítulo vizinho, por mais duvidoso que ele possa ser, às vezes, obedece à mesma exigência que encontramos em sorologia, a saber: a vontade de ultrapassar a sintomatologia sensorial e apreciar, antecipadamente, o poder dos remédios, ou melhor, é preciso admitir, aqui, uma modesta revolução copernicana e uma extensão da farmacodinamia. A potência dos remédios sobre tal estado humoral reproduzido no animal ou obtido *in vitro*, permite, por anteversão, conhecer o que eles modificaram. Inversamente, a qualidade ou a intensidade de seu sucesso ajudará a mensurar e, portanto, a definir o próprio remédio. Essa ida e vinda e o acoplamento medidor-medido com frequência anima o materialismo médico e favorece seus sutis movimentos, a própria maleabilidade que tentaremos esclarecer.

Adivinhamos uma objeção que limita a importância ou o valor deste célebre "teste com a heparina" nas doenças da hipercoagulação: não se pode extrair sangue de todos, nem em todos os momentos, visando reparar as hipotéticas ameaças de tromboses "possíveis" que pesam sobre seu futuro. Somos obrigados, então, a esperar a clínica reveladora, seus dramas repentinos e, portanto, imprevisíveis, antes de poder realizar o tratamento preventivo graças aos cumarínicos. Nessas condições, o teste se torna impossível de aplicar, ou inútil: ele pode tão somente servir, no máximo, para controlar uma medicação ofensiva, mas não poderia inspirá-la. Deve-se, portanto, minimizar sua importância e lhe retirar suas virtudes de reconhecimento diagnóstico. A objeção só desaparece à medida que se refuta o postulado que a sustenta, a saber: a clínica se desenvolve na clareza e fala uma linguagem transparente, ela mostra os distúrbios, revela sua natureza assim como sua intensidade. Com efeito, nada é mais equívoco e difícil de decifrar do que um episódio clínico. Por essa razão, nenhum tratamento anticoagulante poderia ser conduzido com rigor e prosseguido validamente fora do teste com a heparina que o fundamenta. Já o mencionamos, só esse exame permitiu flexibilizar a conduta curativa, acarretou a suspensão ou a desaceleração das energias que socorrem, porquanto ele materializava, em seguida a uma trombose, um *rebound* hipocoagulante. Portanto, ele rompia a linha de medicação constante e oposicional. Mas essa análise, essa vigilância objetivada e fora do organismo permite mais, pois com frequência ela fundamenta o diagnóstico que a clínica não poderia enunciar, o qual ela, inclusive, afasta. Com efeito, para evocar uma situação que nada tem de excepcional, não ocorre ao terapeuta, ao longo de um tratamento anticoagulante, não saber se ele se encontra diante de uma hemorragia talvez desencadeada por ele mesmo, ou de um coágulo que ele deve imediatamente combater? Os sinais examinados por ele não bastam para retirar essa fundamental hesitação, plena de importância: "É assim que um hematoma, sobrevindo (uma vez) numa coxa já trombosada, fez primeiro pensar em uma progressão da trombose. Uma hemissíndrome cerebelosa fez evocar uma flebite cerebral, uma síndrome peritoneal fez acreditar em uma trombose mesentérica, um hematoma perirrenal suscitou, primeiro, o diagnóstico de colecistite aguda. Muitas vezes, mal-estares com tendência lipotímica, que assinalaram hemorragias internas ou precederam hemorragias digestivas, fizeram temer uma embolia pulmonar. Por fim, vômitos que assinalaram o começo de uma hemorragia meníngea foram considerados, no começo, como testemunhando uma simples intolerância medicamentosa etc."[17] É evidente que a interpretação errônea dos distúrbios constatados será sempre paga com seu brutal agravamento, pois o clínico que conclui por uma flebite ou por um processo oclusivo deve recorrer à medicação fluidificante suscetível de produzir as desordens hemorrágicas. Então o remédio irá majorar um mal já incitado por ele próprio. Negá-lo equivaleria a fetichizá-lo, a recusar inscrever em sua substância virtualidades tóxicas ou malignas.

---

17   E. Millischer, *Les accidents hémorragiques des traitements anticoagulants*, tese em medicina, Lyon, 1953, p. 67.

Paralelamente, é preciso combater o preconceito nosográfico ou o pseudorrealismo médico, segundo o qual uma doença constitui um "quadro", um em si anatômico, uma entidade mais ou menos evolutiva, mas escapada da caixa de pandora, uma vez que ela pode tão rápida e facilmente se converter em seu contrário: a leucemia pode, sob o golpe das radiações, virar uma anemia, o diabetes se tornar hipoglicemia ou o hipertireoidismo virar hipotireoidismo, para retornar a nossas discussões anteriores, ou ainda a taquicardia interromper-se em um temível "bloco" de ramificação. Paralelamente, corre-se o risco de converter um plasma coagulante em sangue fluido e de transformar uma patologia trombosante em uma hemorragia dificilmente detectável e não menos perigosa. Essa é a razão pela qual o clínico pedirá ao teste heparínico a indicação ou os efeitos eventuais do tratamento anticoagulantte. Ele se preservará igualmente de multiplicar a posologia diante da intensificação dos sinais clínicos. Com efeito, um território não exprime seu sofrimento senão de maneira com frequência monocórdia ou monossilábica, o que não permite, quando nada se exterioriza (o sangue que colore a urina, os sangramentos, os escarros etc.), detectar o estado da circulação subjacente e de saber se estamos na presença de uma hemorragia ou de uma embolia. Aliás, devemos insistir sobre o fato de que dois processos diferentes e, num certo sentido, opostos, produzem o mesmo efeito, privam a região vital de toda irrigação e podem, por conseguinte, chegar a uma mesma sintomatologia (choque lipotímico, vômitos, vertigens, dores, cefaleias etc.). Todavia, com frequência mencionamos o fato da injusta separação das duas modificações plasmáticas: só as supomos no plano das aparências, das percepções mágicas, onde atua a antítese "sólido-líquido". A anatomofisiologia testemunha bastante em favor da mistura dos dois distúrbios, já que a artria que se fecha é acompanhada de ressudações hemorrágicas vizinhas e, por sua vez, a hemorragia favorece as flebites reacionais. Nessas condições, todo "quadro" patológico mistura essas duas cores ou essas duas perspectivas que não se deve separar demasiadamente, disso resultando a importância de uma prova que dará a "tendência" ou a inclinação do desequilíbrio plasmático, permitirá escapar ao vago ou ao confuso da semiologia, ao silêncio da clínica. Aliás, vimos, nesse teste, um único meio para traduzir o "comportamento" de conjunto, a fisiologia real, o que o separa de todas as outras medidas ou controles que apreciam um constituinte ou um fator, mas não podem informar sobre a dinâmica coagulante, particularmente evolutiva e contrastada. Portanto, o teste com a heparina merece a importância que lhe é concedida e acompanha, como uma sombra, toda terapêutica anticoagulante: ele facilita sua direção, suas retomadas e sua intensidade, comanda sua dialética, fundamenta o diagnóstico dos agravamentos, ajuda a entrever o futuro. Desse modo, acreditamos afastar ou dissipar a objeção, à qual respondemos, que minimizava sua aplicação. Procuramos, ao contrário, mostrar seu valor e, sobretudo, sob o ângulo da metodologia, não se deixará de reter, graças a seu exemplo, a promoção da substância farmacológica, uma vez que o anticoagulante se torna também, a um só tempo, medicação e indicação. Ele controla a coagulação, mas controla a si mesmo antecipadamente. Ele vigia e pode se vigiar, esclarece igualmente o passado e o futuro. Não nos surpreenderemos com essa verdade, uma vez que a terapêutica anticoagulante sempre foi descrita e analisada como uma medicação tipicamente temporal, cujo problema maior implica em fundir e em entrecruzar as contradições temporais, o momentâneo e o durável, o instante e a duração.

* * *

Em resumo, o tratamento anticoagulante: 1º não é monosubstancial, uma vez que ele agrupa muitos remédios que se revezam, tendo em vista garantir uma constância; 2º ele não é monolinear, de algum modo, mas oscilatório, com curvas de moderação e de retomadas. Essa espécie de modulação temporal se adiciona à primeira e a modifica; 3º – ele tampouco é monodirecional, como se fosse limitado a lutar contra um estado ou um perigo, mas trabalha nas duas frentes e se afasta dos dois riscos: aquele do qual se afasta e o seu próprio. Desse modo, cremos ter demonstrado nosso teorema de metodologia farmacológica: o tratamento anticoagulante não se reduz a prescrever um anticoagulante eficaz e durável. A terapia define um materialismo que esconde sutilidades de uma inteligência. É preciso, então, barrar a proposição da ignorância: dar tal droga contra tal doença, dá-la e ordená-la com a energia sagrada daquele que aporta a saúde.

A análise dessa terapia nos permitiu mais. Por meio dela novamente circunscrevemos os problemas antibacterianos. Essa reaproximação parecerá menos arbitrária se acrescentarmos que as vitaminas K e seus oponentes, as célebres antivitaminas exercem, em microbiologia, um papel bactericida não negligenciável. A relação entre as duas situações, a antibiose e a antitrombose, se inscreve nos próprios fatos. A vitamina K entra na lista dos fatores de crescimento celular: não é surpreendente o fato de as anti-K poderem, então, desempenhar o papel de bacteriostáticos, de microdestrutores.[18] Mas esta não é a questão.

Com efeito, numa perspectiva de generalidade, o tratamento anticoagulante nos ajudou, sobretudo, a apreender sobre o vivo não uma ação, mas um modo da ação medicamentosa, ou seja, a inibição em favor da semelhança. Entrevimos, principalmente, uma pluralidade de variações a serem experimentadas, uma mul-

---

18 Para essas questões anexas, devemos remeter ao importante Colóquio internacional sobre as antivitaminas, publicado pelo *Bulletin de la Société de Chimie biologique*, novembro de 1948, p. 863, Vitamines K et antivitamines K en microbiologie. O relator se expressa assim: "Alguns micro-organismos admitem como fatores de crescimento substâncias que têm igualmente a propriedade de favorecer a coagulação do sangue, como, por exemplo, o fitiocol de origem microbiana. Partindo dessa ideia, era tentador generalizar e ver se as substâncias naturais ou artificiais de poder vitamínico sobre a coagulação sanguínea se comportavam como fatores de crescimento... e se, por outro lado, se podia considerar as antivitaminas correspondentes, ou corpos vizinhos, como antibióticos para esses seres vivos, este último ponto sendo, aliás, muito mais importante por suas aplicações práticas."

tiplicidade de substâncias novas, por meio da estrita aplicação da lei primeira da descoberta, lei ainda empírica que o artificialismo operante iria progressivamente ampliar. Libera-se, assim, um ritmo de produção, tanto no domínio da anticoagulação quanto em microbiologia. Uma primeira substância A se encontra dotada de um poder medicamentoso inegável. Sua fórmula escrita a aproxima de A': segunda coincidência da qual resulta um tema de fabricação. Quando se constrói a infinidade dos semelhantes, se revela que uns efetivamente exercem uma ação oposicional, outros, ao contrário, não agem, sem falar daqueles que, por contraste, ampliam a ação que deveriam combater. Surgem novas diferenciações. Todos os próximos não são sistematicamente opostos ou hostis. E assim por diante. "Infelizmente, é preciso reconhecer que a maioria desses produtos se mostrou praticamente muito pouco ativos como agentes terapêuticos. É preciso, talvez, encontrar uma razão possível para esse fracasso, no fato segundo o qual as analogias entre metabólitos e inibidores foram puramente pesquisadas em conformidade com o aspecto das fórmulas. Os inibidores foram apenas sintetizados 'à semelhança' dos metabólitos. Em minha opinião, o princípio de Fildes tem muitas chances de permanecer infrutífero, se continuarmos a nos limitar a essas ingênuas analogias de fórmulas que são a um só tempo muito poucas e em demasia. Muito poucas..., porque um corpo pode 'se parecer' com um metabólito e, no entanto, não possuir os grupos químicos necessários à sua combinação com a enzima: somos levados a superestimar o aspecto geométrico e a subestimar o aspecto químico do problema. Em demasia, porque pode haver ali uma grande parte do metabólito que nada tem a ver com sua ligação com a enzima. Assim, somos levados a sobrecarregar nosso inibidor com complicações inúteis. Sem dúvida alguma, devemos tentar fabricar inibidores seguindo vias mais racionais."[19] Passagem tão clara quanto significativa: ela ajuda a conceber a passagem necessária do metaempírico (a lei de semelhança ultrapassa, com efeito, o empirismo do êxito) para um artificialismo farmacológico menos geométrico, menos fixado às formas representativas e mais eletrovalencial (empenhado em definir as forças de atração dos elementos estéricos, em calcular as distâncias, as ligações entre átomos e valências), em suma, compõe-se fórmulas tendo em vista obter o "núcleo formal" do remédio ativo e substitutivo. Desse modo, abre-se um caminho a um autêntico racionalismo, no próprio coração da *materia medicans* votada, desde o começo, à sombra, abandonada ao domínio da prática, condenada, inclusive, ao empirismo com suas bizarrices ou suas anedotas.

Doravante, o terapeuta poderá recorrer a compostos sintéticos, mas também integrará as "curiosidades" anteriores em seu sistema onde elas terão lugar. Seu intelectualismo não será a negação do empirismo secular, ao contrário, ele o assumirá, obterá sua tomada de consciência. Resta-nos ilustrar essa proposição descritiva, tanto no domínio da anticoagulação quanto daquele, inteiramente vizinho, da antibiote-

---

19   H.-N. Rydon, Inhibiteurs des bactéries synthétisés à l'image des métabolites essentiels, *Bulletin de la Soc. Ch. Biologique,* 1948, p. 763.

rapia. Por exemplo, sabia-se que um fúngico podia se exercer contra uma espécie bacteriana tanto quanto se mostrar inofensivo para outras floras, ou matar apenas o anfitrião que o hospeda. Por que essa eleição? Por que essa limitação? O eminente Woods se dedicou a essa questão, a dissipar todas as suas dificuldades. Se a sulfamida esteriliza uma população microbiana, é, bem entendido, por meio do fenômeno de interferência com o homólogo "ácido para-aminobenzoico", mas este último entraria como elemento de base na formação ou no esqueleto do ácido fólico. O ácido PAB

$$NH^2 \langle\underline{\quad}\rangle CO\text{---}OH$$

serviria de material visando à edificação do complexo fólico. Opor-se a um equivale a impedir o outro. Disso resulta diretamente que os micróbios que não fabricam seu ácido fólico escapam por completo ao ataque sulfamídico: "Os trabalhos expostos anteriormente lançam alguma luz sobre as razões dessa toxidade seletiva. O ácido fólico é também uma vitamina para os mamíferos e os pássaros. Mas todos os dados acumulados indicam que esses seres necessitam de um 'ácido fólico' pré-formado, que eles não podem sintetizar a partir de compostos mais simples como o ácido-aminobenzoico. Em outros termos, esses animais superiores devem ser considerados como tendo um comportamento análogo a esses micro-organismos que necessitam de ácido fólico intacto e que são relativamente insensíveis às sulfamidas porque a lesão induzida por esses produtos já existe e que o produto da reação que elas inibem deve ser fornecido em todos os casos. Sendo o ácido fólico um metabólito essencial para as células animais, deve-se esperar que uma substância antibacteriana de um modelo análogo ao ácido fólico seja igualmente tóxica para o animal."[20] Isso prova de modo nítido que a noção de vitamina ou de dependência varia com as espécies: o que é indispensável a uma (PAB) não o é para a outra, mas não se poderia evidentemente inverter a proposição. Basta acrescentar traços de ácido fólico ao meio de cultura para que o inibidor PAS cesse de poder agir, o que Woods verificou de muitas maneiras. Pouco importa para nós. Mas vemos também que um remédio só exerce seu papel em limites precisos e no interior de um contexto determinado: ele não é um "antibiótico em si", uma substância tóxica por si mesma, um microdestruidor, tanto mais que ele não destrói nada, que ele se limita a uma simples inibição enzimática. Portanto, se A destroi uma flora, A junto a B (aqui, o ácido fólico ou, por vezes, tal ou tal ácido nucleico) perde seu poder. A enzimologia terapêutica não se escandaliza com esses resultados interpretados por ela e dos quais extrai sua justificação. Mais ainda, essas modificações cujo exemplo acabamos de dar, essas adições e subtrações que a terapêutica microbiológica autoriza e que a farmacologia reproduzirá *in vitro* permitirão finalmente precisar

---

20 D.-D. Woods, Les sulfamides en tant qu'antagonistes de l'acide p-aminobenzoïque, *Bulletin de la Soc. Ch. Biologique*, Comunicação no Colóquio Internacional sobre as Antivitaminas, Lyon, 1948, p. 745.

a fisiologia microbiana, seus íntimos metabolismos e isso sem o menor uso de um analisador infinitesimal ou o equivalente a um ultramicroscópio.

A álgebra medicamentosa, se nos autorizarmos esse neologismo, basta para esclarecer os invisíveis caminhos e meandros bioquímicos da vida microbiana: exemplo demonstrativo e suplementar do choque em retorno da enzimologia ou dos progressos terapêuticos sobre bases teóricas que parecem ser seus fundamentos e seus pontos de partida. A eficácia dos remédios e dos oponentes oferece, no domínio do inframicroscópico, possibilidades reais de conhecimento. O *homo faber* se torna, graças aos resultados obtidos por ele e dos quais ele se servirá, o *homo sapiens* que ultrapassa a zona das contestações interrompidas ou limitadas pela fraqueza instrumental dos analisadores. O saber é extraído de um frágil poder inicial do qual ele é a ampliação. O antibiótico ou a sulfamida, remédios maiores, aumentados ou suprimidos em sua ação: essa única equação permite, então, balizar a fisiologia do infinitamente pequeno, seus movimentos mais inacessíveis. Nesse caso, a teoria nasce da exploração consciente e sistemática de uma prática positiva, mas que ignora tanto seu porquê, quanto seu como. Um sucesso que se prolonga ou se utiliza, uma ação que se amplia fundamentam a teoria ou o conhecimento biológico. Portanto, ele deve sua vida e sua evolução aos avanços e às forças da farmacologia, como Claude Bernard não cessou de enfatizar em sua célebre obra *Leçons relatives aux substances toxiques et médicamenteuses*.

Essa observação vai ao encontro daquela que o teste com a heparina nos sugeria, no qual o remédio controlava a si mesmo e suscitava o diagnóstico. Mas essa conclusão não deve nos esconder a mais importante, a qual pretendemos extrair, a saber: o racionalismo terapêutico realiza o empirismo inicial em vias de desaparição ou de assunção. Em sulfamidoterapia, esse racionalismo que originará a quimioterapia e ao artificialismo mais decidido deve nascer para resolver as questões mais embaraçosas e destrinçar os resultados mais incoerentes. No capítulo sobre a anticoagulação, tão próximo do precedente que pode até mesmo não se separar dele, o empirismo desaparece de modo semelhante. Contudo, permanecem aqui e ali, como esteiras ou rastros da primeira biologia incompletamente absorvida: é preciso quase venerar, pelo menos preservar essas "cinzas" que se acreditava mortas, mas que poderiam reacender o fogo da terapêutica, revelar a fulgurância inventiva da farmacodinamia. O empirismo rapsódico, o *factum* puro e simples não poderia merecer, em nossa perspectiva, a justa desvalorização que o desacredita alhures. Para prosseguir com nossas metáforas, esse empirismo é, com efeito, a faísca, o começo de toda renovação ou de toda teorização quimioterápica. Não se trata mais de descrever o passado para exorcizá-lo, graças a essa tomada de consciência. Em contrapartida, convém retornar ao passado para nele descobrir "núcleos" de futuro. Talvez em nenhum outro lugar a história das ciências se revele tão frutuosa e tão pouco desinteressada.

Nessas condições, não se deve negligenciar demasiadamente o êxito ou o rito ancestral que atravessa a medicina desde Plínio o Antigo até Trousseau, e até mesmo mais perto de nós: assim o recurso às sanguessugas tendo em vista lutar contra a coagulação. Não está excluído que, um dia a biologia retorne a essa prática tanto para justificá-la quanto na intenção de nela descobrir uma orientação ou uma via de pesquisa, um modelo material válido. Com efeito, se as ventosas animais sugam o sangue e descongestionam, elas impedem também a formação do coágulo. Esclareceu-se a sua razão: não é devido à aspiração prolongada que interditaria a coagulação assim como o fechamento dessa hiância, mas à penetração no organismo, no ponto de picada mais particularmente, de uma substância fluidificante e hemorrágica secretada como um veneno pelas glândulas perifaringianas (uma proteína, hirudínea, bastante próxima da heparina, se considerarmos que ela age quase imediatamente e inibe as últimas fases da coagulação). Os congressos de cirurgia (tanto em 1922 quanto em 1924), preocupados em prevenir as flebites cirúrgicas, preconizarão, inclusive, a injeção de extratos de cabeças de sanguessugas, mais do que colocá-las sobre as regiões externas ameaçadas. É preciso, portanto, afastar a interpretação mecânica da injeção ou a imagética animista da aspiração, reter tão somente a explicação secretória ou bioquímica: um princípio fluidificante, semelhante a um veneno, dá conta dos tímidos sucessos da medicina antiga.

Tender-se-á a "extrair", a retirar do animal essa espécie veneno visando sua utilização médica. Não estamos surpresos com o uso e a implementação desse procedimento que assinalamos alhures, a propósito da luta antimicrobiana e dos remédios difusores. O essencial permanece sendo, porém, que um dia ou outro a farmacologia não se esquivará do retorno a esse terapia de outrora tão celebrada e relativamente ativa. Aliás, essa prática respeitável só parece afastada por razões quase extrínsecas, de todo modo acidentais: a hirudina, proteína animal, deve ser injetada em quantidades tais que provoque temíveis choques de tipo anafiláticos. Mas a história das ciências terapêuticas deve pesquisar no arsenal das receitas ou no museu das mais antigas recomendações mágico-empíricas ocasiões constantes de renovar o conjunto farmacêutico porque, como o mostramos, pode bastar descobrir uma outra matéria ativa para se obter a refundição da teoria, a acentuação do formalismo ou mesmo a conclusão de um sistema que se acreditava definitivamente detido. Com efeito, as dificuldades da anticoagulação nos permitiram manter a importância genética dos *facta* mais estranhos (o mofo do meliloto, por exemplo) e a importância do empírico para uma terapêutica em perpétuo remanejamento. Todavia, ora esse empirismo vale para os começos, ora ele é convocado a desaparecer, a se fundir num conjunto racional e material. Com efeito, o materialismo mais produtivo acompanha os conceitos terapêuticos mais audaciosos ou mais arriscados. Em qualquer hipótese, o tratamento anticoagulante acoplava estas duas exigências: ele abre horizontes conceituais imprevistos, mas não cessa de criar direções materiais; ou ainda, o que define a farmacodinamia, a conduta mais sutil deve ser também a mais positiva e, portanto, a mais materialmente eficaz. Uma não caminha sem a outra.

⁕ Capítulo 6

A astúcia das mediações e o sentido das polifarmácias

Anteriormente, buscamos descrever e compreender não apenas o poder dos remédios, mas também algumas formas de sua associação. Assim, examinamos, de modo alternado, a sinergia do medicamento e daquilo que condiciona sua difusão, o uso dos contrários, a união do remédio-*starter* com o remédio-relé (dois anticoagulantes com espectro temporal diferente). A cada vez, buscamos evidenciar a vida intelectual tanto quanto material da farmacodinamia, seus problemas assim como seus sucessos. Cremos ter consolidado alguns princípios fundamentais: por exemplo, cada vez mais raros são e serão os recursos a um só princípio. Mesmo o mais eficiente, ou o mais salvador, prescrito isoladamente, pode fracassar e, sobretudo, pode prejudicar. Por conseguinte, ele deve ser integrado a um conjunto medicamentoso. Esses acoplamentos elaborados e arriscados realizam concretamente astúcias racionais tanto quanto proezas relacionais. De todo modo, eles permitem um certo "jogo", desvios, manobras sutis. Por essa razão, o filósofo interessado nas ações complexas em cujo sentido ele almeja penetrar, atraído também pelas pesquisas que complicam ou renovam a matéria, deve voltar sua atenção para essas ligações ativas. Ele será posto na presença, para retomar nossas conclusões e análises, de uma farmacologia de penetração que retorna contra os invasores suas próprias armas de celeridade, as armas com as quais ela o extasiou. Essa terapêutica se inspirou na doença e na potência das secreções inimigas. Uma dialética mais surpreendente e mais desconcertante se extrai da necessidade de unir as drogas aos efeitos radicalmente opostos (o hormônio favorável à inflamação e substâncias hostis à mesma infecção). O problema dos anticoagulantes, por sua vez, revela um materialismo medicamentoso dissociado, incessantemente vigiado, mas, sobretudo, eminentemente contrastado. A rica *materia medicans* nele se temporaliza e oferece possibilidades de se censurar.

Sem dúvida, as auxoterapias podem revestir aspectos incontáveis: não pretendemos passá-las em revista. Mesmo que o quiséssemos, não o poderíamos: amanhã surgirão novos "tipos" de ligação. Buscamos apenas refletir sobre as mais representativas, as mais incontestáveis, as que o futuro não poderá renegar. Em regra geral, a farmacologia parece um domínio implacável e sem indulgência: ela relega ao mais negro dos esquecimentos e ao mais desprezível ridículo todas essas drogas triunfantes que deveram seu efêmero sucesso apenas à moda. O remédio positivo, porém, permanece sempre: ou ele sobrevive quanto mais ele age em termos provisórios, ou então, segunda eventualidade, ele tomará seu lugar numa evolução progressiva favorecida por ele. O ancestral permanece junto a seus descendentes tão prolíficos, aos quais seu nome se mantém ligado: os curares de síntese, os morfínicos... É tarefa do historiador das ciências biológicas, justamente, dar corpo a essa sombra venerável e lhe devolver uma vida que não a deixou completamente.

Não achamos ter nos detido em medicações inconsistentes e precárias que futuro possa repudiar: o que verdadeiramente foi, será sempre. Aliás, mesmo se tal ou tal droga devesse ser varrida ou totalmente eclipsada, resta o fato de que tentamos menos meditar sobre tal ou tal droga do que sobre suas combinações, sobre o artificialismo de suas conjunções, menos ainda sobre estas que sobre suas diversas estruturas: tentamos, inclusive, mostrar como o futuro se perfilava um pouco no presente e como a prolongação e a intensificação deste favoreceriam os temas ou as perspectivas criadoras.

* * *

Chegamos à mais clássica e à mais comumente usada das conjugações: a adição simultânea dos semelhantes ou a terapêutica pelo múltiplo de algum modo espacial. Previamente, tratamos apenas de remédios temporais ou de associações que se sucediam: o introdutor que precede, por exemplo, o medicamento, ou ainda o anticoagulante-*starter*. Chegou o momento de abordar os conjuntos instantâneos nos quais os princípios são como se misturados e acrescentados uns aos outros. Trata-se de tirar a lição filosófica desse "misto", de extrair a intenção que o inspira assim como o progresso efetivo que ele realiza sobre os "simples".

O termo adição deve ser banido e até mesmo exorcizado, pois, se a adição interviesse, isso implicaria para nós a morte do interesse que o filósofo pode trazer para a farmacologia. Uma adição define um ato elementar, um materialismo bastante pobre. Aliás, ela caracteriza a crença mágica de sobredeterminação que, para ativar seus remédios imaginários, totaliza os elementos e consegue estranhas combinações, misturas que se pretendem dinamogênicas. Não apenas seus componentes são ilusórios (o tatuzinho, as cantáridas, os chifres de cervos, o verme de terra, o mel, o musgo, os olhos de lagostim, a simples título de exemplo), como também o esquema que preside a essa operação de fabricação decorre da atitude mágica: a multiplicação desenfreada das substâncias, a adição desordenada dos semelhantes. Para nós, como buscaremos esclarecer, a farmacologia entra na era da álgebra, explora relações materiais que ultrapassam a aritmética ou a numeração, inaugura uma lógica que lhe é própria. Mas, antes de estudar em detalhes uma somação moderna, a que comanda a anestesia, suas proezas e seus desvios, devemos rememorar, com a ajuda de símbolos, as operações atuais da farmacologia. Já que falamos de *álgebra* medicamentosa, devemos justamente lembrar as regras das equações terapêuticas que encontraremos em ação na prática anestésica.

A primeira concerne às possibilidades de substituição e aos métodos graças aos quais o terapeuta age, de algum modo, por delegação ou por transferência.

Este é um dos primeiros teoremas da terapêutica: a ação direta opera raramente. No caso em que é preciso suprimir A, o biólogo deverá, com frequência, desviar-se do anti-A (o antagonismo simples). Inversamente, se ele quer suscitar B, ele não se dirigirá a B' (terapia substitutiva ou incitadora). Essas operações sumárias e imediatas não têm significação farmacológica: elas testemunham uma vontade energizante ou o empreendimento de uma lógica incapaz de entrar no sistema das mediações ou das relações. Portanto, não se deve confundir o desdobramento *dos esforços* com a intensidade *dos efeitos*. Salvo exceção, só valem os modos indiretos ou laterais de ataque: com efeito, para raciocinar no *a priori*, ou quase, não se deve poder esperar alcançar, por meio do remédio, as células ou os centros, os tecidos ou os humores. Entre o lugar de penetração e a zona visada, interpõem-se muitas barreiras fisiológicas. Nenhuma substância estranha escapa à diluição, à cisão, à eliminação.

Mesmo os remédios externos, os tópicos ou os emplastros, aplicados sobre a pele e aderentes, nem sempre podem exercer sobre ela seu poder. Eles só conseguem isso por meio de estratagemas e com o uso de meios destinados a favorecer a aproximação. Entre um e outro, intermediários ativos devem ser empregados tendo e vista juntá-los e uni-los.

Com efeito, a superfície cutânea parece homogênea e lisa. Na realidade, ela se estratifica em camadas mais ou menos densas e intransponíveis. Uma pele infectada detém ainda mais os agentes curativos. No entanto, se a sarna cede ante uma fricção enérgica com enxofre é, observava Sabouraud, porque o parasita se aloja na epiderme, através das camadas córneas fáceis de decapar. Quando se consegue drenar ou suprimir lesões superficiais, por exemplo, esporotricoses ou verrugas, o cáustico destrói, então, o tecido: visando expulsar o mal ou excluir o invasor, não há outro meio senão a exérese, a ablação mesma da pele. Para atingir o parasita, sacrifica-se o anfitrião que o hospeda. O que equivale ao mesmo, o dermatologista pode recorrer a substâncias ceratóticas (eukératosiques), epidermizantes, corpos capazes de favorecer uma proliferação basal que eliminará as formações subjacentes, portanto, regiões infestadas ou habitadas. Imagina-se muito que o contato direto cura, que o remédio aniquila o mal quando ele o toca, que ele protege a superfície cutânea tanto quanto ataca o elemento patógeno: um com a exclusão do outro, por uma espécie de dialética material de supressão, num processo fácil de coincidência ou de aplicação. Disso decorre, em parte, o sucesso das pomadas, dos unguentos, dos cremes, das têmperas, das fricções. A vitória da limpeza externa que "branqueia" não parece duvidosa: o mal parece exterior, portanto, visível, e tudo se passa na claridade. Reencontramos, nesse domínio, as vontades surdas da excisão purificadora, da lavagem redentora e da eliminação abrasiva, graças a esses medicamentos postos na presença mesma do princípio patógeno. Nada parece poder diminuir sua potência. Sem querer insistir nas reações cutâneas de intolerância que mostram a pele particularmente sensível às agressões medicamentosas, resta que o tópico não é fatalmente benfazejo e liberador. Ele próprio pode suscitar e manter dermites ressumantes e rebeldes. Por essa razão, devemos enfatizar a extrema importância, em dermatologia, dos excipientes que servirão justamente para religar os antagonistas múltiplos (a lesão, o remédio, o próprio tecido, todos três em oposição), para abrandar, de algum modo, suas relações e para permitir ao menos a absorção de um pelo outro.

Assim, tal excipiente ou ainda tal remédio acrescentado ao remédio primeiro, inativo por si mesmo, transforma igualmente a operação terapêutica. Ele torna possível a medicação. Nesse sentido, nada mais característico que os "molhantes" que abaixam a tensão superficial das soluções e criam uma superfície de contato. Trata-se, aqui, de um exemplo típico de sinergia farmacológica não aditiva, no sentido em que dois corpos, de ação fraca e até mesmo de ação nula, associados simultaneamente um com o outro, obtêm um resultado que ultrapassa consideravelmente sua resultante aritmética. Duas quantidades negativas dão um efeito muito positivo. A simples soma (por exemplo, um molhante mais um germicida cutâneo) é claramente ultrapassada. Nessas condições, em vez de preconizar antissépticos externos em doses maciças e, portanto, tóxicas, pouco eficazes em razão das barreiras cutâneas e das reações de intolerância, é preciso preferir, sob todos os aspectos, a conjugação de um bactericida em fracas quantidades com um corpo destinado a garantir a penetração profunda, a introduzir um remédio por si mesmo inabsorvível.[1] Esse "molhante" garante a junção devido a suas extremidades antagonistas: um polo hidrófilo e o outro hidrófobo. Graças a essa dupla afinidade periférica, a passagem é garantida entre uma superfície gordurosa e a própria água, ou seja, uma solução aquosa poderá atravessar os obstáculos celulares, os espaços sebáceos. Previamente, já Azent-Gyorgyi observara que filtros de colódio, impermeáveis e intransponíveis para a hemoglobina, deixam passar esse pigmento na presença de substâncias tensioativas ou bipolares. Essa constatação *in vitro* confirma a influência *in vivo* desses difusores que reduzem as resistências de superfície: com efeito, os fenômenos de superfície ou de interface, tanto em biologia quanto para a física das macromoléculas, entram menos no universo das formas que no das forças. Disso resulta que, em terapêutica dermatológica, não convém nem apor, nem opor: é preciso contornar, religar. A questão não é mecânica (fricção), nem psicológica (unção), mas farmacológica: a diminuição das energias de contato e das tensões superficiais visando favorecer a expansão ao mesmo temo em que a travessia da epiderme.

A observação antiga de Sabouraud não ganha senão mais destaque: "Com exceção desses exemplos muito especiais (dos quais se trata mais atrás) e limitados, cujo mecanismo já expomos, se deverá concluir, das páginas precedentes, pelo

---

1 Na mesma ordem de ideias, se poderia aproximar essa tática daquela que consiste em impedir o remédio de fugir. Ela retarda sua difusão. Desse modo, prolonga seus efeitos.

poder extremamente limitado da antissepsia externa nos tratamentos das doenças cutâneas... Por um momento, se pôde *crer* que os medicamentos antiparasitários externos deveriam dar resultados triunfantes para todas as dermatoses parasitárias. Essas esperanças eram excessivas porque, na época, se conhecia mal a intolerância da pele à maioria dos antissépticos e a extrema impermeabilidade da pele, sobretudo do folículo pilar, à maioria dos tóxicos externos. O problema era mais complexo do que o haviam suposto. No entanto, ao estudá-lo melhor, se compreendeu melhor a maneira como ele se apresenta e o modo de fazer girar dificuldades que não se podia atacar de frente. Foi assim que muitos tratamentos que expusemos: tratamento das tinhas do couro cabeludo por raios X, tratamento do lúpus tuberculoso por raios químicos do espectro e outros forneceram a esse problema difícil soluções notáveis e elegantes."[2]

Para evidenciar essa importância estratégica de desvio no ataque farmacológico incisivo e até mesmo o único decisivo, somos obrigados a citar uma página da mesma época, escrita pelo mestre do pensar desse tempo, Ch. Bouchard; ela pode servir de documento para uma lógica farmacológica, daí seu inestimável valor: "Há algum tempo, a medicina utilizava ainda, quase sistematicamente, a terapêutica geral: raramente, aliás, essa terapêutica era curativa... Tive o pensamento segundo o qual, nas doenças locais assim como nas doenças gerais que se localizam, se uma medicação geral exerce uma ação específica curativa, se poderia limitar a administração do remédio exclusivamente ao tecido que é atingido. Poderíamos tentar o tratamento injetando no lugar afetado o medicamento que se mostra eficaz quando o distribuímos em toda a economia... Em caso de reumatismo articular agudo, um homem de 60kg, que recebe diariamente pela boca 6g de salicilato de carbonato de sódio vê, simultânea ou sucessivamente, cada uma de suas artrites desaparecerem... Se, em uma articulação, as partes moles que são a sede do trabalho mórbido pesam de 50 a 100g, é a dose de 5 a 10mg que se deve a cura de cada lesão local. Se a experiência vier justificar essa concepção, administrar a um homem 6g de salicilato por dia para uma artrite reumática única, caberia enviar diariamente na junção doente o centigrama de medicamento necessário e suficiente e jogar no resto da economia, não necessitada, 599cg de uma substância que, por certo inútil, talvez não fosse inofensiva. De fato, uma artrite reumática aguda cede ante a injeção, *in situ*, de quantidades extremamente mínimas de salicilato de carbonato de sódio... Para resumir, a terapêutica local consiste em verter o medicamento no ponto somente no qual ele é útil, na dose na qual ele é útil, ela apresenta a vantagem de poupar o resto da economia."[3]

A fim de concluir a demonstração e tendo em vista poder denunciar o erro incluído nas sugestões do Pr. Bouchard, devemos refutar a prova com a qual ele fundamenta a heresia combatida pela farmacologia, esse pseudorrealismo causal de aplicação, o A contra B, no lugar de B (terapêutica inimiga ou contrária, antirreu-

---

[2] Médications des maladies parasitaires externes, in *Médications générales*, Bibliothèque de Thérapeutique, Gilbert&Carnot, 1911, p. 84.

[3] Maladies par ralentissement de lanutrition, *Cours de Pathologie générale*, Paris, 1885, p. 375.

mática, antiparasitária etc.). Conviria tanto utilizar o remédio corretor quanto não esbanjá-lo, nem distribuí-lo inconsideradamente. Ele só vale contra o perigo. Esse "sagrado" destruidor deve tão somente atingir o mal.

Pretendemos mostrar que a terapêutica implementa démarches menos arcaicas, repousa em "modelos" indiretos e em medicações que nos afastam dos combates ou das purificações. Ora as observações antigas de Sabouraud nos pareceram abrir a via para essa concepção, ora a experiência inversa de Bouchard nos parece ilustrar um recuo, uma ilusão sempre viva cujas raízes convém ao filósofo cortar. Para o Pr. Bouchard, uma das figuras mais representativas da medicina no final do século XIX, o temor da acumulação do remédio e a necessidade inversa de localizar a réplica salvadora definem menos um princípio farmacológico real que uma obsessão em torno da qual se organizam tanto a patologia quanto seus corolários, a terapêutica e a higiene, obsessão do excesso, do acúmulo da sobrecarga alimentares: "Quando, com a ração de manutenção, a quantidade dos *excreta* é menor que a normal. Quando, durante a abstinência, a diminuição do peso é menor do que normalmente. Quando, durante a abstinência, a quantidade dos *excreta* é menor do que normalmente...", verte-se, então, em seguida ao distúrbio nutritivo assim revelado, no artritismo, na obesidade, na gravela, no diabetes, no linfatismo, na escrofulose, na litíase, para nomear apenas os principais obstáculos de uma "nutrição retardante" e da autointoxicação digestiva que não deixa de se seguir. E essa incriminação tão constante do "tubo digestivo", o laboratório interior dos venenos e das escórias, levava Bouchard a enaltecer o regime seco (beber o menos possível), os "ares" benfazejos, a preconizar as altitudes ligeiras assim como as excursões ativas.[4]

Abandonemos as considerações de espécie. Resta que a terapêutica resolutamente virou as costas para os conselhos de poupança da medicação local inspirado, no entanto, por um robusto bom senso, sustentada por essa lógica parcimoniosa que valoriza o contato. Certamente ocorre ao clínico recorrer à injeção *in situ*, por exemplo, quando ele decide usar a hidrocortisona ao longo de um abscesso reumático. Isso não impede que a medicação geral prevaleça sobre todos os outros modos de administração e, sobretudo, quando se trata do salicilato. Ninguém o administra *in loco dolenti*, ou, mais exatamente, não se o emprega, em uso externo, seja ele ou o ácido salicílico ou seus inúmeros derivados, senão como revulsivo ou ainda como desinfetante local, devido a suas propriedades corrosivas. O salicilato, injetado nas veias em quantidades crescentes, define o tratamento esclerosante das varizes ou das hemorroidas. Mas, sempre, o sal é dado pela boca[5] e em doses muito

---

4 A patologia de Ch. Bouchard utiliza tanto os dados recentes do pasteurismo quanto os da toxicologia visando ampliar e generalizar a antiga gastroenterite de Broussais, fonte de todos os males. Nós nos afastaríamos muito de nosso assunto se pesquisássemos os móbeis dessa sistematização, analisássemos essa mistura incomparável de psicopatologia individual e de química médica.

5 Como ele irritaria a mucosa gástrica, acrescenta-se a ele bicarbonato de sódio, que neutraliza a acidez gástrica reativa. O sal básico serviria também, ideia ainda sustentada, para corrigir as desordens acidósicas consecutivas a uma forte absorção de ácido.

Capítulo 6 ⁖ A astúcia das mediações e o sentido das polifarmácias

importantes. Com efeito, não se trata tanto, como acreditava Bouchard, de se opor aos derramamentos sinoviais diversos, trata-se, sobretudo, de preveni-los. Como esse reumatismo evolutivo e móbil corre o risco de lesar o coração, é preciso, antes de tudo, entravar essa temível eleição contra qual a medicação local não pode operar. Além da necessidade de uma salicemia intensiva, admite-se ainda que o sal só exerce sua ação resolutiva ou preventiva mediante meios gerais. Mesmo injetado localmente, o remédio repassa, por assim dizer, para a economia como se contra corrente, ele é reabsorvido. Ele, então, desencadeará reações que se estendem para todo o organismo: ele intervirá no par ácido-hialurônico-hialuronidase, a enzima fluidificando estes cimentos intercelulares, geleias e tecidos mesenquimatosos. Essa é a razão pela qual o salicilato impediria a permeabilidade dos vasos e, portanto, a flogose ou os derramamentos dolorosos.[6] Depois de nossas análises anteriores, concebe-se também, sem dificuldades, que a cortisona, mais ativa e mais maleável, o tenha substituído e desclassificado na farmacopeia.[7] Ele só permanece por seus poderes analgésicos ou antitérmicos, suas ações claramente centrais e sedativas que bastam para aliviar, senão para tratar o reumático. Prova suplementar do poder dos salicilatos, assim como do erro de uma cura estritamente local ou de uma prescrição limitada à articulação. O ácido acetilsalicílico, derivado maior, só age bem dessa maneira: seria insensato injetar aspirina no lugar mesmo da dor.

Portanto, a salicilatoterapia só se concebe intensa (20 a 30cg por dia), geral e *per os*. Ela põe em jogo ações globais e visa a prevenção tanto quanto a sedação. As recomendações de Bouchard sobre a economia nunca foram seguidas: já seu contemporâneo, Germain Sée, as desaprovava. As descobertas pasteurianas da época deveriam ainda sustentar e favorecer esta humilde reflexão: de Bretonneau a Trousseau todos se esgrimem em prodigar cauterizantes e cáusticos contra a temível angina diftérica. A garganta é pincelada com os antissépticos mais violentos, o ácido fênico, o naftol, o fenol e, em caso de fracasso, se decide pela traqueostomia. Nada resolve. Foi preciso esperar 1894, ou seja, a soroterapia (Behring e Roux), para se obter resultados miraculosos. Basta, então, injetar o soro na coxa, em doses maciças, para curar inclusive a faringe ulcerada e membranosa que os ataques locais mais violentos não haviam esterilizado.

* * *

---

6   *Les médicaments du système nerveux cérébro-spinal*, por F. Mercier, Masson, 1959, p. 267.
7   Surle Mécanisme d'action des substance santi-inflammatoires, por R. Domenjoz, in *Actualités pharmacologiques*, 7ª série, 1954. "Enquanto outrora se admitia que os salicilatos, o pirazol etc., exerciam seu efeito antirreumático atacando a causa mesma da doença reumática, se acredita poder supor, hoje, que esses produtos 'curam' modificando e freando algumas reações patológicas do organismo" (p. 73). E, na p. 92: "Comparando o efeito anti-inflamatório obtido no rato normal e no animal sem hipófise com a ação em determinados ratos sem as suprarrenais, constatamos, para todos os produtos examinados, uma diminuição da eficácia cuja proporção pode variar... Com o salicilato de sódio assistimos, inclusive, a um fenômeno de inversão: o produto não é mais anti-inflamatório, mas favorece a inflamação."

Essa discussão nos permite afastar o fantasma da ação tópica e direta, senão causal. A farmacologia escapa do realismo, mais frequentemente mágico e sem poder, em detrimento de sua aparente positividade. Em contrapartida, ela favorece uma espécie de álgebra. Seu primeiro princípio, dizíamos, concerne às operações indiretas e laterais.

Consideramos como adquirido o fato de que nenhuma ação, nem o que a prolonga, isto é, a droga, pode se dar no próprio lugar que se pretende acalmar ou excitar, moderar ou excluir. Muitos intervalos, muitas barreiras se interpõem entre a substância dada e a zona inflamada ou atormentada. Se não podemos esperar alcançar a vida arcânica, pelo menos o biólogo pode alertar a rede vegetativa que dirige e centraliza todas as funções. Na falta de poder se dedicar ao órgão ou ao tecido doente – ainda que o atingisse nem por isso o tocaria –,[8] o terapeuta consegue, porém, pelo viés dos sistemas gerais, graças a suas possibilidades de intervenção sobre os aparelhos que apresentam, segundo a definição de Claude Bernard, "o caráter de universalidade".[9] Se a patologia não se resume à anatomia, uma vez que as autópsias podem testemunhar sobre uma ausência total de lesões materiais, se a fisiologia prova a existência de conjuntos funcionais, é evidente que as medicações vegetativas, ou nervosas (ulteriormente mostraremos porque estas podem ser efetivas, porque têm êxito), propiciarão à cura distúrbios mais frequentemente *sinemateria*. Sejam eles topográficos e, portanto, tangíveis, o remédio, para agir, seria obrigado a abalar suas relações e só atacar seus modos associativos. Convém sempre promover uma terapêutica que ultrapasse o materialismo do contato ou os modelos tão pobres inspirados pela *imaginação ontológica*. O A contra B representa uma operação fictícia. Quando se trata de suprimir um espasmo doloroso, drenar um escoamento, deter um peristaltismo, favorecer uma secreção, incitar uma musculatura átona, acalmar ou despertar, o farmacólogo, é um fato, utiliza substâncias mediatas ou gerais porque o próprio sistema vegetativo intervém sobre todos os tecidos e todas as funções. A descoberta, por Loewi, dos principais mediadores, permitiu renovar, assim como consagrar, a farmacologia: o organismo se tornou, então, o ativo laboratório e a primeira oficina da qual o farmacodinamista podia extrair lições de eficiência e de fabricação. Os mediadores ilustram o processo que Dale denominava "autofarmacologia".[10]

---

8   Ideia cara a Claude Bernard: os tóxicos que agem sobre o sistema nervoso central cessam de agir, ou quase, se os depositamos diretamente sobre o tecido nervoso desnudado ou no interior dos centros. Claude Bernard o verificou para seus famosos analisadores que foram, em sua obra, o curare e a estricnina (cf. *Les Études philosophiques*, L'expérimentation thérapeutique, julho de 1960).

9   *Leçons de pathologie expérimentale*, p. 161.

10 Palavra retomada e explicada por Z.-M. Bacq em sua obra fundamental *Principes de physiopathologie et de thérapeutique générale*, Liège, 1959, 2. ed. (p. 14 e 143). Aliás, nesse livro de farmacodinamia se encontrarrão inúmeros exemplos relativos à invenção e ao emprego dos remédios atuais.

Os mediadores químicos desrealizam o mal e a cura. Por isso, eles abriram uma das vias mais positivas e mais frutíferas da medicina moderna, da mesma forma que os antibióticos, os difusores de todas as ordens, os hormônios artificiais que implementam sistemas curativos de inspiração diferente. Mas a farmacologia sempre progrediu quando soube ultrapassar um órgão determinado, libertar-se do realismo anatomopatológico, ou seja, quando ela soube inventar tratamentos de "ampla envergadura", não específicos e gerais. Inversamente, o erro consiste em esperar a descoberta do remédio *ad hoc* e prever, ou sonhar, com um extrato radicalmente salvador e pertinente. A história dos acontecimentos do passado dá muitos testemunhos em favor da ideia oposta: para tomarmos emprestado de um domínio diferente e para evocar um exemplo clássico, durante muito tempo se acreditou que os extratos de fígado (Gilbert e Carnot no começo do século XX) corrigiriam as insuficiências hepáticas e desempenhariam um papel de suplência. A medicação, no entanto, se afastou deste pseudorrealismo: as afecções do fígado só se curam com o esquecimento desse órgão. Com efeito, a célula hepática só deve ser pensada fisiológica e até mesmo metabolicamente, se assim podemos dizer. Hoje, evita-se tanto a hepatoterapia quanto os tratamentos mecânicos (as punções de ascite nas cirroses descompensadas) e se usa proteínas, se vigia o metabolismo do ferro, não mais se separa "o fígado volumoso", ou mesmo a "icterícia" da fórmula do sangue, se transfunde, se cogita examinar o baço, se recorre aos antibióticos, às vitaminas e, sobretudo, aos endócrinos, notadamente aos esteroides. O fígado nunca fala "por si mesmo", seus distúrbios expressam alterações gerais, significam o ataque de um metabolismo. Por conseguinte, sua correção decorre de uma terapêutica discursiva de muito ampla extensão, esquecida das barreiras viscerais ou das sugestões topográficas. Esta é uma das verdades fundamentais que animam a terapêutica contemporânea. Parece-nos que ela deve reter a atenção do filósofo das ciências e das realidades da biologia.

O que vale para o fígado se aplica à maioria das afecções: a fisiologia dos mediadores químicos fundamenta e autoriza uma farmacologia da medicação. Na impossibilidade *radical* de alertar uma célula qualquer ou de solicitar um tecido, é preciso endereçar-se a seu sistema regulador. E, se é possível modificá-lo, é pelo fato de ele próprio acionar meios clínicos, ou melhor, utilizar os remédios dos quais nos serviremos ulteriormente com fins diferentes ou opostos. A *Natura sola mediatrix* reveste-se de um sentido novo, não se trata do fato de a natureza curar, mas, inversamente, se deve pensar que ela, antes, prejudica bem mais a si mesma. Mas devemos buscar trazer à luz esses modelos de ação tendo em vista decalcá-los ou empená-los. Ela sozinha fornece as modalidades químicas de acesso, os materiais primeiros da eficácia. Para alcançar A, é preciso perdê-lo de vista, é preciso passar pelo desvio químico de seu vegetativo. O uso dos mediadores químicos define um tratamento lateral e até mesmo oblíquo.

Caso se tratasse apenas de recorrer a eles e somente a eles, com o objetivo de modificar os receptores celulares, não estaríamos ainda num mundo algébrico, mas somente num universo deslocado que privilegia as operações de translação: em vez de A inacessível, o que comanda A.

Mas a estratégia da mediação, por ter permitido descentrar o problema, oferecia inúmeras possibilidades operatórias e autorizava as primeiras equações farmacológicas. Loewi, o Euclides da farmacodinamia, evidenciou não apenas as substâncias por meio das quais o sistema nervoso age – a acetilcolina na extremidade do vago –, mas também viu e compreendeu a fugacidade do resultado obtido, um retardamento fugidio do coração. Com efeito, o intermediário, a aceticolina é, uma vez destruída, hidrolisada pelos órgãos graças a uma enzima. Disso resulta que em vez de moderar o coração, graças à "substância vagal", é possível alcançar o mesmo resultado se conseguirmos suspender a enzima destruidora do ativador: "Uma quantidade ínfima de acetilcolina dissolvida em água salgada fisiológica desacelera os batimentos cardíacos e diminui sua amplidão... Na presença de extratos aquosos de diversos órgãos (coração, fígado, intestino), a substância vagal é rapidamente destruída... Essa ação é atribuível a uma enzima, a colinesterase. A eserina, alcaloide da fava de Calabar, impede a ação dessa diástase tissular. Disso decorre que os batimentos de um coração isolado, no qual houve uma perfusão com um líquido de Ringer contendo uma fraca dose de eserina, são muito mais desacelerados e enfraquecidos."[11] Em suma, a existência desses três termos, a saber, A, o ativador ou o intermediário, ,– A seu destruidor natural –, (– A) o inibidor desse inibidor, acarreta a igualdade farmacológica: $[A = -(-A)]$.

Outros princípios ou outras modalidades de intervenção se intercalam entre esta série: A, – A, – (– A). Não podemos silenciar quanto à eficácia do mais célebre, a atropina, que, por sua vez, suprime a excitação parassimpática pelo fato de ela insensibilizar o receptor e paralisar a resposta tissular. A acetilcolina, embora liberada e presente, também não deixa de agir. Este é um – A periférico que, por meio de bloqueio, corta a junção nervo-receptor: a atropina é, segundo a feliz definição de Hazard, o curare das fibras lisas, assim como o curare é a atropina dos músculos estriados.[12]

Para melhor traduzir ou representar os fundamentos dessa álgebra farmacológica, ou pelo menos do que assim designamos, devemos ir mais longe e evocar a dicotomia vegetativa, tal como se a admite nestas linhas gerais: as funções viscerais são devolutas a dois sistemas antagonistas, o simpático e o parassimpático, compensadores e reguladores um do outro. Um excita e estimula o que o outro desacelera ou freia. O simpático dilata ou libera a musculatura brônquica, por exemplo, ou as artérias coronárias que o parassimpático, em oposição, contrai, estimula e espasma. Certamente, não se trata, aqui, senão de uma separação grosseira, por vezes didática, discutível alhures. Resta, porém, que as fibras ortossimpáticas se

---

11 Hédon, *Précis de physiologie*, 14. ed., p. 730.
12 R. Hazard, *Bases pharmacodinamiques de la thérapeutique du système nerveux autonome*, Doin, 1956, in capítulo consagrado aos parassimpatolíticos, p. 47.

opõem aos efeitos parassimpáticos e inversamente. Para a terapêutica, disso decorre uma consequência prática: perseguir a lateralização, afastar-se dos A e dos − A, operação já indireta, e utilizar os inversos, pensar-se m B, se assim podemos nos expressar. Previamente, mais do que incitar A, era muito melhor se preocupar com − (−A) que lhe é superior. A acetilcolina dá apenas efeitos instáveis ou fugazes, ela é rapidamente cindida e hidrolisada no local. Suspender essa constante negação tissular permite mais do que uma afirmação, a obtenção de um resultado durável. A equação A igual − (−A) só se inscreve no espaço e não mais no tempo. Pode-se de modo igualmente válido recorrer à − B. A trilogia B, − B, − (− B) amplia o domínio das possibilidades corretivas. A partir de nosso esquema, fica claro que A = − B = − (− A). Consequentemente, três caminhos convergem sempre para os mesmos resultados, sem contar outras vias que não demos importância. Extrai-se dois sistemas gerais: A, − (−A), como vimos, e − B, ou então, inversamente, − A, B, e − (− B).

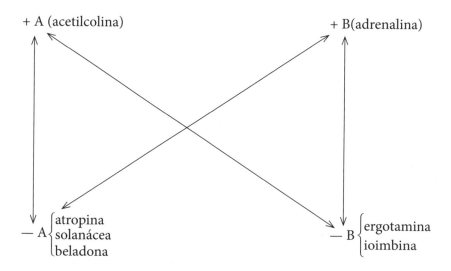

Não se trata, aqui, de considerações gráficas teóricas: queiramos ou não, elas estão a trabalho na mais modesta das medicações. Quer seja preciso moderar uma tosse, relaxar uma musculatura lisa, baixar a tensão de uma artéria, reduzir uma constipação opiniática, acalmar uma dor, uma cólica hepática, em todos esses casos comuns, o clínico pode se servir das três substâncias dissemelhantes e incomparáveis que são um derivado da acetilcolina, a eserina, a ioimbina. Afastamo-nos também da crença na terapia única, providencial e absoluta, assim como da imaginação do remédio ontológico: tal princípio contra tal sintoma. Ao contrário, vemos o tratamento se multiplicar, deixar o preguiçoso A' contra A, em benefício de − (− A) ou de − B. As estradas da farmacologia divergem, mas se juntam na distância: nenhuma via monodirecional e única favorável. Toda medicação é plural, equivalência, obliquidade. E essas ações por meio de desvio ou de transferência, essas multiplicidades iguais parecem ser a consequência de um começo de desmaterialização patogênica, que condena a biologia curativa pelos contatos ou aplicações corrosivas, e preludia as tímidas formalizações, pelo menos os conceitos não específicos ou as teorias acausais da doença. Assim, cogitamos apenas a medicação mais elementar. Com efeito, é possível prolongar esse movimento, no sentido em que o terapeuta pode desconsiderar as vias vegetativas e remontar mais ou menos a uma altura na arquitetura nervosa autônoma. Ele desindividualiza mais seu tratamento. Ele se dedicará aos gânglios simpáticos, aos centros medulares, aos comandos cerebrais. Disso resultam as desconexões relativamente hierarquizadas ou extensas dos sinaptolíticos, dos gangliopégicos, dos neurolépticos que permitem obter ações cada vez menos localizadas, supressões cada vez menos eletivas, sempre seguindo a via da generalização. Utiliza-se, então, drogas de ampla extensão (largactil). Pouco importa: trata-se tão somente de prolongar o movimento partido da periferia à junção tecido-nervo, que tende a desespecificar tanto o remédio quanto a doença. Um não pode ir sem o outro.

Com efeito, a doença deve perder cada vez mais seu caráter individual, local ou abstrato. Ela se torna concreta na medida em que tem acesso à generalidade. Assim, para retomar um exemplo privilegiado da medicina moderna, a temível febre tifoide deixou de ser considerada um drama intestinal, uma invasão microbiana ou mesmo uma infração digestiva. Com efeito, o organismo colabora desde o início da infecção. As salmonelas só atravessam o intestino delgado com a colaboração dos leucócitos migradores. Graças a esses pretensos defensores que, segundo Metchnikoff, deviam englobar os micróbios, estes últimos podem penetrar entre as células da barreira epitelial, logo ganhar os quilíferos e alcançar os sinus cavernosos dos gânglios mesentéricos, invadir o conjunto da rede linfática (incubação). Pouco a pouco, os bacilos enxameiam no canal toráxico, passam para o sangue, parasitam os diversos gânglios, o baço, a vesícula biliar. Tudo isso para poder sustentar que a invasão sanguínea permanece segunda, senão secundária, em relação à invasão "adenoidiana" favorecida pelos leucócitos. Esses mesmos leucócitos, o exército da proteção e da imunidade, por meio de sua fagocitose de certo modo desastrosa, estarão na origem da explosão assim como do desenvolvimento da febre tifoide: ela resulta – já o vimos – do fato de a lise leucocitária liberar endotoxinas. O agravamento da doença se explica tanto pela virulência de algumas famílias quanto por seu número, pela quantidade de salmonelas nos múltiplos núcleos ganglionares. Segue-se uma destruição microbiana que, com frequência, intensificará o recurso a antibióticos ativos. A doença se torna menos ação que consequência da reação, menos o aporte maciço de um germe que seu brutal e rápido ataque.

Além disso, os antígenos malignos liberados não devem ser imaginados como venenos específicos, como se uma entidade mortal fosse instilada no mais profundo do organismo, no coração mesmo da vitalidade. Com efeito, os trabalhos de Reilly permitiram desindividualizar a agressão. Esta conduz sempre, em todas as febres malignas, nas toxi-infecções graves, senão em todas as patologias agudas, a um desregramento neurovegetativo. O antígeno não desencadeia uma insurreição local. Ele não mais envenena, como acreditaram os pasteurianos, ele sequer suscita uma perturbação celular. Ele apenas desempenha o papel concedido por Malebranche às causas ocasionais: ele aciona o sistema vegetativo por sua única presença, ele abala qualquer agressor, pois qualquer agressor pode estar na origem do drama etiquetado por uma nosografia naturalista, senão catalogado como próprio à endotoxinatífica, considerada, então, como a causa verdadeira e absoluta. "Renuncia, meu filho, aos teus preconceitos e nunca julgues, no que concerne aos efeitos naturais, que uma coisa seja o efeito de uma outra, porque a experiência te ensina que ela nunca deixa de segui-la. Pois, de todos os falsos princípios, este é o mais perigoso e fecundo dos erros... Pensavas que os corpos que se chocam são a verdadeira causa do movimento, que eles se comunicam, porque os corpos nunca são chocados sem serem movidos e nunca são movidos sem serem chocados. Enfim, era pelo mesmo princípio que julgavas que o fogo produzia o calor, o sol, a luz..."[13] A toxina tífica tampouco produz a lesão intestinal, embora uma siga cronologicamente a outra e que a outra deva infalivelmente precedê-la: nova confirmação dos erros incluídos no realismo dos contatos e das presenças, como habituais consecuções ou precessões naturais.

Reilly justificou experimentalmente a obrigação dessa retificação conceitual que autorizaria as terapias eminentemente gerais e extensivas: "J. Reilly, prosseguindo com suas investigações experimentais, substitui a endotoxinatífica pela toxina diftérica, por alcaloides (nicotina), venenos minerais (sulfato de níquel, acetato de chumbo), compostos arsênicos (sulfarsenol), ele exerce sobre o nervo uma simples ação física (eletrização prolongada por uma corrente farádica, constrição por um fio de linho). Em todos os casos os resultados são idênticos. Um outro fato importante, a irritação simpática incidir em um outro ponto que não o esplâncnico: quer a ação seja exercida no nível do gânglio simpático cervical superior, do gânglio estrela, ou do *plexus* renal, os mesmos fenômenos se reproduzirão. Mesmas constatações se introduzirmos o veneno nos gânglios linfáticos, cujas importantes conexões nervosas sabemos..."[14]

Nada de mais radical, nem de mais demonstrativo para afastar o anatomismo e a terapêutica que ele parece implicar: específica e local. Não apenas a doença está "em nós" e "por nós", mas ela também cessa de ser um "em si" vindo de fora, ela chega a perder sua figura e sua autonomia: disso decorre, como o enfatizamos, consequências maiores no combate contra os inimigos bacterianos. Por essa razão, o clínico preferirá recorrer, tanto quanto possível, a princípios farmacológicos onivalentes, de uma extrema generalidade e que devem ser aplicados na maioria das crises: melhor que gangioplégicos, melhor que inibidores das vias ou dos locais de transmissão, as fenotiazinas ou seus derivados, que conseguem pôr em repouso o sistema inteiro, ou

---
13 Malebranche, *Méditations chrétiennes*, Ed. Montaigne, p. 97-98.
14 *La Revue du Practicien*, 21 de novembro de 1958, Le syndromemalin, por R. Marquézy, p. 3450.

seja, todos os comandos centrais, finalmente responsáveis pelas mais diversas perturbações viscerais ou periféricas. Em suma, é preciso neutralizar esses centros em todas as patologias agudas, os choques ou as toxicoses: "A eficácia de um novo agente terapêutico derivado da Fenotiazina, a Clorpromazina ou o Largactil, vem, parece, confirmá-lo... J. Reilly e P. Tournier evidenciaram sua ação protetora vis-à-vis do sistema neurovegetativo. No rato e na cobaia, uma dose de endotoxinatífica, mortal em 24 horas para os animais testemunhos, permanece sem ação (70%) se o animal recebeu anteriormente a Clorpromazina. Essa experimentação vem trazer uma nova prova do papel do sistema neurovegetativo na gênese da malignidade. Bem mais que isso, ela permite entrar no mecanismo íntimo do fenômeno. Com efeito, essa proteção do animal não pode ser obtida nem com os corpos ditos simpatolíticos, invertendo os efeitos da adrenalina, nem com os corpos anti-histamínicos neutralizando a ação da histamina, nem com amônios quaternários de ação gangliopégica impedindo a difusão por via vegetativa do distúrbio funcional..."[15] Por conseguinte, é preciso visar uma desconexão, e mesmo uma decapitação mais elevada e também mais profunda. Se fosse permitido ironizar, escreveríamos: "É com teu cérebro que os médicos devem se preocupar, quando se trata de curar uma salmonelose que se agrava, como toda infecção intestinal claramente tóxica." Ou ainda: "Uma vez que se emprega remédios que convêm a situações dissemelhantes, se poderia afirmar, a respeito do princípio farmacológico moderno: o que vale para um só, um só caso, não vale para nada." Devemos, então, separar da doença e de suas localizações, tendo em vista dar atenção curativa ao que não parece estar em jogo: o vegetativo, o conjunto de suas intervenções corretoras. Estratégia das neuroplegias extensas: elas são negativas no sentido de paralisantes, afastadas ou interferenciais, dizem menos respeito ao mal como uma coisa que os conjuntos fisiopatológicos ou as leis da fisiologia patológica, visando corrigi-las ou impedi-las. De todo modo, o terapeuta se afasta da zona mórbida. Ele lateraliza ou desespacializa suas operações. Ele não mais respeita a regra ou o esquema do realismo B contra A, abandona a imaginação do corpo a corpo. Mesmo aqui, onde se acredita perceber conflitos diretos, ações anti, basta, para expulsar a objeção, olhar um pouco mais de perto.

Já mostramos que o próprio antibiótico ilustra essas terapias derivadas ou desviadas. Em vez de atingir o parasita ou o micróbio A, suprime-se o que é indispensável ao seu crescimento. Se esse último fator, por sua vez, depende de um anterior ou de um prévio, dedicamo-nos a este último visando torná-lo rarefeito ou anulá-lo. E assim por diante. Remontamos sempre à cadeia das condições moleculares e nos afastamos das intervenções diretas destruidoras. O tisiologista não pode atingir o bacilo de Koch. Quando ele utiliza a isoniazida taumatúrgica, ele sabe que esse antibiótico se limita a um bloqueio enzimático e próximo do amido nicotínico, a isoniazida age por antagonismo vitamínico. Nada desintegrante, nem bacteriolisante. Na realidade, trata-se de uma medicação claramente indireta e privativa de

---

15   *Ibid.*, p. 3453.

uma avitaminose bacilar. Do mesmo modo, com as terapias antivegetativas e seus equivalentes, as A, – (– A) e – B, ou ainda, para se elevar na série das causas ou dos princípios direcionais, as fenotiazinas últimas. Assim, vê-se como todas as terapêuticas atuais se encontram e permitem a elaboração de uma mesma inteligibilidade curativa, de um mesmo materialismo algébrico que encontraremos a trabalho na anestesia, cuja compreensão nossas análises pretendem preparar.

* * *

Examinamos os primeiros teoremas da terapêutica que definem as possibilidades substitutivas e seus corolários. Nós os veremos em ação na técnica anestésica e seus sucessos prodigiosos. Previamente, precisaremos extrair melhor os fundamentos dessa lógica material não aditiva, a trabalho na mais anódina das farmácias. Depois das operações de *transferência*, que autorizam as equações desmaterializadas e nos afastam dos esquemas simplesmente topográficos, precisamos, num segundo tempo, cogitar medicações de somação, mas em nada comandadas pela lógica da adição ou da acumulação dos princípios.

A *potencialização* expressa traduz essa adição não aditiva: o resultado ultrapassa a soma dos elementos ou não se conforma a eles. A palavra que designa essa operação de não-aritmética pode enganar: ela remete às surdas magias energéticas, parece validar uma dinamogenia imaginária da totalidade. Mas, por esse vocábulo, não se deve reter o seguinte fato: dois produtos em doses fracas trabalham para um resultado biológico que ultrapassa ou excede o que cada um dos dois propicia isoladamente, em doses reduzidas ou em doses máximas. Não poderíamos nos surpreender com essa ultrapassagem, já que sempre buscamos mostrar a promoção dos remédios uns pelos outros e a potência terapêutica de suas conjugações. Sempre quisemos estudar não a *materia medicans*, a matéria médica, porém, muito mais as contramatérias e as ricas transformações infligidas pelo farmacólogo às substâncias, tendo em vista contorná-las ou explorá-las melhor, convertê-las para seus fins. Um materialismo que, por fim, se desmaterializa para se tornar ativo, foi o que tivemos a ocasião de observar.

Em qualquer hipótese, o materialismo multiplica a matéria e abre nela perspectivas, prolongamentos. Com a potencialização, estaremos na presença de um materialismo que se alivia, diminui ou se modera visando poder agir realmente: uma outra maneira inteiramente diferente de se desmaterializar não mais formal, porém material, não mais qualitativa, porém quantitativamente.

Aliás, encontramos associações que evocam e enfatizam também a potência da adição não aditiva de tipo B + C igualam A, por exemplo, quando se mistura um difusor e um antibiótico, quando se mistura um molhante e um antisséptico externo. Nesses dois casos induz-se uma ação bacteriolizante que o antimicrobiano simples e sozinho não pode conseguir. Com uma dose mínima, ou seja, insuficiente, do remédio salvador, mas junto a um agente de penetração completamente inativo por si mesmo, senão perigoso quando isolado, põe-se a trabalho uma drenagem radical: em outros termos, uma fraca quantidade ultrapassa, por seus resultados, aqueles produzidos por uma posologia superior. O medicamento a, por exemplo, não se deve perder de vista, atinge rapidamente o limiar da toxidade. Ele fracassa, apesar da sobrecarga dosimétrica ($a \times a$). Basta diminuir a quantidade para se afastar da zona dos riscos e, sobretudo, acrescentar-lhe o princípio que o desacopla e que, sozinho, pode multiplicá-lo. Este é o esquema soberano da potencialização: duas drogas diferentes quanto à sua natureza favorecem uma reação que não se iguala à sua soma e que, sobretudo, ultrapassa as possibilidades incluídas em cada um dos dois componentes, parcial ou totalmente ineficientes. Disso resulta uma nova via de pesquisa, essencial em farmacologia, ciência médica que tende a reforçar e, principalmente, a abrir o campo das drogas curativas.

Concebe-se, sem dificuldades, a contradição que corrói, a princípio, toda substância medicamentosa: ela só propicia resultados benéficos em doses tais que a fazem desdobrar suas latências tóxicas. Muito insistimos nisto: não há remédio "em si", de boa substância, que se possa aumentar ao infinito, tampouco tesouro terapêutico que se possa acumular. Todo medicamento real é um veneno potencial e, na maior parte do tempo, o inverso se sustenta igualmente. Também é impossível sonhar com o emprego de remédios diluídos: o infinitesimal homeopático não poderia convir em circunstâncias agudas ou urgentes. Pode-se temer que ele satisfaça demais um psiquismo timorato que gostaria de um efeito sem causa, da cura sem o remédio, ou de um remédio tão dissimulado que não seria experimentado, mas apenas sentido nos confins de uma lenta melhora. Não há medicação sem choque e não se pode separar uma do outro. Vemos o dilema: um "pouco" sem forças ou "muito" perigoso, alternativa que ataca com ceticismo a esperança terápica e fundamenta, por vezes com justa razão, um certo pessimismo que desencoraja a própria medicina. Com certeza, não é impossível estabelecer, para alguns remédios, posologias "médias", intermediárias entre o inativo e o perigoso, entre o nada, por insuficiência, e o mal, por excesso. A medicina fixa então, com muita precisão, os limites da zona benéfica. Só que quando se conhece as dificuldades dessa determinação, pode-se temer que ela fracasse. Não está excluído que, depois de haver tropeçado no primeiro obstáculo, se chegue a ir de encontro ao segundo. Em qualquer hipótese, ao estabelecimento de uma quantidade suficiente e proporcionada falta grandeza metodológica.

A potencialização permite resolver vitoriosamente a contradição. A prática anestésica o ilustrará, e daremos dela irrefutáveis exemplos. Essa noção rica e fecunda, essa dialética material do máximo pelo mínimo nos põe em presença de um método criador: quanto mais o remédio se afasta de seu umbral tóxico, mais ele ultrapassa os efeitos de um emprego maciço tanto quanto ambivalente. Essa farmacologia inaugura uma lógica criadora da síntese ou da relação. O melhor dos princípios isoladamente perde seu valor: convém pesquisar seus catalisadores, seus multiplicadores ou seus inibidores, tendo em vista diminuir ou intensificar suas forças sem dever recorrer ao aumento numérico e preguiçoso. Reunir, então, a minimização quantitativa e a majoração qualitativa, conseguir, mediante alívios ou diminuições extremas, o que as acumulações desesperadas e as condensações audaciosas não podiam obter, tal é a proeza dos sistemas potenciais que desconcertam a medicina contemporânea.

Para nos determos em um exemplo tornado clássico, relembraremos uma das experiências fundamentais da endocrinologia animal: seu mérito vem da precisão experimental com a qual ela foi conduzida. É sabido que os hormônios sexuais comandam a fisiologia uterina, a ovariana e a gravídica. Um distúrbio hormonal compromete, por exemplo, a possibilidade ou o prolongamento da nidação ovular. Nenhuma surpresa ao se aprender que, se retirarmos os corpos amarelos de uma coelha em gestação, interrompe-se a gravidez nas próximas horas seguintes: os corpos amarelos, com efeito, secretam a indispensável luteína ou progesterona, que Courrier nomeia jocosamente de "o hormônio das mães de família". Inversamente, a injeção diária de 5mg da dita progesterona compensa e bloqueia os efeitos acarretados pela exérese da glândula. Trata-se de uma experiência clara e transparente de suplência. Courrier notou que a quantidade mínima (para a coelha) do hormônio de manutenção descia a ¾ de miligrama por dia: limiar relativo, é verdade, porque, na maioria das vezes, só se consegue prolongar uma gestação parcial, no sentido em que dois ou três fetos, sobre um eventual total de oito ou dez, evoluirão normalmente até seu termo.

Contudo, esse dado numérico se vê inquietado porque: 1º se acrescentarmos a esses três quartos de miligrama de progesterona $\frac{1}{100}$ miligramas de estradiol, garantimos uma gestação total e equilibrada (a relação F/P é, então, 1/750); 2º pode-se, inclusive, baixar o limiar progesterônico até meio miligrama cotidiano, com a condição de aumentar a administração estrogênica.[16]

Sem ir mais longe, extrai-se desse relato e dessa análise a prova do papel não de uma substância ou de um hormônio, mas de sua associação. Disso decorre a consequência da diminuição quantitativa de uma, graças à ação complementar da outra: relação não aditiva que permite economizar o hormônio de uma glândula que se excisou. E essa associação de fracos prevalece sobre o crescimento de um forte, crescimento que nunca deixará de propiciar erros de conta e de suscitar desordens graves (síndrome de hiperluteinia). Toda arte de medicação consiste, então, em descobrir os meios ou as adjunções que permitem reduzir posologias importantes. Saímos do pensamento de uma aritmética que reúne os elementos e nos afastamos do remédio único ou simples que corresponde menos a uma medicina que a uma magia, menos a um específico que a uma panaceia taumatúrgica, válida por si só e em todos os casos. Não lhe agregar nada e forçar a absorção: esta dupla exigência define a dinamogenia imaginária. Restringi-la, mas multiplicar, nessa intenção, os "acompanhadores", tal é a lei de uma medicação que pode realizar a

---

16 R. Courrier, Les corrélations fonctionnelles entre substances stéroïdes, *Exposés annuels de biochimie medical*, 6ª série,1946, p. 8-9.

incrível união da violência com a doçura, que pode transgredir o princípio do bom senso farmacológico, uma vez que, doravante, pequenas causas podem dar grandes efeitos. Efetivamente, o ligeiro ou o mínimo, mais que o enorme ou o maciço, pode provocar resultados e acarretar consequências buscadas.

No momento atual, em terapêutica, dificilmente se encontraria a recomendação de um remédio soberano e único. Por certo, na maior parte do tempo, em vez de realizar uma sinergia criadora que ultrapasse a aritmética, limitamo-nos a uma simples subtração ou a uma retificação do tipo $ab-b=a$, no sentido em que se neutraliza, por meio de um remédio apropriado (b), a franja desvantajosa do espectro ab. Então, resta apenas o efeito almejado: assim, é de regra associar ao famoso salicilato de sódio um adjuvante básico, porque o salicilato favoreceria um desequilíbrio acidósico, exatamente como se associa um leve estimulante cortical ao barbitúrico que impede as crises comiciais, mas mergulha o epilético numa vergonhosa sonolência. Oblitera-se, assim, a nota hipnógena do remédio do qual se conserva apenas as possibilidades sedativas e anticonvulsivas. Evidentemente, essa vontade subtrativa entra no quadro sem nobreza metodológica das medicações corretivas.

Algumas combinações nos elevam em um grau na hierarquia inventiva dos tratamentos complexos: iremos rapidamente evocá-los para mostrar a importância, senão a necessidade, de um plural medicamentoso, tendo em vista expulsar a crença em um remédio único que bastaria descobrir, prescrever, ou um remédio do qual se forçaria somente a posologia. Essa situação, enfatizamos, se encontra raramente na atual medicina e ela tende a desaparecer. Aliás, caso ela se mantivesse, ela suprimiria a farmacologia e esgotaria seu interesse. Mas o fato de o terapeuta moderno se servir cada vez mais de drogas gerais, portanto de drogas nada específicas e que renunciam a tocar na causa, esse simples fato traz, cremos nós, uma caução a nossa tese: tais substâncias abrem perspectivas esclarecedoras sobre as doenças e preservam a terapia contra o que a liquidaria, caso ela caísse na aplicação mecânica de um formulário. Em contrapartida, percebe-se bem que um remédio não causal muito distante do que a clínica parece recomendar, ou então um remédio que tem êxito em circunstâncias patológicas claramente dissemelhantes, desconcertará tanto a nosografia quanto a patogenia, que a distância ou a ruptura cura/doença é a única capaz de abrir um problema e de transformar seus dados. E se o remédio causal desvanece ou desaparece, disso resulta também que não há mais uma só maneira de tratar, mas, ao contrário, o fato de uma multidão de caminhos poder conduzir ao alvo, o que cria um campo aberto e amplo. Aqui, não se trata mais do emprego simultâneo ou sucessivo de muitos remédios, mas do fato de que muitas direções terapêuticas continuam possíveis, o que impede a doença de se alienar em um simples "quadro" ou em um fenomenismo de leitura fácil.

Para retornar ao nosso assunto propriamente dito, o remédio, mais que o doente, precisamos mostrar que as sinergias conseguem as melhores sedações ou restaurações. Evocaremos apenas algumas dessas associações nas quais transparece um esboço de fisiologia biológica, porquanto toda associação manifesta uma inteligência do patológico, mais do que a implementação de uma droga que suprime, ou faz suplência, ou estimula. A potencialização ou a promoção interna das substâncias, umas pelas outras, realiza a mais inventiva das uniões, o sublinhamos, e a mais imprevista, pois é então em fracas quantidades, quando bem combinado, que o remédio desdobra sua dinâmica: inversamente, a enorme posologia, a quantidade maciça de uma só substância representa um gesto raramente médico, uma reação arriscada, mais do que um comportamento terapêutico. Encontra-se, porém, adições construídas com base em outros modelos: quando o clínico, no caso de insuficiência cardíaca comprovada ou de edema pulmonar recorre à digitalina, ele não deixa de puncionar os eventuais derramamentos e prescrever um diurético mercurial. Não há um sem o outro. O conjunto digitalina-diurético não se discute: antes de chicotear o cavalo, diz a tradição, o cocheiro deve diminuir a carga do veículo. As duas operações se prestam um apoio mútuo: o toncardíaco favorece a circulação renal e, portanto, a eliminação hidrossalina (por essa razão, a antiga dedaleira encontra seu lugar na lista dos diuréticos, o que é bastante curioso, pois ela só revela essa propriedade, no insuficiente cardíaco, quando a água se acumula nas partes inclinadas e em nenhum caso no organismo são, no qual o coração garante sua tarefa; desse modo, um remédio se expressa através de um contexto e não em si). Reciprocamente, a evacuação da água e dos sais facilita o trabalho do coração porque o curso d'água e de seus elementos equilibra o do sangue e de seus componentes. Não se pode corrigir um sem ter previamente regularizado e modificado outro. Então, o sal mercurial se torna, à sua maneira, um estimulante do músculo cardíaco. Pouco importa. Os dois movimentos recobrem-se igualmente e realizam uma bela medicação de reforço e até mesmo de superadição. De fato, começa-se a transpor a zona elementar da simples acumulação. Afastamo-nos da prescrição que consiste em combinar diversos princípios tendo em vista favorecer o resultado dado por sua soma aritmética. Chega-se ao limiar da farmacologia das sinergias e das sínteses.

A diurese que se busca no cardíaco nos oferece a ocasião de expor, de evocar uma perspectiva terapêutica que ultrapassa, por sua riqueza em subentendidos fisiológicos, a precedente, a secular aliança digitalina-sal mercurial que a medicina moderna tende a abandonar.

De fato, a etiologia conhece, de maneira cada vez mais precisa, os movimentos do organismo. Ela não se detém mais numa fisiologia global e grosseira dos resultados. Essas entidades de ontem, como a pulsação cardíaca, a contração muscular, o sono e, naturalmente, a diurese, considerados como movimentos não decomponíveis e fundamentais, foram difratados. Certamente os diversos segmentos do organismo cooperam, formam inclusive uma união, senão uma indistinção, na qual as filosofias, as morais e até mesmo as igrejas buscaram, com frequência, um modelo de solidariedade e de síntese. Mas essa biologia do global não deve servir para esconder ou para ignorar a separação dos momentos, a fina especificidade das funções, o encadeamento das fases, a pluralidade das ações. Nessas condições, mais do que se interessar na correção de um conjunto, no equilíbrio de uma função –

alguma coisa de amplo e de arriscado –, uma terapêutica adequada visará mais modificar tal ou tal aspecto. Ela se limitará a transformar tal particularidade, ou também se aplicará a mudar tal fator do qual outros podem depender. *A priori*, a limitação condiciona a eficiência: em contrapartida, tocar numa organização, abalar um sistema é quase sempre implementar as reações compensadoras que anulam a modificação que se pretendia exercer. Disso resultam medicações cada vez mais diferenciadas, em todos os domínios, e cada vez mais delicadas: assim, o qualificativo de "diurético" tende a se esfumar, porque a fisiologia renal foi devidamente analisada em suas etapas (a filtração, a reabsorção, a excreção) e, sobretudo, porque a atenção se afastou da água em direção aos eletrólitos ou aos sais que a acompanham. As urinas diferem tanto em qualidade quanto em quantidade: convém menos restabelecer uma eliminação do que conduzir uma diurese de tal composição, por tal meio, em tal circunstância, para o interior de tais limites. Por isso, *a priori*, é preciso desconfiar de um princípio como o mercurial que provoca uma secreção brutal, excessiva e, portanto, humoralmente desequilibrante: ele inibe a reabsorção do cloreto de sódio, o que aumenta o volume urinário aquoso. Ora, uma perda de cloro modifica as constâncias eletrolíticas e suscita reações em cadeia.

Só podemos, então, compreender melhor esta judiciosa recomendação: "É raro que, ao longo do tratamento, nos enderecemos apenas a um só medicamento... Via de regra, é preciso recorrer às associações medicamentosas: porque, como para toda terapêutica, a alternância medicamentosa impede ou adia os fenômenos de intolerância; porque, sobretudo, posta à parte a clorotiazida, cada um tende a acarretar um desequilíbrio que pode se tornar grave quando o tratamento se prolonga; porque associações judiciosas de diuréticos vão, a um só tempo, evitar ou corrigir os desequilíbrios e aumentar a diurese por efeito sinérgico."[17] Portanto, o recurso a um plural medicamentoso apaga os inconvenientes das diversas drogas que não agem nem da mesma maneira, nem no mesmo momento da secreção renal. Além disso, ele favorece uma depleção hidrossalina completa que deve englobar todos os constituintes da urina. Assinalemos, de passagem, que, nessa conjunção tão moderna quanto adequada, as sulfamidas entram em grande parte (o Diamox, o Diuril e outros). Por que, aqui, as sulfamidas, quando não há vestígios de infecção, senão porque, como vimos precedentemente, o princípio da ação sulfamida é concebido através da enzimologia e que, justamente, a reabsorção tubular implementa catalisadores bioquímicos (uma anidrase carbônica que as ditas sulfamidas inibem, decorrendo daí uma suspensão da hidratação do CO_2 em CO_3H_2, dissociado ulteriormente em CO_3H^- e H^+). É preciso notar a extensão do poder da sulfamida em domínios totalmente estranhos à inflamação.

Para encorpar o problema, devemos acrescentar que o mercurial, como todo medicamento diurético, deve ser proscrito nos casos de acometimento renal: quan-

---

17 *Thérapie*, ano 1959, p. 466. Marcel Perrault e G. Barres, Conduite d'un traitement diurétique, in *Étude de quelques problèmes d'actualitéen diurèse*.

do o rim lesado ou apenas infectado não funciona mais, quando a urina não é mais eliminada, o clínico deve se abster de intervir. Inversamente, se o coração ou o fígado conhecem um enfraquecimento, se a água invade os espaços livre, é nessas circunstâncias extrarrenais que o terapeuta facilita a diurese e impede a reabsorção tubular. Faço paradoxo, mas, mesmo assim, um paradoxo; as medicações urinárias só operam sobre um rim que funciona. Inversamente, em casos de perturbação renal, quando a urina não é mais liberada, essas medicações não serão utilizadas em nenhum caso. A razão disso é evidente: o diurético entrava uma fisiologia complexa, ele, portanto, não poderá valer se essa fisiologia já estiver alterada (ele agravaria a desordem) e não poderá verdadeiramente ter êxito, pois ele só age inibindo. Ora, só se pode inibir o que funciona ou se encontra em estado de movimento, não se pode bloquear um processo detido.[18]

Esse desvio pelo campo dos diuréticos deveria consolidar nossa tese sobre a importância e a necessidade de somações: ele bem poderia tê-la infirmado. Com efeito, não se tratou do específico, de enzimas eletivas? Na verdade, quanto mais um medicamento age, menos ele é empregado sozinho. Foi o que acabamos, por fim, de verificar. Um diurético isolado não tem sentido: o clínico não deve se preocupar com tal quantidade eliminada ou com tal sal excretado, ele deve restabelecer uma diurese que compreenda todos os constituintes, em qualidade e em quantidade. Para isso, ele multiplica as drogas tendo em vista realizar uma correção harmônica. Impossível acreditar no fantasma de uma terapia onivalente e como se fosse monárquica, cuja única presença restabeleceria a concórdia fisiológica. De ponta a ponta, não vemos senão conjugações. E, inclusive, os tratamentos específicos se tornaram tão específicos, tão microscopicamente adequado que se deve, em termos precisos, reuni-los e integrá-los uns aos outros em um conjunto funcional. Não mais remédio miraculoso: a *démarche* curativa implica uma multiplicidade e, sobretudo, a vontade de tirar partido das possibilidades oferecidas pelas relações entre as substâncias. São essas relações que nos dedicaremos a extrair. Do momento em que se trata de ligações materiais, o lógico e o experimentador devem estar à espreita. Em qualquer hipótese nos pareceu que a potencialização expressava uma das soluções mais criadoras e originais entre aquelas que evocamos: ela põe em destaque a promoção da matéria terapêutica que insistimos em revelar e, sobretudo, ela resolve uma contradição que limitava, enfraquecia, por razões doutrinais e aprioristicas, a noção de remédio.

---

18 Nossas observações ajudam a compreender: 1º a necessidade de vigiar estreitamente a diurese ao longo de um tratamento por meio das sulfamidas, quando se trata de jugular uma infecção. Não se deve, sob a desculpa de deter uma invasão bacteriana, comprometer a fisiologia renal, cujas delicadas operações correm o risco de ser modificadas e suspensas pela presença da antienzima; 2º pensa-se facilmente que a descoberta das possibilidades diuréticas desses amidos não foi teoricamente concebida e experimentada, mas sim constatada de modo fortuito: essa terapêutica foi reconhecida e provada às expensas dos doentes. O mesmo se deu para o mercúrio e seus derivados: eles serviam primitivamente para tratar os sifilíticos.

* * *

Para compreender a anestesia moderna que escolhemos como modelo de uma terapêutica revolucionária, de um êxito que põe em jogo uma engenhosa diversidade material, nos bastará reunir conclusões sobre os métodos de transferência e de somação, sobre tudo o que não temos nomear como "uma álgebra medicamentosa".

Todavia, previamente, precisamos definir a última regra que preside às delicadas operações que teremos de comentar: com efeito, ela desempenha um papel decisivo na problemática anestésica, se devemos crer no inspirador dessa rica farmacodinamia, o filósofo e o próprio criador da anestesia, assim como da hibernoterapia que a prolonga e realiza, Claude Bernard.[19] Trata-se do princípio de irreversibilidade: $(a + b)$ não é igual a $(b + a)$. As estritas e completas igualdades não definem uma aritmética neutra, uma lógica demasiado elementar, animada pela total reciprocidade, porém menos verdadeiramente formal do que imaterial, válida, portanto, no irreal, para uma ausência de matéria? Seja como for, seria um erro reduzir a farmacologia a trocas indiferentes, comutações, a simples cálculos, em suma, a uma lógica do objeto "qualquer". Ilusão mais nociva, é verdade, e mais geralmente partilhada, a que não a eleva até esse ponto, mas a rebaixa para a contingência, senão para o obscuro e o tenebroso, porque a lógica dos outros contemptores nomeia irregularidade o que, na verdade, infringe somente seus princípios ou seus códigos. A farmacologia, suas experiências sólidas com as leis que dela derivam, desmentem sem cessar a universalidade e a coerência de uma lógica dos equilíbrios igualitários e indeterminados. Reciprocidade, invariância, não contradição, essas exigências só valem na ausência de uma matéria ativa ou no universo respeitável das convenções, das definições e das teorias. Mas a terapêutica, seus problemas e mesmo seus fracassos e perpétuas surpresas obrigam o espírito a renunciar a alguns de seus hábitos de pensar ou de interpretar. Ela o força a entrar num domínio no qual alguns princípios perdem sua preeminência e seu valor.

Na falta dessas consequências, a irreversibilidade evidenciará, se $(a + a)$ difere do $(a' + a)$, que a ordem das matérias em farmacologia, comanda o poder mesmo das substâncias. Poder-se-á ver, aqui, uma primazia e uma superioridade da regra sobre os elementos, da série sobre as unidades que a constituem: prova suplementar de que não se abandona a álgebra medicamentosa em benefício dos simples acúmulos, das equivalências ou das mortas reciprocidades.

Contudo, devemos lembrar brevemente algumas experiências fundamentais que consolidam e autorizam essa teorização. Limitar-nos-emos a duas delas, uma antiga e outra atual. Começaremos pesquisando a de Claude Bernard, antes de irmos às explicações e às renovações modernas.

---

19 *Leçons sur les anesthésiques et sur l'asphyxie*, Curso de Medicina do Colégio de França, Paris, 1875.

Estudando a anestesia e, sobretudo, os diferentes anestésicos, Claude Bernard se encontrou na presença de um resultado bastante desconcertante: "Veremos", escreve ele,[20] "que a combinação (clorofórmio-morfina) apresenta preciosas vantagens para a prática da fisiologia experimental, assim como para a da cirurgia. Eis aqui como fui levado a descobrir essa ordem de fatos. Há cinco anos, em 1864, fazia aqui mesmo experiências sobre as propriedades dos alcaloides do ópio. Um cão que havia sofrido a ação do clorofórmio, ao voltar a si... injetamos-lhe 5cg de cloridrato de morfina. O animal logo caiu em narcotização, o que era natural, já que lhe havíamos dado a dose de morfina necessária para obter esse efeito; mas, coisa curiosa, a insensibilidade clorofórmica retornou ao mesmo tempo. Não era surpreendente que os dois efeitos coexistissem, já que havíamos dado as duas substâncias; porém, foi muito singular o fato de a insensibilidade clorofórmica se manifestar de novo depois de haver desaparecido... O mesmo fenômeno foi igualmente constatado no homem por M. Nusbaum, de Munique". Esse fato surpreendente suscita um segundo: "É preciso saber que uma vez derrubada a experiência que fizemos primitivamente, os resultados não são mais os mesmos. Com efeito, ao dar o clorofórmio a um animal já sob a influência da morfina, vocês verão que a experiência não será mais a mesma; todavia, outros fatos muito interessantes se manifestarão."[21] É claro que sairíamos de nosso papel se entrássemos no detalhe dessas experiências, nas touceiras de suas conclusões e no desenrolar das hipóteses sugeridas por elas. Reteremos apenas o indiscutível princípio da não inversão, na farmacologia, das alianças e das combinações, enaltecido e até mesmo glorificado por Claude Bernard.

A dificuldade vem do fato de Claude Bernard ter por certo descoberto uma lei de farmacodinamia, ciência difícil de um materialismo dinâmico, mas interpretá-la mecanicamente, inseri-la numa perspectiva puramente física, ou melhor, aritmética e quantitativa. Como ele concebe, por exemplo, o despertar da insensibilidade ao clorofórmio? Como para todas as questões medicamentosas, ele apela tão somente às circunstâncias extrínsecas e às modalidades de absorção, às únicas considerações de acumulação e de eliminação. Reencontramos, aqui, a medicina positivista que vê, entre o normal e o patológico, apenas uma diferença de quantidade, expressável em excesso, em constâncias e em limiares.[22] Visando esclarecer o fenômeno do voltar a si, afirma-se, então, que resta clorofórmio no sangue, mas em proporções insuficientes. A morfina abaixa o limiar de receptividade do elemento nervoso e não é mais surpreendente que ela revele a presença do anestésico.

Felizmente, a interpretação da não reciprocidade (na qual a experiência invertida traz resultados não superponíveis) leva Claude Bernard a um enunciado claramente original e no qual o filósofo da biologia poderá ler um teorema de au-

---

20 *Leçons sur les anesthésiques et sur l'asphyxie*, Paris, J.-B. Baillière, 1875, p. 226.
21 Ibid., p. 227.
22 G. Canguilhem, *essai sur quelques problèmes concernantle normal et le pathologique*, Les Belles-Lettres, 2. ed., 1950; Le normal et le pathologique, in *La connaissance de lavie*, p. 194-212.

têntica farmacodinamia. Essa experiência se resume assim: a morfina pode preceder o clorofórmio. Ora, essa injeção facilita a anestesia e a induz. O anestésico, aqui o clorofórmio, é poderosamente ajudado por um não anestésico, por um corpo que não pertence à mesma família, nem química, nem fisiológica: "Significa dizer que a morfina é também um anestésico, e que ela começa uma verdadeira anestesia do nervo sensitivo tal como o faria uma pequena dose de clorofórmio? Evidentemente não, pois se fosse assim, não se veria a razão de ela não poder concluir, com uma dose suficientemente considerável, essa anestesia que ela teria podido começar com uma dose relativamente fraca. E isso é o que não acontece."[23] Como então compreender esse suporte e, se assim podemos dizer, essa facilitação? O mestre das substâncias medicamentosas abandona suas teorias cifradas e suas metáforas hidráulicas. Certamente, diríamos nós, o ópio acalma, adormece, amortece. Mas, escreve Claude Bernard, o ópio também agita e convulsiona. Ora, verdade das medicinas na época, toda substância que suprime, primeiro exalta, ou ainda, aquela que tonifica começa por inibir ou desacelerar. "Quando um elemento histológico morre ou tende a morrer, sua irritabilidade, antes de diminuir, começa sempre por aumentar. Somente depois dessa exaltação primitiva ela baixa e se extingue progressivamente... A própria excitabilidade do elemento nervoso, por meio da ação da morfina, prova que esse elemento caminha para sua perda. Poder-se-ia inclusive afirmar, como princípio geral, que, quanto mais um elemento histológico é excitável, mais ele é fácil de envenenar, ou seja, de fazer morrer... O nervo, tornado mais excitável pela morfina, é mais rapidamente atingido pelo clorofórmio do que se ele estivesse no estado normal. Esta é a explicação desse fenômeno, segundo o estado atual de nossos conhecimentos no estudo dessas ações medicamentosas que são ainda, assim se concebe, circundadas por espessas trevas."[24] A farmacologia ultrapassou efetivamente essa teoria um tanto nuançada de metafísica. Contudo, nós a consideramos o esboço de uma autêntica teorização, porque ele busca conceber a ação dos remédios, olha os medicamentos como forças que desaceleram ou aceleram e, sobretudo, ela contém uma parte de profunda verdade: a relação entre depressão e excitação permanece sempre ambígua. A mesma substância que exalta pode finalmente suprimir e siderar, segundo as doses, os sujeitos, os momentos, as circunstâncias. A esse respeito não se poderia, portanto, recusar Claude Bernard. Aliás, para nós, o resultado, aqui, não conta, nem mesmo a ideia destinada a dar conta dele. Queremos tão somente manter duas verdades suficientemente estabelecidas: a primeira concerne à utilidade e ao valor de uma multiplicidade das substâncias em anestesia; a segunda incide sobre a importância da ordem ou do momento de administração dos princípios. A maneira como as drogas são associadas modifica sua matéria. Apenas, se desenvolvemos esse exemplo antigo e as provas que o caucionam para ilustrar o princípio de uma irreversibilidade farmacológica

---

23   *Ibid.*, 272.
24   *Ibid.*, p. 274-275-276.

foi, na realidade, pelo fato de ele já nos introduzir em nosso comentário e em nossas análises finais sobre a anestesia atual.[25]

Anunciamos dois exemplos: seremos mais breves sobre o último que nos prepara menos diretamente para nosso problema. Limitar-nos-emos a lembrar que: dois vasoconstritores notáveis podem dar uma vasodilatação, em outros termos, A_1 e A_2 igual a $-$ A. Além disso, A_1 e $A_2 \neq A_2$ e A_1. Conforme se comece por um ou por outro, deveremos registrar resultados exatamente opostos. Essa dupla e célebre equação farmacológica deveria poder escorar e garantir nossa fórmula de "medicação algébrica", ulteriormente reforçada e concretizada pela anestesia moderna.

Não se pode ignorar que a adrenalina, hormônio da glândula suprarrenal, é vasoconstritiva. Mas, enfatizemos com força: em biologia, não há resultados onivalentes e absolutos; em farmacodinamia, não há dados tão transparentes e nem tão firmes. Ao observá-lo mais de perto, os fisiologistas não deixarão de retornar sobre suas primeiras conclusões, abalados pela irregularidade da pretensa "invariância". Quando injetavam a dita adrenalina em doses ínfimas convenientes, eles notavam, primeiro, uma leve baixa tensional, depois sobrevinha a brusca elevação, que dura alguns minutos, mas seguida de uma nova queda abaixo da normal. Mas a fisiologia permanecerá ali: ela releva os estranhos sobressaltos e mesmo a ambiguidade de ação do hormônio suprarrenal.

Se, experimentação esclarecedora, se dá ao animal um vasoconstritor e se injeta a adrenalina, se favorece, então uma dilatação incontestável e durável. Em suma, dois vasoconstritores não apenas se anulam, como também, nessa circunstância, um e outro se invertem, o que escrevemos assim: $A_1 + A_2 = -$ A. Não queremos examinar as teorias, nem as discussões, nem as inúmeras verificações às quais essa surpreendente equação obrigará: nos restringiremos à explicação mais satisfatória e mais partilhada. A adrenalina, "bifonte", compreende uma potencialidade vasodilatadora, mas é obliterada pela dominante vasoconstritiva.[26] Se impedirmos o exercício dessa constrição, então transparece a nota dilatadora. O constritor que precede o hormônio ocupa os receptores celulares, ativa precisamente a constrição:

---

[25] Estamos em completo desacordo com as observações de M. Dallemagne quando ele escreve, em sua notável obra *Aspects actuels de l'anesthésiologie* (p. 13): "Em 1881, Alexander Crombil realiza a primeira medicação pré-anestésica ao preparar o doente com a morfina: o éter e o clorofórmio são sempre quase que exclusivamente utilizados..." O próprio nome e, *a fortiori*, o papel de Claude Bernard nunca aparece num livro no entanto rico de perspectivas históricas. A esse respeito, não nos preservamos de transcrever o que diz respeito à anestesia local (in *Aperçu de l'histoire des anesthésiques*): "Foi preciso um acidente fortuito para que (em 1884) a cocaína passasse para a prática médica: estudando diversos alcaloides com Sigmund Freud, Carl Köller recebeu no olho uma gota de solução de cocaína. Em seguida a esse incidente, ele demonstra no Congresso de Oftalmologia de Heidelberg a anestesia corneana. Dois meses depois, Halsted e Hall, injetando uma solução de cocaína nas proximidades do nervo cubital, fundam a anestesia local." (p. 14)

[26] Ler-se-á uma luminosa atualização em *Actualités pharmacologiques*, 1955, H. Hermann, La lyse et l'inversion des effets tensionnels de l'adrénaline.

a adrenalina que se seguirá não poderá realizar um estado já garantido. Adicionada, ele só pode, então, manifestar seu poder vasodilatador, de outro modo inaparente. Doravante, é essa virtualidade que explica as fases dilatadoras que circundam a brusca tensão adrenalínica e a irregularidade da pressão arterial. Em qualquer hipótese, de constritiva que era a substância secretada na totalidade de sua farmacodinamia, ela se torna somente dilatadora quando precedida por um constritor.

Essa teorização, entre parênteses, poderá eventualmente servir e fundamentar uma terapêutica de inspiração homeopática: expulsar o mal, por assim dizer, não mediante um contrário, mas por meio de um semelhante. Já que $A_1 + A_2 = -A$, já que dois princípios vizinhos nem sempre juntam seus efeitos, mas produzem o oposto, concebe-se sem dificuldades que, em caso de hipertensão, por exemplo, seja preciso aconselhar ao doente um hipertensor apropriado, tendo em vista baixar as cifras manométricas. Em alguns casos, o princípio de inversão legitimaria o célebre *similia similibus curantur*.[27] Sem insistir sobre essa eventualidade, resta que o filósofo da terapêutica deve reconhecer e mesmo saudar, nessa possibilidade de medicação, uma audácia metodológica que vira as costas para as magias e as atitudes naturais: lutar com remédios violentos e hostis, segundo o adágio do *contraria contrariis curantur*.

De nosso exemplo que ilustra o princípio da inversão, queremos conservar menos as ricas perspectivas abertas por ele que uma consequência menor: muito simplesmente, se a adrenalina antecede o constritor que, na experiência princeps, a precede, se A_2 introduz A_1, o resultado muda. A adrenalina dá seus efeitos, quer dizer, uma flutuante vasoconstrição que não deixa perceber a componente dilatadora anulada. O vasoconstritor não poderia acrescentar nada, nem nada suprimir: ele não poderia sequer exercer sua própria ação já consumada. Disso decorre, então, que $A_1 + A_2$ difere totalmente de $A_2 + A_1$. A primeira soma se expressará por uma autêntica dilatação ($-A$) e a segunda se saldará por meio de uma vasoconstrição. O inverso da experiência fundamental e o princípio da inversão não operam mais.

---

27   Além dessas observações fisiológicas recentes, senão discutidas, o que fundamenta a homeopatia, no momento atual, com bases positivas e não mais místicas, decorre mais de seu segundo princípio: o valor das doses infinitesimais e das diluições medicamentosas.
Reconhecemos, muitas vezes seguidas, sua verdade e a frequência de suas aplicações: entre outras, a cafeína, em doses moderadas, melhora o trabalho intelectual e facilita os exercícios mentais. Em doses fortes, ela adormenta e deprime. Os anestésicos, e temos a ocasião de insistir nisso longamente, excitam e convulsionam antes de mergulhar o operado no sono. A morfina ou o ópio, em quantidades mínimas, provocam também os reflexos da rã e só os suprimem quando se aumenta a posologia. Sobre esse ponto, nos detemos nas banalidades de uso e nos exemplos tradicionais: em suas célebres *Leçons sur les anesthésiques*, Claude Bernard revigorou o problema (6ª e 7ª lições sobre os Alcaloides do ópio e sobre a ação morfínica). Quanto à digitalina, ela inverte completamente seus efeitos tonicardíacos, conforme seja dada em doses fracas ou fortes. Em suma, há antagonismo segundo as quantidades prescritas: com a *variação* dosimétrica aparece uma rica *variedade* qualitativa. O tratamento homeopático repousa, com frequência, sobre essa verdade primeira da farmacologia.

O $A_1 + A_2 \neq A_2 + A_1$ exclui, parece, da farmacodinamia as operações de ir e vir e os esquemas da simples reversibilidade demasiado temporalizados. Quer queira, quer não, o filósofo deve ter isto em conta: o domínio que exploramos escapa dos monopólios dos sistemas lógicos puramente formais. Nem a aditividade nem a reversibilidade o concernem: a assimetria, o múltiplo sob o único, a desigualdade sucessiva, o triunfo das mediações e do indireto, temas que se entrecruzam e definem um campo material original. De modo claro, em uma constituição sinérgica, a adição pura e simples expressa raramente uma equação medicamentosa válida: é preciso lembrar-se disso quando se tiver de multiplicar as substâncias curativas. Não é possível modificar a ordem das somas nem substituir as unidades ou os semelhantes uns pelos outros. Em um conjunto, cada constituinte tem um lugar, seu lugar: topologia que nos afasta das situações neutras, dos espaços vazios ou dos tempos indeterminados de uma lógica demasiado imaterial, por vezes até próxima do irreal. O ser indiferenciado e universal não é um abstrato? Mas, na falta dessas observações que excedem os limites de nosso exame, não perderemos de vista a irrecusável e inquietante não reciprocidade deste $A_1 + A_2$ diferente e mesmo oposto a $A_2 + A_1$. Nossa segunda ilustração da lei nos permitiu reencontrar o princípio da inversão. Dois semelhantes adicionados um ao outro dão um contrário: duas quantidades positivas podem dar um resultado negativo. Por esse viés, retornamos ainda aos fundamentos do que persistimos em nomear "a álgebra das medicações".

Por tê-la desconhecido, alguns experimentadores caminharam de surpresa em surpresa. Eles tropeçaram incessantemente no irracional ou, o que dá no mesmo, no inconstante. Só que sua falaciosa filosofia escorria de uma fonte impura: esquecidos das exigências da crítica, presos aos resultados mais do que às causas, nossos espíritos raciocinaram muito familiarmente, senão de modo demasiado fácil, sobre os próprios instrumentos de suas análises, ou seja, sobre "os bisturis químicos" das drogas ou dos venenos, únicos capazes de revelar a essência do organismo. Mas, antes de poder conhecer as manifestações ou os movimentos biológicos, convém trazer as luzes da análise sobre as humildes matérias encarregadas das transformações ou das operações a serem efetuadas. Esses instrumentos químicos ou biológicos que ulteriormente entrarão na farmacopeia, no universo sagrado e venerável dos medicamentos, constituem uma dinâmica complexa dominada pelas relações sintéticas.

* * *

As análises que precedem querem apenas ajudar à tomada de consciência de um sucesso farmacológico atual: a anestesia. Não nos parece indigno do filósofo meditar a materialidade de uma conduta médica contemporânea. Deixaremos de lado os detalhes, as posologias, as contraindicações, as modalidades de realização e até mesmo afastaremos o jargão médico ou cirúrgico nesse domínio particularmente incômodo e esotérico. Propomo-nos tão somente a esclarecer o método, assistir a convergência dos três teoremas previamente estabelecidos e analisados: a potencialização, a transferência e a não reciprocidade.

Será preciso acrescentar que a anestesia deve reter a atenção, senão comover o filósofo da biologia? Com ela, trata-se de uma tentativa pouco comum: suprimir provisoriamente as funções superiores, as corticais e as diencefálicas, impedir a sensibilidade, a dor e a memoração, *mas* não parar as fisiologias vitais, a respiração ou a circulação. Audácia sem igual: realizar uma decapitação temporária, criar com a droga um semivivo e também não deixar de caminhar, de algum modo, entre dois precipícios, o do excesso, assim como o da insuficiência, igualmente perigoso. É preciso entregar ao padre da cirurgia, para que ele possa executar suas lentas e pacientes manipulações, um corpo totalmente imóvel, dócil e insensível, capaz de aquiescer à agressão mais ofensiva que se possa imaginar.

Concebe-se que a descoberta dos primeiros anestésicos, o éter e o clorofórmio, em circunstâncias bufas e trágicas, conforme se sabe,[28] abalou a medicina e sacudiu a opinião pública. Não se pode encontrar na farmacopeia substâncias mais heroicas, nem mais revolucionárias: os pesquisadores de ilusão, os neuropatas, como quase sempre acontece,[29] os toxicômanos, finalmente revelaram o meio de obter uma espécie de "esquizofrenia fisiológica", um método para desrealizar o organismo inteiro.

Os experimentadores e os cirurgiões, que se apossariam dessa prodigiosa descoberta, se dedicaram a precisar minuciosamente a zona mediana na qual o organismo deveria fazer uma espécie de descida para sua trágica viagem rumo ao insensível. Com efeito, todos os Tratados descrevem as etapas do enterro fisiológico: em primeiro lugar, a simples perda da consciência, o começo da analgesia e da confusão; depois, a excitação e a aparição de movimentos violentos, um delírio explosivo; por fim, o reino das sombras, o domínio cirúrgico e seus patamares rigorosamente regressivos, aos quais se tem acesso, conforme a natureza e a intensidade vital da intervenção visada. O anestesista vigia de perto o pulso, as trocas respiratórias, a tensão arterial, a fim de garantir que os centros da vida elementar não sejam impregnados, caso no qual, valendo-se de meios apropriados, ele deverá remontar o caminho percorrido. Em suma, viagem arriscada e digna das mais imaginárias mitologias, na qual o homem caminha lado a lado com a vida e a morte, em que ele vive, de algum modo, sua alternância.

É possível um gás ou um soluto efetuar uma tal divisão: suprimir os centros, mas não tocar no bulbo? Seria insensato e metodologicamente errôneo imaginar um anestésico tão eletivo e discriminativo, crer na influência de um narcótico que se limitaria apenas ao adormecimento cirúrgico, como se o remédio ou o insensibilizador pressentisse seu papel benevolente e fosse criado por uma Providência que o teria ajustado ao mal e à sua função. É preciso pensar mais o contrário: a

---

28   Primeiro Congresso Internacional de Anestesia, Paris, setembro de 1951, discurso de abertura, Pr. Monod.
29   Philippe de Félice, Poisons sacrés, ivresses divines, *Essai sur quelques formes inférieures de la mystique*. Albin, 1936.

farmacologia maneja matérias inimigas ou, pelo menos, indiferentes, e essa ciência se dedica justamente a desnaturalizá-las ou a transformá-las, a voltá-las para fins humanos difíceis tanto quanto imprevisíveis. Disso decorre, nela, um certo espírito prometeico ou luciferiano, um movimento de revolta contra as falsas potências naturais. Todos os nossos desenvolvimentos anteriores tendem a expulsar o fantasma de um remédio suscetível de provocar, por si mesmo, o efeito almejado. Por essa razão, e quase por definição, se um anestésico adormece e paralisa, ele não deixará de despertar consequências maléficas.

Não podemos nos surpreender com esta elementar verdade da farmacodinamia. Existe, portanto, uma patologia por meio do próprio anestésico, uma patologia dos remédios, uma vez que tal gás ou tal sal deve ser utilizado em doses bastante importantes. Não há boa substância que não crie desordens, não há corpo eficaz que não possa se contradizer e reverter seus efeitos, não há pressão ou ação que não seja violência ou perigo. Intuímos que a arte médica consistirá justamente em resolver a contradição inerente a esse emprego: reter o positivo, mas impedir o negativo que o próprio corpo ambivalente inclui. O problema se apresenta assim: como afastar um sem perder o outro? Como conseguir uma tal análise não mais química, porém fisiológica? Somos obrigados a recorrer à totalidade da substância indivisível: não é a causa que se deve trabalhar, mas apenas seus efeitos, exorcizar uns, mas beneficiar outros, uns e outros misturados e concomitantes.

Por exemplo, sabe-se que os primeiros anestésicos foram voláteis. Se o olfato percebe os corpos odoríferos e os aspira, ocorre que os vapores irritantes ou de odor acre (como o clorofórmio) desencadeiam um brusco reflexo de defesa que desemboca numa parada respiratória ou num espasmo laríngeo. Essa sensibilidade do nariz e do cavo, que se prolonga na faringe, não depende do nervo olfativo propriamente dito, mas do trigêmeo, e a réplica passa pelo pneumogástrico. Assim a sentinela semeia o alarme e todo o organismo se erige para impedir a invasão deletéria (tórax bloqueado em expiração, respiração totalmente suspensa, síncope e, no extremo, morte). A anestesia nem sempre pode começar verdadeiramente. E, se ela se engaja, a série de graves inconvenientes que a pontuam e a obscurecem se desenvolverá. Precisemos apenas um deles. Precedentemente, vimos o jogo de um reflexo asfixiar o organismo. É preciso, agora, observar o inverso, o que corrigirá a conclusão filosófica que se estava tentado a extrair a partir do primeiro drama: com efeito, a inibição dos principais reflexos que caracteriza a fase cirúrgica pode impedir, por sua vez, a respiração e pôr em causa a vida do operado. Normalmente, os reflexos da tosse e da salivação protegem, de algum modo, os brônquios, contra a invasão do muco e desviam também a saliva, com frequência abundante, de sua passagem pela traqueia. Sem o jogo das defesas nervosas que expulsam e liberam as vias aéreas, obstruções podem sobrevir, criadoras das desordens pulmonares infecciosas (atelectasia). O éter com frequência é considerado como responsável: ele exagera o fluxo salivar e irrita as vias pulmonares que, consequentemente, secretam.

Poderíamos multiplicar o comentário e a enumeração das consequências nocivas devidas à inalação de um insensibilizador. Isso nos afastaria de nosso propósito. Quisemos apenas concretizar e precisar alguns dos perigos inerentes ao emprego dessa *materia medicans* tão prodigiosa e benfazeja quanto temível. O uso unicamente do anestésico, lembremos, apresenta um problema delicado, o da posologia que navega entre dois obstáculos: o excesso, prejudicial, ou então a insuficiência, também lamentável porque, por ocasião da intervenção, se todos os reflexos e todas as defesas não forem suspensos ou paralisados, as reações prosseguirão: impulsos nociceptivos alertarão os centros e acarretarão o choque pós-operatório cuja intensidade se adivinha.

De um lado e do outro, qualitativa como quantitativamente, a anestesia nem sempre pode resolver a contradição material de seu emprego. Por vezes, ela consegue apenas uma vitória de Pirro: ela cria um adormecimento e tem acesso ao estado cirúrgico, mas ao preço de perturbações e de agressões insuperáveis. Aliás, se os anestésicos foram por muito tempo considerados suspeitos, desaconselhados e até mesmo condenados pelas Academias, foi precisamente devido à sua profunda ambivalência. No momento de consagrá-los, eles revelavam suas virtualidades tóxicas. Como a medicina iria transpor a dificuldade, superar a dialética de um uso e de uma recusa, o equívoco de um querer e de uma oposição? Vemos nesse problema um argumento a favor de nosso filosofema: a impossibilidade do recurso ao remédio causal, direto, despótico. Uma anestesia por meio de um anestésico, esta é a má solução, preguiçosa e ineficaz. O anestésico não pode dar um só efeito, aquele que se visa. Ele desperta uma revolta sediciosa, Ele não foi depositado na natureza para fins cirúrgicos. E, se ele adormece, é na violência ou no tumulto. Por conseguinte, se, de um lado, ele paralisa, do outro, ele põe em movimento.

Tendo em vista dar uma solução válida para esse problema material e suspender a ambiguidade, a anestesiologia se engajou numa via frutuosa, cuja engenhosa metodologia queremos elucidar: a multiplicação dos anestésicos, a neutralização de seus efeitos prejudiciais, a indução de uns pelos outros, esses três meios se completam e dão uma polifarmácia que torna possível, senão anódina, a prática anestésica.

Em primeiro lugar, recusamo-nos a empregar um só princípio, utilizamos muitos, como já o recomendava com insistência C. Bernard: isso, já o evidenciamos, não é uma falta de rigor ou uma comodidade (nós os misturamos todos), é, ao contrário, um princípio soberano em farmacologia: "a administração sucessiva ou mesmo simultânea de anestésicos em pontos de ataque fisicopatológicos diferentes, em doses bastante reduzidas para evitar o desencadeamento de distúrbios graves, determina uma adição dos efeitos narcóticos, sem que se produza, na mesma relação, uma adição dos efeitos tóxicos. Cada um dos produtos utilizados na anestesia combinada, se fosse administrado sozinho no paciente, seria incapaz de levar a narcose à profundidade exigida pela cirurgia sem provocar ação secundária nefasta".[30] Esse texto o expressa claramente: convém não apenas adicionar, mas se deve associar somente semelhantes, um semelhante que englobe o idêntico (o efeito buscado) e o diferente (seus próprios inconvenientes). Essa multiplicidade parece resolver tanto a questão qualitativa (as desordens de cada um não se acrescentam) quanto a qualitativa (cada um é prescrito em fracas proporções). Quanto mais eles são, melhor eles são. A quantidade vem garantir a qualidade de ação. O que um único não pode, ou pode mal, um plural o obterá e da melhor maneira: o *misto*, nessa ocasião, desclassifica a substância.

Por meio de um segundo estratagema, a anestesia conseguira ultrapassar o mais sutil obstáculo que a espreita: atenuar um ataque pelo qual ela desaposa o organismo de si mesmo e de seus controles. Uma profunda queda no sono cirúrgico que se torna uma progressiva descida e, sobretudo, aceitação neurofisiológica. Este é o problema formulado e mais árduo ainda pelo fato de que toda medicação que age não pode não chocar. Como retirar da medicação as ciladas de seu começo? Como lhe subtrair o que parece o mais consubstancial a ela mesma, sua introdução necessariamente forçada, sua agressão fisiológica, seus inevitáveis efeitos? Todo remédio, sobretudo aquele que obriga o organismo a funcionar no esquecimento e na insensibilidade, define uma coerção e uma violência. Ele suscita uma resposta e reações nefastas, nesse domínio, porque elas esgotam um organismo debilitado e logo convocado a sofrer a pior ofensa: o próprio ato cirúrgico.

Podemos suprimir seu poder de agitar sem lhe retirar o de agir? Podemos impedir as reações sem privá-lo da ação? Em suma, trata-se de empregar o remédio, mas de evitar a toxicologia de sua presença. Para passar através das malhas dessas dificuldades, célebre e longamente discutidas, fragmenta-se a anestesia: uma longa e ligeira pré-anestesia decomporá o choque anestésico temporariamente, a fim de torná-lo aceitável. O essencial da violência reside na rapidez. Por conseguinte, convém induzir lentamente, ou seja, preparar e convidar. Remédios servirão de remédios aos próprios remédios: remédios temporais que abrem a rampa aos que se seguirão. Hipnóticos, analgésicos, sedativos poderão, deverão, assim, prefaciar a medicação cirúrgica; doravante se pode definir a anestesia como uma intoxicação controlada e atenuada, um ataque sem surpresa, uma descida sem queda.

Por fim última garantia, todo anestésico empregado se encontra neutralizado por um adjuvante destinado a evitar a aparição das desordens que ele poderia incitar: a franja patógena da substância utilizada não corre o risco de aparecer. Por exemplo, um vagolítico (a atropina) recede o recurso ao éter ou ao clorofórmio por moderar a salivação e reduzir sensivelmente a importância das secreções brônquicas, ele previne igualmente o laringospasmo, sobre o qual antecipada e intencionalmente assinalamos que ele se exerce pelo nervo vago, o nervo parassimpático por excelência. Podemos ainda assistir a adições medicamentosas mais perturbadoras: um terceiro

---

30   *Aspects actuels de l'anesthésiologie*, por Marcel Dallemagne, Masson, 1948, p. 172.

remédio destinado a anular os efeitos prejudiciais do segundo, ele próprio, por sua vez, convocado para uma semelhante função vis-à-vis do primeiro. Chega-se, assim a imponentes polifarmácias que multiplicam tanto mais os elementos quanto querem reduzir, uns pelos outros, os efeitos perigosos de uns e de outros.

No total, graças a esses três métodos (a multiplicação dos anestésicos, a indução e a correção), chega-se a suprimir o desnivelamento psicofisiológico, evita-se os riscos incorridos por uma anestesia brutal, dá-se uma solução elegante, tanto quanto tranquilizadora, à problemática antiga: utilizar o temível anestésico, mas sem nunca permitir as desordens inerentes a seu emprego. Conserva-se apenas o benévolo de um conjunto, no entanto, indecomponível. Tivemos êxito na análise das propriedades ambivalente que estimávamos, no começo e *a priori*, impossível. Seria ainda necessário acrescentar – em se tratando de uma associação tão conhecida e estando em todas as memórias – que a descoberta, depois o uso do curare, dariam uma nova segurança à técnica da narcose cirúrgica? Graças a esse paralisante dos nervos motores, a anestesia geral pode não descer tão baixo, até um grau tão arriscado, o último patamar, uma vez que não é mais necessário abater, de algum modo, o tônus muscular, mediante os centros. A resolução muscular, tão buscada, pode ser realizada diretamente pela via periférica ou sináptica. Outra sobre adição, nessa anestesia tão pletórica e, sobretudo, tão afastada da crença no bom e único anestésico para uma verdadeira anestesia.

* * *

Minimizar, corrigir, preparar, tantos meios engenhosos que, no entanto, não podem dispensar o recurso à própria substância. Essas estratégias desembocam, finalmente, num compromisso: conservar a droga anestésica, mas vigiar seus efeitos e, sobretudo, reduzir sua posologia. Cercá-la de corretivos, atenuar sua brusquidão, tal é a filosofia sem grandeza desse método.

Insistimos em mostrar como a farmacologia se erguerá, pouco a pouco, das decisões revolucionarias, se engajará numa estrada que vira as costas ao passado e supõe uma mutação epistemológica, a anestesia sem anestésico, para retomar os termos e as experiências de Huguenard. Nisso reencontraremos, como havíamos anunciado, uma aplicação e a convergência dos três teoremas do que chamamos a álgebra medicamentosa: lateralização, potencialização e não reversibilidade. Esses três princípios a trabalho na maioria das terapias atuais, inauguram uma concepção nova da doença tanto quanto da medicação, que perde cada vez mais seu caráter bruto e imediato. Ela aciona esquemas cada vez mais diversificados.

À filosofia da atenuação, por mais válida e satisfatória que seja, falta originalidade, está entendido, mas, sobretudo, ela tende menos a resolver seu problema, isto é, sua contradição (entre um emprego necessário, mas carregado de perigos), do que enfraquecer ou diminuir um dos termos da relação fundamental de oposição. Ela não inventa claramente, ela define uma conduta elementar e se inscreve no plano de uma aritmética farmacêutica: adicionar substâncias que se moderam, diminuir as quantidades tóxicas, multiplicar os pré-anestésicos que porão uma continuidade entre o estado de vigília e uma brutal narcose. Mas essa terapêutica de astúcia nunca rompe com a ontologia substancial dada por este imperativo da evidência: uma anestesia com um bom anestésico.

A anestesiologia moderna se orienta, então, para uma concepção mais algébrica. O método da transferência, cujos fundamentos analisamos, explica a audácia desta proposição: não cabe mais ao anestesista anestesiar.[31] Só se deve operar medicações por vias oblíquas e pelo viés de remédios indiretos que não conduzem ao objetivo buscado. Nada é mais perigoso do que aceitar a sugestão comum: o anestésico anestesia. Nos casos graves, ela oferece um perigo certeiro: aliás, ela não visa senão suprimir a sensibilidade, ela equivale a um simples tratamento sintomático. Suspender a consciência do mal não é extinguir o próprio mal. Ela decapita, cria uma imobilidade favorável, força a insensibilidade, só que as manipulações viscerais, as trações dos mesos, das ligaduras, as dissecações no contato do plexo, todos esses estímulos perturbadores desencadeiam desordens regionais que apenas demandam, se assim podemos dizer, se ampliar. O paciente não os sente, mesmo assim eles prosseguem. Unicamente a ignorância ou a insensibilidade, não estaria aí um erro de natureza idealista, como se fosse o caso de impedir a tomada de consciência ou a representação para aniquilar, ao mesmo tempo, a realidade? Em termos metodológicos, convém, então, se interessar mais nas reações periféricas do que nos fenômenos centrais. A anestesia deveria se tornar um efeito longínquo, uma consequência menor, mais do que um fim primeiro. Reencontramos, assim, o princípio mesmo da transferência a operar: o anestésico não deve mais anestesiar. Por certo, a anestesia combinada conseguiria neutralizar o agente e minimizar seu emprego: é preciso chegar a suprimi-lo. Se ele subsiste, sua importância e sua urgência foram de tal modo reduzidas que não se recorre necessariamente ao mais benigno, ao mais desvantajoso, segundo a perspectiva clássica que deveria valorizar os potentes e os violentos.

Para realizar suas medicações laterais e, de algum modo periféricas, mais fixadas na região operatória, empenhadas, retornaremos a isso, em impedir as reações em cadeia provocadas tanto pela doença quanto pelo próprio ato cirúrgico, o anestesista não deixa de operar com o princípio da potencialização: ele maneja uma multiplicidade de princípios, administra para o operado um "coquetel lítico" que reúne uma impressionante pluralidade – acetilcolinolíticos, anti-histamínicos, simpatolíticos, curarizantes, por vezes antitérmicos, hipnógenos, analgésicos e até mesmo tranquilizantes, em suma, todo um conjunto de corpos de nomes eruditos, senão jargonescos. Temos de insistir nisto: a anestesia combinada resolvia a dificuldade suscitada pelo emprego do anestésico por meio de um plural medicamentoso

---

31 Essais d'anesthésie générales ans anesthésique, por P. Huguenard, in *Anesthésie et analgésie*, fevereiro de 1951, p. 5-53 (Masson, Paris).

destinado a introduzir, enfraquecer e corrigir a temível substância que, mesmo assim, conservava seu lugar de escolha e sua preeminência. Na anestesia mediata, ela pode desaparecer: por conseguinte, evapora-se o medo da anóxia e da sideração nervosa, a eventualidade dos tido pulmonares. Mas, sobretudo, no plano metodológico, a antinomia se esclarece: como incitar sem abalar? Como agir sem tocar? E como uma agressão farmacológica pode não se acrescentar à que a precede (a cirúrgica que a segue)? A anestesia sem anestesia, nos casos graves e desesperados, parece responder a essas questões: ela não mais tumultua porque não mais ataca diretamente e até mesmo porque, na verdade, ela não mais ataca. Além disso, ela deixa de lado os efeitos (a estesia), observa apenas sua causa ou sua origem (o ato cirúrgico e o local da intervenção que ela isola). A primeira, fenomenista e sintomática, revira os dados do problema: impedir a tomada de consciência sem suprimir a realidade patógena. Vale mais revirar as perspectivas, limitar, primeiro, a desordem original. Para isso, o anestesista se serve de drogas antichoque, ou, mais exatamente, de líticos, que interditam a difusão e as transmissões nervosas. Ele visa pôr "entre parênteses" a área operatória ou patológica. Por isso, a doença poderia ser definida como uma generalização espacial, o transbordamento das defesas fisiológicas, uma infeliz extensão, ou, mais precisamente, um excesso de reações, uma mobilização pânica do organismo inteiro. Os líticos localizam, suprimem o alarme e a sensibilidade.

A fim de não impor ao organismo em *veilleuse* uma carga medicamentosa, a anestesia multiplica *à l'envi* os remédios que cortam pontes e caminhos: essa multiplicidade de drogas, em doses muito fracas, busca e realiza uma "potencialização", no sentido em que o resultado obtido ultrapassa, de longe, a soma aritmética dos elementos. A prova mais irrecusável vem do fato de que um semelhante conjunto obtém, senão uma clara anestesia, pelo menos um embotamento da sensibilidade, tornada crepuscular graças a uma ampla ressonância sobre as funções integrativas. Em suma, o adormecimento se dá menos de cima para baixo, um baixo que permanecerá ainda ativo e até mesmo em agitação, do que de baixo para cima. É o organismo bloqueado e estabilizado, cujas fisiologias de transmissão e de resposta foram detidas, que, por contragolpe, desacelera a vida dos centros.

Quanto ao princípio de irreversibilidade, este se acrescenta ao da potencialização, no sentido em que ele permite afinar sinergias nitidamente organizadas, plurais medicamentosos metodicamente agenciados e construídos *sub specie temporis*: com efeito, é segundo uma ordem definida que o paciente receberá a lista ou a série de inúmeros inibidores. "Toda associação de um lítico novo deverá repousar sobre bases teóricas sólidas e só ser experimentado com prudência, considerando-se a farmacodinamia complexa do coquetel lítico... Experimentamos 35 combinações diferentes em 112 casos. As melhores nos pareceram ser aquelas dadas unicamente pelos líticos, afastando *deliberadamente* os barbitúricos e os produtos eserínicos sobretudo – todos os líticos de modo que seus efeitos sejam mantidos."[32] Certamente não temos de

---

32   Huguenard, art.cit., p. 10 e 17. (O advérbio não está sublinhado no texto.)

Capítulo 6 ◦ A astúcia das mediações e o sentido das polifarmácias 249

entrar no detalhe dos inúmeros complexos experimentados, nem cogitar as distâncias temporais que devem separar as injeções, nem as modificações acarretadas pelas interversões, nem as doses exatas a serem utilizadas, nem mesmo as associações a serem excluídas. Para nós, contam apenas o princípio e as leis às quais devem obedecer essas ativas combinações, esses mistos da farmacologia e da narcose.

Resumindo, a farmacologia descobriu primeiro, no século XIX e no começo do XX, substâncias que adormecem e mergulham o doente ou operado num sono invencível, numa inconsciência total que o torna insensível a todas as dores. Mas essas drogas soberanas, como o éter ou, posteriormente, os barbitúricos, trazem em si mesmas sua condenação: elas não são inteiramente as panaceias que se poderia ter acreditado. Sua luz esconde, primeiro, sua sombra, mas seu aspecto logo revela uma ampla franja de toxidade: assim, os barbitúricos deprimem os centros, podem lesar os parênquimas e não preservam do choque.

Por essa razão, segunda etapa que se sobrepõe à primeira, o anestesista se esmera em resolver a contradição: conservar a substância, mas impedir os danos. Ela já triunfa na anestesia combinada, tal como Claude Bernard o entreviu, e na anestesia associada, na qual inúmeros adjuvantes evitam os inconvenientes essenciais dos narcóticos. Assim, o curare desempenhará um grande papel: ele dá uma resolução muscular que, antes dele, era realizada pela anestesia profunda, portanto, arriscada. Doravante, graças a esse célebre paralisante, é possível contentar-se com uma dose leve de anestésico. Por meio desse procedimento assim como pelo outro, se visa sempre economizar a causa, mas conservar a integralidade do efeito.

A verdadeira solução só se delineia com a anestesia claramente indireta e mediata: esconder o mal do paciente **sem dor** e inconsciente não basta, é preciso inquietar-se com a região perturbada e isolá-la. Disso decorrem esses medicamentos que estabilizam o sistema vegetativo, inibem os circuitos irritativos e as mobilizações de alarme. Recorre-se a substâncias potencializadas e ordenadas, cujo resultado ultrapassa a soma, de tal forma que se recolhe um benefício médico sem ter de pagar o tributo exigido pelo uso dos medicamentos maciços e onivalentes. Sua variedade e seu agenciamento garante uma eficácia que, mesmo nos casos extremos, exclui os malefícios. Essa sinergia controlada e sem violência não cria um estado, ela quer apenas uma suspensão e a negação das fisiologias da defesa. Reencontramos, uma vez mais, um princípio já esclarecido: o mal só existe por nós, por nossas respostas desproporcionais e inconsideradas. Todavia, não é somente contra esse mal que devemos nos erguer, mas também contra os distúrbios corretivos incitados por ele ou as réplicas que ele desperta. O doente cria a doença pelo próprio excesso de sua defesa e pela importância de uma reação que o protege menos do que o esgota e o desequilibra. Os remédios que negam ou estabilizam passam então à frente de todos aqueles que estimulam, favorecem ou sustentam. Disso resulta um lugar de escolha para os anti-histamínicos, como o Fenergan ou o Neo-Antergan; para os ganglioplégicos, como o essencial Diparcol, prescrito pelos terapeutas nos estados parksonianos devido a seus poderes anti-espasmódicos e anticonvulsivantes; para os hipotonizantese paralisantes, como os curares de síntese, sem contar alguns analgésicos complementares. A sonolência, ao mesmo tempo em que a perda de consciência, vêm por acréscimo. Aliás, bastará prolongar o direcionamento ao estado de vigília e a desconexão para chegar às práticas mais radicais e também mais originais: Claude Bernard as havia sugerido, em páginas demasiado pouco conhecidas pelo historiador das ciências da medicina e da biologia. "É fora de dúvida", notava ele,[33] "que as doenças são tanto mais numerosas em um ser quanto mais seu organismo for aperfeiçoado. O homem é incontestavelmente o ser mais perfeito, mas é também o mais vulnerável e sujeito a mais doenças". Como remediar essa desvantagem? "As duas marmotas dormiam, mas, num dado momento, uma das duas, por uma circunstância fortuita, tendo se despertado, não encontrou mais uma quantidade de oxigênio suficiente para viver e morreu, ao passo que a outra, que permanecera adormecida, continuou viva..."[34] "De resto, em fisiologia experimental, conhecemos um certo número de meios próprios para transformar um animal de sangue quente em um animal de sangue frio e tornar um coelho, por exemplo, muito menos sensível a uma parada da circulação. Mostramos em lições anteriores que se obtinha esse efeito esfriando lentamente o animal..."[35]

Essas observações esparsas, porém proféticas, só desabrocharão verdadeiramente na metade do século XX com as terapêuticas hibernantes.

Não convém mais exaltar as forças fisiológicas, é preciso, antes, baixar o nível de vida do organismo, suscitar uma clara involução. Paralisar o simpático de um lado e do outro, refrigerar o organismo: tal é a última tentativa que, aliás, prolonga o movimento e os progressos anteriores. A anestesiologia chega, então, a uma insensibilização que não apenas é acompanhada de uma total inconsciência, mas também interdita toda resposta, toda reatividade, portanto o choque, ligado à vitalidade e às fisiologias compensadoras. O vivente muito evoluído morria de sua riqueza e de seus gastos excessivos. Para tomar emprestada uma observação estoica, não são as injúrias ou as infelicidades que existem, mas apenas nossas agitações passionais e nossa raiva para com elas. Basta curar esta tendo em vista suprimir aqueles, e não o inverso. Esse adágio da sabedoria parece estar, *mutatis mutandis*, em aplicação em algumas terapêuticas contemporâneas.

* * *

Dessa exposição sobre os métodos anestésicos e sua lenta evolução, reteremos menos os resultados que os princípios e sua exemplaridade. Eles implementam os três teoremas fundamentais que analisamos precedentemente: 1º lateralização dos

---

33 Leçons sur l'asphyxie, in *Leçons sur les anesthésiques et sur l'asphyxie*, Librairie Baillière, 1875, p. 327.
34 *Ibid.*, p. 328-329.
35 *Ibid.*, p. 326.

ataques visando torná-los eficientes e estáveis; 2º potencialização das drogas com o objetivo de minimizar as posologias nefastas; 3º irreversibilidade dos conjuntos medicamentosos, ou seja, sucessão regulada, o que evita os fracassos ou os acidentes devidos ao desconhecimento da ordem que define o poder farmacológico. Assim, os líticos periféricos dão, pouco a pouco, a quietude e uma profunda indiferença vital. E, para falar com propriedade, o doente não poderia desertar, uma vez que ele não foi verdadeiramente adormecido. Ele apenas torna a subir uma rampa que, pouco a pouco, descera. O fim parece tão insensível e progressivo quanto o começo. Nada de contrastante: "Observa-se um alívio progressivo do estado crepuscular. Esse período não é desagradável, menos ainda porque os efeitos analgésicos continuam a se exercer durante algumas horas."[36] Assim triunfa a busca de uma narcose indireta, obtida por via de consequência e de modo algum por uma causação enérgica.

Todavia, o que um filósofo da farmacologia deverá reter desses sucessos e dessas modernas aplicações ultrapassa tal ou tal terapia, tal ou tal prescrição. A farmacologia se propõe a seu exame, uma vez que ela é um domínio ativo ou proliferante, no qual as substâncias se definem e se engendram umas às outras, no qual elas não cessam de se multiplicar e de se corrigir.

Para retornar ao princípio elementar de não inversão, disso resulta nitidamente que duas substâncias isoladas, depois adicionadas uma à outra originam uma pluralidade de ação bastante surpreendente. Devemos distinguir A, depois B, depois A e B, por fim B e A, ou seja, pelo menos quatro possibilidades com a ajuda de duas unidades. Nesse mundo de materialismo triunfante e salvador, não está excluído que o próprio A, ou B, segundo a dose forte ou fraca, engendre resultados opostos, senão dissemelhantes. A ou B, por fim, podem incluir uma variedade que as astúcias buscarão explicar.

A perspectiva de potencialização também amplia a diferenciação. Com efeito, a mistura de A e B (assim como de B e A) pode muito bem despertar uma consequência superior aos elementos preexistentes. A simples adição fracassa em explicar "o mais", uma progressão de natureza qualitativa. Aqui, o materialismo conhece um avanço que podemos com justo direito, uma vez mais, nomear de dialético: estamos na presença de uma produtividade que engloba, supera e nega igualmente os participantes que lhe deram origem. Essa ultrapassagem traduzida pela potencialização dos medicamentos uns pelos outros compreende, a um só tempo, uma negação e uma assunção em uma síntese curativa. Além disso, graças a esse teorema, as fracas doses se tornam suscetíveis de eminentes ações não apesar de, mas por causa de sua pequenez, muito rapidamente desconsiderada por uma grosseira lógica das coisas.

Por fim, o método que habilita a transferência tende a provar que não existe uma única e fatal direção tendo em vista o objetivo buscado. Nessas condições, toda terapêutica comporta uma parte de escolha, de invenção e de risco. Não é possível

---

36 P. Huguenard, art. cit., p. 30.

estereotipar inteiramente a marcha a seguir: o clínico opta entre muitos caminhos que convergem para o mesmo alvo. A terapêutica ou ciência dos remédios, assim como de seu uso, apenas descreve antecipadamente a paisagem, os impasses ou os perigos, as veredas difíceis ou as estradas familiares.

Definitivamente, o discursivo ou a mediação prevalecem. A matéria bruta e global contém menos riquezas que matérias aliviadas, desligadas ou trabalhadas. O naturalismo perde progressivamente seus prestígios: não apenas as substâncias não pertencem mais ao mundo das flores ou dos sumos, das ervas ou das terras, mas suas junções e suas conjunções propiciam efeitos inesperados. As matérias da arte ultrapassam as que nos são oferecidas e nas quais as virtudes se diluem e se perdem.

Conclusão

Uma vez que nos limitamos a algumas terapêuticas, as mais carregadas de magia, como a endocrinológica e a cirúrgica, ou as mais bem pluralizadas, como a anestésica, a anticoagulante, a anti-infecciosa, nos é difícil extrair conclusões generalizadas sobre a essência dos remédios, seu poder e sua evolução. Todavia, na falta de grandes filosofemas, podemos testemunhar sobre o materialismo criador da farmacologia e de seus medicamentos, os quais inspiram "condutas de emprego" elaboradas. Não se poderia rebaixar esses últimos a manobras de introdução ou a gestos de utilização. O remédio se diferencia, opera no tempo e no espaço, varia com as quantidades: ele escapa às regras de um materialismo elementar. Sobretudo, pudemos evidenciar alguns erros que impedem a tomada de consciência de nosso objeto, o curativo. Com efeito, não se deve crer que um "medicamento anti" puro e simples se aplica a uma doença que ele neutralizaria: inversamente, não se deve tampouco imaginar que o distúrbio patológico designa, como em oco, a boa substância que o anularia e da qual o organismo seria malfadadamente privado.

Devemos ir mais longe e recensear algumas interpretações falíveis cuja crítica deveria ser permitida por nossas análises. Se, em nossa Introdução, insistimos em descrever os arquétipos da panaceia multiforme e primitiva, devemos, ao final de nossos desenvolvimentos, retomar e completar essa enumeração do falacioso, inscrever neste catálogo os desvios recentes e até mesmo persistentes, os que renovam e perenizam as "formas inferiores". Disso resulta não ser fácil "curar" ou "preservar": decorre daí a terapêutica problematizada e, portanto, digna do exame do filósofo. A patologia, por sua vez, nem sempre se delineia com clareza: *a fortiori* o combate contra ela mesma. Ademais em que momento parar a luta defensiva? Nada garante a chegada da "saúde", semelhante a um silêncio que é preciso saber interpretar: será o fim do drama clínico, a renovação? Ou uma perigosa latência, uma enganosa suspensão? Será a armadilha do "melhor" e da sedação que, por vezes prefacia os dramas? Será o esgotamento do doente incapaz de "resistir"? E se com frequência é difícil decidir sobre o término de uma medicação, em contrapartida não é mais fácil começá-la, prossegui-la, interrompê-la, para cogitar apenas seu esquema temporal e não o medicamento apregoado e administrado. Essa e uma das razões pelas quais a farmacologia nos libera uma matéria rica, em movimento e, sobretudo, engenhosa. Ela se opõe a uma realidade traidora e obscura, o mórbido. Se, como o perguntamos em nossa Introdução, o filósofo não deve se desviar dos objetos, se ele deve se esforçar para encontrar sua significação ou sua organização, se ele deve retraçar sua gênese e seu progresso, não há dúvida, então, quanto ao fato de o remédio não dever ter um lugar em suas análises e suas meditações: com efeito, ele é uma das "coisas" mais eminentes e mais contrastadas, uma das mais maleáveis e das mais perfectivas que deve vencer uma doença subterrânea e evolutiva. O medicamento concretiza não somente o intenso e o benfazejo, mas, sobretudo, ele oferece a estranha ou nobre particularidade de ser uma "coisa humana", uma vez que ele toca apenas no homem que ele pretende proteger e livrar. Ao mesmo tempo, ele é uma "matéria racional", já que o espírito não cessa de corrigi-lo e aperfeiçoá-lo. É preciso aliviá-lo ou multiplicá-lo de modo incessante, aguçá-lo ou desacelerá-lo. Aliás, bem se pode adivinhar que o medicamento fracassa, por vezes, à medida que é bem-sucedido: por exemplo, para raciocinar no abstrato, se um vasoconstritor enérgico provoca um refluxo sanguíneo, ele logo incita também uma intensa vasodilatação que submerge o primeiro resultado. Encontramo-nos num domínio no qual as dinamias se afrontam e se corrigem. Como obter um efeito válido? Qual substância inscreverá o estável e o salutar? Mediante qual astúcia e por qual meio? Contudo, mais do que estudar esse racionalismo bioquímico, propomo-nos a enumerar os erros que falseiam a *démarche* terapêutica.

1º Começamos pelo mais eleve: se é preciso a qualquer preço lhe dar um apadrinhamento, designaremos a obra, valorosa e densa, de Goldstein, *La structure de l'organisme*. Muitas vezes seguidas, o autor relata experiências farmacológicas que não nos parecem consolidar seu próprio ponto de vista. Ele não se confunde a propósito do remédio e de seu poder?[1]

A adrenalina, como já tratamos, entra no grupo hormonal dos constritores. Secreção da cólera, da raiva pálida e fria, ela estreita os capilares ou os vasos periféricos. Ora, Goldstein se compraz em insistir sobre o fato de que o hormônio, aqui e ali, favorece o contrário, a dilatação cutânea, a rubefação. Disso resulta, segundo ele, um organismo móvel e flutuante que pode escapar de seus estímulos e de sua pressão. Ele reage "a respeito de", mas não "por causa de". Decorre daí uma fisiologia mais expressiva ou significante do que causal. O medicamento se torna uma causa ocasional: ele mobiliza somente o organismo, criador de réplicas variadas e contingentes, até mesmo suscetível de inovações. Os comentadores ampliariam ou majorariam abusivamente esta capacidade existencial do vital, a saber, escapar a seus excitantes exteriores.

---

1 Que nos seja permitido notar: uma das análises mestras dessa filosofia – o reflexo de Babinski – nos pareceu sujeita à caução. Tema que desenvolvemos em *Philosophie biologique*, Presses Universitaires de France, 1955, p. 94.

Essa tese nos parece menos especiosa pelo fato de ela afirmar do que por aquilo que ela implica ou subentende: com efeito, ela torna o remédio demasiado insignificante a ponto de ele perder toda dignidade. Uma vez que, repete incansavelmente Goldstein, ele dá efeitos dissemelhantes e imprevisíveis, senão inversos daqueles com os quais se conta, não estaria aí a prova de que o vivente lhe confere um "sentido" mais do que se submete a ele? De algum modo, ele o interpreta, o relativiza ou até mesmo o anula em função do contexto e por uma espécie de liberdade larvária fundamental. O mérito metodológico dessa reflexão satã aos olhos: ele consiste em não mais separar do organismo o medicamento que efetivamente só existe para, por e com ele. Os filósofos do remédio pecaram muito frequentemente por sua pseudo-objetividade! Todavia, Goldstein nos parece cometer o excesso inverso, ou melhor, o mesmo, apesar das aparências: ele postula o medicamento como um invariante, uma substância inerte exterior. No lado oposto, emerge um vivente com possibilidades adaptativas. Mas será que não se inferiorizou demais o primeiro termo da relação? Se ele pode inegavelmente suscitar um resultado inesperado ou contrário, o organismo que o recebe nem por isso reagiu segundo um modo imprevisto e original. A adrenalina, para retomar o exemplo caro a Goldstein assim como à tradição farmacodinâmica, abriga um evidente plural, predicados contraditórios. Relação dinâmica, mais do que suporte ontológico, ela inclui uma "multiplicidade objetiva", uma diversidade material que se revelará em função das doses, das situações, das associações. A habitual vasoconstrição – já insistimos nisso – resulta de um equilíbrio entre duas forças desiguais: uma constritiva que prevalece sobre uma dilatadora. Aliás, a ciência farmacológica não deixará de obliterar essa oponente interna, nem tampouco de criar uma adrenalina superconstritiva. A maioria dos "extratos", das secreções, dos totais e das drogas constituem conjuntos nos quais residem "o mesmo" e "o outro". É preciso justamente proceder à sua análise e à sua decomposição para evitar as incertezas do naturalismo com suas consequências limitadas, imprecisas e inversas. Portanto, a equação medicamentosa ensina: 1º a riqueza dos simples, antinômicos e múltiplos; 2º a polivalência da gama fisiopatológica. Esses são os dois polos do campo terapêutico, além das duas fontes humanas que os orientam e perturbam: o doente, assim como médico que deixamos na sombra, mas cujas vontades, complementares ou opostas, pesarão sobre o sucesso final. Pouco importa: resta que a filosofia biológica de Goldstein, ligada ao substancialismo medicamentoso, não pôde senão falsear o equilíbrio das energias. Já que ela desconhecia a variedade e a importância da primeira potência, o remédio prestigioso, ela tinha o dever de sobrecarregar a segunda, senão de obscurecê-la.

Insistimos em enfatizá-lo: Goldstein não deixou de abrir uma perspectiva frutuosa. Reconhecemos de bom grado que o organismo, ou tal órgão, por suas habituações, seus antecedentes, seu estado, suas intolerâncias, participa da resposta do conjunto. O remédio, porém, colabora igualmente com sua própria diversidade e suas potencialidades que aumentam e utilizam precisamente associações controladas e construtivas. Nossas reservas incidem apenas sobre nuanças, sobre a ênfase.

A reflexão de Goldstein, mais do que qualquer outra, libera a biologia de seu falso objetivismo, de seu elementarismo. Ela libera a farmacologia sobretudo de suas pobres equações do tipo: A produz B. Só que quando o efeito final surpreende ou desconcerta, não se deve reter um simples relativismo, a impossibilidade de toda codificação, o fracasso dos conhecimentos anteriores. Ao contrário, toda surpresa abre uma visão sobre a fisiologia e sobre o medicamento ou o princípio: um não vai sem o outro. Aliás, a fisiologia talvez não passe do reflexo, sobre o organismo, do manejo dos instrumentos farmacológicos ou terapêuticos. Quanto mais estes últimos se afinam, se precisam, mais progride e se corrige a conceitualização biológica. E inversamente. Portanto, as flutuações biológicas não devem servir para provar apenas a faculdade racional do receptor. Não se deve, graças a ela, desencorajar a intelecção, convém, com seu auxílio, melhor trabalhá-la ou flexibilizá-la. Elas devem ajudar uma racionalização adequada. Se recusarmos essas observações, não deveremos também nos inquietar com os exemplos de Goldstein e, notadamente, o de uma adrenalina que se inverte e, por vezes, se irrealiza. Na verdade, o filósofo de *La structure de l'organisme* partilha o preconceito de seus adversários: ele substantivou o medicamento, o coisificou, muito considerou como uma "natureza simples". Para dizer a verdade, é uma concepção estranha se pensarmos que os remédios em discussão são tirados do próprio organismo (os hormônios e, portanto, a adrenalina). Por conseguinte, eles devem participar de sua própria riqueza, inspirar-se em sua superabundância.

2º Passemos do leve para o pesado e examinemos o mais constante e o mais incurável dos erros sobre o medicamentoso.

Uma biologia bastante rudimentar leva a pensar que o médico deve arbitrar um conflito entre dois protagonistas inimigos: de um lado, a doença, do outro, o doente ameaçado. Ele próprio se posiciona do lado do paciente o qual ele sustenta, reconforta e anima.

Ora, todas as nossas análises tendem a inquietar esta luminosa e tranquilizadora trilogia: primeiro, nem sempre vimos no terapeuta uma ajuda benfazeja e cândida. Desde Semmel Weiss e Pasteur, acusam-no de favorecer a extensão e a propagação do mal: ele deverá, por conseguinte, se purificar e se vigiar. Como o mostramos, seu ardor também pode prejudicar. Sua pressa em desbridar, exorcizar e interromper pode, então, substituir a afecção em curso, pela intervenção e sua brusquidão. Com boas intenções, ele não deixa de servir o doente: a cirurgia fisiológica lhe recomenda agir lenta e cautelosamente. Não apenas ele mesmo, mas o que suas mãos prolongam e o que sua vontade curativa concretiza, ou seja, o remédio pode também comprometer a cura. Todo medicamento se torna venenoso sem um controle rigoroso e vigilante. Ocorre, inclusive, que uma mudança na quantidade transforme a qualidade, não apenas a suspenda, mas a inverta: o excesso do bem resulta, então, num mal intenso, senão imprevisto. O mais reparador, o mais tônico ou o que se pretende o mais anódino – uma vitamina, um xarope, um ligeiro calmante – abusivamente absorvido ou prodigado engendra desordens ou graves complicações. O próprio óleo de fígado de bacalhau ganha ao ser prescrito com cautela.² Nada de mais inofensivo que a água, *aqua simplex*: ela, porém, pode intoxicar em certas circunstâncias bem definidas. Foi conforme o desejo de nos limitarmos que não evocamos as grandes obras de patologia³ que tratam desses problemas e esclarecem as dificuldades que já detinham Descartes em sua *VI Meditação*, na qual ele considera a situação clínica do hidrópico enganado por seu desejo de beber.⁴

Uma vez que o médico e suas drogas podem agravar o mal, não concluamos disso que defendemos sub-repticiamente a expectação e mesmo a abstenção. Sob o pretexto de não lesar e de manter as mãos puras, o oportunista cometeria mais que um erro, uma falta: e, em vez de resolver o problema, ele o negaria. Nada mais contrário ao espírito da medicina que a temporização, a pusilanimidade e a inação. Só que, na vertente oposta, o "furor terapêutico", para ser certamente mais desculpável, representa igualmente uma atitude inadequada e prejudicial, senão primitiva. O médico da segunda metade do século XX singularmente privilegiado. Ele possui armas eficazes, pode curar um grande número de doenças. Inteiramente

---

2   Com efeito, o óleo de fígado de bacalhau pode lesar (a esse respeito, Guy Duchesnay, *Le risque thérapeutique*, Paris, 1954, p. 440- 441). Esse óleo célebre nos dá, de passagem, o exemplo notável de um remédio salutar, mas preconizado, primeiro, por razões especiosas, senão insensatas, de todo modo discutíveis. O anjo Rafael já não o empregou para devolver a vista a Tobias? Ele define um estênico ou um reconstituinte: o fígado, votado a Júpiter, assim como o cérebro à Lua e os rins a Vênus, com efeito concentrava a saúde, renovava o sangue, a tal ponto que se poderia, a partir dele, predizer a longevidade. Nas primeiras patologias, o fígado ocupa um lugar dos mais importantes, mais essencial, talvez, que o do coração ou o do cérebro. O século XVIII se esquece dessa panaceia. Os Tratados não a mencionam. Eles se alongam nas virtudes dos óleos os mais diversos, por exemplo, o do mástique, de rãs, de cães pequenos, de feno, de álamo, para citar apenas estes. Foi preciso esperar o século XIX (o inglês Thomas Percival) para que o óleo de fígado retornasse. O do bacalhau conhece uma voga sem precedente. Ele salva o raquítico e a criança das cidades industriais. Seu uso é generalizado, recomendam-no preventivamente. Ele transbordaria de fósforo, de iodo, de ferro, de broma. Foi muito recentemente que o abandonaram e que a febre caiu. Substituíram-no pela vitamina D, que ele contém e que explica seu sucesso terapêutico: "o metabolismo das vitaminas D originou comoventes descrições inspirada nas 'maravilhas da natureza'. O plancto flutuante na superfície dos mares elabora esteróis, os raios solares os ativam, os peixes os devoram e os acumulam em seu fígado. Tudo isso desemboca, bem triste destino, no horrível óleo de bacalhau, reparador das pernas tortas do pobre raquítico. A realidade está bem distante dessa concepção romântica... O emprego do carbono marcado arruinou com essa concepção" (H. Thiers, *Les vitamines*, p. 216).

3   Sobre esse ponto, mais particularmente: Jean Hamburger e G. Mathé, *Physiologie normale et pathologique du métabolisme de l'eau*; Jean Hamburger, *Techniques de réanimation médicale*; R. Mach, *Les troubles du métabolisme du sel et de l'eau*.

4   Para a compreensão da célebre resposta cartesiana, remetemos a seu historiador como aquele que melhor destacou a importância desse erro sensorial e dessa patologia no conjunto da construção cartesiana, M. Gueroult, *Descartes, selon l'ordre des raisons*, t. II: *L' ame et le corps*.
    No lado oposto, para o entendimento desse problema na medicina atual através de uma perspectiva positiva e não mais teológico-metafísica, cf. Hamburger e Mathé, *Physiologie normale et pathologique du métabolisme de l'eau*.

habitado pela alegria propiciada por esse poder, ele se preservará de uma confiança excessiva... Dúvida mensurada, sem mais, pois o excesso oposto, o excesso céptico, acarreta as indolências as mais vergonhosas".[5]

Em qualquer hipótese, resta o fato de não podermos inocentar totalmente o médico, nem suas prescrições, na falta disso se desconhece a intensidade de vida e o drama da relação terapêutica. Paralelamente, nem sempre convém esmagar o mal ou estimular energicamente o doente. A medicina contemporânea revelou a existência de distúrbios graves que nascem mais de um excesso de defesa do que de uma violência externa ou de um ataque brusco. O doente prejudica a si mesmo. Tivemos mais de uma vez a ocasião de mostrá-lo. O mal, ali também, resulta do exagero do bem, de uma réplica demasiado viva. Então, o terapeuta se associará ao "inimigo" interior, impedirá o que incomoda sua progressão, romperá as barreiras e, sobretudo, as reações humorais falsamente protetoras. Disso decorre a importância dos inibidores, dos sinaptolíticos, dos neurolépticos, dos anti-histamínicos (o Fenergan, entre outros), que contestam o esquema maniqueísta e, *ipso facto*, finalista de uma "defesa" vigorosa e salubre. Uma vez que o organismo se fere, é preciso, ao contrário, paralisá-lo, apaziguá-lo, suspender suas respostas intempestivas e desproporcionais.

Por vezes, o médico vai mais longe: ele parece diretamente servir o "mal" e socorrê-lo. Ele não hesita diante dos gestos aparentemente nocivos que ampliam o que ele deveria corrigir. Muitas vezes seguidas insistimos nisto: ele dá açúcar ao diabético que com isso se inunda, iodo ao hipertireoidiano, álcool ao alcoólatra em privação, princípios inflamatórios ao infectado e ao febril. Contentamo-nos de lembrar, assim, os tratamentos que analisamos: limitamo-nos a eles, para não abrir outros comentários. Mas, nesse sentido, a vacinação permanece o exemplo mais luminoso e o mais demonstrativo: em vez de tratar de uma doença na passividade e na incerteza, o higienista a comunica. Ele a administra, escolhe a hora, as circunstâncias e também comanda seu desenrolar. Isso foi uma revolução na terapêutica e uma fonte inesgotável de ensinamentos. Quanto mais, no futuro, a patologia perceber inter-relações entre as doenças, as oposições ou os laços, mais a medicina as explorará: ela utilizará, então, o próprio mal visando o bem. O terapeuta "criará e implantará" distúrbios na intenção de afastar outros mais graves.

Em qualquer hipótese, estamos nas antípodas do esquema inicial, "despedaçar o invasor" e, correlativamente, "defender a vítima". O mal não é uma fonte benfazeja e o bem por sua vez, uma espécie de intransigência deplorável tanto quanto inquietante?

3º Cheguemos ao enunciado de um erro opiniático defendido pelos racionalistas mais lúcidos e que, a cada século, a medicina ressuscita e encoraja: "O verdadeiro remédio é causal ou não é." Sua simplicidade só se iguala à sua eficácia radical. A anemia de Biermer não cedeu à vitamina B12 e apenas a ela? A doença de Addison não cedeu aos hormônios suprarrenais? A febre tifoide ao cloranfenicol? O paludismo aos antimaláricos? A diabete à insulina?

---

5 Jean Bernard, *État de la médecine*, 1960, Conclusions, p. 185.

A lista dos "felizes" remédios ultrapassa o quadro de nossa exposição, mas inspira uma teoria, a saber: as polifarmácias, por meio de sua multiplicidade, não resolveram o problema curativo e o clínico, por falta de conhecer o medicamento autêntico e verdadeiro, recorre a um plural arriscado. À espera da "droga" salvadora, ele utiliza grandes conjuntos, como uma espécie de artilharia, na impossibilidade de localizar o adversário, destrói um país ou incendeia uma região. Essas possibilidades destruidoras certamente ultrapassam as insuficiências ou as ineficiências da magia: à qualidade quimérica nascida de uma multiplicidade sobredeterminada e falsamente dinamogênica se opõe, com efeito, a multiplicidade das qualidades que cria um espectro farmacológico extenso. Resta, porém, que essas "associações" parecem resultar de uma ignorância da doença e somente preludiar a chegada do específico redentor. Não partilhamos desse ponto de vista. Primeiro e antes de tudo, mesmo quando o médico emprega um só remédio, a única maneira de utilizá-lo e de controlá-lo, de detê-lo e de intensificá-lo basta para torná-lo menos simples e difratá-lo. Nessas condições, a terapêutica não se limita a dar e a prescrever. Assim, para tomar um exemplo desfavorável a nossa tese, é certo que o recurso à tifomicina, o antibiótico que põe um fim à febre tifoide, implica uma certa estratégia: é preciso alternadamente diminuir, depois aumentar a dose, suspender e depois retomar a medicação. A modalidade diferencia, enriquece ou mobiliza a substância. Ademais, como acreditar na existência de uma terapêutica dita causal? Não se nomeia assim o tratamento recém surgido e que não se deixa de magnificar? Ele suprimira não apenas as manifestações patológicas, mas também o que as engendra. Ele poderia remontar à fonte do mórbido a fim de exauri-la. Mas será que esse tratamento numênico de fato ultrapassa o sintomático? Quem nos garante que ele incide nas origens da afecção? Será que ele no foi exageradamente glorificado? Os remédios novos forçosamente prevalecem sobre os que eles afastam, mas não tardam, por sua vez, a recair num nível mais modesto e até mesmo a soçobrar na injúria e no esquecimento. Aliás, em patologia, o que é a causa senão uma efêmera ilusão de saber, um momento de parada? Como foi dito, o banal resfriado do cérebro foi atribuído à divindade, aos países, ao frio, à idade, a vírus, a alérgenos, à anafilaxia, a distúrbios coloidais, a um estado particular da mucosa, a disfuncionalidades hormonais e assim por diante. A doença concerne a um conjunto de fatores, por vezes em ressonância ou em ciclos uns em relação aos outros: não é possível concebê-la linearmente, com um antecedente determinante no começo. É raro que a interrupção ou a extinção de uma causa acarrete a parada do processo mórbido. Não está excluído que a interdição desse encadeamento provoque uma nova dramatização e suscite outros desequilíbrios enxertados no primeiro. O patológico seria, assim, rede e entrecruzamento de influências nocivas, disso resultando sua induração e sua consistência.

Um último argumento poderia convencer: se a droga é bem-sucedida, parcial ou totalmente, ela modifica o conjunto e o desloca. Clínica e farmacologia caminham juntas, não deixam de ser solidárias. Por essa razão, a terapêutica não pode não evoluir, na perseguição às doenças que, no mesmo ritmo, mudam e se renovam.

Nada pode subsistir duravelmente. Com frequência os medicamentos desaparecem com as doenças que extinguiram. Se alguns isolados permanecem, eles o devem à complacência dos tradicionalistas: a água oxigenada, a tintura de iodo, as folhas da dedaleira, a solução de Bourget. Apesar de algumas exceções, nenhum absoluto: a farmacopeia é um livro sempre inacabado e recomeçado. Apenas, desde que um remédio surge, paramentam-no de todas as qualidades, afirmam-no "causal", "radical", mas as afecções, assim como suas causas, mudam tanto quanto as medicações que as curam ou delas aliviam. Não extraímos disso uma lição de contestação, mas a de uma perpétua transformação da fisiologia, da patologia e da terapêutica, todas instáveis e em movimento umas pelas outras. Vemos nisso a prova de que "o remédio" pertence à história, à cultura, à evolução. Os valores terapêuticos aparecem cada vez mais atuantes ao longo de seu desenvolvimento e também, pela mesma razão, cada vez mais precários.

Para retomar uma palavra sobre a objeção precedente, é seguro que a B12 corrige definitivamente a anemia dita de Biermer? Se ela resolve o problema no plano da eficiência imediata, ela não o elucida inteiramente, ele pouco se importa. Portanto, é inútil apresentar a B12 como a panaceia, a droga miraculosa. Não é possível, com ela, retornar a uma espécie de ontologia medicamentosa. O futuro e o progresso trazem as aquisições mais sólidas, corroem inteiramente a biologia. Na anemia em questão, incriminam-se duas causas: uma deficiência da mucosa gástrica que impede a absorção de um princípio alimentar (uma vitamina, a B12) necessária para a reconstrução das células sanguíneas. A B12 define o "fator externo" indispensável ao organismo. É evidente que ela perde todo seu poder quando administrada *per os*. Ela só pode ser injetada nos tecidos. Mas no dia em que o elemento gástrico responsável por essa carência tiver sido identificado, essa obrigação imperativa cessará. Enquanto isso, essa salutar B12 fundamenta um tratamento bastante rudimentar, puramente sintomatológico: ela substitui, atenua, mas não cura, no sentido forte do termo, embora ela permita ao biermeriano viver e reviver. Mesmo isso, só é verdade em geral.[6] Aliás, para exercer sua ação virtuosa e "reglobulizadora", a B12 deve se juntar às proteínas, entrar nas cadeias energéticas, ativar metabolismos celulares. Por si mesma, ela não é uma substância reparadora. Condição de outras condições, ela é por certo necessária, nem sempre suficiente. Imagina-se que ela fracassa se outros elos vierem a faltar. A B12, orgulho legítimo da farmacologia, remédio valoroso e maior, define uma simples medicação de espera: dá-se ao anêmico o que ele não pode absorver nem reter. Revitalizam-no, preenchem uma lacuna de sua fisiologia. Tal como para o diabético, para o addisoniano e outros, é preciso, sem descontinuidade nem interrupção, durante toda a sua vida, garantir a suplência. Em suma, a terapêutica se limita a impedir a doença, ela a ini-

---

6 Pasteur Valléry-Radot, Jean Hamburger, F. Lhermitte, *Pathologie médicale*, 2. ed., t. I, p. 374: "Parece que, não mais do que o ácido fólico, a vitamina B12 não representa o único fator da eritopoiese, e as observações clínicas que testemunham sobre a inconstância de sua ação se multiplicam".

be em permanência, mas, apesar desse sucesso notável da medicina moderna, ela não cura verdadeiramente, não suprime a afecção cujos processos e fundamentos sempre se ignora.

4º A análise que precede impele a admitir muitos tipos de cura ou de sucesso terapêutico. O curativo, fim e objeto da medicina, escaparia a uma definição rigorosa? Será preciso conceber diferentes maneiras de se estar bem-disposto? Será preciso multiplicar os intermediários entre a integridade leal ou varonil e a doença caracterizada, dificilmente curável, como no caso dos convalescentes, dos predispostos (sujeitos em incubação), dos não aparentes, dos "portadores de germes" que, em oposição aos que temos cogitado, são doentes sociais perigosos para os outros tanto quanto para si mesmos?

Com efeito, o clínico diferencia de bom grado a "cura" social e a biológica ou a humoral. Tal doente, como o biermeriano sustentado e mantido pelo tratamento, retoma facilmente a vida comunitária e exerce suas ocupações, assim como o addisoniano ou o diabético. Ele, porém, permanece um enfermo, sob a dependência de sua droga, da injeção que assegura seu equilíbrio e sua vitalidade. Situação inversa àquela do "portador de germes": se este último define o "doente social" por excelência, já que, sem ser ele próprio acometido, ele contamina os outros, o primeiro, em contrapartida, caracteriza o "doente biológico", embora considerado como em boa saúde e igual a seus semelhantes. Com efeito, trata-se de um doente perpetuamente impedido, ou de um "relativamente válido". Seu equilíbrio, apenas aos olhos do clínico, é, senão "uma criação continuada", pelo menos um estado indefinidamente vigiado e mantido.

Todavia, o filósofo da higiene e da terapêutica se preservará de espalhar demasiadamente os predicados da saúde, difratar ou perder sua unidade. Um exemplo particularmente eloquente nos justificará, assim o cremos. A sociedade ainda não se libertou do medo profundo e religioso inspirado pelo epiléptico, mas racionalizou seu pavor. No temor dos acidentes e das crises imprevistas, ela reclassifica o comicial[7] e só lhe confia tarefas compatíveis com sua enfermidade. Ele é desaconselhado a dirigir um veículo, proibido de trabalhar em lugares altos (a medicina do trabalho, graças às visitas de contratação, de controle e de vigilância, garante a aplicação dessa medida), retiram-lhe as responsabilidades mais pesadas, as que engajam vidas humanas, já que, apesar da medicação apaziguadora e anticonvulsiva, ele pode brutalmente perder consciência e cair. Ele é duas vezes doente: neurológica e socialmente. Para dizer a verdade, ele o é duas vezes "pela metade": por um lado, o tratamento consegue reduzir as crises e, por outro, o higienista o substitui no mundo do trabalho e o orienta para ocupações calmas e pouco arriscadas.

Mas, prova de que ele é difícil de ser tratado, os clínicos acreditaram e puderam observar que quanto mais o esforço exigido dele demande uma participação

---

7   Comicial porque os romanos suspendiam os "comícios" quando uma manifestação epiléptica ali se produzia.

ativa, vigilância, audácias, mais as crises se rarefazem. Elas se duplicam à noite, durante o sono, pontuam, sobretudo, as ocupações lentas assim como lenificantes. Em suma, quanto mais o trabalho está de acordo com a fisiologia cerebral, mais ele a acusa e a agrava. Quanto mais, ao contrário, ele se opõe a ela e a ultrapassa, mais ele libera o comicial de si mesmo, ou seja, de suas descargas e de suas crises. O que se deve visar? A quem sacrificar, o indivíduo ou a sociedade? Para se defender de uma eventualidade e se premunir contra um temor majorado por ele, pode o grupo condenar e alienar um de seus membros? O higienista não estaria confirmando um preconceito arcaico? Ele é médico ou policial? O excesso de higiene não é sua própria condenação e não se volta contra ele próprio? Para liberar a sociedade de uma ameaça hipotética e de uma ansiedade diante daquele que cai, espuma e se contorce, o higienista não complicaria uma doença real e grave? O problema terapêutico desemboca em conflitos de deveres, dificuldades morais e sociais, opções humanas de importância. Em qualquer hipótese, através do exemplo do epilético, se vê aparecer a interferência do social e do biológico, suas conexões, já que a cura social condiciona e reforça a cura biológica. Concebe-se o inverso sem dificuldades: tarefas humanas ou responsabilidades imensas podem intoxicar e incomodar o organismo. Essa é a razão pela qual nos é difícil cortar muito ou disseminar a validade, aceitar as separações e as abstrações médicas, embora precisemos admitir "o biermeriano" como não curado por completo e particularmente enfermo.

Disso resulta igualmente ser difícil saber onde se encontra o benfazejo e o desfavorável. O hipertenso deve ser desencarregado de suas funestas preocupações? Mas essa pressão, essa decisão desvalorizadora engendra a ansiedade e pode atiçar a doença desse sensível, tão difícil de tratar quanto um insone ou um nervoso. Ele continuará a se preocupar e a se fatigar desmesuradamente? Nem sempre é fácil de decidir sobre isso. Tocamos, aqui, em aplicações delicadas e incertas.

Elas excedem o quadro de nosso exame, na medida em que tocam na medicina psicológica e em suas arriscadas recomendações. Limitar-nos-emos, graças a elas, a inquietar as "boas consciências", os humanistas. Com efeito, a terapêutica não cessa de conviver com a moralidade, dissolver o incorrigível dogmatismo. Ela aprende o perigo das decisões aparentemente sábias e, por assim dizer, virtuosas (pôr o hipertenso em repouso ou reclassificar o comicial). Se o princípio ético segundo o qual é preciso preservar e salvar as pessoas parece nobre, a aplicação que disso se extrai com frequência o desmente e o contradiz: temos certeza, aqui e ali, de servir e de não prejudicar? Onde está o benfazejo, o favorável? A terapêutica insinua igualmente que a suavidade pode ultrapassar em violência a brutalidade e a rudeza. Nessas condições, nada é mais funesto que um médico clemente e demasiado compassivo. Para retomar o adágio, nem sempre o médico bom é um bom médico. Porque a terapêutica ensina a verdade e a frequência dos "retornos da chama", dos contrários que nascem por si mesmos, uns a partir dos outros, à maneira de um pêndulo que se lança, mas que retorna trazendo o mesmo movimento em sentido inverso, ela nos parece totalmente designada para atacar e contestar as regras sólidas da moral socorredora, os princípios dourados os das garantias da bondade. Em suma, a cura e a moralidade se encontram e ainda não cogitamos as circunstâncias paroxísticas nas quais elas se chocam (o aborto, a agonia, a verdade sobre a doença e o tratamento, a declaração das doenças contagiosas etc.). Bastava evidenciar o afloramento da moral no médico e, assim, a importância, a gravidade e o alarido de decisões curativas aparentemente anódinas ou indiscutíveis.

5º Retornaremos a isso: o "biermeriano" é salvo pela vitamina B12, mas não é curado. Válido e enfermo a um só tempo? Ele está bem para o outro, mas permanece, para ele próprio e para o clínico, um frágil e impotente.

Esse *status* particular, embora extremamente frequente, leva a refletir não mais sobre a saúde, mas sobre a cura e suas diversas modalidades. Não deformamos esta última? Ela não continua sendo, ainda e sempre, representada miticamente e pensada taumaturgicamente?

Não se deve concebê-la, cremos nós, com base no modelo das limpezas, das anulações, das *restitutiones ad integrum*. O medicamento não se propõe a decapar, clarear e purificar. Não apenas a farmacologia moderna não poderia mais recomendar pesquisar o "específico", o elixir ou o miraculoso, não apenas ela sabe e deve utilizar os plurais que se limitam e se potencializam, e mesmo os conjuntos generosos de amplo espectro, mas ela ensina, sobretudo, a moderar as pretensões, a visar menos um *maximum* que um *optimum*. Por exemplo, o cirurgião que opera um ciatálgico soldará as vértebras, portanto, ele diminuirá a maleabilidade e a extensibilidade de seu doente. Ele não quis senão impedir as recidivas perpétuas, tão dolorosas quanto rebeldes. Longe de curar, no sentido comum e imaginário, o clínico frequentemente retarda, limita, imobiliza, ajuda a suportar. Ocorre-lhe, inclusive, deixar de lado a situação patológica, por mais aguda e sofrível que ela seja, a fim de vigiar e controlar unicamente as complicações. Se o pediatra prescreve antibióticos para a rubéola, não é, certamente, para sufocar essa afecção. Ele apenas luta contra um futuro: a favor da erupção em curso, os micróbios poderiam se desenvolver, repentinamente proliferar, invadir um organismo debilitado. Em termos estritos, o tratamento não pode nada contra a dita rubéola. Ele só interdita os agravamentos possíveis. Assim, a medicação se propõe menos a extinguir o mal do que a circunscrevê-lo. Ela pode buscar, em outras circunstâncias, "o prolongamento da vida", este tênue *minimum* que o clínico preserva. Ele não poderia, num toque de mágica, devolver a juventude, revigorar. Ele não pode fazê-lo. Ele atenua, desvia, arranca um sursis. Essa é sem dúvida a razão pela qual experimentadores, filósofos e até mesmo médicos denegriram tão frequentemente o terapeuta: aquele que pretende curar, mas fracassa. Mas, esses censores não seriam eles mesmos o joguete de uma ilusão? Numa representação bastante primitiva: o xamã curaria com um sopro, uma porção, uma mistura, um destruidor incisivo?

Na verdade, o médico é menos bem-sucedido do que se diz ou se crê e também melhor do que se pensa. Para tomar um exemplo emprestado de um domínio particularmente fértil, mas que cuidamos de evitá-lo a fim de não multiplicar as análises, as quimioterapias mentais não poderiam verdadeiramente chegar ao objetivo fixado para elas, nem mesmo obter o sucesso que lhes é concedido: elas condicionam e facilitam apenas um equilíbrio que não podem, por si só, restaurar. O filósofo se enganaria redondamente se pensasse que com algumas pílulas rosas ou azuis o psiquiatra expulsa os pesadelos, extingue os delírios e força a alegria. Os "medicamentos psíquicos" majorados pela opinião pública, suspendem os sinais grosseiros e visíveis, os ruidosos: tempestades motoras, violências verbais, alucinações. Eles mergulham o agitado na passividade. Nomeiam-nos judiciosamente "as camisas químicas". Transformaram por completo os hospitais psiquiátricos. Não curaram, no sentido habitual do termo, longe disso, embora tenham falsamente tranquilizado a sociedade ou o meio ambiente humano, amedrontado pelas crises, pelas ameaças ou suas execuções, abalado pelo agudo e pelo clástico. Eles apenas inibiram as reações do doente à doença que, então, revelaram plenamente. Ela consiste quase sempre em adinamia, demissão existencial, recusa catatônica, abandono das *démarches* suicidas. Por havê-las acalmado e apaziguado, foram subitamente inflados de méritos e de poderes desproporcionais. Eles favorecem menos a improvável cura do que o esboço de relações sociais e, por conseguinte, a retomada de uma ocupação, uma tímida reinserção no grupo. Em suma, sem querer enunciar um paradoxo, eles suprimem aquilo em que a doença *parecia* residir, a desmedida e as manifestações violentas, mas só revelam melhor sua real patologia e personalidade mórbida. Do mesmo modo, afastam o obstáculo ao tratamento e à recuperação. Eles se opõem ao que se opunha e curam na medida exata em que desmascaram e acusam o distúrbio. Aliás, não terminaríamos se tivéssemos de precisar de modo mais exato o papel, o poder desses tratamentos, sua ação tanto do ponto de vista homeopático quanto estritamente psicomotor. Que nos baste afastar a crença insensata que, por meio deles, poderia germinar: que tal ou tal comprimido restabeleceria a alma, veicularia o gosto de viver, suscitaria o júbilo repentino. O remédio psíquico não escapa às leis farmacodinâmicas fundamentais: se muito ele pode (ele torna possível sobretudo uma tímida ressocialização), ele, porém, não pode tudo. Se ele suprime a simples agressividade reativa, ele não vai mais longe que isso. Essa é a prova de que, mesmo quando o medicamento tem êxito, disso não se deve concluir que ele livra. A noção de cura demanda ser revisada e corrigida, uma vez que os remédios psíquicos aliviam na proporção que revelam a doença e permitem, então, seu reconhecimento. Por saberem que tornam o doente verdadeiramente e mais doente, eles se servem e incitam uma dialética de reprise. Estamos longe da droga onipotente descrita ou temida pelos romancistas, de Huysmans a Huxley. Não se deve acreditar na poção que mudaria um destino.

6º Voltemos ao "biermeriano" que poderia autorizar, de algum modo, uma ideia falsa: com efeito, uma vitamina, a B12, erradicou uma das mais graves doenças, sem que se saiba exatamente como, uma vez que se ignora os fundamentos, o determinismo da afecção sanguínea. O poder não progrediria de maneira autônoma fora do saber? A partir daí, assimila-se a arte de curar a um pragmatismo feliz e vitorioso. Em compensação, o ato médico essencial consistiria em reconhecer o mal, prever sua evolução, descobrir suas causas. O teórico se refugiaria na fase médica essencial, o diagnóstico.

Essa habitual cesura, essa separação entre o "fazer" e o "conhecer", sempre nos pareceu infiel e errônea: não apenas ela devasta a terapêutica, a rebaixa ao nível de uma aplicação ou de uma simples consequência, como se engana também e não menos sobre a *démarche* médica por completo. Com efeito, não se conhece em medicina senão o que se tenta transformar: a prática e a teoria vivem uma da outra, uma pela outra, inseparadamente. Acreditamos que a ciência clínica nunca é um "ver" sutil e penetrante. Os que analisaram sua perspicácia, descreveram sua arte de examinar, exaltaram sua maneira de observar, não teriam visualizado demais o clínico?

Aliás, essa medicina do olhar não corresponderia àquela de Hipócrates, excessivamente celebrada? Ela não seria mais conveniente que a dos Purgon e dos Diafoirus, bastante limitada, contemplativa e faladeira, na qual a inspeção parece essencial? A percussão e a auscultação, em outras palavras, a mão e o ouvido, só começaram a desempenhar um papel no século XVIII: "Representamos com dificuldade a repugnância sentida por nosso predecessores no que concerne a toda prática manual. Seria bom, para os barbeiros e os cirurgiões, fazerem o trabalho de artesãos. O médico, por tradição, por dignidade, tocava no doente o mínimo possível, apenas para tomar-lhe o pulso e avaliar a temperatura."[8] Ademais, o olho, ou seja, a única intuição ou, ainda, a atenta contemplação do doente dá tão somente informações irrisórias. Para conhecer e diagnosticar, para saber, é preciso intervir e agir. Apenas olhando, não se apreende.

Efetivamente, nos é difícil citar um só sintoma válido colhido pelo simples exame. Como já insistimos, poderíamos acreditar nele e nos enganarmos: o pneumologista não observa os pulmões mediante os raios X? Ele apenas pede ao paciente sua colaboração ativa: imobilizar o tórax, vergá-lo ou deslocá-lo, tossir ou comprimi-lo. É preciso, a qualquer preço, provocar diferenças, modificar ou mudar a imagem a fim de "reconhecê-la" ou apreciá-la. Definimos o "signo" como resposta, o que supõe uma questão ou uma solicitação prévia. É preciso despertá-lo. Ele não é, ele se faz. O médico deve experimentar ou provocar seu doente, pôr seus reflexos, sua motricidade, suas funções, a trabalho. Um exame é abalo e incitação, ele nunca é, ou raramente, "espetáculo". A oferta ou o dado, natural e espontâneo, a um só tempo confuso e amorfo, sugere muito pouco. Por isso, convém diversificar e suscitar mudanças, seja por meio de interrogações, seja por meio de instrumentos, seja, como dizíamos, graças à participação do doente: com efeito, ocorre ao clínico delegar àquele que ele observa o cuidado de agir, se deslocar, suspender um movimento ou atrapalhar intencionalmente um gesto. O médico, então, se contenta em notar o que disso resulta. Todavia, não se deve esquecer que o doente "executa" e

---

8   E. Rist, *Qu'est-ce que la médecine?*, 1929, p. 69, cap. III: "Les débuts de la percussion".

opera as necessárias transformações. O ato médico se fracionou, mas nem por isso ele é desnaturado. Portanto, a semiologia não é um "em si" que se deva ler ou colher. Em contrapartida, cabe ao clínico favorecê-la e estimulá-la.

Quando a indecisão permanece, o clínico se decide pela mais segura e mais reveladora das provas, o próprio tratamento que é preciso, por conseguinte, definir como um signo maior, senão o clínico por excelência. Trata-se, ou não, de um câncer de estômago? Não é fácil precisá-lo, é imprudente afirmá-lo. Mas, se os remédios administrados modificam a imagem radiográfica, se as anomalias de forma regridem, a hesitação cessa. Desse modo, o diagnóstico clínico pode depender de uma reação, da resistência ou da submissão a uma violência. As duas operações – o conhecer e o fazer, o saber e o poder – interferem e se controlam mutuamente, elas não se isolam. A terapêutica não é apenas consequência, aplicação final, ela participa do próprio ato médico e o anima. Ela é causa tanto quanto efeito.

Enfatizemos: disso resulta que o "sintoma" clínico mantém o duvidoso e o incerto. Ele é provocado, raramente recebido. Justamente, ele não foi, de algum modo, incitado? É bem sabido: o que um neurologista, por exemplo, consegue "revelar", não é conseguido por outro. É preciso também aprender a questionar, mas a questão, aqui e ali, não cria sua própria resposta? O interrogatório não induz suas próprias informações e seus pretensos resultados? No que diz respeito a certos neuróticos, receptivos ou sensíveis à sugestão, não devemos temer que o próprio médico exagere ou até mesmo comunique a doença? Precisaríamos acrescentar que esse nem sempre é o caso? Não generalizamos e não afirmamos que o clínico fabrique "os doentes" e a semiologia. Isso não impede que ele deva manifestá-la e ajudar a deliueá-la. A medicina não é senão ação e reação, inter-relação. O signo é um "ver" que o saber apropriado, junto a um poder e a um querer, ensina precisamente a exteriorizar.

Para voltar ao nosso ponto de partida, se a vitamina B_{12} curou a anemia de Biermer cuja causa ignoramos, não apenas não devemos escandalizar-nos (pois isso denunciaria uma representação do medicinal que justamente acabamos de discutir), como também essa medicação salvadora começa a esclarecer um pouco o mecanismo dos distúrbios inacessíveis à simples "visão": por meio dela, a patologia identificou um dos elementos que participam da elaboração microscópica dos glóbulos vermelhos no interior da medula óssea.

7º A terapêutica e o curativo devem interessar, sobretudo, o filósofo das matérias e das realidades, e até mesmo inquietar, em razão de seu *status* que não se encontra, cremos nós, em nenhum outro lugar. Com efeito, a farmacologia sempre nos pareceu misturar o "particular" e o "universal", a contingência e a necessidade, o previsível e o desconcertante. Por essa razão, ela parece um domínio difícil de conceber e sobre o qual é fácil se enganar. Nela se enraízam livre e espontaneamente as teorias mais especiosas.

Já é sabida a complexidade da própria doença, a um só tempo exterior e interior, acidental e inviscerada. *Tem-se* uma doença e *se está* doente. O que é verdade para o mórbido valerá, *a fortiori*, para o que pretende corrigi-lo e aplicar-se a ele.

Efetivamente, a medicação parece dupla: a um só tempo, exteriorizável, portanto codificável e estandardizável, mas, igualmente individual e particular. O que convém a um pode muito bem fracassar com o outro. A fragilidade de um torna possível o recurso a um agente violento suportado pela robustez do outro, quando não ocorre o contrário como na célebre fábula *O carvalho e o junco*, na qual o fraco se submete a uma borrasca em que o forte sucumbe.

Contudo, não se deve descer muito essa rampa do relativismo. Uma outra vertente, uma tuberculose demanda sempre, e mais que nunca, o emprego de antibióticos e em doses suficientes. E o que caracteriza a terapêutica vale, correlativamente, para o patológico, um e outro estando ligados: se uma tuberculose deve ser identificada como tal, o que condiciona e fundamenta seu tratamento, isso não impede que ela não exista inteiramente como uma "entidade", que evolua e se diversifique: não apenas o tísico se imuniza, mas também se reinfecta (a partir de seus próprios "focos" microbianos) e se superinfecta. Disso decorre uma tuberculose bastante dissemelhante daquela nomeada como "primoinfecção". Quanto mais o doente se contamina, mais ele se defende e se esclerosa. Em suma, a doença nunca é um estado, ao contrário, ela é duplicação, superposição, dinamismo evolutivo. O verdadeiro remédio deve justamente se insinuar nesse vir a ser, participar dessa mobilidade tendo em vista incomodá-la, deformá-la, uma vez que com frequência ele interrompe o que avança, ou então, anima o que se desacelera e se enrijesse. Disso resulta não ser possível "codificá-lo" ou "coisificá-lo" por completo. Se tal qualidade e tal quantidade curaram, não está excluído que elas fracassem no tratamento do semelhante, senão do mesmo: com efeito, a doença se metamorfoseia e não existe fora de um conjunto que a individualiza. Paralelamente, a terapêutica deve se situar na zona intermediária entre o perigoso e o anódino. Por isso, se deve sempre reter as duas pontas da cadeia: sem abandonar a rica racionalidade das farmácias e das curas, sem nunca aniquilar a verdade e a dialética da terapêutica, não se deve tampouco cair no dogmatismo da "regra" ou no pseudorrigor da lei. Se é notoriamente falso afirmar: "não há doenças, só há doentes", o inverso tampouco se sustenta, a saber, talvez só haja doenças, mas nos e com doentes, a um só tempo com o consentimento deles e contra sua vontade, por eles e contra eles. Por essa razão, quando uma afecção acomete um idoso ou uma criança, um obeso ou um desnutrido, uma mulher grávida ou um enfermo, quando se trata de uma recidiva ou de um começo, é evidente que o terapeuta deve avisar-se e modificar seu tratamento ou, pelo menos, ajustá-lo. Constante movimento pendular, assim também são as regras na farmacologia, as indicações e posologias, as modalidades de emprego ou de nítidas interdições. Mas elas apenas limitam a liberdade, não a sufocam. Circunscrevem o espaço da prescrição, mais do que os decidem. Aliás, os limites postos por elas nunca deixam de ser deslocados e transportados: a história das audácias, sejam elas acidentais ou premeditadas, rompe os umbrais, violenta os usos (assim, quanta evolução no que concerne as quantidades toleradas e recomendadas!). O essencial continua sendo mover-se entre o insuficiente e o tóxico.

As leis de farmacologia, as regras das indicações e das contraindicações, a oportunidade de tal ou tal droga, a fixação das posologias, todo esse conjunto de normas e de princípios guia precisamente o terapeuta, quer ele preserve de suas próprias fraquezas: a pusilanimidade ou o ardor, a falta ou o excesso de querer. Ele contém, afasta os fantasmas do energitismo, orienta e assegura. Portanto, não se poderia diminuir seu interesse.

Essa conclusão se junta àquelas que alinhamos e, ao longo da análise, reencontramos: a doença, o médico e o tratamento que os reúne e os junta banham num universo de uma racionalidade difícil. Tal é o ensino maior que se pode extrair da farmacodinamia: ela nos mostra sempre um saber que não chega a se constituir inteiramente, que oferece asilo à "liberdade", que tampouco cessa de evoluir e até mesmo de ser renegado, mas que, por outro lado, também não deixa de crescer, se organizar e se aperfeiçoar. Não estaríamos nós, nesse domínio complexo e contrastado, na presença de uma matéria que concerne, em primeiro lugar, ao homem que sofre, com seus medos, seus conflitos e suas esperanças, uma matéria que, além disso, tende a modificar uma fisiologia, que replica e anula o que visa transformá-la? Não descrevemos uma matéria que evolui e se emprega contra uma realidade móvel e ativa? É possível deter e estabilizar esse duplo movimento? Disso decorre, para o remédio, um necessário obscurecimento.

Contudo, duas forças o trabalham e o determinam: de um lado, ele se afasta cada vez mais do naturalismo da magia, do empirismo e da contingência nos quais durante muito tempo ele se alojou. Ele se liberta de seu passado. Do outro, ele se orienta para uma clara doutrina que o defina, mas não o consegue. Ensaios, decepções, brusca intolerância, lenta e desesperadora degradação, uns e outros o abalam e o remodelam. Sobretudo, mal ele é elaborado e eis que um mais ativo ou um melhor formado, um mais manejável ou um mais completo o desclassifica. Segue-se, aliás, um dilema: não se o emprega sem conhecê-lo bastante e integralmente, porém, para poder conhecê-lo e até mesmo esquecê-lo de modo legítimo, é preciso ainda utilizá-lo e explorá-lo. Isso não é tudo da lição que dele se pode extrair, mas é o essencial. Em definitiva, a medicação nunca deve pertencer ao mundo da tentação ou inspirar-se nele, porque nada é mais próximo do desejo e de seus funestos impulsos, de seu duplo naturalismo enevoado de magia, mas deve sempre vir a ser e permanecer uma tentativa, com tudo o que a palavra implica: risco, experiência, promoção, esperança.

François Dagognet, filósofo do medicamento[1]

Aluno de Gaston Bachelard e de Georges Canguilhem, professor emérito de filosofia, François Dagognet (FD) é autor de numerosas obras, em particular sobre o medicamento, o saber e o poder na medicina. Éric Laurent (EL) e Pierre-Gilles Guéguen (PGG) conversaram com ele.

Pierre-Gilles Guéguen: Seus trabalhos sobre o medicamento têm sempre muita importância. Como filósofo interessou-se muito por Michel Foucault. Seu conceito de biopolítica, por exemplo, reteve muito seu interesse. Por outro lado tem uma crítica central a fazer-lhe, a saber, que sua crítica não fornece um antídoto, um remédio por assim dizer. Você mesmo pensava que uma burocracia mais justa, próxima do tipo ideal de Max Weber poderia regular os efeitos nefastos do controle sobre a sociedade de vigilância.

François Dagognet: Efetivamente, defendo o Estado mais do que Foucault, na medida em que representa o interesse geral e que o mal são os interesses particulares. Consequentemente fustigar o Estado e ver apenas nele o tirano que se ocupa de seus próprios interesses é uma perspectiva que não retive. É permanecer sempre na ideologia de 1968, quer dizer, em uma ideologia individualista, contestatória. É apenas o prefácio do que convém ao filósofo que, a partir de meu ponto de vista, ganha defendendo o Estado, mas um Estado comunitário.

PPG: O marco em que se distribui o medicamento é certamente fundamental.

FD: Estou um pouco em desacordo com os psicanalistas quanto a este ponto e vou dizer o porquê. Têm uma ideia do medicamento totalmente refutável: o medicamento tem algo brutal porque é cada vez mais ativo e altera a relação entre o terapeuta e o paciente na medida em que o paciente sente que é manipulado, já que se atua sobre ele com armas particularmente eficazes. Que dizer, contra esta visão contestável do medicamento? Os médicos insistiram, sobretudo, sobre o fato de que medicamentos foram encontrados por acaso. O medicamento não é o que creem. Os médicos insistiram no fato de que medicamentos foram encontrados

---

[1] Entrevista publicada em *Mental* n. 19, p. 23-41, maio de 2007.

por acaso. Por exemplo, terminei meu curso de medicina no momento em que chegaram ao mercado o Largactil R e os antibióticos. Ocorre que o Largactil R foi descoberto por uma pura contingência. Usava-se para tratar os parasitas intestinais e observaram que paralelamente era capaz de moderar os surtos delirantes. Quando algo chega por acaso, não é um signo de excelência, é puramente empírico. Por outro lado uma grande quantidade de medicamentos parece ter uma origem mais ou menos exótica. Claude Bernard, em seu famoso livro sobre as substâncias medicamentosas, insistiu muito no fato de que os índios esfregavam suas flechas com o extrato obtido de uma liana para paralisar o animal. Esta versão foi levada para a Europa e dali se extraiu o curare, que é efetivamente capaz de paralisar o animal, e que se utilizou contra as crises tetaniformes.

O medicamento: substância topológica

FD: Mas o que é hoje um verdadeiro medicamento? É o fato de que o médico tenha ido buscar no corpo o elemento que lhe permita funcionar e o torne a aplicar oportunamente no corpo em dificuldade. Qual a experiência fundamental da fármaco dinâmica? É a experiência de Loewi de 1924: ele explica a ação de um coração que bate, que se acelera e se torna lento, devido à secreção medular de mediadores químicos, quer seja o mediador do sistema simpático, a adrenalina, quer seja a do parassimpático, a acetilcolina. Que faz a farmacologia? Por exemplo, vai reutilizar a noradrenalina que vai se converter numa grande via da terapia, a partir dela vão se criar moléculas um pouco mais complicadas do que a noradrenalina, graças às quais se vai poder acalmar um pouco os doentes. Então, o medicamento é sempre algo externo que vai para dentro e dali, entrando no organismo, é capaz de modificá-lo. Consequentemente, penso que um filósofo tem o dever de defender e sustentar uma tese personalizada do medicamento.

Não é algo que venha de longe, algo bizarro, que se descubra por pura contingência. É a corporeidade transferida para fora que se utiliza em seguida para ajudar um interior perturbado. Os psicanalistas deveriam ser menos inibidos em face de uma molécula que poderia em princípio facilitar a abordagem pela palavra. Se o delirante ou o depressivo está numa posição em que ele não pode mais reagir, a medicação vai de certa forma pacificá-lo ou estimulá-lo, devolvê-lo a si próprio. Portanto, creio que a síntese psicanálise e a farmacologia não deveriam suscitar tanta apreensão. Eu vim da Escola de Lyon de medicina, onde conheci os psicanalistas Guiotat e Hochmann, Éric Laurent e Bergeret, os inventores dos estados limites. Nós pertencemos a uma outra Escola, entre os numerosos grupos inspirados pelo ensino de Lacan, que são bastante diversos. Em nossa tradição, marcada por Foucault e pelos seus trabalhos, não somos incomodados pelos medicamentos. Sua concepção, seu antinaturalismo fundamental e sua fórmula "do exterior que reintegra o interior" nos parecem corresponder inteiramente ao que Freud havia discernido no objeto pulsional e nesta satisfação estranha que podia ir buscar um objeto fora, e deste objeto fora, fazer um instrumento de seu gozo. A corporeidade...

FD: Você diz muito bem. Está certíssimo.

EL: Com efeito eu a faço nossa. Ou melhor, eu me sirvo de uma noção que Lacan sistematizou a partir do objeto a, um objeto paradoxal. Há sempre uma falta e um pleno, uma falta de gozo e um pleno de gozo, no entanto, o que falta ao organismo, ou melhor, ao corpo, o corpo vai procurá-lo fora para fazer dele um instrumento que lhe permite gozar de si. Nesta perspectiva, seu antinaturalismo nos interessa radicalmente. Contrariamente a escola de Lyon em que eles quebraram a cabeça para saber se o medicamento agia sobre o id, sobre o ego ou o superego, são estórias que nos parecem boas para boi dormir porque se tratava de naturalizar o id, o ego e o superego. Pelo contrário, sua fórmula de corporeidade é muito interessante para a psicanálise.

A molécula e o medicamento

FD: Há um ponto que vem reforçar esta posição. Contrariamente a um farmacologista ingênuo, não se pode retirar de um medicamento, qualquer que seja sua franja relacional, ele é apenas uma molécula química. O placebo é para mim um tema privilegiado pela razão: no medicamento, há a confiança, a tradução daquele que indica a receita, quer dizer, uma grande parte relacional, que não se chega a subtrair malgrado a experiência de laboratório. O psiquismo está lá, na materialidade. O medicamento, fora do organismo, é uma molécula química, mas desde que ele é prescrito, que entra no corpo do indivíduo, ele muda totalmente de dimensão e de estatuto. Os laboratórios tentam retirar a franja e a aura do placebo através de experiências pueris. Não se pode retirar o psiquismo do medicamento. Conforme a pessoa se terá resultados extremamente diferentes. Fiquei impressionado pelo fato de que os experimentadores, quando recomeçam com o mesmo doente a mesma tentativa de subtração, chegam a resultados diferentes, consequentemente a variações. Para mim, filósofo, é muito importante saber que a molécula não é apenas uma molécula, ela é, em si mesma, relacional. Vocês não podem abrir a substância para lhe arrancar a parte humana, elas estão de tal maneira inclusas umas nas outras que não se pode separá-las. Isto vai no sentido do antinaturalismo que você ressaltava. É um argumento que o placebo confirma. Atribuo a ele muita importância.

EL: Há uma experiência de gozo. A substância é ativa e provoca efeitos no corpo, efeitos que os médicos procuram temperar dizendo que é preciso fazer ou não fazer.

Concepção estrutural do medicamento

FD: Quando eu terminei minha medicina em Lyon, os antibióticos chegavam ao mercado. Lá ainda se acreditava que um mofo secretava o que ia impedir a multiplicação do parasita. Percebeu-se que esta interpretação era ideológica. O que é um antibiótico? É uma molécula semelhante àquela que o micróbio utiliza para se desenvolver, mas afetada de uma ligeira diferença de estrutura, de tal maneira que o parasita a absorve e que ela vai desnaturá-lo. Há uma pequena distância que faz com que o parasita não possa mais se desenvolver porque A' não é A. Deu-se a ele um A' que tem uma pequena diferença, por vezes uma diferença puramente ótica, com a substância A. É, portanto, uma luta metabólica pelo micróbio, que absorve um produto semelhante que a ajuda, mas que vai asfixiá-la. Consequentemente é uma concepção fundamentalmente estrutural da antibioterapia que prevalece, e não uma luta contra os micróbios com secreções "cogumelescas" ou outras, o que é uma visão puramente mitológica e insustentável da antibioterapia. Crer que o medicamento age por acaso é notoriamente insuficiente. Em 1950 os medicamentos psíquicos ainda não existiam. Eu assisti no Vinatier espantosas da convulsoterapia, dos eletrochoques, da cura de Sackel, a barbárie em psiquiatria. Os neurolépticos foram, portanto, uma grande reviravolta na terapêutica e, paralelamente, contra as doenças infecciosas, os antibióticos foram a segunda grande vitória.

Eletroterapia ou prescrição dialética?

EL: Você evoca a convulsoterapia. É notável notar o retorno de seu prestígio nas práticas mais atuais da psiquiatria. À medida que o *continuum* faz cair a barreira entre o estado melancólico como tal e as manifestações mais atenuadas do afeto depressivo, vemos a extensão das indicações da eletroterapia. A voga atual do diagnóstico de bipolar contribui para isto por outras vias. É necessário também mencionar as esperanças colocadas na implantação de eletrodos nas circunvoluções cervicais para uma estimulação constante dos cérebros deprimidos.

FD: Os psiquiatras levaram a isto, que eu considero como bárbaro, por causa da rapidez aparente. Quando você recorre aos antidepressores, o resultado não é imediato, é necessário um certo tempo. Mas com o eletrochoque o paciente se metamorfoseia duas horas depois, aparentemente, porque o paciente recai mais tarde. Creio que existe uma vantagem que diz respeito à selvageria. É insustentável. Os eletrodos, as estimulações, parece que nos encontramos nos tempos de Lavater e das localizações cerebrais. Você sabe muito bem que isto não se sustenta. Eu, filósofo, permaneço ainda em Bérgson, que mostrou que o que concernia o cérebro não era o que se acreditava. O eletrochoque tem seus partidários, é assombroso, mas é assim, os resultados são imediatamente evidentes.

EL: No fundo a pressão sobre o resultados leva...

FD: Uma verdadeira terapêutica, quando recorre a meios medicamentosos deveria sempre ser lenta, flexível, doce, e não deveria agir com violência senão se compromete para sempre a relação terapêutica.

EL: Você descreve o momento de chegada dos medicamentos ao Vinatier, dez anos depois à da antipsiquiatria. Durante um momento houve um conflito entre os que desejavam uma relação que dispensaria os medicamentos e os que valorizavam o contrário. Para articular esta posição conflituosa você por um momento propôs "a prescrição dialética". Agora, no momento do retorno, as graças do eletrochoque acompanhadas de uma desculpabilização importante desta prática, você não pensa que se chega, no estado atual, a alguma coisa que não é mais dialética quando da prescrição?

FD: Não é mais absolutamente dialética, é o que há de mais pobre e de mais terra a terra, de mais miserável. Parece-me que o medicamento está aí apenas para valorizar a futura relação terapêutica. E não para substituí-la. Eis por que os psicanalistas deveriam permitir o jogo medicamentoso e apenas intervir no momento de sua cessação. É um ponto negativo, mas um negativo feliz porque eu expulso o que outrora permitiu este jogo e este Eu. O momento medicamentoso é a condição transcendental da sequência, ele a torna possível. Estas terapêuticas, eu as vi praticadas pelos psiquiatras da Escola de Lyon que eram excelentes neste bizarro compromisso, neste ecletismo que era bem conduzido, mas não pensado.

Formação dos médicos

PPG: Numa conferência na Unesco em 2005, você falava da formação dos médicos e do psiquiatra...

FD: De todo médico primeiramente... Durante os primeiros anos se ensina aos médicos tudo, salvo a medicina. O primeiro ano é uma guerra entre os estudantes. É prodigioso o que lhes é pedido através dos QCM, ninguém de boa-fé pode sustentar semelhante desastre. Nos segundo, terceiro e quarto anos se lhes fornece uma pseudociência sobrecarregada e consequentemente eles são transformados em miseráveis positivistas. Eles próprios se queixam de que jamais conheceram os mestres da psiquiatria. Não há nenhum ensino do que é a relação clínica para o médico generalista e na psiquiatria, não falemos disto! É uma vergonha.

EL: Tem-se o sentimento de uma vontade ativa de não ensinar seja lá o que for de uma relação com o paciente no caso em que isto poderia prejudicar o protocolo universal diretamente utilizado pelas estatísticas e de ter pelo contrário pessoas que não se embaraçam muito com a relação clínica, executantes zelosos e flexíveis diante das mudanças das políticas de saúde definidas por oficinas públicas.

FD: Sem dúvida, executantes. Isto produz estragos, porque primeiramente tudo é codificado, e consequentemente tudo é despersonalizado, já estabelecido pela classificação das doenças no DSM. Há para mim uma coisa que é mais importante do que o diagnóstico, é o prognóstico. O que vai tornar-se este doente. Choca-me que na classificação das doenças há misturas inimagináveis. Por exemplo, a homossexualidade era situada no grupo das neuroses. Era todo um sistema pré-estabelecido de nosografia, de classificação e de prognose que não deveria ser aceito pelo médico, nem pelo menos informado. A *evidence based medicine* é alguma coisa de insustentável.

EL: Como você demonstraria este caráter insustentável?

FD: Tomemos a doença de um indivíduo. O indivíduo que está doente não modifica o ritmo, o estilo e os contornos da doença? É certo que sim. Creio que foi Cabanis quem disse: "Não há doença, só há doentes". A relação terapêutica privilegia este encontro, ao mesmo tempo único, singular, personalizado. Então, colocá-la num sistema ao qual você está submetido e que você deve respeitar é totalmente o contrário. Você me pergunta por que eu condeno esta abordagem, é em razão de seu caráter totalitário e insignificante, se é verdade que o doente dá sempre à doença uma nota que a personaliza.

EL: É esta evidência que a *evidence based medicine* tenta destruir. Ela se deve pelo contrário, a que não há doentes, mas tratamento eficaz sobre estas doenças. As grandes séries estatísticas querem remeter "o doente" a um efeito de superfície. A determinação do melhor tratamento pela série mais probatória segundo um critério definido previamente quer eliminar toda particularidade.

FD: É o que se faz no Canadá e nos Estados Unidos. Isto começa na França.

O medicamento, obstáculo aos protocolos

EL: Tem-se o sentimento de que é muito difícil fazer valer contradições. Frente a esta deriva do medicamento, não é ainda o próprio medicamento que vem a constituir obstáculo W. É marcante que do lado dos protocolos não há aparentemente nenhum obstáculo, tornou-se a doutrina dominante, enquanto do lado do medicamento cada vez que há uma tentativa de estabelecer um protocolo estrito de prescrição há sempre perturbações, inconvenientes. Por exemplo a prescrição maciça de antidepressivos aos adolescentes produziu uma querela – O que fazemos aí? É legítimo? Não há risco de um empuxo a passagem ao ato? – que produziu um obstáculo e que trouxe a contradição tanto nos Estados Unidos como na Europa. Da mesma forma a classe dos medicamentos do tipo Vyox etc. Como você vê isso? Será que o medicamento na sua materialidade também não resistiria aos protocolos, assim como o médico?

FD: Sim, o médico não resiste. Porque o medicamento consegue tornar-se um obstáculo a esta visão que considero terrorista... Todo medicamento acarreta efeitos múltiplos e por vezes diferentes. Nós percebemos que a noroadrenalina, este medicamento simpático-mimético, podia produzir efeitos contrários, eis por que na farmacologia se distinguiu os receptores alfa e beta que são o inverso um do outro. O medicamento é uma molécula química de que estamos certos desde que não nos servimos dele, mas desde que ele entra na totalidade corporal seus efeitos são múltiplos. Naturalmente o médico vai negá-lo porque ele é portador do medicamento do organismo que é a arma que ele vai utilizar e com a qual vai triunfar. Apenas existe a resistência e como você dizia e eu me pergunto se não é o que cria um véu. O medicamento tem efeitos plurais. Por exemplo, a adrenalina, segundo o lugar em que ela age, pode ter um efeito constritor ou dilatador, a farmacodinâmica traz água para o meu moinho.

Controle do mercado

PPG: No entanto você criticou a ação dos grandes laboratórios...

FD: Porque aqui temos três operadores: o doente, o médico e o medicamento. Aqui intervém o sistema industrial que está por trás e que vem pesar sobre este conjunto de uma maneira que o modifica, porque, mesmo quando o medicamento triunfa, rapidamente ele vai ser substituído por outro medicamento, mais ativo aparentemente. É um operador a meus olhos nefasto na medida em que sua finalidade não é a cura mas a onipotência de ser aquele que domina a situação sobre o mercado e que tira vantagem disso. O filósofo só pode se opor a este domínio alienante. Vê-se coisas espantosas, laboratórios que oferecem vantagens materiais a médicos para que prescrevam seus remédios. Era uma prática corrente que infelizmente está em vias de se renovar. Tomam-se caminhos muito oblíquos. Compra-se os prescritores para que eles prescrevam o que o laboratório produz. Isto quer dizer que, mesmo o mercado, se não é vigiado, pode ser em si mesmo nocivo.

EL: Como se regula o funcionamento das ações na bolsa vê-se agências serem criadas para velar a suposta regulação dos conflitos de interesse, que cada um seja obrigado a explicar com toda transparência todas as detenções de ações que os médicos têm nos laboratórios. Há uma espécie de corrida entre a regulação e as desregulações. Mas será que não se pode dizer que a maneira pela qual a indústria farmacêutica impera sobre os médicos é que ela propõe a busca de uma panaceia ou ao menos de um remédio soberano – o que você criticou cada vez ressaltado o efeito múltiplo das moléculas. Esta maneira que tem a grande indústria de fazer refletir sua eficácia é uma maneira de aliviar a angústia do médico; acabou-se a angústia da relação terapêutica.

FD: Eu estou inteiramente de acordo. É, "todos juntos". Todos juntos vão proceder a fabricação do remédio milagre.

A relação terapêutica

PGG: Isto supõe a necessária dialética que você recomenda na formação do médico entre a abordagem científica, objetivista da ciência e a preocupação da relação médico-paciente. Será que existe ainda a possibilidade de praticar esta dialética?

FD: Ela está totalmente impedida. É uma espécie de narcisismo coletivo que se autoisola e se fecha a dialética. Voltemos ao placebo. Um médico tem o direito de enganar o paciente W. Diz-se ao doente que se lhe dá a pílula que vai tratá-lo enquanto o que se lhe dá está vazio de toda atividade e trata-se de uma substância totalmente estranha ao medicamento que deveria ser proposto. Não será deontologicamente um falha moral W. Aqui trata-se de enganar deliberadamente o paciente porque se lhe dá um falso medicamento enquanto só se deve prescrever para tratar e curar e não para uma avaliação quantitativa do medicamento. Vai-se pagar um paciente para ser enganado. Dá-se a ele um falso remédio para ver se este falso remédio dá também resultados. Para-se de tratar e se mente a ele para poder conhecer os efeitos do falso remédio. É, portanto, uma situação bastante "gangsterizada" de que o médico é cúmplice. O próprio médico não sabe, ele próprio, o que dá, mas sabe que ele pode dar alguma coisa que ele não devia prescrever. Tudo é falsificado nesta experiência pseudo-objetiva. A relação terapêutica não pode coincidir com esta prática.

PGG: Você ressaltava há pouco a importância do tempo na relação médico-paciente...

FD: Somos tentados pelo muito rápido porque estamos desembaraçados desta angústia que marca a relação de um lado e do outro. Parece que ganhamos, mas a relação terapêutica exige uma extrema lentidão, assim como a supressão de todos os protocolos e de todas as ajudas. Menos agimos, menos respeitamos a especificidade da relação. É preciso estar atento, por vezes, ao menor sintoma. Freud estava particularmente atento a estas pequenas coisas que lhe permitiam um real diagnóstico e uma compreensão de seu paciente.

Positivismo do momento atual

EL: O contexto da consulta era inteiramente diverso quando a psicanálise começou, e se levava tempo com o paciente e o médico se deslocava ao domicílio. O próprio Freud o tomava durante uma hora. Isto nada mais tem a ver com o que se passa hoje no hospital em que a consulta é marcada pelo critério da rentabilidade...

FD: Uma fábrica!

EL: Uma fábrica muito particular, aliás, porque nunca se viu numa fábrica uma tal concentração de meios, de saber em ato, de máquinas de uma grande complexidade, na ponta da técnica. Tudo isto está concentrado num mesmo lugar com elites científicas que passaram pelo mesmo molde positivista.

FD: Tenho disto um exemplo recente. Um doente neurótico foi hospitalizado em Saint-Anne na psiquiatria. Ele teve durante os cinco primeiros dias um IRM, um eletroencefalograma, depois análises. Antes de tudo ele foi submetido a estes pré-exames para se assegurar de que não havia razão somática que mudasse o diagnóstico de depressão.

EL: O hospital psiquiátrico desde sempre foi um lugar revelador da loucura da civilização. Aí temos a revelação da loucura da técnica pela instalação de todos os meios em um lugar de excelência.

FD: Todo mundo estava contente, a família tranquilizada pelos exames, os psiquiatras, o próprio doente sem que se tenha encontrado nada. O primeiro interno em medicina teria visto que se tratava de um contexto inteiramente diverso. Perdeu-se tempo, o hospital se ridicularizou.

EL: O que autoriza esta deriva neste modo de relação ao saber no seio de um saber que existe e é inteiramente consistente? Por que este cientificismo? O que parece a você a razão profunda deste momento positivista?

FD: Você o disse. É uma maneira de libertar a si próprio da ansiedade e da dificuldade de outra compreensão. As coisas são fáceis quando se pensa que a máquina vai responder. Não há mais interrogação, a solução está lá. O fato de que isto desangustia faz com que todo mundo aceite isso. Foi porque eu fiquei sensível em Lyon a esta famosa psiquiatria existencial a Biswanger que ela, ao menos, reagia contra a loucura.

EL: Tem-se o exemplo espantoso desta psiquiatria existencial na narrativa da troca entre Biswanger e Aby Warburg.[2] Aby Warburg foi primeiro considerado como perdido, depois Kraepelin o vê e diz que não se trata de um esquizofrênico, mas de um maníaco-depressivo, poder-se-á então ter um prognóstico mais favorável. Biswanger s'acharne, com a ideia de simplesmente, para fazê-lo sair daí, dar-lhe a palavra. Ele o faz fazer conferências, e é primeiramente um foullis durante cinco anos, e em um dado momento ele se arranja. É fascinante por que isto parece incompreensível. Não se compreende por que em um momento dado é reparável, por que em um momento dado Aby Warburg reencontra alguma coisa que lhe permite prosseguir sua obra, que esta certamente é sempre marcada pelos elementos do delírio, mas que reencontra um *main strain*. Tudo isto por um esforço dos dois, aberto ao que há de imprevisto, de fortuito.

A fabricação de imagem, nova idolatria

FD: Você é sensível à temporalidade e em oposição a esta precipitação cientificista inútil. Quanto a esta pessoa hospitalizada, os psiquiatras evocaram a possibilidade de um hematoma. Se bem que um hematoma não dá sempre esses signos, dizendo que desejavam estar seguros e não passar ao lado.

EL: Tem-se no registro das IRM a fascinação que exerce colocar em imagens. Há como nunca um retorno às localizações cerebrais e de outro lado uma enorme maquinaria da colocação em imagens do interior do corpo.

FD: Nunca o corpo foi tão exteriorizado.

EL: Como você explica esta experiência de civilização? Há alguma coisa de profundamente existencial no fato de desarraigar o interior do corpo?

FD: Eu defenderei facilmente a fabricação de imagens em certos domínios médicos, mas em psiquiatria ou em neurologia a escopia, a pulsão escópica, é imediatamente transformada. Explora-se o crânio, o encéfalo, vai-se ver nos menores recantos como se fosse aí que estivesse o objeto do mal psíquico. Esta simples descrição condena a prática. Que a fabricação de imagens possa valer efetivamente para certas regiões corporais, com os raios, com a ecografia ou a tomografia, eu o concebo. Mas pensar que o desfuncionamento social encontre sua razão de ser numa circunvolução cerebral, isto me parece neurotizante.

---

2   Biswanger, L.; Warburg, A. *La guérison infinie*. Bibliothèque Rivage, 2007.

EL: O gozo escópico, graças a essas máquinas fantásticas que o permitem, dá a experiência de uma nova idolatria. Pode-se discernir seu bom uso, mas isto necessita sem dúvida de um espírito muito crítico.

FD: Mais do que começar por todos estes exames, não há nada igual à simples escuta. Como se o psíquico dissesse respeito a certas sinapses cerebrais. A identificação do psiquismo, a cerebralidade, me parece dizer respeito ao mesmo erro. Mas disto eu jamais vou persuadir qualquer médico. Eles estão absolutamente certos de que tudo se localiza, que o psiquismo está na cabeça enquanto tudo mostrou o contrário.

EL: Qual é o fundamento desta sedução?

FD: Você o disse, é a facilidade, a pseudossegurança. Se não vocês estão em um domínio muito mais fácil de gerir.

Medicina legal

PGG: Você é muito sensível ao que não se localiza, ao que é o dejeto, ao que é rejeitado...

FD: Vou empregar uma grande expressão pseudofilosófica: "o ser" não é sempre o que se vê, nem o que se toca. Há realidades que são imateriais, elas não são por isso menos reais. Mas se eu digo isto a um médico ele vai protestar.

EL: Malgrado o fato de que há receptores da dopamina, por exemplo, um pouco em toda parte no corpo, e não apenas no cérebro, você não chega a convencê-los?

FD: Você não encontra um só. Quando eu estava em Lyon, onde eu exercia durante um certo tempo, eu me interessei muito pela medicina legal, pelas autópsias. Isto me interessava porque o corpo é mais rico do que acreditamos e do que podíamos lhe pedir informações particularmente precisas, pontuais. Eu tinha o mais profundo respeito por esses corpos mortos porque eu pensava que eles tinham ainda uma relação com a sociedade e porque não os levamos bastante em conta. O morto não é alguma coisa que se possa eliminar como dejeto, como detrito estritamente cadavérico. Há ainda restos da vida psíquica no corpo morto.

EL: Esta extração dos dados a partir dos mortos pode produzir aí, também, uma fascinação particular. A série televisiva "Os experts" é uma série americana centrada em procedimentos médico-legais que permitem extrair do cadáver todos os dados de sua existência, e é aí que se encontram medicina legal e sociedade de vigilância, a medicina como coadjuvante da polícia.

FD: Era o contrário que me agradava. No mais das vezes, os herdeiros fazem um processo, os particulares vêm tirar proveito disto, mas o que me interessava era quando o Estado era demandante: o interesse geral quer saber se você é inocente ou não. É uma démarche que nada mais tem a ver com uma atitude judiciária. O Estado é guardião, não da segurança, mas, da gestão da cidade e quer saber se este morto morreu de morte natural ou não. Que o Estado seja demandante e não um indivíduo singular, isto me parecia engrandecer o ato avaliador.

EL: É aí onde vê uma grande separação entre a fascinação que exercem estas séries que são da ordem do contrato, onde se quer saber qual é o contrato eventualmente fraudulento que levou a esta morte, e o ponto de vista do Estado garantidor.

FD: São duas medicinas que arriscam a se confundir, uma, aliás, acaba de ganhar da outra. Eu conheci efetivamente um legista que se alinhara a uma criminologia de vigilância e de polícia.

PGG: Como se faz falar os restos?

FD: Primeiramente há os que se expõem por si mesmos. Pode-se saber de um cadáver retirado da água se ele se afogou, se ele foi jogado na água, se ele caiu na água sem se debater e em qual caso isto poderia ser por inadvertência. Pode-se conhecer a causa, o lugar e o dia da morte até recolher sobre o morto restos daquele que o matou, basta um cabelo. A traceologia está muito viva.

O objeto, o medicamento e a obra de arte

PGG: O medicamento não é também um resto a fazer falar?

FD: O medicamento é um objeto incomparável, ele não tem equivalente. Ele é o único que vai ao fundo do organismo. Poder-se-ia dizer: mas o alimento também. O alimento procurado fora é o que permitirá ao corpo sobreviver enquanto o remédio não vai procurar fora seu modelo estrutural, ele o toma em mim, para melhor retorná-lo contra um eventual desfalecimento meu. Consequentemente ele tem uma origem totalmente diversa, um papel inteiramente diverso e uma eminência que o alimento não pode contestar-lhe. O alimento pode ser trocado por um outro, eu posso mudar minhas horas de repasto, enquanto um remédio não se muda assim facilmente. Há posologias que não se pode deslocar, momentos em que é necessário tomá-lo. O medicamento não é, portanto, um alimento. Há de um lado sua origem e suas raízes no interior, e de outro lado, há em princípio uma ação salvadora e não apenas reprodutora, como o alimento. Penso que há uma hierarquia na ontologia dos objetos, e eu coloco o medicamento na frente.

PGG: Com relação aos objetos artísticos?

FD: O objeto de arte aparece sempre fora. O interior, num quadro,[3] foi colocado no exterior, enquanto o medicamento dá mais importância ao interior, à vida e à saúde. Este quadro, por exemplo, é um momento de gozo e depois ele permanece sempre fora.

PGG: No entanto com artistas como Arman você mostrou que ele faz falar os restos mas de outra maneira.

FD: Sim, mas são restos menos eminentes, são restos menores.

---

3   **N.T.:** François Dagognet escreveu livros sobre estética, principalmente sobre a arte contemporânea: *100 mots pour comprendre l'art contemporain*; *Pour l'art d'aujourd'hui*, *Michel Paysant*, *Logique et poétique*.

EL: Ali se pode dizer alguma coisa sobre o escópico na arte, se vê que Arman interroga uma sociedade sobre suas práticas do objeto anal, algumas vezes muito diretamente ou ainda com a acumulação de dejetos, o sublime da coleção. Ele faz entender alguma coisa com o resto e o tratamento do objeto anal.

FD: É uma analidade superada. Em fim de contas os objetos perdem aí sua facticidade e sua utilidade. Arman mostra uma série de objetos que não servem mais para nada e que superaram a simples facticidade devido ao número e à não funcionalidade. Então é uma operação fundamentalmente anal, mas uma analidade que se ultrapassou, que deixou seus limites.

O coquetel medicamentoso

EL: Gosto muito de sua expressão: "deixar seus limites". Vimos como se declinavam todos os tipos de maneiras de deixar seus limites, a da arte, as da razão científica, como as boas maneiras se perdem, como as de distribuir um objeto. Gostaria de interrogá-lo sobre o coquetel de medicamentos que por seu caráter precisamente de artefato, de uso, ressalta o múltiplo. E quando ele vai além, quando ele se desvia, vê-se a utilização que dele se faz, em particular agora nos Estados Unidos. Desde que a barreira da infância recuou, não há mais precaução e se começa a medicar as crianças o mais cedo possível. A prevenção começa com dois anos, e segundo o prognóstico se prescreve neurolépticos desde dois anos e meio. Chega-se a estatísticas surpreendentes de prescrição para crianças e adolescentes – antidepressores, ansiolíticos, tensiorreguladores, controle da atenção – tudo isto é prescrito ao mesmo tempo em uma espécie de entusiasmo que dá a ideia de uma deriva e de uma desregulamentação total.

FD: É muito importante e mesmo capital. A meu ver, o coquetel era benéfico no começo. Eis um exemplo: há doenças infecciosas em que o agente infeccioso se enquista e resiste ao antibiótico. Eu, terapeuta, sou obrigado a acrescentar ao antibiótico um corticoide que vai tentar quebrar o nicho no qual o micróbio se encerrou. Mas não se trata de um sem o outro. Mas se você dá antibióticos apenas, não tem nenhum resultado, e na primeira ocasião o micróbio se desenvolverá. Se você não dá o que quebra seu invólucro, você o liberta de sua própria prisão. É necessário associar o pró e o contra, os dois antagonistas. O coquetel que você descreve é o desvio deste coquetel que no início era benéfico, porque não tenho o direito de utilizar um medicamento sem associá-lo ao que o corrige de suas próprias lacunas, de seu niilismo. É paradoxal, mas real e totalmente justificado. Mas toda terapia tem seu lado negro. Há ao lado de outros sintomas, vertigens, um estado de náusea, então se acrescenta medicamentos. É o desvio cientificista que acredita que mais se acrescenta, mais isto vai dar certo. No começo, sim, ao coquetel quando ele é controlado. E não quando no ponto de chegada ele não é mais que uma quantidade. É uma crença doentia na quantidade. O medicamento é visto como bom em si, valioso, o que é falso. Ele depende estritamente da maneira pela qual o utilizamos.

Crença cientificista

PGG: Você fala desta busca de eficácia máxima como de uma crença.

FD: Sim, como de uma simples crença.

PGG: O próprio cientista não está ao abrigo da crença...

PGG: O cientista do cientificismo é um mau cientista: ele não deveria acrescentar não importa o que a qualquer coisa. Ele o faz a partir de suas crenças.

EL: E das exigências dos resultados que pesam sobre ele, em particular com os adolescentes. Em um tecido social muito perturbado os médicos são levados a controlar socialmente. Pede-se ao médico que obtenha rapidamente a pacificação do comportamento. É o empuxo a prescrição. Neste caso, não é mais o medicamento enquanto valoroso é o medicamento enquanto legal. É então que a prescrição se torna policial, sob a pressão do imperativo: "Obter resultados".

FD: Sim, para limitar esta fração opositora.

EL: Como você estabeleceria a situação com que temos que nos haver depois da criação em 2004 da Alta Autoridade na Saúde? Que pensa você desta ultrapassagem na maneira de o Inserm, eminente autoridade, fazer um certo número de bobagens começando a publicar expertises coletivas, espécie de leituras comentadas de numerosos artigos que provocaram cada vez mais numerosas reações até chegar a uma petição Pas de zero de conduite[4] reunia 200 mil assinaturas contra este gênero de expertise. Isto não para. Depois da prevenção do suicídio, passou-se à prevenção das perturbações da conduta e haverá ainda um outro. A prevenção da dislexia passará por um estudo estatístico geral da população. Existe aí uma parte considerável nova da história da medicina que nasce a partir da imposição do recurso a uma série de prescrições apoiadas em uma clínica que se pretende nova. Será que há neste "novo" algo que se inscreve numa continuidade ou será fundamentalmente novo?

FD: Esta medicalização à outrance parece responder a uma agravação do sintoma do cientificismo que não conhece limite. Consequentemente o que você descreve é o domínio sobre os fenômenos sociais e individuais, o controle de uma vigilância estatal e um controle de todas as possibilidades para geri-las e regulá-las.

As antipsiquiatrias

FD: Mas parece que na clínica do começo do século XX, alguns já tinham reagido contra esta tentativa para temperar e impedir o que se desenvolve hoje. Falo da antipsiquiatria pela qual tenho um fraco, com seu pequeno lado humorístico.

---

4 N.T.: Disponível em: http://www.pasdezerodeconduite.ras.eu.org. "Zero de conduite" é um filme de Jean Vigo, diretor e roteirista, produzido em 1933 e que foi proibido até 1945. Figura a revolta dos estudantes contra a disciplina totalitária de controle da conduta.

Lembro muitas vezes este caso: uma mulher foi internada por um surto delirante, conseguiu-se pacificá-la, seu marido vinha vê-la regularmente. Quando ela sai é o marido que cai doente, e será necessário interná-lo por um bom tempo. O responsável pela doença não era ela, era ele, ele ia bem quando ela estava doente, ele afundou quando ela se curou. A antipsiquiatria estendia isto ao quarteirão, à cidade, à civilização. O doente é o mais delicado e que degringola porque tem contra ele forças que o oprimem. Eis por que não haverá mais consulta individual. Talvez você ache isto idiota.

 EL: Não, de forma alguma. Há todos os tipos de antipsiquiatria. Há a versão de Basaglia na Itália, muito marxista que muitos psicanalistas marxistas lá acompanharam fazendo um contraponto. Na França muitos alunos de Lacan se ocuparam de antipsiquiatria. Na Inglaterra Cooper e Lang eram analisandos de Winnicot. Entre os psicanalistas concernidos pelo social há diferentes versões. Em sua tese de 1932, Lacan dizia que o delírio é um delírio de um pátio, da rua, do fórum, da cidade. É a articulação do individual e do coletivo que está aí em jogo. A psiquiatria comportamental contemporânea retoma isto com a ideia, por exemplo, de terapia familiar ou ainda por uma psiquiatria de corrente principal com técnicas que visam a reinserir o paciente, como se diz agora. É uma espécie de antipsiquiatria, mas do ponto de vista do mercado. É necessário reinserir em dispositivos, mas não é mais um dispositivo articulado ao social, é um dispositivo associativo, uma espécie de agregação associativa, sobre uma base tocquevilliana, que não é mais incompatível com o liberalismo ambiente. Vê-se uma maneira de levar em conta esta articulação que é própria ao espírito dominante da civilização e que não tem mais agora valor contestatório. É uma versão disso hoje porque é com efeito impossível hoje extrair a dimensão social da psiquiatria. Algumas vezes você ataca a psicanálise sob o ponto de vista do desconhecimento do social. Será que a terapia individual, isolando-se, desconhece o social W? Ela pode fazê-lo, mas me parece que profundamente, com a ideia de que Lacan propunha que havia discursos que se ligavam à civilização, o discurso histórico e o discurso do mestre, estas categorias faziam com que o sujeito nunca estivesse cortado do social e que ele não fosse nunca uma função individual.

 FD: É um erro, eu o reconheço. Este parâmetro do social indispensável, sempre presente, é capital para a relação terapêutica e modifica à sua maneira a função do medicamento. Não é a molécula em si mesma que trata, não se pode ver o problema do medicamento sob este ângulo tão estreito e tão limitativo, alienar-se na farmacologia e perder a dimensão essencial do social. A noção de medicamento não pode fascinar até o ponto de que ele seja o único objeto onipresente.

 PGG: Você está atento à noção de solidariedade e que a loucura seja incluída na solidariedade.

 FD: E a importância do aspecto comunitário porque é a comunidade que está incluída na relação.

 EL: Este tema da comunidade pode ser utilizado para usos muito variados, como o comunitarismo, por exemplo. Como você vê este mal-estar da comunidade?

FD: O que deveria liberar do individualismo não deve servir de novo para fabricar um isolamento comunitário. Deixa-se um primeiro isolamento individual em proveito da comunidade, mas a comunidade recomeça seu ciclo de internamento para tornar-se comunitarista e afastar os que não pertencem a ela. Ela se torna uma segregação quando queria o contrário, ela acaba por sucumbir a isso. Falando de antipsiquiatria eu estava na linhagem de Hochmann, que tinha escrito um livro sobre a psiquiatria comunitária.

EL: É o termo inglês *community therapy*. Um título como este hoje seria imediatamente compreendido pelo avesso do que ele defendia na época.

PGG: Você deseja formular uma conclusão?

FD: Apenas um lamento: que não estejamos numa clínica junto a doentes cuja situação tentaríamos compreender. Percorri inteiramente sua revista, a relação de objeto é muitas vezes citada. Conhecendo mal Lacan e encontrando nos artigos citações sugestivas, tentei lê-lo, mas é difícil. É necessário verdadeiramente se aclimatar, não se pode fazer isto, é o caso dizê-lo, a toda velocidade. É necessário contar com a impregnação.

Tradução de Manoel Barros da Motta

Bibliografia

Para cada um dos nossos capítulos, fornecemos uma bibliografia sumária que recapitula nossas próprias fontes de informação e, por outro lado, serve, eventualmente, tanto para ampliar como para caucionar nossos comentários. Mantemos apenas as obras mais gerais, as que elevam a questão à altura dos princípios. Evitamos mencionar textos demasiado limitados ou dedicados ao exame de problemas médicos nitidamente circunscritos. Estes são, no entanto, os mais numerosos e por certo os mais preciosos. Apenas, queremos tão somente extrair temas, ideias, horizontes e não nos prender a aspectos que concernem à prática propriamente dita. Tanto quanto possível e pela mesma razão, afastamos tal ou tal artigo e preferimos a ele um livro completo, rico de perspectivas, de reflexões e de generalidades. Quando, porém, damos o título de uma revista ou fazemos referência a uma simples explanação, é, na maioria das vezes, pelo fato de o conjunto da publicação estar voltado para um único e mesmo assunto.

Previamente e antes de cada uma dessas bibliografias que correspondem a nossos diversos capítulos, indicamos um certo número de obras mais essenciais ainda que podem valer para o conjunto de nossas conclusões e às quais remetemos constantemente. Elas abarcam, então, toda a extensão do problema, a filosofia e os métodos da farmacologia. Elas merecem, portanto, um lugar à parte e privilegiado.

Acreditamos dever distinguir, de um lado, as obras de farmacologia geral e, do outro, os Tratados dos filósofos que abordaram, mesmo sucintamente, a questão que buscamos tratar, que encontraram, ainda que episodicamente, as noções que propusemos analisar. Toda separação sofre uma arbitrariedade, e esta não deixa de tê-la: com efeito, tal terapeuta se posiciona diretamente em um nível de reflexão que o situa do lado dos pensadores e, de um outro lado, tal filósofo, ao exemplo de Berkeley de *La Siris*, entra nos detalhes da prescrição. Isso não impede que a separação se imponha.

Por fim, não hesitamos em inscrever, do lado dos filósofos, tal meditação ou tal análise com a qual não consoamos e sobre a qual acreditamos dever emitir reservas. Não pretendemos conferir títulos ou edificar um panteão da farmacopeia à glória de seus heróis, de seus gênios. Assinalamos apenas o conjunto dos textos, documentos e memoriais que permitem apreender o interesse, a variedade e a riqueza do problema que quisemos apresentar.

A

Bacq, Cheymol, Dallemagne, Hazard..., *Pharmacodynamie biochimique*, Masson, 1954.

Bacq, *Principes de physiopathologie et de thérapeutique générales*, 1. ed., Masson, 1950.

Bernard, Claude, *Leçons sur les effets des substances toxiques et médicamenteuses*, Paris, Baillière, 1957.

Bernard, Jean, *État de la médecine*, Corréa, 1960.

Bouvet, M., *Histoire de la pharmacie en France*, Paris, Éditions Occitania, 1937.

Célice, L'évolution de la médecine depuis vingt ans et les tendances de la thérapeutique, *Feuillets du praticien*, março de 1956.

Courrier, *Endocrinologie de la gestation*, Masson, 1945.

Duchesnay, G., *Le risque thérapeutique*, Doin, 1954.

Fasquelle, R., *Les trois aspects de la lutte contre les germes infectieux*, J. Peyronnet, 1955 (col. Aspects de la Biologie).

Florence, G., *La thérapeutique moderne*, Libr. A. Colin, 1930.

Galli, A., e Leluc, R., *Les thérapeutiques modernes*, Presses Universitaires de France, 1961 (col. "Que sais-je?").

Goris, A., *Pharmacie galénique*, v. 2 (notadamente p. 1-78, Aperçu historique sur la pharmacie), Masson, 1949.

Hahnemann, S., *Exposition de la doctrine médicale homéopathique*, trad. do alemão por A. Jourdan, Paris, Baillière, 1832.

_____. *Doctrine homéopathique ou Organon de l'art de guérir*, com glossário e anotação..., trad. 6. ed. al. pelo Dr. Schmidt, Vigot, 1952.

Hamburger, J., e Mathé, G., *Physiologie normale et pathologique du métabolisme de l'eau, déshydratation, oedèmes, déséquilibres hydriques*, Flammarion, 1952.

_____. *Techniques de réanimation médicale et de contrôle de l'équilibre humoral en médecine d'urgence*, Paris, 1957.

Harant, H., *Médicaments et médications*, Presses Universitaires de France ("Que sais-je?"), 1947.

Hazard, R., *Pratique médicamenteuse*, Doin, 1959.

Leulier, A., e Revol, L., *Précis de pharmacie chimique*, Maloine, Paris, 1948.

Mach, R., *Les troubles du métabolisme du sel et de l'eau*, Lausanne, 1946. La résistance aux antibiotiques d'origine fongique et bactérienne, *Journées thérapeutiques de Paris*, 1951, v. 1, Doin, 1952.

Rist, E., *Qu'est-ce que la médecine?*, Masson, 1927.

Savy, P., *Traité de thérapeutique clinique*, v. 3, Paris Masson, 1949.

Schmidt, H., *Éléments de pharmacodynamie*, Flammarion, 1957.

Somme de médecine contemporaine, t. III: *La thérapeutique*, apresentado por A. Lemaire, Paris, Ed. Médicales, 1951-1955.

Valette, G., *Précis de pharmacodynamie*, Masson, 1959.

Zunz, E., *Élements de pharmacodynamie générale*, Masson, 1930.

B

Allendy, René, *Orientation des idées médicales*, Paris, Au Sans-Pareil, 1929.

_____. *Essai sur la guérison*, Denoël, Paris, 1932.

Bachelard, G., *La formation de l'esprit scientifique*, Vrin, 1947. Trad. português Martins Fontes.

_____. *La Terre et les rêveries du repos,* Corti, 1948.

_____. *La Terre et les rêveries de la volonté*, Corti, 1948.

Bacon, F., *Novum organum*, trad. Lorquet, Hachette, 1857.

Berkeley, *La Siris*, trad. Beaulavon, Colin, 1920.

Bloch, M., *Les rois thaumaturges*, Strasbourg, Istra, 1924. Há trad. bras. Companhia das Letras.

Bourgey, L., *Observation et expérience chez les médecins de la collection hippocratique*, Vrin, 1953.

Brun, *Le médicament et les hommes*, tese em Farmácia, Lyon, 1958.

Canguilhem, G., *Essai sur quelques problèmes concernant le normal et le pathologique*, tese em Medicina, Strasbourg, 1943. Trad. bras. Forense Universitária. Grupo Gen.

_____. *La connaissance la vie*, Hachette, 1952. Forense Universitária. Grupo Gen.

Essertier, *Les formes inférieures de l'explication*, tese em Letras, Paris, 1927.

Filliozat, J., *Magie et médecine*, Presses Universitaires de France, 1943.

Freud, S., *De la technique psychanalytique*, trad. Berman, Presses Universitaires de France, 1953. Há trad. brasileira. Imago

Goldstein, *La structure de l'organisme*, trad.Burckhardt e Kunz, Paris, Gallimard, 1951.

Janet, *Les médications psychologiques*,Alcan, 1919.

Jung, *Métamorphoses et symboles de la libido*, trad. L. de Vos, Paris, Ed. Montaigne, 1932.

Leriche, *La philosophie de la chirurgie*, Flammarion, 1951.

Michelet, *Oeuvres complètes*, Flammarion, 1898, t. 29 (*La mer*), t. 33 (*La montagne*), t. 34 (*La femme*), t. 37 (*La sorcière*).

Platon, *Timée*, trad. Rivaud, Les Belles-Lettres, 1925. Há trad. bras. Universidade do Pará

Shaw, *Le dilemme du docteur*, trad. A. e H. Hamon, Aubier, 1941.

Shryock, *Histoire de la médecine moderne*, trad. Tarr, Colin, 1956.

Sigerist, *Introduction à la médecine*, Payot, 1932.

Valéry, *L'idée fixe*, Gallimard, 1934.

Capítulo I

É evidente que devemos nitidamente separar as obras que permitem abordar a definição do remédio (A) e aquelas que ajudam a retraçar sua evolução. Entre essas últimas, distinguiremos os estudos históricos (B) e as próprias farmacopeias (C).

A

Albahary, *Maladies médicamenteuses d'ordre thérapeutique et accidentel*, Masson, 1953.

Balint, M., *Le médecin, son malade et la maladie*, trad. Presses Universitaires de France, 1960.

Bernheim, *Automatisme et suggestion*, Alcan, 1917.

Blum, P., *Introduction à l'étude de la thérapeutique, Aperçu critique sur l'évolution des tendances médicales*, Strasbourg, Istra, 1922.

Cheymol, *L'expert en matière d'essai de médicaments*.

Cullen, *Cours de matière médicale*, trad. do inglês por M. Caullet de Veaumorel, Paris, Didot, 1787.

Laurent, J., La pharmacie en France, *Étude de géographie économique*, Paris, tese em Letras, 1959.

Michaut, M., *Évolution des idées sur les placebos*, tese em Medicina, Paris, 1957.

Pavlov, I., *Oeuvres complètes*, Moscou, 1954.

Péquignot, H., *Initiation à la médecine*, Masson, 1961.

Sarano, D., *La guérison*, "Que sais-je?", Paris, 1955.

B

Allendy, L'alchimie et la médecine, *Étude sur les théories hermétiques dans l'histoire de la médecine*, tese em Medicina, Paris, 1912.

_____. *Paracelse, le médecin maudit*, N.R.F., 1937.

Baudet, *La pharmacie en Bourgogne*, 1905.

Berthelot, M., *Les origines de l'alchimie*, Paris, G. Steinheil, 1885.

Cabanès, Comment se soignaient nos pères, *Remèdes d'autrefois*, Maloine, 1905.

Couvreur, A., *La pharmacie et la thérapeutique au XVIIIe siècle, vues à travers le Journal encyclopédique de Pierre Rousseau*, tese, Strasbourg, 1953, v. 2.

Dumézil, G., Le festin d'immortalité, *Étude de mythologie comparée indo-européenne*, Paris, Gauthier, 1924.

Edsman, C.-M., *Ignis Divinus, Le feu comme moyen de rajeunissement et d'immortalité, contes, légendes, mythes et rites*, Lund, 1949.

Eliade, M., *Le chamanisme et les techniques archaïques de l'extase*, Paris, Payot, 1951.

_____. *Traité d'Histoire des Religions*, Payot, 1949. Trad. bras. Jorge Zahar Editora.

_____. *Forgerons at alchimistes*, Falmmarion, 1956.

Figuier, *Histoire du merveilleux*, t. III: *Le magnéstisme animal*, 2. ed., Hachette, 1860.

Frazer, J.-G., *Le rameau d'or*, Étude sur la magie et la religion, v. 3, trad., Paris, 1909-1911.

Gratier, M., *La vipère en thérapeutique*, tese em Medicina, Paris, 1903.

Gubernatis, de, *La mythologie des plantes ou les légendes du règne végétal*, v. 2, Paris, 1878-1882.

Hacard, *La thériaque*, tese em Farmácia, Strasbourg, 1946.

Lefebvre, G., *Essai sur la médecine égyptienne de l'époque pharaonique,* Presses Universitaires de France, 1956.

Lévy-Bruhl, L., *L'âme primitive*, 1927.

_____. *La mythologie primitive*, Alcan, 1936.

Lotteau, P., *Les transformations de la pharmacie française, de 1800 a 1850*, tese universitária em Farmácia, Strasbourg, Paris, 1958.

Réguis, J.-M.-F., *La matière médicale populaire au XIXe siècle*, Paris, 1897.

Reutter de Rosement, *Comment nos pères se soignaient, se parfumaient et conservaient leurs corps, remèdes, parfums, embaumements,* Doin, 1917.

_____. *Histoire de la pharmacie à travers les âges*, Paris, Peyronnet, 1931.

Reymond, P., *L'eau, sa vie et sa signification dans l'Ancien Testament,* Genebra, 1958.

Rouhier, *La plante qui fait les yeux émerveillés, le Peyotl*, Doin, 1927.

Saintyves, Les vierges mères et les naissances miraculeuses, *Essai de mythologie comparée*, Paris, Nourry, 1908.

C

Baumé, *Éléments de pharmacie théorique et pratique*, Paris, Samson, 3. ed. aumentada, 1773.

Bernardin de Saint-Pierre, *Études de la Nature*, Paris, Ed. Aimé-Martin, 1825.

Boerhaave, *Traité de la vertu des médicaments*, trad. de M. de Vaux, Paris, Clouzier, 1729.

Brown, *Éléments de médecine*, trad. de Fouquier, 1805.

Cadet de Gassicourt, C.-L., *Formulaire magistral et mémorial pharmaceutique*, Paris, Gabon, 1814.

Candolle, de, *Essai sur les propriétés médicales des plantes,* Paris, 1. ed., 1804.

Carbonnel, F., *Éléments de pharmacie fondés sur les principes de la chimie moderne*, trad. do original latino Poncet, Paris, 2. ed., 1803.

Charas, M., *Pharmacopée royale*, Paris, 1682.

_____. *Nouvelles expériences sur la vipère*, Paris, de Varennes, 1670.

_____. *Suite des nouvelles expériences sur la vipère*, 1671.

Dictionnaire botanique et pharmaceutique contenant les principales propriétés des minéraux, végétaux et animaux d'usage, sem nome de autor, Rouen, na casa da viúva de Pierre Dumesnil, 1787.

Fourcroy, *Philosophie chimique ou vérités fondamentales de la chimie moderne,* 1806.

_____. *L'art de connaître et d'employer les médicaments dans les maladies qui attaquent le corps humain,* 1785, v. 2.

Geoffroy, *Traité de la matière médicale, ou de l'histoire, des vertus, du choix et de l'usage des remèdes simples,* Paris, Desaint, 1743.

_____. *Traité des vertus médicinales de l'eau commune,* Paris, 1725.

Hayem, G., *Leçons de thérapeutique,* Paris, v. 2, 1891.

Lémery, N., *Cours de chimie contenant la matière de faire les opérations qui sont en usage dans la médecine, par une méthode facile,* Lyon, 1703.

_____. *Traité universel des drogues simples mises en ordre alphabétique,* Paris, 1714.

_____. *Pharmacopée universelle contenant toutes les compositions de la pharmacie qui sont en usage tant en France que par toute l'Europe, leurs vertus, leurs doses, les manières les plus simples et les meilleures... avec un lexicon pharmaceutique,* Amsterdam, 1748.

Ludovicus, comentado por Ettmüller, *Traité du choix des médicaments,* Lyon, 1710.

Morel, M., *Mémoire et observations sur l'application du feu au traitement des maladies,* Paris, 1813.

Paré, *Oeuvres complètes,* introd. de J.-F. Malgaigne, v. 3, Baillière, 1840-1841.

Passerat de la Chapelle, *Recueil de drogues simples ou matière médicinale contenant les remèdes et les préparations chimiques les plus usitées,* Paris, 1753.

Pline l'Ancien, *Histoire naturelle,* Ed. Nisard, trad. Littré, v. 2, Paris, 1848-1850.

Portal, *Observations sur les effets des vapeurs dans l'homme,* Paris, Impr. Royale, 1787.

Pringle, *Mémoires sur les substances septiques et antiseptiques,* 1750.

Quincy, *Pharmacopée universelle où l'on trouve la critique des principales opérations qui sont dans les boutiques des apothicaires...,* trad.do inglês Clausier, 1749.

Rousseau, abade, *Préservatifs et remèdes universels, tirés des animaux, des végétaux e des hommes,* Paris, 1706.

Trousseau e Pidoux, *Traité de thérapeutique et de matière médical,* v. 2, 4. ed., Paris, 1851.

Virey, J.-J., *Traité de pharmacie théorique et pratique,*1811.

_____. *Histoire naturelle des médicaments, des aliments, des poisons,* Paris, Rémont, 1820.

Capítulo II

Limitamo-nos à fisiologia e à terapêutica da glândula tireoidiana e do pâncreas (o Basedow e o diabetes, a evolução na maneira de concebê-los e de tratá-los).

Ambard, L., La biologie, in *Histoire du monde,* t. XIII, Paris, 1930.

Bernard, C., *Leçons de physiologie expérimentale appliquée à la médecine,* Paris, 1855.

Chiray, Mollard et Maschas, *Syndromes digestifs et pathologie neuro-hormonale.*

Courrier, R. e Kehl, *Physiologie du sexe,* Hermann, 1938.

Gennes, de, *Maladies des glandes endocrines,* Ed. Médicales, Flammarion, 1949.

Journées du diabète, Vals-les-Bains (Hédon e Loubathières), 1952.

Klotz e Perrault, *Semaine des hôpitaux de Paris,* out. 1953 (sobre o Basedow).

Lederer, J., *Les relations thyro-ovariennes,* Masson, 1946.

Lemaire, A., *Les stimulines hypophysaires,* Masson, 1951.

Mahaux, J., *Essai de physiopathologie thyrohypophysaire,* Masson, 1947.

Perrault, M., Les antithyroïdiens de synthèse, in *Actualités pharmacologiques*, 2ª série, Masson, 1950 (parágrafo: Conception nouvelle de la maladie de Basedow).

Pézard, *Le conditionnement physiologique des caractères sexuels secondaires chez les oiseaux*, Paris, tese em Ciências, 1917-1918.

Ponse, K., Actions paradoxales des glandes génitales, *Revue suisse de zoologie*, Anais, 1948.

Royer e Lestradet, *Le traitement du diabète infantile en régime libre*, ou Lestradet, Évolution des conceptions sur le diabète sucré, em *Cahiers Laennec*, n. 1, 1953.

Vague, *La différenciation sexuelle humaine, ses incidences en pathologie*, Masson, 1953.

Wallet, *L'hyperfolliculinie*, Masson, 1946.

Capítulo III

Deixamos de lado os Tratados clássicos para nos limitarmos apenas às obras e artigos que buscam abordar as questões de evolução da arte cirúrgica, seu método e seu espírito. No que concerne ao cirúrgico propriamente dito, nos reportaremos às coleções em uso, aos clássicos do gênero (F. d'Allaines, *Pathologie chirurgicale*, Paris, 1956, v. 4), mas também às sessões e discussões da Academia de Cirurgia, assim como aos importantes Congressos anuais de Cirurgia que reúnem comunicações das mais sugestivas.

Allaines, Claude de, *Histoire de la chirurgie*, "Que sais-je?", 1961.

Brunn, von, *Histoire de la chirurgie*, trad., Paris, Col. d'Histoire des Sciences, 1955.

Canguilhem, La pensée de René Leriche, *Revue philosophique*, 1956.

Chalier, A., *La méthode du lever précoce en chirurgie abdominale*, Masson, 1945.

Ducuing, J., *Toulouse médical*, L'évolution de la main en chirurgie, 1948.

_____. *Les enseignements de la chirurgie américaine.*

Faure, Jean-Louis, *Savoir opérer*, Albin Michel, 1936.

Fiolle, J., *Essai sur la chirurgie moderne*, 1949.

_____. *Discours d'ouverture au Congrès de 1948 (LIe Congrès).*

Fontaine, in *Somme de médecine contemporaine*, t. III.

Gosset, J., *La maladie post-opératoire*, Congrès Français de Chirurgie, 1948.

Jaboulay, *Leçons de clinique chirurgicale*, 1904.

Larrey, D.-J., *Mémoire sur les amputations des membres à la suite des coups de feu, étayé de plusieurs observations*, Paris, du Pont, 1797.

_____. *Clinique chirurgicale exercée particulièrement dans les camps et les campagnes militaires*, Paris, 1829.

Lecène, P., *Évolution de la chirurgie*, 1923.

Leriche, R., *Exposé des titres et travaux scientifiques*, Masson, 1937.

_____. *La chirurgie de la douleur*, 1940.

_____. Physiologie et pathologie des artères, *Principes et méthodes*, Masson, 1943.

_____. Bases de la chirurgie physiologique, *Essai sur la vie végétative des tissus*, Masson, 1955.

_____. *Souvenirs de ma vie morte*, Paris, Seuil, 1956.

Malineau, R., *Aspects psychologiques de l'appendicectomie*, tese em Medicina, Bordeaux, 1955.

Mondor, *Diagnostics urgents, abdomen*, Masson, 1933 (2. ed.).

Nageotte, J., *L'organisation de la matière dans ses rapports avec la vie*, Alcan, 1922.

Ollier, L., *Traité expérimental et clinique de la régénération des os et production artificielle du tissu osseux*, Masson, 1867.

Thorwald, Jürgen, *Le siècle de la chirurgie*, Presses de la Cité, 1957.
Valéry, Discours aux chirurgiens, in *Oeuvres*, Bibl. de la Pléiade, p. 907.
Voronoff, Serge, *La conquête de la vie*, Paris, Biliothèque Charpentier, 1928.
Wertheimer, P., *Neurochirurgie fonctionnelle*, Masson, 1956.

Capítulo IV

Mesmas observações que precedentemente: para conhecer a maneira de tratar uma infecção dada, é preciso reportar-se, por exemplo, ao Savy, *Traité de thérapeutique clinique*, Masson, 1949, ou à *Thérapeutique médicale* de J. Cottet, Flammarion, tendo em vista o fato de nos termos detido em alguns teóricos de vanguarda, ou então naqueles que oferecem um interesse do ponto de vista histórico, portanto, nas duas extremidades, o novo e o arcaico.

Bovin, A. e Delaunay, A., *L'organisme en lutte contre les microbes*, N.R.F., 1947.
Céline, Dr. Destouches, *La vie et l'oeuvre de Philippe-Ignace Semmelweis (1818-1865)*, tese em Medicina, Paris, 1924.
Congrès Français de Médecine (XXX), 1955, v. 3.
Duclaux, E., *Le microbe et la maladie*, 1886.
Dubos, R., *Pasteur, franc-tireur de la science*, Presses Universitaires de France, 1955.
Duran-Reynals, *Semaine des Hôpitaux de Paris*, abril de 1952.
Ladet, M., Le syndrome malin, *Étude clinique, anatomique et pathogénie, rôle du système neuro-végétatif*, Paris, 1937.
Lavergne, V. de, *La maladie infectieuse, microbes pathogènes, mécanismes et modalités de l'infection, application au diagnostic et au traitement*, Masson, 1952.
Lemaire, A. e Debray, J., Les maladies avec auto-anticorps, t. II do *XXX Congrès Français de Médecine d'Alger*, p. 3-41.
Lumière, A., *Le problème de l'anaphylaxie*, Doin, 1924.
Marchand, E., *Étude historique et nosologique sur quelques épidémies et endémies du Moyen Âge*, Paris, Delahaye, 1873.
Metchnikoff, E., *L'immunité dans les maladies infectieuses*, 1901.
Pasteur-Vallery-Radot, *Précis des maladies allergiques*, Paris, 1949.
Raybaud, A., *L'état septicémique*, Doin, 1955.
Reilly, J., cf. Decourt, P., *Études et documents, phénomène de Reilly et syndrome général d'adaptation de Selye*.
Thérapie, 1952, sessão solene da Société de Thérapeutique et de Pharmacodynamie, dedicada às substâncias difusoras.
Thérapie, 1956, sessão solene da Société, sobre o lugar da cortisona no tratamento das doenças infecciosas.
Trefouël, *Relations entre structure et propriétés thérapeutiques des dérivés organiques de l'arsenic pentavalent*, tese em Ciências, Paris, 1942.
Tzanck, A., Les dermatoses allergiques, *La pathologie cutanée réactionnelle*, Masson, 1950.
Waksman, S., Antagonismes microbiens et substances antibiotiques *(Biologie des sols et documents)*, trad., Paris, Soc. Ed. Enseignement sup., 1948.

Capítulo V

Aubel, M., *Quelques questions concernant les enzymes*, fasc. LXI, Gauthier-Villars, 1956.

Beaumont, J.-L., *Recherches sur la coagulation du sang à l'état normal et dans les thromboses intravasculaires*, tese, Paris, 1954.

_____. Le traitement anticoagulant de l'infarctus du myocarde, *Semaine des Hôpitaux de Paris*, junho de 1952, número dedicado à medicação anticoagulante e à cardiologia.

Bernar, J., *Comment traiter les leucémies*, Paris, Flammarion, 1953. Colóquio Internacional (Fundação Rockfeller), Les antivitamines, 1948 (artigos de Rydon, Velstra), in *Bulletin de la Société de Chimie Biologique*, 1948 (p. 725-960).

Favre-Gilly, *L'héparine*, Vigot Frères, 1951.

Hazard, R., *Actualités pharmacologiques*, 1951, Obscurités et paradoxes en pharmacodynamie.

Lespagnol, A., Structure chimique et activité pharmacodynamique, *Exposés annuels de biochimie médicale*, 1948.

_____. La molécule active, thème d'inspiration de la synthèse médicamenteuse, *Actualités pharmacologiques*, 6ª série, 1953.

Mentzer, C., Ressemblance chimique et action synergique des molécules organiques, *Actualités pharmacologiques*, 1950.

_____. Nouvelles applications du concept d'antagonisme par analogie structurale, *Actualités pharmacologiques*, 7ª série, 1954.

Millischer, E., *Les accidents hémorragiques des traitements anticoagulants, à propos de 30 observations*, tese em Medicina, Lyon, 1954.

Molho, D., Préparations synthétiques et mode d'action de quelques hypothrombinémiants, *Relation entre la structure chimique et l'activité pharmacologique*, tese de Doutorado em Ciências, 1953.

Moraux, J., *Recherches biologiques dans diverses séries d'anticoagulants de synthèse*, Lyon, tese em Ciências, 1956.

Thérapie, 1955, sessão solene da Société de Thérapeutique et de Pharmacodynamie, relativamente à la médication anticoagulante (p. 203-387).

Thiers, *Les vitamines, biochimie, biologie, emploi thérapeutique*, Paris, 1956.

Capítulo VI

Tendo em vista uma informação mais completa, não apenas é possível reportar-se aos Tratados gerais, mas também às numerosas revistas especializadas – *Les acquisitions médicales récentes, Anesthésie et analgésie, Les cahiers d'anesthésiologie*, as *Acta d'anesthésie*–, sem contar o resumo de inúmeros Congressos ou de publicações mais conhecidas. Damos apenas a lista dos livros ou artigos aos quais recorremos com mais frequência.

Aron, E., *Histoire de l'anesthésie*, Expansion Sc. Fr., Paris, 1954.

Bernard, C., *Leçons sur les anesthésiques et sur l'asphyxie*, Paris, livr. Baillière, 1875, Curso de Medicina do Collège de France.

Blampin, O., Antagonisme et synergie en pharmacodynamie, *Produits pharmaceutiques*, n. 9 e 10, setembro e outrubro de 1959.

Bovet e Bovet-Nitti, *Médicaments du système nerveux végétatif*, Bâle, 1948.

Corrier, R., Les corrélations fonctionnelles entre substances stéroïdes, *Exposés annuels de biochimie médicale*, 6ª série, 1946.

Creyssel, J. e Suire, P., *Le choc traumatique, étude clinique, physiopathologique, thérapeutique*, Masson, 1944.

Dallemagne, M., *Aspects actuels de l'anesthésiologie*, Masson, 1948.

Danielopolu, D., Principes de pharmacodynamie non spécifique, *Actualités pharmacologiques*, 1ª série, Masson, 1949.

Félice, P. de, *Poisons sacrés, ivresses divines*, Albin, 1936.

Fischmann, *À propos d'un cas de coma barbiturique, la méthode de Nilsson*, tese, Paris, 1955.

Hazard, R., *Bases pharmacodynamiques de la thérapeutique du système nerveux autonome*, Paris, Doin, 1956.

Hermann, H., La lyse et l'inversion des effets tensionnels de l'adrénaline, *Actualités pharmacologiques*, 1955.

Huguenard, P., Essais d'anesthésie générale sans anesthésique, em *Anesthésie et analgésie*, fevereiro de 1951.

Laborit, H., *L'anesthésie facilitée par les synergies médicamenteuses*.

Loeper, M., *Thérapeutiques associées (Auxothérapie)*, Masson, 1942.

Mercier, F., *Les médicaments du système cérébro-spinal, pharmacologie et applications*, Masson, 1959.

_____. Bases pharmacodynamiques de la médication pré-anesthésique, in *Actualités pharmacologiques*, 1951.

Revol, L., *La thérapeutique par la chlorpromazine, en pratique psychiatrique*, Masson, 1956.

FORENSE UNIVERSITÁRIA

www.forenseuniversitaria.com.br
bilacpinto@grupogen.com.br

ROTAPLAN
GRÁFICA E EDITORA LTDA

Rua Álvaro Seixas 165 parte
Engenho Novo - Rio de Janeiro - RJ
Tel/Fax: 21-2201-1444
E-mail: rotaplanrio@gmail.com